西华青年文萃

XIHUA
QINGNIAN WENCUI

——西华大学研究生优秀论文选

2018年

主　编　费　凌　　陈广贵
副主编　刘　丽　　李军民
　　　　杨　明　　王辉艳

西南交通大学出版社
·成都·

图书在版编目（CIP）数据

西华青年文萃：西华大学研究生优秀论文选. 2018
年 / 费凌，陈广贵主编. —成都：西南交通大学出版
社，2019.1
　ISBN 978-7-5643-6658-2

　Ⅰ. ①西…　Ⅱ. ①费…　②陈…　Ⅲ. ①社会科学－文
集　Ⅳ. ①C53

　　中国版本图书馆 CIP 数据核字（2018）第 290806 号

西华青年文萃

——西华大学研究生优秀论文选（2018 年）

主编　费凌　陈广贵

责 任 编 辑	孟 媛
封 面 设 计	墨创文化
	西南交通大学出版社
出 版 发 行	（四川省成都市二环路北一段 111 号 西南交通大学创新大厦 21 楼）
发 行 部 电 话	028-87600564　028-87600533
邮 政 编 码	610031
网 　 　 址	http://www.xnjdcbs.com
印 　 　 刷	四川森林印务有限责任公司
成 品 尺 寸	210 mm × 297 mm
印 　 　 张	12.75
字 　 　 数	408 千
版 　 　 次	2019 年 1 月第 1 版
印 　 　 次	2019 年 1 月第 1 次
书 　 　 号	ISBN 978-7-5643-6658-2
定 　 　 价	62.00 元

前言

　　《西华青年文萃——西华大学研究生优秀论文选（2018 年）》是西华大学 2018 年组织开展以"创新思维、追求卓越"为主题的研究生学术年会后，将年会部分优秀学术论文整理后出版的论文集。这些论文都是严格按照评审程序，持"公开、客观"的原则评选出来的，得到了评审专家的高度评价，具有较高的学术价值。因此，展现在大家面前的这本论文集不仅仅是一项丰硕的研究成果，更是一笔宝贵的精神财富。同时，《西华青年文萃——西华大学研究生优秀论文选（2018 年）》也是西华大学严抓研究生培养质量、提高研究生学术研究水平、营造良好的学术研究氛围的一项重要成果。

　　学校自 1960 年建校以来，历经半个多世纪，以工、理、管、法、经、艺、文、教、农、医等多学科协调发展，为社会培养了大批优秀人才，特别是为服务地方经济做出了重要贡献。学校现有 27 个学院，18 个一级学科硕士学位授权学科，12 个专业硕士学位类别。随着学校学科建设的不断发展，研究生培养规模也逐年壮大。近年来，学校坚持把"提高研究生培养质量"作为核心任务和目标，高度重视研究生教育内涵建设，努力提高研究生的创新能力、实践能力和科研能力，开展了研究生示范课程、实践基地、教学改革以及创新基金等多种形式的研究生质量工程项目的建设工作，极大地提升了在校研究生开展创新实践活动的积极性。举办研究生学术年会，则是拓宽我校研究生学术视野、启迪智慧、营造一个勇于创新的学术研究氛围，激励研究生将课程理论教学、实践创新能力培养的效果转化为具体学术成果的重要举措，也是展示我校研究生学术水平和研究成果的重要平台。

　　《西华青年文萃——西华大学研究生优秀论文选（2018 年）》论文主要涉及前沿理论探索、专业技能研究和应用创新研究等方面，在一定程度上反映了当前我校研究生在学术研究上注重理论指导实践和适应社会发展需求。因此，《西华青年文萃——西华大学研究生优秀论文选（2018 年）》是研究生培养质量进一步提高的具体表现。

　　在 2018 年西华大学研究生学术年会召开和《西华青年文萃——西华大学研究生优秀论文选（2018 年）》的出版过程中，得到了学校各相关职能部门、研究生培养单位和研究生会的大力支持，在此表示衷心的感谢，同时特别感谢西南交通大学出版社为《西华青年文萃——西华大学研究生优秀论文选（2018 年）》付出的辛勤劳动。

2018 年 7 月

目　录

·自然科学类·

Mobile Internet Advertisement Recommendation Based on Collaborative Filtering
…………………………………… LIU Yang，LIU Xingwei，TIAN Xuesong，MU Feng　　1

基于多元中心度与情感极性的用户影响力模型………………………高岚琳，吴　越，王春佳　　9

纵向错落差动式挑坎水力特性的研究………………虞佳颖，宋文武，陈建旭，罗　旭，万　伦　　17

隧道变形监测数据回归分析与基准点优化………………李　浩，王　鹏，李先彬，肖磊磊　　23

纯电动汽车传动系统参数匹配及仿真……………………………………………………程　洋　　27

基于模糊神经网络的驾驶意图识别方法………………罗　位，严　超，梁益铭，陈桥松　　31

轮毂电机电动车的电磁悬架控制器设计…………………………杨馥宁，王艳阳，熊开洋　　37

基于 LabVIEW 的车轮六分力数据采集系统设计………………张　杨，孙仁云，孙振耀，刘长伟　　45

DART-MS/MS 快速检测发芽青稞中的 γ-氨基丁酸………………伍小宇，袁　旭，李伟丽，吴　韬　　50

石斛碱对斑马鱼胚胎毒性的研究
…………………… 王彬容，杨文宇，王　萌，李浩浩，王维香，陈祥贵，李明元　　55

郫县豆瓣酱风味成分的全二维气相色谱-飞行时间质谱分析………袁　旭，伍小宇，李伟丽，吴　韬　　60

·社会科学类·

构建人类命运共同体思想对理性处理中美贸易摩擦的启示……………………………蓝淇超　　64

特色产业扶贫研究
　　——基于名山区茶叶产业扶贫的实证调研…………………陈怡文，李　姝，尹德志　　68

家风融入高校思想政治教育的创新研究…………………张思雨，张煜林，尹德志　　73

现代传媒语境下网络礼仪的形成与规范…………………………………………………李明月　　79

雅安市名山区扶贫工作研究………………………………………………………………尚　书　　83

民族地区小学语文教材利用的现状与对策
　　——基于四川 4 个县中小学校的调查研究………………………………………涂春雷　　87

家庭教育与高校大学生思想政治教育的关系研究…………………杨舒婷，吴伊灿　　92

生态文明型企业文化建设的困境与对策…………………张煜林，张思雨　　96

大数据背景下乡村社会治理的创新路径研究……………………………………………万新月　　101

新媒体时代大学生思想政治教育面临的机遇、挑战及应对对策研究………汪桢沛，袁怀洋　　105

"互联网+"背景下高校学生网络思想政治教育探析…………………………………上官晴天　　110

浅谈《子夜》人物亲情的异化………………………………………………………………魏智慧　　114

司法社工介入未成年犯罪嫌疑人帮教矫正工作的探索…………………李小强，贺　颖　　118

可行能力与农村老年贫困问题
　　——一项反贫困社会工作研究…………………………………梁嘉浩，张玉洁　　124

"时间储蓄"互助模式与社区照顾养老服务协同发展的可行性研究…………………彭　萱　　129

社会质量理论视域下精准扶贫质量提升路径研究…………………王　尧，盛　珝　　134

试论工笔花鸟色彩情感

    ——《困惑的蠲释》 ··· 周　淋，程倩倩　140

颜色词"黑"的隐喻研究 ··· 郭小娅，王朝培　145

电影字幕正向翻译表达中翻译补偿策略的使用

    ——以影片《我不是潘金莲》字幕翻译为例 ··········· 郭亚西，唐利平，李　宽　148

以"小"见"大"：从汉英语言差异谈英语介词翻译 ················· 韩竞辉，陈　达　152

日本人的物哀审美 ··· 黄　文，李新新　155

汉语"日"词群中的成语与隐喻认知 ································· 蒋林利，王朝培　159

文化图式下 2018 年政府工作报告中四字词英译策略探究 ··········· 李晓艳，龚小萍　162

自选文本&受命文本译者行为批评研究

    ——以 *Spring Moon* 两个/种中译本为例 ··············· 刘力瑗，龚小萍　166

功能对等理论下《登鹳雀楼》两个英译本的对比赏析 ··········· 王玉蕊，唐利平，杨　璐　173

简述布龙菲尔德和萨丕尔《语言论》的主要理论及贡献 ··········· 肖　谧，李　瑛　176

目的论视角下缩略词的英译研究

    ——以 2018 年政府工作报告英译为例 ················· 严梦莹，李新新　179

功能对等理论下文化负载词的英译探析

    ——以"龙"的英译为例 ··························· 姚翠平，汤红娟　184

浅谈《天净沙·秋思》并列意象语言图式的可译性

    ——以许渊冲、周方珠的译本为例 ··············· 殷兴艳，唐利平　188

从读者接受理论视角析字幕翻译策略

    ——以电影《霸王别姬》为例 ··············· 余　璐，鲁　铃，陈　达　192

Contents

Mobile Internet Advertisement Recommendation Based on Collaborative Filtering
···LIU Yang, LIU Xingwei, TIAN Xuesong, MU Feng   1

User Influence Model Based on Multi-centrality and Emotional Polarity
·· GAO Lanlin, WU Yue, WANG Chunjia   9

Study on the Hydraulic Characteristics of Flow in Vertically Scattered Upper-Lower Flip Bucket
····························· YU Jiaying, SONG Wenwu, CHEN Jianxu, LUO Xu, WAN Lun   17

Regression Analysis and Base Point Optimization of Tunnel Deformation Detection Data
··LI Hao, WANG Peng, LI Xianbin, XIAO Leilei   23

Parameters Matching and Simulation for Power-train of Electrical Vehicle ························CHENG Yang   27

Driving Intention Recognition Method Based on Fuzzy Neural Network
······························· LUO Wei, YAN Chao, LIANG Yiming, CHEN Qiaosong   31

Electromagnetic Suspension Controller Design for Hub Motor Electric Vehicle
·· YANG Funing, WANG Yanyang, XIONG Kaiyang   37

Design of Wheel Six-component Data Acquisition System Based on LabVIEW
································· ZHANG Yang, SUN Renyun, SUN Zhenyao, LIU Changwei   45

Rapid Detection of Gamma Aminobutyric Acid Content by Direct Real-time Analysis Mass
Spectrometry (DART-MS/MS) ·······································WU Xiaoyu, YUAN Xu, LI Weili, WU Tao   50

Study on the Toxicity of Dendrobine on Zebrafish Embryos
····························WANG Binrong, YANG Wenyu, WANG Meng, LI Haohao,
WANG Weixiang, CHEN Xianggui, LI Mingyuan   55

Comprehensive Two-Dimensional Gas Chromatography–Time-of Flight Mass Spectrometry Analysis of
Flavor Components in Pixian Bean Paste ·······················YUAN Xu, WU Xiaoyu, LI Weili, WU Tao   60

The Enlightenment of Constructing the Community of Human Destiny on Rational Handling of Sino-US
Trade Friction ···LAN Qichao   64

Characteristic Industry Poverty Alleviation
——An Empirical Study on the Poverty Alleviation of Tea Industry in Mingshan District
···························· CHENG Yiwen, LI Shu, YIN Dezhi   68

The Innovation Research of Family Wind Integration into University Ideological and Political Education
····························· ZHANG Siyu, ZHANG Yulin, YIN Dezhi   73

The Formation and Standardization of Internet Etiquette in the Context of Modern Media
···LI Mingyue   79

Study on Poverty Alleviation in MingShan District of Ya'an city ························SHANG Shu   83

The Present Situation and Countermeasures of Chinese Textbooks of Primary School in Ethnic Areas
——Based on Investigation and Research of Primary and Middle Schools in Four Counties of Si Chua
···TU Chunlei   87

The Positive of College Student Family Education in College Ideological and Political Education
··· YANG Shuting, WU Yican   92

The Predicament and Countermeasures of Building Enterprise Culture with Ecological Civilization
··· ZHANG Yulin, ZHANG Siyu   96

Innovative Path Research on Rural Social Governance under the Background of Big Data
···WAN Xinyue   101

Opportunities, Challenges and Countermeasures of College Students' Ideological
and Political Education in the New Media Era ·······················WANG Zhenpei , YUAN Huaiyang 105

Analysis of College Students' Network Ideological and Political Education
under the Background of "Internet +" ··SHANGGUAN Qingtian 110

On the Alienation of Characters' Love in *Midnight* ··· WEI Zhihui 114

A Probe into the Intervention of Judicial Social Workers in the Correction of
Minor Criminal Suspects ··LI Xiaoqiang, HE Ying 118

Capability and Rural Elders' Poverty
——A Study on Anti-poverty Social Work ·································· LIANG Jiahao, ZHANG Yujie 124

Research on the Feasibility of the Coordinated Development of "Time Saving"
Mutual Assistance Mode and Community Care Pension Service······························· PENG Xuan 129

Research on the Path of Precision Poverty Alleviation Quality Improvement from
the Perspective of Social Quality Theory ··· WANG Yao, SHENG Yu 134

Discussion on the Color Emotion of Fine Brushwork Flowers and Birds
—— *Confusion and Relief* ··· ZHOU Lin, CHENG Qianqian 140

A Metaphorical Study of the Color Term "Black" ························GUO Xiaoya, WANG Chaopei 145

Countermeasures to the Problems in the Expression Mechanism of
Forward Translation ···GUO Yaxi, TANG Liping, LI Kuan 148

See Big Things through Small Ones: The Translation of English Prepositions from the
Perspective of the Differences between Chinese and English ····················HAN Jinghui, CHEN Da 152

Japanese Aesthetic Consciousness "Mono No Aware" ·································· HUANG Wen, LI Xinxin 155

The Chinese Idioms with the Word "SUN" from a Cognitive Perspective
···JIANG Linli, WANG Chaopei 159

Study on the Translation Strategies of Four-character Phrases in the 2018 Government
Work Report from the Perspective of Cultural Schema Theory ············· LI Xiaoyan, GONG Xiaoping 162

Evaluation of Unauthorized & Authorized Texts from the Perspective of Translation Behavior Criticism:
A Case Study of Two Chinese Versions of *Spring Moon* ····················LIU Liyuan, GONG Xiaoping 166

The Contrast and Appreciation on Two English Version of *On the Stork Towers*
from Functional Equivalence ······································ WANG Yurui, TANG Liping, YANG Lu 173

Brief Account of Bloomfield and Sapir's *Linguistics* ·································· XIAO Mi, LI Ying 176

English Translation of Abbreviations from the Perspective of Skopos Theory
——A Case Study of English Translation of Government Work Reports in 2018
···YAN Mengying, LI Xinxin 179

A Study into the Translation of Cultural-loaded Words from the Perspective of Functional Equivalence
—— Based on the Translation of "龙"
···YAO Cuiping, TANG Hongjuan 184

On the Translatability of the Language Schemas of Paratactic Images in *Tune: Sunny Sand·Autumn Thoughts*
——Exemplified with the Versions by Xu Yuanchong and Zhou Fangzhu
···YIN Xingyan, TANG Liping 188

Exploration of Subtitle Translation Strategies Based on Reception Theory
—A Case Study on *Farewell My Concubine* ·································YU Lu, LU Ling, CHEN Da 192

Mobile Internet Advertisement Recommendation Based on Collaborative Filtering

LIU Yang[1], LIU Xingwei[1], TIAN Xuesong[1], MU Feng[2]

(1. School of Computer and Software Engineering, Xihua University, Chengdu 610039 China;
2. School of Management, Xihua University, Chengdu 610039 China)

Abstract: Mobile Internet is an important advertising media. However, advertisers optionally push advertisements to users will reduce the user's experience and generate unnecessary network overhead. Therefore, this paper proposes a mobile Internet advertisement recommendation method, which is based on user's interest, behavior track and time. At the same time, it is combined with advertising popularity and other factors, so that users can receive advertisements which fit their interests in an appropriate time and place, and then the accuracy of advertising will be increased.

Key words: mobile Internet advertisement; interest similarity; behavioral trajectory similarity; collaborative filtering

1 Introduction

With the explosive growth of the Internet and increasing number of mobile phone users, more and more advertisers carry out product promotion through mobile network. How to increase impact of advertising and effectively decline cost coinstantaneously, which has become the urgent request of the advertiser. So, how to improve the effectiveness of advertising and effectively decline the cost of advertisement has become an urgent problem to be solved.

According to some research results of academic field and industry field, such as: Yao Xiaozhe and Chen Yingying offer a Face Based Advertisement Recommendation System(FBARS)[1]; Tu Dandan and Shu Chengchun propose a factor model called AdRec[2]; Wu Tingjia and Wu Yongbin design a dynamic advertisements recommendation system to increase the advertising efficiency [3]; Liu Peng and Li Songbin design an intelligent recommendation algorithm to decide the most fitting video ads for each terminal according to

multi-dimensional statistical information of its audiences' characteristics[4]; Du Wei and Chen Junliang introduce the theory of semantic computing and annotates the semantic tags from the movie slices and the candidate advertisements, the potential preferences on them are predicted with neutral network model trained by some data set predefined[5]; Yuan Shuhan proposed user similarity calculation method based on the vector space model[6]; Zhang Ying proposed the track similarity algorithm[7]. This paper proposes a mobile Internet advertisement recommendation method based on collaborative filtering of user's interest similarity. Firstly, user's sign data on Micro-Blog and social networks is used user's sign data on Micro-Blog and social networks to mine user's interest similarity and behavior trajectory similarity, and then, linear interpolation is used to match user's interest similarity with behavior trajectory similarity. Finally, the method of the collaborative filtering is used to recommend advertisements to user's mobile terminals.

Fund project: the Chunhui Plan of Ministry of Education of China under grant No. Z2014046; the Applied Research Fund of Chengdu Municipality under grant No. 2015-HM01-00527-SF.

About the authors: LIU Yang, born in 1993, M.S. candidate. His research interests include machine learning; LIU Xingwei, born in 1969, Ph.D., professor. His research interests include mobile Internet, machine learning: TIAN Xuesong, born in 1990, M.S.. His research interests include machine learning; MU Feng, born in 1980.Ph.D., associate professor. His research interests include data mining, data analysis.

2　User's Interest Similarity Based on Text Content

Firstly, a feature lexicon, which includes feature classes, is established. The feature class includes relative feature words. The feature classes in the feature lexicon are regarded as a set and the feature words in the feature class are regarded as a set. Then a feature vector $\vec{I}=(\vec{A},\vec{B},\vec{C},\vec{D},\vec{E}\cdots)$ is defined to express the various feature classes. Similarly, the feature words, a component of the feature lexicon, are expressed by a sub-vector. This paper takes all Micro-Blog texts as an example. The main method is used as follows:

(1)The corresponding component value of each feature word is counted by using all the Micro-Blog text of the user to match the feature lexicon, and then user's interest is expressed by a vector.

(2)The user's interest level for each feature class is divided into four levels, not interested, generally interested, more interested, very interested. In the sub-vector of a feature class, Type Value is defined to express the number of the component of the sub-vector which is greater than 0, and Word Value is defined to express the sum of the individual component values of the sub-vector. According to Type Value and Word Value, the user's interest level is got. The users' interest similarity is obtained through the degree of user interest in feature subclasses.

(3)User u and user v are given, and the formula of calculating the similarity of their interest about Micro-Blog text is shown in formula(1).

$$Sim_{u,v}^{(te)}=\frac{\sum_{c=1}^{C}SC_{u,v,c}}{|ICS(u)\cap ICS(v)|} \qquad (1)$$

In the formula(1), $Sim_{u,v}^{(te)}$ expresses the similarity of the user u's and user v's interests about Micro-Blog text; C expresses, in the feature lexicon, the set of all the feature subclasses; $SC_{u,v,c}$ expresses the similarity of interest between the user u and the user v for C; $ICS(u)$ expresses a set of feature subclasses that the user u is interested in.

3　User's Interest Similarity Based on Behavior Trajectory

The user's activity area reflects the user's interests or needs to a certain extent. This paper uses the user's sign-in data(user ID, sign-in geographically coordinates, sign-in time), and the sign-in point to analyze the behavior trajectory of the user. The user's sign-in points are clustered by clustering algorithm, and then, several adjacent point sets are formed, after the discrete points are removed. In this paper, the point set is defined as a Cluster that expresses the user's activity area. According to the different length of the radius from long to short, the Cluster is divided into different layers. In this paper, the Cluster is divided into three layers, and expressed by a set $LY=\{Layer1, Layer2, Layer3\}$, and each layer is set with a weight value $WE_{ly}(ly\in LY)$. The weight value of each layer increases from high to low. The sum of the weight values of the layers is equal to one.

3.1　The similarity of local trajectory

24 hours a day is divided into 12 time periods equally. Each time period is defined as a Time-slot. All the time-slot is expressed by a set, $T=\{t_0,t_1,t_2,\cdots,t_{11}\}=\{[0,2),[2,4),[4,6),\cdots,[22,0)\}$. The boundary between two adjacent time-slots is called the time dividing point, and the intersection area between two clusters is called the intersection area. Sign-in points of the intersecting area of two different clusters belong to the same time-slot, which is called the two sign-in points "meet". Furthermore, the similarity of two clusters is obtained according to the number of meeting points, and the similarity of user behavior trajectory is determined. The similarity between clusters is called the local similarity of the trajectory. For a given intersecting cluster, the local similarity of the trajectory is obtained by the number of sign-in points in the two clusters according to the time attribute of sign-in points.

Each time slot is divided into three sections, and each time slot in turn called: front, middle and rear. The demarcation points of the front and the middle are called the pre-demarcation points, and the cut-off points of the middle and the latter are called post-demarcation points, which are collectively referred as segment demarcation points.

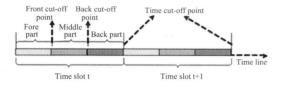

Fig.1   shows a time slot segment

By the above method, the time of day is divided into 12 time-slots, each time-slot consists of three segments, and each segment has 40Min. The sign-in point is regarded as a separable object divided according to the following rules:

(1)If a sign-in point is in the middle of slot t, then it belongs to slot t;

(2)If a sign-in point is in the front or back of slot, it will be separated partially to adjacent time-slots. The specific separation ratio is obtained by the following formula:

$$d = \frac{\text{sign-in point} - \text{nearest cut-off point to sign-in point}}{\frac{2}{3}\text{time slot}}$$

(2)

In this formula, d is the proportion of the sign-in point when separated into adjacent time slots. If d is positive, then the sign-in point will be separated into the latter time slot in proportion d, the remaining $1-|d|$ is separated into the current slot; if negative, then the sign-in point will be in accordance with the ratio $1-|d|$ separated into the previous time slot, the remaining $1-|d|$ attributes to this time slot.

For the sign-in point in the intersection of two intersecting clusters, vectors are used to represent the number of sign-in points on each slot, $\overrightarrow{VE}_{B_i} = \{NPI(b_i,1), NPI(b_i,2), NPI(b_i,3),\cdots, NPI(b_i,t)\}$ and $\overrightarrow{VE}_{B_j} = \{NPI(b_j,1), NPI(b_j,2), NPI(b_j,3),\cdots, NPI(b_j,t)\}$. $\overrightarrow{VE}_{B_j}$ expresses the number of sign-in points that belong to cluster B_i in the intersection area and the check-in time is in time slot t; $NPI(b_i,t)$ means the number of sign-in points that belong to cluster B_i and check-in time is in time slot t. The similarity of the two clusters is calculated by using the

combined form of cosine similarity and Jekard's similarity, as shown in the following equation.

$$BSim(b_i,b_j) = \theta \cdot \frac{\sum\limits_{t=1}^{T} NPI(b_i,t)\cdot NPI(b_j,t)}{\sqrt{\sum\limits_{t=1}^{T} NPI^2(b_i,t)}\cdot\sqrt{\sum\limits_{t=1}^{T} NPI^2(b_j,t)}} + (1-\theta)$$
$$\cdot \frac{NMP(b_i,b_j)}{NP(b_i)+NP(b_j)-NMP(b_i,b_j)}$$

(3)

In the formula, $BSim(b_i,b_j)$ expresses the similarity of cluster B_i and cluster B_j, $NMP(b_i,b_j)$ expresses the number of sign-in points meet in the two clusters, $NP(b_i)$ expresses the number of sign-in points within the cluster b_i, $NP(b_j)$ expresses the number of sign-in points in the cluster b_j; parameters θ is the weight value.

According to the formula(2). (3), there is no intersection between two completely different clusters, and the similarity is 0. However, the behavior trajectories of different users on a certain layer may have multiple intersecting pairs. In this case, the similarity is calculated for each intersecting cluster pair, and then the average is taken as the local similarity of the trajectory on the layer. For given user u and user v, on the layer ly, The local similarity of the behavior trajectory is obtained by the following formula.

$$Si_{u,v,ly}^{(p)} = \frac{\sum\limits_{b_i=1}^{BS(ly,u)}\sum\limits_{b_j=1}^{BS(ly,v)} BSim(b_i,b_j)}{NB(u,v,ly)}$$

(4)

In the formula, $BS(ly,u)$ is the set of user u's cluster on the layer ly; $NB(u,v,ly)$ is the number of the intersecting cluster of the user u and the user v on the layer ly.

The number of time-slots in each cluster is counted, and the time-slot with the largest number of points is counted as the time attribute of the cluster. According to the order of time-slots, the order of the user to visit each cluster is regarded as the user's behavior trajectory.

3.2   Behavioral trajectory overall similarity

If two clusters intersect, and the time-slots of the two clusters are the same, it is claimed that the clusters are intersected in time-space. On layer $ly(ly \in LY)$, in the same time-slot, if cluster of user

u and cluster of user v intersect, the number of time-space intersection is increased by one. The number of times of space-time intersection is recorded as $NB(u,v,ly)$. If a cluster intersects with multiple clusters of another user's trajectory in time-space, the cluster needs to be expanded so that every cluster that intersects it can correspond to one by one. Such as, the cluster A is expanded to a virtual cluster A'. For a cluster A, the number of intersections is n, then the expansion rule of cluster A is as follows:

(1)If $n \leqslant 1$, the cluster is not expanded;

(2)If $n \geqslant 2$, the cluster is expanded, and the number of expanded virtual clusters is $n - 1$

On the layer $ly(ly \in LY)$, the behavioral trajectory overall similarity of user u and user v is obtained by the following formula:

$$Si_{u,v,ly}^{(w)} = \frac{NB(u,v,ly)}{NB(u,ly)+NB(v,ly)+NVB(u,v,ly)-NB(u,v,ly)}$$
(5)

In this formula, $Si_{u,v,ly}^{(w)}$ expresses the overall similarity of user u and user v on the layer ly; $NB(u,v,ly)$ expresses the number of time-space intersection of user u and v on the layer ly; $NB(u,ly)$ expresses the number of user u's clusters on the layer ly; $NB(v,ly)$ expresses the number of user v's clusters on the layer ly; $NVB(u,v,ly)$ expresses the total number of virtual clusters that are extended by the intersection of the user u's trajectories and v's trajectories; if virtual clusters do not exist, $NVB(u,v,ly)$ is 0.

3.3 The user's interest similarity of the trajectory

For given user u and user v, on the layer ly, the behavioral trajectory similarity of them can be obtained by linear interpolation for $Si_{u,v,ly}^{(w)}$ and $Si_{u,v,ly}^{(p)}$, and formula is as follows:

$$Si_{u,v,ly} = \phi Si_{u,v,ly}^{(w)} + (1-\phi)Si_{u,v,ly}^{(p)}$$
(6)

In the formula, the parameter ϕ is the weight value.

Finally, the behavior trajectory similarity of user on each layer is calculated by comparing the behavior trajectories of different users. And

according to the weight value of each layer, the behavior trajectory similarity of user is obtained by superposing the behavior trajectory similarity of each layer. For given user u and user v, the behavioral trajectory similarity of them is obtained by the following formula:

$$Sim_{u,v}^{(lo)} = \sum_{ly=1}^{LY} WE_{ly} \cdot Si_{u,v,ly}$$
(7)

In this formula, $Si_{u,v,ly}$ expresses, on the layer $ly(ly \in LY)$, the behavior trajectory similarity of user u and user v; $Sim_{u,v}^{(lo)}$ expresses the trajectory similarity of the user u and v, and WE_{ly} expresses the weight value about layer ly.

4　Advertisement Recommendation Method Based on Collaborative Filtering

Considering the similarity of the user's interest, the similarity of the trajectory, the similarity of the behavior of the user in different time periods and the popularity index of the advertisement, this paper uses the collaborative filtering method to calculate the recommended value for mobile Internet advertising and recommend the top-ranked ad to the user.

4.1　User's advertisement click situation processing

The time of the user to use the mobile terminal is influenced by some factors such as lifestyle and schedule. Set $C_{v,t',l,a}$ expresses the user $v(v \in U)$ clicked on the ad $a(a \in A)$, in the slot $t(t \in T)$, and in the area $l(l \in L)$. If the user clicked on the advertisement, then $C_{v,t',l,a} = 1$; otherwise, $C_{v,t',l,a} = 0$; L is a set of POIs(Point of Interest)that is obtained by clustering user's sign-in point. U is a set of all users, T is the set for all time-slots, and A is the set for all advertisements.

In different time-slots, people may do in the same activities. In different time-slots, the users' behaviors also have certain similarities. About this problem, this paper uses smoothness and optimization of slot similarity to solve this problem.

Firstly, analyze the behavior similarity of the

user in different time-slots. That is, each user's sign-in point is placed in different time-slots according to the time attribute.

Secondly, compare the sign-in point points with two different time-slots. If the distance between two points is less than the threshold value MAX_DISTANCE, the two sign-in points are considered to be at the same location and the behavior of users' two sign-in points is similar at the corresponding slot.

Then, find the amount of two sign-in points that are at the same place in all the sign-in points of two different time-slots, and the ratio of which to the amount of all sign-in points of the two time-slots is used as the behavior similarity of two time-slots of user. The behavior similarity is represented by the symbol TSS (Time-slot Similarity).

Finally, for each user, calculate the similarity between different time-slots; and then calculate the average of the similarity of the time-slots. $\tilde{C}_{v,t',l,a}$ indicates a situation after users click on the ads that have been smoothed and optimized. The formula is as follows:

$$\tilde{C}_{v,t,l,a} = \sum_{t'=1}^{T} \frac{TSS_{v,t,t'}}{\sum_{t''=1}^{T} TSS_{v,t,t''}} C_{v,t',l,a} \qquad (8)$$

In this formula, $TSS_{v,t,t'}$ expresses the behavior similarity of user v between time slots t and t'.

4.2 Advertising popularity optimization

The popularity of advertisement is affected by time, and it varies in each period. Due to the impact of people's schedule and the specific needs of the specific time, there is also a certain active period for users to browse a certain type of advertisement. For this reason, the optimization of advertising popularity is needed. Analyzing the popularity of advertisements in one day helps to recommend the right advertisements at the right time. Given an advertisement $a(a \in A)$, in the time-slot $t(t \in T)$, and the popularity of advertisement is obtained by the following formula:

$$P_{a,t} = \gamma \frac{|CAS(a,t)|}{\sum_{a' \in 1}^{A} |CAS(a',t)|} + (1-\gamma) \frac{|CAS(a)|}{\sum_{a' \in 1}^{A} |CAS(a')|}$$

$$(9)$$

In this formula, $P_{a,t}$ is the popularity index of advertisement a in time-slot t; $|CAS(a,t)|$ is the number of the advertisement a has been viewed in time-slot t; $|CAS(a)|$ is the number of the advertisement a is viewed in all time-slots; the parameter γ is the weight value.

4.3 Collaborative filtering advertising recommended algorithm

The steps to recommend advertisement for user u are as follows:

Step1: Linear interpolate interest similarity and behavior trajectory similarity between user u and other users, according to the following formula:

$$Sim_{u,v} = \beta Sim_{u,v}^{(te)} + (1-\beta)Sim_{u,v}^{(lo)} \qquad (10)$$

In the formula, the parameter β is the weight parameter, the value range is $[0,1]$.

Step 2, $\tilde{C}_{v,t',l,a}$ is got by formula(8)and $P_{a,t}$ is got by formula(9):

Step 3, calculate the recommended value R according to the following formula:

$$R_{u,t,l,a} = \frac{\sum_{v \in 1}^{U} Sim_{u,v} \sum_{t'=1}^{T} \tilde{C}_{v,t',l,a} \cdot TSS_{v,t,t'}}{\sum_{v' \in 1}^{U} Sim_{u,v'}} \cdot P_{a,t} \qquad (11)$$

Step 4, The recommended values are arranged in descending order, and the first N advertisements are recommended to the user u.

5 Experimental Verification and Results Analysis

5.1 Experimental analysis of user interest similarity calculation method

Experimental data, 175, 000 Micro-Blog texts published by 184 users, is from Sina Micro-Blog platform. In order to verify the effectiveness of the user interest similarity calculation method, this paper uses precision rate and recall measurement method to calculate the precision(Precision)and the recall(Recall)of each user, according to formula(12) and(13), and the user, whose interest similarity is greater than 0.5 about user u is defined as the standard "friend" of the user u. $F(u)$ expresses the standard "friend" set of the user u. Find a user set, in which similarity of user is greater than 0.5 and the first N(remember: Top-N)users is regarded as "friend" set of the user u.

$$Precision_u = \frac{|R(u) \cap F(u)|}{|R(u)|} \qquad (12)$$

$$Recall_u = \frac{|R(u) \cap F(u)|}{|F(u)|} \qquad (13)$$

Figures 2 and 3 show the contrastive results of the Cosine similarity, Jaccard similarity, Tanimoto similarity and JacPCC similarity. The results are as follows:

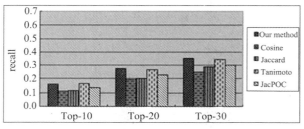

Fig. 2 　The result of precision

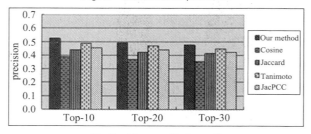

Fig.3 　The result of recall

According to the experimental results, the Precision decreases and the Recall increases with the N value of Top-N increasing. In addition, the method of this paper is superior to the traditional method.

5.2 　Experimental analysis of trajectory similarity calculation method

the user v which is the most similar to the user u is got by the method of this paper, and the sign-in points of the user u and the user v are clustered in each layer of the clustering model to get ROIs(Regions Of Interest). And $RS(u)$ expresses the set of ROIs that the user u has visited, and $RS(v)$ expresses the set of ROIs that the user v has

visited, and $RS(u) \cap RS(v)$ expresses the set of ROIs that user u and v have visited at the same time. The Precision and Recall of user u and v in the layer ly are got by formula (14) and formula (15) respectively.

$$Precision_{u,v,ly} = \frac{|RS(u) \cap RS(v)|}{|RS(v)|} \qquad (14)$$

$$Recall_{u,v,ly} = \frac{|RS(u) \cap RS(v)|}{|RS(u)|} \qquad (15)$$

According to the WE_{ly} of each layer, the overall Precision and the overall Recall can be obtained by following formulas:

$$Precision_{u,v} = \sum_{ly=1}^{LY} WE_{ly} \cdot Precision_{u,v,ly} \qquad (16)$$

$$Recall_{u,v} = \sum_{ly=1}^{LY} WE_{ly} \cdot Recall_{u,v,ly} \qquad (17)$$

First, take out 180 users from the data set as the test set. Second, find the most similar users to the corresponding users, and calculate the Precision and the Recall, and the then use the means of the Precision and the Recall as the final Precision and Recall of the algorithm. Third, according to the method of this paper and the following 3 methods, take out the number of the first 50, the first 150 and all elements from the test set to compare the Precision and the Recall of each layer in the layered clustering model: Other method one: Yuan Shuhan [6] proposed user similarity calculation method based on the vector space model. Other method two: Zhang Ying[7] proposed the track similarity algorithm. Other method three: use the method of this paper, but don't use smoothness and optimization when the user's sign-in points are divided into the corresponding time-slot. The results are as follows:

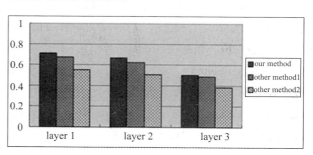

Fig. 4 　The precision on three layers

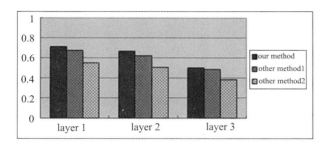

Fig. 5   The recall on three layers

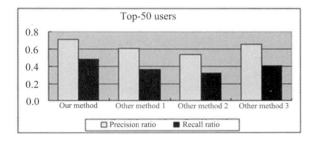

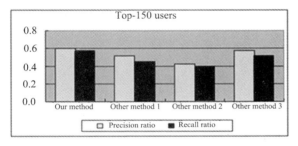

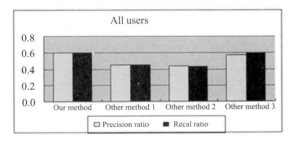

Fig. 6   The precision and recall of each methods

According to experimental results, the method of this paper is effective to calculate the user's behavior trajectory similarity from the whole to the local and the time factor of the sign-in point.

6 Conclusion

In this paper, a method of mobile Internet advertisement recommendation based on collaborative filtering is proposed. The interest similarity of users is calculated by the text data of Sina Micro-Blog. The hierarchical clustering method is used to analyze the user's sign-in data. According to the temporal and spatial intersection of user behavior trajectories, the user's behavior trajectory similarity is analyzed from the perspective of whole and local, and User's Interest Similarity Based on Behavior Trajectory is got by the method of linear combination. Considering the similarity of the user's interest, the similarity of the user's behavior trajectory and the popularity index of the advertisement in different time periods, the recommending method of collaborative filtering is used to calculate the recommended value of the mobile Internet advertisement and the high-ranking advertisements will be recommended to the user.

REFERENCES

[1] YAO XIAOZHE, CHEN YINGYING, LIAO RONGJIE, CAI SHUBIN. Face based advertisement recommendation with deep learning: A case study; Lecture Notes in Computer Science (including subseries Lecture Notes in Artificial Intelligence and Lecture Notes in Bioinformatics), v 10699 LNCS, p 96-102, 2018, Smart Computing and Communication 2nd International Conference, SmartCom 2017, Proceedings.

[2] TU DANDAN, SHU CHENGCHUN, YU HAIYAN. Using unified probabilistic matrix factorization for contextual advertisement recommendation[J]. Ruan Jian Xue Bao/Journal of Software. 2013(24): 454-464.

[3] WU TINGJIAFANG, SHIHHAU, WUYONGBIN et al. A study of mobile advertisement recommendation using real big data from AdLocus; 2016 IEEE 5th Global Conference on Consumer Electronics, GCCE 2016, December 27, 2016, 2016 IEEE 5th Global Conference on Consumer Electronics, GCCE 2016.

[4] LIU PENG, LI SONGBIN, DENG HAOJIANG, WANG JINLIN. Intelligent outdoor video advertisement recommendation system based on analysis of audiences' characteristics[J]. High Technology Letters, v22, n2, p215-223, June I, 2016, Inst. of Scientific and Technical Information of China.

[5] DU WEI, CHEN JUNLIANG. Semantic tags

and neutral network based personalized advertisement recommendation system for movies[J]. Advanced Materials Research, V488-489, p1727-1731, 2012, Key Engineering Materials II.

[6] YUAN SHUHAN. based on the vector space model to calculate the user similarity method [D]. Quan Zhou: Huaqiao University, 2012.

[7] ZHANG YING, LI ZHI AND ZHANG SHENG. Users Trajectory Similarity Algorithmic research on Location-based Social Network[J]. Journal of Sichuan University: Engineering Science Edition, 2013, S2: 140-144.

基于多元中心度与情感极性的用户影响力模型

高岚琳，吴　越，王春佳

（西华大学计算机与软件工程学院，成都 610039）

摘　要：构建用户影响力模型，发现影响力大的用户，对于产品推广、舆情调控具有十分重要的作用。为此，本文融合多元中心度和情感极性，构建了一种新型的用户影响力模型。先从天涯论坛中爬取真实数据集合构建社交关系网络；再综合程度中心度、亲近中心度和居间中心度，设计多元中心度（Multi-centrality）指标，识别综合影响力大的用户；进一步地，使用相对情感极性判别方法将影响力大的用户分为三种类型，分别是意见领袖、靶子领袖和核心人物。实验结果分析表明，本文提出的多元中心度方法能有效地识别影响力大的用户；同时，情感极性的融入，能很好地区分用户的正面影响和负面影响。研究结果为设置可靠的产品推广策略和舆情调控策略提供了理论依据和数据支持。

关键词：多元中心度；情感极性；意见领袖；靶子领袖

User Influence Model Based on Multi-centrality and Emotional Polarity

GAO Lanlin, WU Yue, WANG Chunjia

(School of Computer and Software Engineering, Xihua University, Chengdu 610039 China)

Abstract: Constructing influence models and discovering users with great influence had been very important roles in product promotion and public opinion control. Therefore, this paper integrated multi-centeredness and sentiment polarity to construct a new model of user influence. Firstly, crawled real datasets from the Tianya Forum to build a social network. Then, integratively use the degree-centrality, closeness-centrality and betweenness-centrality to design Multi-centrality indicators for identifying users with high overall influence. Further, by using discrimination method of the relative sentiment polarity, users with high influence were divided into three types: opinion leaders, target leaders, and core figures. The analysis of experimental results showed that the method of multiple centrality proposed in this paper could better identify influential users. Futhermore the integration of emotional polarity could well distinguish users' positive and negative influences. The research results provided theoretical basis and data support for setting reliable product promotion strategies and public opinion control strategies.

Key words: multi-centrality; emotional polarity; opinion leaders; target leaders

哈罗德·孔茨说："领导是一种影响力，或叫做对人们施加影响的艺术过程。"[1] 随着 Web2.0 时代的到来，人人手里都有麦克风，言论的自由产生了网络舆论，作为一种新的舆论形式，其发展形势和影响受到了广泛关注。如今用户影响力不仅仅是研究社会网络分析的热点，也是舆情分析的重点研究内容，崔逾瑜[2]等人在分析舆论反转时表明少量具有影响力的人物不仅能加快网络舆论的形成，而且能使整个网络舆论发生逆转。

关于用户影响力模型的构建，研究者重点分析了用户之间的交互行为、用户发表的内容、发表内容包含的情感极性、中心度等多个方面，综合运用了情感分析、社会网络分析和各种机器学习方法。研究对象既有微博、Twitter 等网络，也有天涯、博客等门户网站。

现有的用户影响力模型研究的侧重点主要在于社会网络，用户交互和情感极性等方面。文献[3-6]基于社会网络，分别利用程度中心度、中介

作者简介：高岚琳（1995—），女，硕士研究生，主要研究方向：舆情演化、自然语言处理；吴越（1987—），女，副教授，博士，主要研究方向：网络舆情分析、自然语言处理、社会网络分析；王春佳（1993—），女，硕士研究生，主要研究方向：推荐系统、数据挖掘、自然语言处理。

中心度、邻近中心度等测量指标来衡量用户影响力，但是仅应用一种中心度指标测量用户的影响力并不完善，没有很好地体现节点的影响力。文献[7]基于用户之间的交互行为发现具有影响力的用户，利用了追随者对其受访者影响的变化并且依赖于他们之间的相互作用提出了一种新的排名方法。文献[8]分析了用户发表内容包含的情感极性，利用 PageRank 算法并纳入匿名用户和回复者的情感来计算节点的影响力，提出了基于情感倾向性的意见领袖发现算法，但并未对具有影响力的用户进行细分。文献[9]对影响力用户进行了细分，提出了包括信息生产、信息传播以及信息影响三大能力要素的胜任力模型，并将用户划分为普通大众、活跃分子、主题意见领袖和网络意见领袖，但该方法划分的四类用户对于舆情控制的作用不大。另外，部分研究者利用了 PageRank[10-11]、HITS 等经典算法度量和计算了用户影响力。在天涯这样的门户网站中，综合分析中心度、用户回复交互行为、情感极性等内容，对研究用户影响力模型意义重大。

1   模型构建

本文结合多元中心度与相对情感极性来识别具有影响力的用户。首先分析从网络上爬取到的数据并建立网络图，提取有意义的多元中心度指标，全面地描述网络舆论演化过程中位于网络关键位置的用户。然后统计分析用户评论中不同情感极性的比例，反映被评论对象在网络舆论演化过程中的认同度。通过多元中心度和相对情感极性的结合来快速判别具有高度认同度的意见领袖，具有争议性的核心人物，以及遭到多数人反对的靶子领袖。本文采取的模型构建方法的整体框架如图 1 所示。

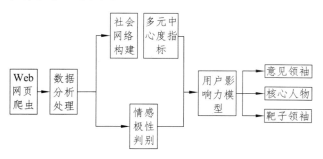

图 1   模型构建框架图

1.1   论坛爬虫流程

网络爬虫（Crawler）又被称为网页蜘蛛，它是遵循一定的规则来自动抓取网络内容的一段程序或脚本。网络爬虫技术可以应用于搜索引擎、股票预测、新闻主题聚合等领域，也是舆情分析中不可或缺的重要技术。爬取论坛中数据的网络爬虫的基本工作流程如下：

（1）首先选取需要爬取的主题下的种子的统一资源定位符（Uniform Resource Locator，URL），并将这些 URL 依次放入待抓取的 URL 队列中。

（2）根据待抓取 URL 队列中的 URL 依次下载相对应的网页，将网页中的内容传给数据解析模块，URL 放入已抓取队列中。

（3）数据解析模块分析传送过来的网页内容，通过正则表达式提取出楼主、层主、回复关系及内容等感兴趣的数据，将数据传送给数据清洗模块并将网页中出现的 URL 传送给 URL 调度模块。

（4）URL 调度模块分析接收到的 URL 数据，如果该 URL 与已抓取队列中的 URL 相同，则放弃抓取，否则就放入待抓取队列中，重复执行 2—4 步直到待抓取 URL 队列为空，或者系统主动停止爬虫工作。

（5）清洗数据模块需要对缺失值、不规范数据、重复数据等进行清洗，整理，然后以规范的格式存入数据库中，为下面的回复关系判别和情感极性分析做准备。

1.2   回复关系判别

对于天涯论坛这种模式的论坛，各用户发表的言论之间存在的回复关系在其论坛页面结构上并没有完全表示出来，有些回复关系仅仅在其回复内容中才得以体现。所以，要得到准确完整的回复关系还需要对不确定关系的用户发表的言论进行内容分析。经过对回复关系的初步分析发现，一般情况下，层主发表的言论如果没有 "@评论对象" 的格式出现，则默认其言论是回复楼主的，层内评论者发表的言论若不是 "评论 评论对象：评论内容" 的形式，则默认其言论是回复层主的。针对回复关系判别而建立的流程图如图 2 所示。

1.3   多元中心度指标

网络中具有影响力的用户节点在研究舆情上起到了重要的作用，而社会网络分析中的中心度测量指标是衡量个体节点在网络中影响力的重要方法之一。基于建立起来的网络结构图，使用一系列中心性度量方法就可以计算出哪个个体比其他个体更重要[12]。根据研究重点不同，对节点采用的测量指标也不同。因此，使用多元中心度指标度量节点能更准确地判别用户综合的影响力。

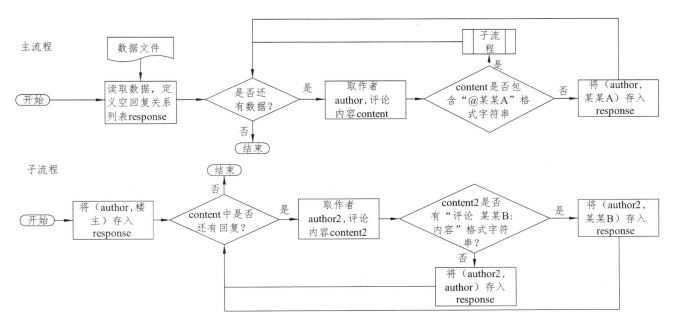

图 2　回复关系判别流程图

1.3.1　经典中心度指标

1. 程度中心度

程度中心度（Degree centrality）将节点的中心度定义为节点度（node degree），即一个节点与其他所有节点连接的程度[13]。在微博上，它是粉丝数量；在微信上，它是朋友数量；在论坛中，它是回复数量。对于一个拥有 m 个节点的网络图，程度中心度的表达式为：

$$C_D(N_i) = \sum_{j=1}^{m} x_{ij} (i \neq j) \tag{1}$$

其中，N_i 表示除节点 i 以外的节点的集合；$C_D(N_i)$ 表示节点 i 的程度中心度；$\sum_{j=1}^{m} x_{ij}$ 表示节点 i 与其它 $m-1$ 个 j 节点之间的连接数量，其中 $i \neq j$ 表示排除 i 与自己的连接。由此可以看出，一个节点的节点度越大就意味着这个节点与更多的节点用户连接，其程度中心度越高，在网络中就越具有影响力。

2. 亲近中心度

亲近中心度（Closeness centrality）[14]将节点的中心度定义为接近程度，平均距离的值越小，说明该节点在信息传播的过程中越自主。对于一个拥有 m 个节点的网络图，亲近中心度的表达式为：

$$C_C(N_i) = \left[\sum_{j=1}^{m} d(i,j) \right]^{-1} (i \neq j) \tag{2}$$

其中，$C_C(N_i)$ 表示节点 i 的亲近中心度；$d(i,j)$ 表示节点 i 与节点 j 之间的距离。表达式的意思就是计算除 i 节点之外的 $m-1$ 个节点与 i 之间的距离相加再取倒数，其结果是一个介于 0 和 1 的数值；值越大意味着亲近中心度越大，影响力越大。

3. 居间中心度

居间中心度（Betweenness centrality）[15]能够分辨出在信息传播的过程中扮演着不可或缺的桥梁作用的节点。如果一个节点的居间中间性值越高，就可以认为该节点处于重要的位置。对于一个拥有 m 个节点的网络图，居间中心度的表达式为：

$$C_B(N_i) = \sum_{j \neq i \neq k} \frac{\sigma_{jk}(i)}{\sigma_{jk}} \tag{3}$$

其中 $C_B(N_i)$ 表示居间中心度；$\sigma_{jk}(i)$ 表示经过节点 j 到节点 k 的最短路径上有节点 i 的路径数；σ_{jk} 表示节点 j 到节点 k 总的最短路径数。在结构洞理论中，居间中心度用来判定桥节点，分散开的网络需要桥节点的连接才能传递信息流，故居间中心度高的节点在网络中具有较高的影响力。

1.3.2　多元中心度指标

本文通过对不同的一般中心度赋权值来构成多元中心度。一般情况下，程度中心度、亲近中心度和居间中心度的权重难以确定，通常的办法是将其两两比较，然后用一定的方法把两两比较的结果聚合起来确定权值。假设有 m^* 个测量指标，由评价人对其重要性两两比较，需要比较 $C_m^2 = \frac{1}{2}m(m-1)$ 次，把第 i 个测量指标对第 j 个测量指标的相对重要性记为 b_{ij}，且

$$b_{ij} = \frac{\omega_i}{\omega_j} \tag{4}$$

m 个测量指标两两比较的结果构成矩阵 B：

$$B = \begin{bmatrix} b_{11} & b_{12} & ... & b_{1m} \\ b_{21} & b_{22} & ... & b_{2m} \\ \vdots & \vdots & & \vdots \\ b_{n1} & b_{n2} & ... & b_{nm} \end{bmatrix} = \begin{bmatrix} \omega_1/\omega_1 & \omega_1/\omega_2 & ... & \omega_1/\omega_m \\ \omega_2/\omega_1 & \omega_2/\omega_2 & ... & \omega_2/\omega_m \\ \vdots & \vdots & & \vdots \\ \omega_n/\omega_1 & \omega_n/\omega_2 & ... & \omega_n/\omega_m \end{bmatrix} \tag{5}$$

其中，ω_i 是测量指标 i 的权重值；ω_j 是测量指标 j 的权重值。可以看出：

$$b_{ij} = \frac{1}{b_{ji}}, \quad b_{ii} = b_{jj} = 1 \tag{6}$$

为了比较程度中心度、亲近中心度和居间中心度之间的相对重要性，从而得到相应的权重值，采用 Saaty[16]根据一般人的认知习惯和判断能力给出的测量指标间相对重要性等级表来取得重要性判断矩阵 B 中元素值，如表 1 所示。

表 1　测量指标重要性判断矩阵 B 中元素取值表

相对重要程度	定　义	说　明
1	同等重要	两个属性同要重要
3	略微重要	由经验判断，一个属性比另一个略微重要
5	相当重要	由经验判断，认为一个属性比另一个重要
7	明显重要	深感一个属性比另一个重要，且已有实践证明
9	绝对重要	强烈地感到一个属性比另一个重要得多
2, 4, 6, 8	两个相邻判断的中间值	需要折中时采用

经过多个评价人分析并对其观点进行一个观点平均化发现，由于本文主要目的是发现意见领袖和靶子领袖，所以程度中心度 C_D 与亲近中心度 C_C 相比相当重要，取 $b_{12}=5$；由于本文还讨论了位于中间的核心人物，所以程度中心度 C_D 与居间中心度 C_B 相比介于同等重要和略微重要之间，取 $b_{13}=2$；同理，可以得出居间中心度 C_B 与亲近中

心度 C_C 相比略微重要，取 $b_{23}=\frac{1}{3}$。利用式（6），可得到多元中心度中各个单一中心度的相对重要性判断矩阵 B：

$$B = \begin{bmatrix} 1 & 5 & 2 \\ \frac{1}{5} & 1 & \frac{1}{3} \\ \frac{1}{2} & 3 & 1 \end{bmatrix} \tag{7}$$

利用式 $\sum_{i=1}^{m}\omega_i = 1$ 可得到多元中心度中每个中心度的权重值：

$$W = [\omega_D, \omega_C, \omega_B]^T = [0.588\,2, 0.117\,6, 0.294\,2]^T \tag{8}$$

将每个中心度与其权值相乘求和就求得了所需的多元中心度（Multi-centrality）：

$$C_M(N_i) = C_D(N_i)\cdot\omega_D + C_C(N_i)\cdot\omega_C + C_B(N_i)\cdot\omega_B \tag{9}$$

1.4　相对情感极性判别

网络论坛上网民的发言通常比较随意，而且中文语义分析也是一个难点。但经分析，网民在表达自己对某一话题的观点倾向时，往往使用具有强烈感情色彩的词语或符号。因此，为了判断网民对话题的观点倾向，实验采取了基于情感词典的情感分类。首先载入知网的情感词典，情感词典分为积极情感词典、消极情感词典、否定词典以及程度副词词典四个部分，为了达到尽可能高的准确性，情感词典中还加入了天涯中常用的情感词，如"呵呵""顶""拆楼"等；然后将句子进行 jieba 分词后对每个积极词语赋权重 1，消极词语赋权重-1，并假设情感值满足线性叠加原理，若句中存在否定词则使权重值反向，存在程度副词则让权重加倍；最后根据总权值的正负来判别用户所具有的情感极性。基本算法如图 3 所示。

把情感倾向作为网民价值，如果网民影响力为一个较大的正值，代表跟随者跟随意见领袖对于话题的观点；如果为一个较大的负值，则认为该网民对话题的看法遭到广大网民的质疑，称其为靶子领袖。

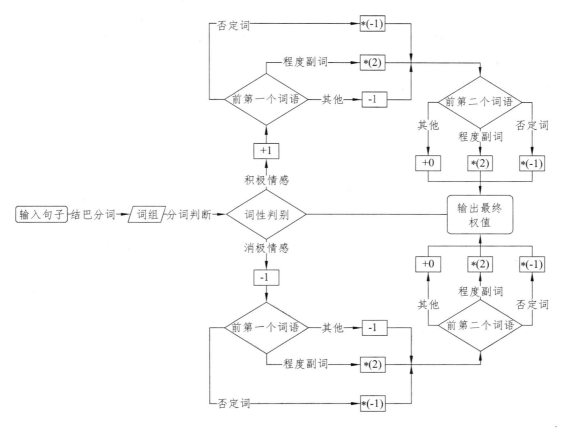

图3　情感倾向判别算法

2　实验结果与分析

本文以天涯论坛上江某案的帖子为数据来源，通过编写的爬虫框架获取了回复数量较大、情感极性明确的帖子的评论数据，共有约 15 393 条回复数据。在分析数据之前，我们对数据进行了预处理，只选择了回复数大于 1 500 的 3 个情感极性分布不同的帖子进行分析研究，并且删除了网络图中的孤立节点。

2.1　影响力用户判别

通过编写程序，以每个帖子的多元中心度前 3 名为基准将四种测量指标拼在一起，形成下列表格（表2）。

表2　基于多元中心度的用户影响力排名

帖子ID	用户名	程度中心度	亲近中心度	居间中心度	多元中心度
1	蓝蓝的明天	283	0.848 6160 5	0.642 142 65	166.749 315 61
1	RHB之再战江湖	47	0.486 481 69	0.028 777 63	27.711 076 63
1	公民 xh	44	0.475 480 85	0.050 755 44	25.951 648 80
2	生活的羽衣	232	0.654 584 25	0.298 777 07	136.627 279 32
2	刘德辉谕	103	0.456 415 59	0.148 467 80	60.681 953 70
2	小熊安儿 826	28	0.413 378 88	0.024 030 27	16.525 283 06
3	口袋里的风	373	0.957 829 47	0.139 951 04	219.552 414 34
3	佳娜达泡芙	12	0.329 515 68	0.005 813 00	4.746 061 22
3	朝阳区吃瓜群众1	10	0.328 876 46	0.008 494 44	5.923 174 93

注：帖子ID对应的帖子分别为 1"刘某的错有多大，需要以死谢罪、万劫不复吗？" 2"江某案庭审新进展，刘某为摆脱陈不顾一切手段" 3"看了徐某微博，透漏出江某被害案的一些细节，毛骨悚然！"

通过多元中心度分别得到了3个帖子具有影响力的前三名用户，接下来将会根据相对情感极性对这些用户做进一步的分析。

2.2 相对情感极性判别

将论坛中评论人对评论对象所发表的言论的情感极性分为正向、中立和负向，分别取值为[1，0，-1]，研究中记为 $attitude_i$。首先获得所有用户对用户 j 的总回复数：

$$attitude_j = \sum_{i=1}^{n} attitude_{nj} \qquad （10）$$

再分别计算不同情感极性的回复总数，最终得到不同情感极性所占百分比。根据正向情感、中立情感以及负向情感的大小判断出用户 j 的情感极性。结果如表3所示。

表3   相关用户对某用户 j 的情感极性

ID	用户名	总回复数	正向情感/%	中立情感/%	负向情感/%	情感极性
1	蓝蓝的明天	923	8.992 4	24.677 1	65.330 4	-1
2	RHB之再战江湖	328	3.048 8	8.231 7	88.719 5	-1
3	公民 xh	164	2.439 0	7.926 8	89.634 1	-1
4	生活的羽衣	1143	34.733 2	61.592 3	3.674 5	0
5	刘德辉谕	188	12.234 0	42.021 3	45.744 7	-1
6	小熊安儿826	73	16.438 4	32.876 7	50.684 9	1
7	口袋里的风	569	63.796 1	34.094 9	2.109 0	1
8	佳娜达泡芙	80	8.750 0	88.750 0	2.500 0	0
9	朝阳区吃瓜群众1	18	77.777 8	22.222 2	0	1

从实验结果可以看出，在帖子1中经过多元中心度判别出的影响力大的前三名都为负向情感极性，其中"公民xh"对"蓝蓝的明天"为支持的态度，充分体现了"蓝蓝的明天"为靶子领袖；在帖子2中最具影响力的用户"生活的羽衣"的情感极性为中立，而其后面的两个影响力较大的用户分别持正向和负向情感，符合具有核心人物的帖子中争议性大的特点；帖子3中用户"口袋里的风"最具影响力，并且其情感极性为正向，帖子中的其他用户也多持中立和正向情感，故称其为意见领袖。

2.3 影响力人物分析

根据多元中心度值分别对三个帖子中的用户进行了降序排序，并通过相对情感极性判别区分出了意见领袖、核心人物以及靶子领袖。其分析结果如下图所示。

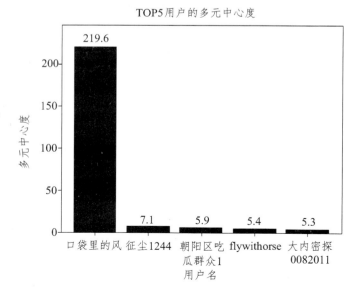

（a）意见领袖

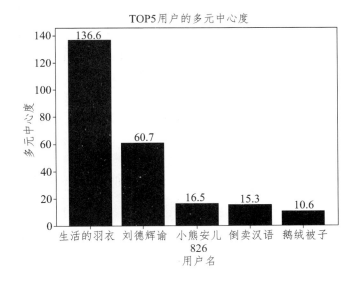

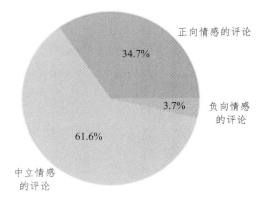

（b）核心人物

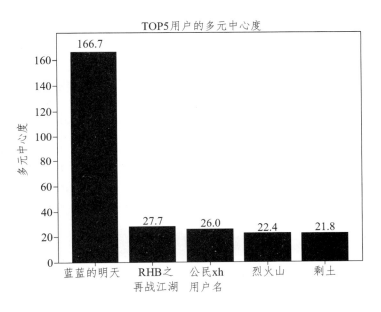

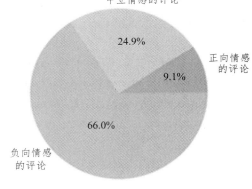

（c）靶子领袖

图4 影响力人物分析

图4包含的（a）、（b）、（c）中的柱状图显示了三个帖子中最具影响力的前五位用户各自的多元中心度，其中多元中心度最高的用户作为意见领袖、核心人物以及靶子领袖的候选人，而饼状图对左边柱状图中选出的候选人进行情感极性判断，最终确定了意见领袖、核心人物和靶子领袖。

3 结 论

本文使用多元中心度与情感极性相结合的方法，将具有积极网络舆论影响力的用户称作意见领袖，具有消极网络舆论影响力的用户称作靶子领袖，并且讨论了具有影响力的争议性大的核心人物，为产品推广、舆情控制提供了参考数据。在对多元中心度求权值时，使用了简单的观点取平均值来消减人为判断误差，后续研究会考虑通过最小二乘法、梯度下降法或牛顿法等方法来解决此问题；在对情感极性进行判断时，使用的是基于词典的情感计算方法，后续研究会加入神经网络模型，进一步提升准确率。

参考文献

[1] 吴维库. 基于价值观的领导[M]. 北京：经济科学出版社，2002.

[2] 崔逾瑜，匡志达. "舆论反转"背后的反思[J]. 新闻前哨，2015（10）：16-18.

[3] YUSTIAWAN Y, MAHARANI W, GOZALI A A. Degree Centrality for Social Network with Opsahl Method [J]. Procedia Computer Science, 2015, 59: 419-426.

[4] 朱静宜. 基于中介中心度的微博影响力个体发现[J]. 计算机应用研究，2014，31（1）：131-133.

[5] AGRYZKOV T, OLIVER J L, TORTOSA L, et al. A new betweenness centrality measure based on an algorithm for ranking the nodes of a network[J]. Applied Mathematics & Computation, 2014, 244(2): 467-478.

[6] LIU H L, MA C, XIANG B B, et al. Identifying multiple influential spreaders based on generalized closeness centrality[J]. Physica A Statistical Mechanics & Its Applications, 2018.

[7] LI X, CHENG S, CHEN W, et al. Novel user influence measurement based on user interaction in microblog[C]//Ieee/acm International Conference on Advances in Social Networks Analysis and Mining. IEEE, 2013: 615-619.

[8] 郎冬冬，刘卓然，冯旭鹏，等. 基于情感倾向性的意见领袖发现方法[J]. 计算机应用与软件，2017（10）：66-70，96.

[9] 陈波，唐相艳，于泠，等. 基于胜任力模型的社交网络意见领袖识别方法[J]. 通信学报，2014（11）：12-22.

[10] 刘纯丽. 基于 PageRank 改进算法的在线社交网络意见领袖挖掘研究[J]. 池州学院学报，2017（6）：48-51.

[11] 吴渝，马璐璐，林茂，等. 基于用户影响力的意见领袖发现算法[J]. 小型微型计算机系统，2015（3）：561-565.

[12] 付立东. 复杂网络中心性度量及社团检测算法研究[D]. 西安：西安电子科技大学，2012.

[13] FREEMAN L C. Centrality in social networks conceptual clarification[J]. Social Networks, 1978, 1(3): 215-239.

[14] 戴维·诺克，杨松. 社会网络分析：第 2 版[M]. 上海：人民出版社，格致出版社，2012.

[15] 汪小帆，李翔，陈关荣. 网络科学导论[M]. 北京：高等教育出版社，2012.

[16] SAATY T L. Fundamentals of decision making and priority theory with the analytic hierarchy process[J]. Analytic Hierarchy Process, 2000.

纵向错落差动式挑坎水力特性的研究

虞佳颖，宋文武，陈建旭，罗　旭，万　伦

（西华大学能源与动力工程学院，四川 成都 610039）

摘　要：为探究一种新型纵向错落差动式挑坎的水力特性，先对此种挑流鼻坎的体型参数进行设计，其中反弧半径为 10 m 的低坎和反弧半径为 5 m 的高坎的起挑点均紧接在坡比为 1：1 的溢洪道后，保持两种挑坎的高度相同均为 0.94 m，则可确定高挑坎挑脚为 35°，低挑坎挑脚为 25°，并且使得低坎的纵向长度小于高坎的纵向长度，即流经高坎的水舌在纵向上比低坎水舌优先起挑。目前国内外尚未有此种体型的挑流鼻坎研究。通过 Fluent 中对划分网格的三维模型进行数值模拟，计算结果表明此种新型挑坎有效加大挑距超过 60%，扩大下游落水面积，有利于增加冲刷坑面积从而减轻对下游河道的局部冲刷。在明显减小鼻坎处压强的同时，没有产生易发生空蚀空化的负压区，有利于对挑流鼻坎处的保护。

关键词：纵向错落；差动式挑坎；水力特性；数值模拟；溢洪道

Study on the Hydraulic Characteristics of Flow in Vertically Scattered Upper-Lower Flip Bucket

YU Jiaying, SONG Wenwu, CHEN Jianxu, LUO Xu, WAN Lun

(School of Energy and Power Engineering, Xihua University, Chengdu 610039 China)

Abstract: In order to explore the hydraulic characteristics of a new type of vertically scattered upper-lower flip bucket, the shape parameters of this kind of flip bucket were designed first, with a low scallop radius of 10m and a high scallop radius of 5m. The picking points are all closely connected after the spillway with a slope ratio of 1: 1. Keeping the heights of the two picks equal to 0.94m, the upper flip bucket's angle is 35° and the lower flip angle is 25°. Therefore, the longitudinal length of the lower flip bucket is shorter than that of the upper, the water tongue flowing through the high sill first picks in the longitudinal direction than the low scallop tongue. At present, there is no research on this type of flip bucket. The three-dimensional model of meshing is numerically simulated by Fluent. The calculation results show that this new type of flip bucket can effectively increase the throw distance by more than 60% and expand the downstream water-fall area, which helps to increase the area of scour hole and reduce the local erosion of the downstream river. While significantly reducing the pressure at the flip bucket, there is no negative pressure zone that is prone to occur cavitation, which is conducive to the protection of the flip bucket.

Key words: vertically scattered; upper-lower flip bucket; hydraulic characteristics; numerical simulation; spill way

随着计算流体力学的发展，不仅可以在溢流坝[1]、溢流表孔[2]、溢洪道[3]进行挑流消能的数值模拟，经学者研究发现，对于一些复杂体型的斜切型[4,5]、异型挑流鼻坎[6]也能通过数值模拟手段得到与原位试验或原型试验基本吻合的较为准确的水面线、水舌流速[7, 8]及形态。而目前国内外的差动式消能研究[9, 10]主要是对已有的挑流鼻坎体型[11, 12]进行数值模拟分析。

而本文独创性地提出了一种新型纵向错落差动式挑坎，并基于《水力计算手册》[13]和《水工设计书册》[14]对其进行符合工程实际运用规范的合理详细的体型参数设计，在采用数值模拟手段

基金项目：四川省教育厅重大培育项目（14CZ0013）；四川省科技厅项目（2016JY0187）；西华大学研究生创新基金项目（YCJJ2017098）。

作者简介：宋文武（1965—），男，教授，硕士生导师，主要研究方向：水工水力学，E-mail：wenwus@163.com；虞佳颖（1994—），女，硕士生，主要研究方向：水力学及河流动力学，E-mail：446128156@qq.com。

后运用挑距、湍动能、湍动能耗散率、压强分布等指标衡量，发现此种新型差动式挑坎具有较为理想的消能效果，具有一定工程参考价值。

1 纵向错落差动式挑流鼻坎

常见差动式挑流鼻坎的高低坎末端都位于同一横剖面上，意味着流经两种挑坎水舌挑距的起点相同、入水单宽流量较大，对下游的局部冲刷较为严重。而纵向错落差动式挑流鼻坎能通过鼻坎体型有效控制射流落入下游河床的位置、范围及流量分布，有利于保护基础稳定。

此种纵向错落差动式挑流鼻坎的主要体型参数有溢流堰面坡比 m，高坎反弧半径 R_1 和高坎挑脚 θ_1，低坎反弧半径 R_2 和低坎挑角 θ_2 以及高低坎共同坎高 a。具体尺寸见图 1。数值模拟计算区域详见图 2。流经此种新型鼻坎的水舌流态复杂，多股水流混掺，故本文在前期工作上，对纵向错落差动式挑坎进行三维数值模拟研究，重点探讨其水力特性中的挑距长度规律。并结合湍动能及湍动能耗散率及压强分布这几个指标综合衡量纵向错落差动式挑流鼻坎的消能效果。

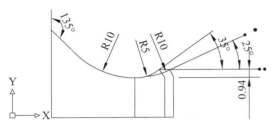

图 1　挑流鼻坎剖面图

图 2　数值模拟计算区域

2 数学模型和边界条件

本文采用 RNG$\kappa-\varepsilon$ 紊流模型，因为这种模型考虑了平均流动中的旋转流动情况，在处理流线弯曲程度较大的流动方面，比标准 $\kappa-\varepsilon$ 紊流模型精度更高。

此文中的模拟网格采用 ICEM 软件绘制非结构网格，将固壁边界定义为无滑移边界，进口设置分为速度进口和压力进口，出口处自由出流 outflow，如图 3 所示，X 方向范围为 $x=0+0.00$ m 至 $x=0+80.00$ m，Y 方向范围为 $y=0+0.00$ m 至 $0+20.00$ m，Z 方向范围为 $z=0+0.00$ m 至 $0+12.00$ m。在水力特性变化较大的鼻坎和下游河床处加密网格，共计网格数量约 51 万。图 4 为此种新型挑坎沿着 Z 轴中轴线横剖面的网格划分图。模拟计算工况的上游水位为 3 m，对应下游水位 2 m。

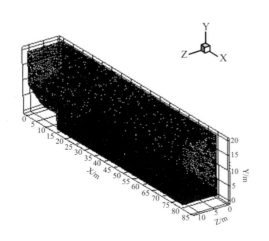

图 3　计算域整体网格图

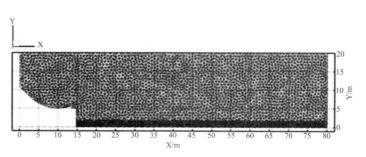

图 4　挑流鼻坎中轴线横剖面网格划分图

3　计算结果分析

3.1　泄流流态及挑距

可以结合本例的参数设置与《水工设计手册》（第 2 版）中的《泄水与过坝建筑物》的公式，得到如下计算结果。

流能比

$$k_1=\frac{q}{\sqrt{q}Z^{1.5}}=\frac{\sqrt{q}}{Z^{1.5}}=\frac{\sqrt{9}}{(13.86-2)^{1.5}}=0.073 \qquad (1)$$

式中　q——单宽流量，$m^3/(s \cdot m)$；

　　　Z——上、下游水位差（m）。

流量系数

$$\varphi=\sqrt[3]{1-\frac{0.055}{k_1^{0.5}}}=\sqrt[3]{1-\frac{0.055}{0.073^{0.5}}}=0.93 \qquad (2)$$

挑坎出口断面的流速：

$$v=\varphi\sqrt{2gH_0}=0.93\times\sqrt{2\times9.8\times3}=7.13\ m/s \qquad (3)$$

挑坎坎顶铅直方向水深：

$$h_1=\frac{h}{\cos\theta_1}=\frac{1}{\cos35°}=1.22\ m \qquad (4)$$

则挑坎坎顶至水舌外缘与下游水面交点的水平挑距

$$L_1=\frac{v^2\sin\theta\cos\theta+v\cos\theta\sqrt{v^2\sin^2\theta+2g(h_1+h_2)}}{g}=8.898\ m$$
$$(5)$$

式中　θ——水舌出射角（可近似取挑坎挑角）（°）；

　　　h_1——挑坎坎顶铅直方向水深（m）；

　　　h——坎顶法向平均水深（m）；

　　　h_2——挑坎坎顶与下游水位的高差（m）；

　　　g——重力加速度；

　　　H_0——上游水位至挑坎坎顶的高差（含行近流速水头）（m）。

当公式（4）中的 θ 取值改为低坎挑角25°时，可通过公式（4）（5）计算出 $L_1'=8.900\ m$。

进一步的，可以按照上述挑距估算公式获得挑角和挑距之间关系如下表 1 和图 2 所示。表 1 中挑选了部分特殊挑角下的挑距估算值。其中包含了本种新型纵向错落差动式所选用的两种挑角。而图 2 则详细反映了挑角从 5° 到 60° 时的挑距估算值，从图 2 可得，挑距随挑角取值的增大，

呈现出先增加后减小的规律，存在某个最优挑角使得挑距估算值最大。而本文在可能出现最大估算挑距的挑角取值区间（20° ~ 30°）采用点加密手段，来用估算手段尽可能探求会出现的挑距最大值。然而从图 5 中得到的挑距最大估算值仍然小于挑距最大数值模拟值。

表 1　由挑距估算公式所得的挑距和挑距关系表

挑角 θ（°）	20	25	30	35	40
挑距 L_1/m	12.016	12.246	12.328	12.243	11.977

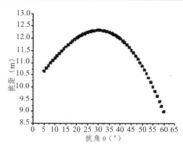

图 5　挑角和估算挑距关系图

根据上述挑流消能水力计算中的水舌挑距估算公式可得，如果采用 25° 挑角的连续式挑坎，挑坎坎顶至水舌外缘与下游水面交点的水平挑距为 8.900 m，如果采用 35° 挑角的连续式挑坎，其水平挑距为 8.898 m。而观察图 6 的（a）中，在右侧低坎中轴线横剖面（$Z=2\ m$）上，水舌挑距约为 15.2 m，在中间高坎中轴线横剖面图（b）（$Z=6\ m$）上，水舌在尚未接触到下游河面时气体的体积分数已经高达 77%，一般上将气体体积分数 50% 的线定为水面线分界线，可见此处设置挑坎末端提前的高坎消能效果较为理想，而（c）为左侧低坎中轴线（$Z=10\ m$）的水气分布图，所显示挑距也大致相同。无论哪个剖面图所显示的水舌挑距都远大于通过经验公式的估算值。即从数值模拟角度看，此种新型纵向错落差动式挑坎的鼻坎体型明显增加挑距，有利于将水流挑离堰址。

究其原因，可能是由于此种新型差动式挑坎的高低坎在 Y 方向和 X 方向上形成的双重错落体型造成的挑距大幅度增加。高低坎的不同挑射角度使得下泄水流在横向上有较大分布，而与一般差动坎不同的是，纵向上高低坎的长度不一致会使得水流的起挑点位置不一样，两种挑角的水舌可以在空中相互碰撞消能的同时，又增加了与空气的接触面积，可以掺气消能。

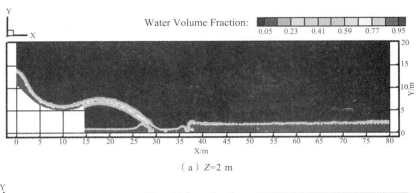

（a）Z=2 m

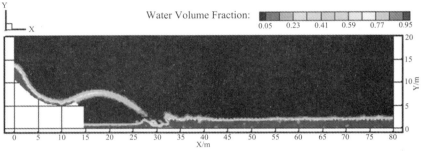

（b）Z=6 m

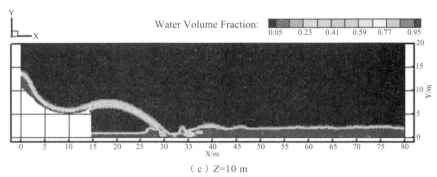

（c）Z=10 m

图 6   水体积分数云图

3.2   湍动能

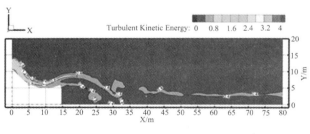

（a）Z=4 m

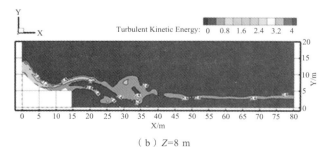

（b）Z=8 m

图 7   湍动能等值线图

因为在 Z=4 m 和 Z=8 m 处，分别是左右两侧的低坎与中间高坎交界面，且图 7（a）（b）中的分布规律大致相同，是因为上述 Z=4 m 是右侧低坎和高坎的交界处，Z=8 m 是左侧低坎和高坎的交界处。且挑射水舌对下游河流的河面表层造成了轻微的紊动能，对河流内部没有较多影响。符合实际情况。可以从图 7 中看出，湍动能最大点不是反弧半径段的最低点，而在溢流堰面与反弧半径交接处湍动能数值相对其他地方较大，约为 1.2 m²/s²。有别于普通的差动式挑流鼻坎，在低坎的坎后会形成两股位置不同的湍动能，一股和挑射水舌的走向趋势大致吻合，所显示的是射流在空气中的分布位置，反映水舌的掺气情况。可看出水舌中心部分的湍动能值依然较大，达到 0.8 m²/s²。并在水舌挑距的 1/2 到 2/3 处减小为 0.4 m²/s²。而另外一股湍动能在低坎的坎后斜坡面处形成，位于挑射水舌的下部，成平抛运动的弧线。可见此种新型挑坎的优势在于比普通差动式挑坎多了斜坎后面的水舌下方湍动能耗散，更有利于能量的消杀。

3.3　湍动能耗散率

同样截取上述高低坎相交的两个界面观察湍动能耗散率的情况。结合图 8（a）（b），可看出湍动能耗散率在挑流鼻坎处大致分为上下两部分。即中间存在耗散率为 0 的长条段。湍动能耗

散值较大的地方主要集中在反弧半径段和挑流鼻坎交界处以及高坎后部。与普通差动式挑流鼻坎相比，高坎后部的湍动能耗散率较大。换言之，此新型挑流鼻坎在单位时间内单位质量流体损耗的湍流动能较大，有利于将能量在短时间内快速消散。且在与下游河流的接触面上，也有较大的湍动能耗散率。

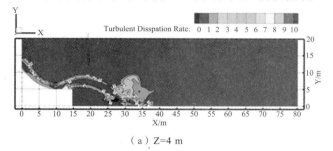

（a）Z=4 m

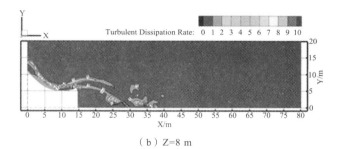

（b）Z=8 m

图 8　湍动能耗散率等值线图

3.4　溢洪道及挑流鼻坎段压强分布

由 $P = \rho_{液} g h$ 可知，水压随着深度 h 增加而变大，可在图 9 的 $X=2$ m，6 m 的云图中都可以看出，压强和深度成正相关，表明数值模拟计算结果与实际情况符合。且由于 $X=2$ m 和 6m 各自还处于 Y 轴方向上等高的溢流堰段，故水压在 Z 轴方向上保持水平分布。而由于溢流堰倾角的存在，故 $X=6$ m 的水压分布比 $X=2$ m 的压强分布在 Y 轴方向上的位置要低些。

而从 $X=10$ m 附近，下泄水流进入挑流鼻坎段，观察 $X=10$ m，11 m，11.5 m 可以发现流经中间高坎的水流水位开始逐渐壅高，即表现为中部

水压分布位置小幅度上移，而左右两侧的低坎压强分布位置几乎不变。这是由于高坎的挑角比位于同一起挑横剖面的低坎挑角大 10° 造成的。从 $X=12.5$ m，13.5 m 和 14.5 m 可看出，无论是高坎还是低坎，其分布的水压均逐步得到了有效减少，显示出此种新型纵向错落差动式挑流鼻坎的优势所在，可以明显减小对挑流鼻坎的压力。并且观察上述图中，数值模拟计算结果显示此鼻坎并没有出现负压区，换言之，它不容易出现普通差动式经常面临的空蚀空化问题，具有较为理想的工程实际运用可行性。

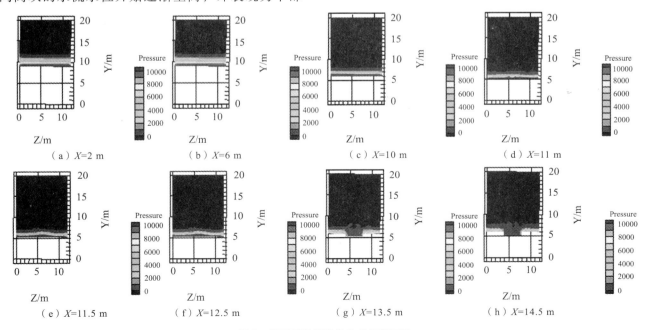

（a）X=2 m　　（b）X=6 m　　（c）X=10 m　　（d）X=11 m

（e）X=11.5 m　　（f）X=12.5 m　　（g）X=13.5 m　　（h）X=14.5 m

图 9　溢洪道及挑流鼻坎处压强云图

4　结　论

通过数值模拟对此种新型纵向错落差动式挑坎的水力特性进行研究后发现，可得出以下结论：

（1）此种新型挑坎数值模拟得到的挑距比原有普通差动式运用估算结果得到的挑距增大 60% 左右，可见其能将下泄水舌更远地挑离堰址，有利于保护基础的稳定。换言之，对此种新型挑坎而言，目前工程上普遍采用的挑距估算公式已经不再适用。今后可以逐步探求新的挑距估算公式。

（2）有别于普通差动式挑坎，此种新型挑坎的坎后存在一定程度的湍动能及湍动能耗散率。相比之下，其更具有能够将下泄水流能量快速消散的能力。且高低坎的等宽设置对下泄水舌的流量均匀分配起到关键作用。而高坎较短的纵向长度则明显调整了中间下泄水流的起挑位置，增大对下游冲刷的面积，从而达到降低局部冲刷点压强的目的，可以较好地保护地基。

（3）此种新型挑坎的鼻坎处压强顺水流方向逐渐减小，且没有出现容易发生空蚀空化的负压区，在保证消能效果的前提下，预期能有效延长泄水建筑物的使用寿命，具有一定的工程参考价值。

参考文献

[1] 杨思雨. 溢流坝泄流过程水流流态数值模拟[D]. 大连：大连理工大学，2015.

[2] 郭红民，陈昌仕，夏修宝，覃闪，朱文浩. 水石门水电站溢流表孔挑流消能数值模拟[J]. 水电能源科学，2015，33（4）：109-112.

[3] 曹海军. 郭家沟淤地坝溢洪道泄流三维数值模拟[D]. 杨凌：西北农林科技大学，2016.

[4] 薛宏程，刁明军，岳书波，徐兰兰. 溢洪道出口斜切型挑坎挑射水舌三维数值模拟[J]. 水利学报，2013，44（6）：703-709.

[5] 闫谨，刁明军，王磊. 泄洪洞出口扭曲斜切挑坎挑流数值模拟[J]. 西南民族大学学报（自然科学版），2015，41（6）：773-777.

[6] 余挺，邓军，夏勇，贺昌林，许唯临. 翻卷水舌鼻坎挑流的紊流数值模拟[J]. 水利水电技术，2005（5）：37-39.

[7] WU JIANHUA, XU ZHUN, YAO LI, MA FEI. Ski-jump trajectory based on take-off velocity [J]. Journal of Hydrodynamics, Ser.B, 2016, 28(1).

[8] MOHAMED A. ASHOUR, TAREK SAYED, SALAH El-ATTAR. A new water energy dissipater for efficient energy dissipation and enriching the flow with dissolved oxygen content[J]. Limnological Review, 2014, 14(1).

[9] 吴鹏，夏新利，侍克斌. 差动式挑流消能挑距分析[J]. 人民黄河，2010，32（4）：100-101.

[10] ZHANG JIANMIN. Numerical simulation of the energy dissipation characteristics in stilling basin of multi-horizontal submerged jets [J]. Journal of Hydrodynamics, 2010, 22(5): 732-74

[11] 张挺，麦栋玲. 高扩散低收缩差动坎高坎空中挑射水舌运动特性[J]. 福州大学学报（自然科学版），2008(3): 450-454

[12] ZHANG TING, HUANG QINGLONG, WANG ZHIWEI. Effect of Contraction Ratio on Hydraulic Characteristics and Local Scour of Allotypic Hybrid type Flip Bucket[J]. Advanced Materials Research, 2014, 2816 (831).

[13] 武汉大学水利水电学院水力学流体力学教研室，李炜. 水力计算手册[M]. 2 版. 北京：中国水利水电出版社，2007

[14] 水利部水利水电规划设计总院. 水工设计手册[S]. 北京：中国水利水电出版社，2014.

隧道变形监测数据回归分析与基准点优化

李　浩，王　鹏，李先彬，肖磊磊

（西华大学土木建筑与环境学院，成都 610039）

摘　要：精密水准测量方法作为隧道变形检测中最常用方法，在隧道施工中发挥着重要作用。基于对西南地区某隧道施工段变形检测基准点、基点和变形测点的实测数据，将监控基准点后移至隧道二次衬砌最近的一个测点，并基于新的基准点得到测量数据，建立传统基点与优化基点不同的函数回归模型，对优化基点在精密水准测量中作用进行可行性研究。

关键词：精密水准测量；优化基点；回归模型；拱顶下沉

Regression Analysis and Base Point Optimization of Tunnel Deformation Detection Data

LI Hao, WANG Peng, LI Xianbin, XIAO Leilei

(School of Civil Engineering and Environment, Xihua University, Chengdu 610039 China)

Abstract: The precision level measurement method is the most commonly used method in tunnel deformation detection and plays an important role in tunnel construction. Based on the measured data of the deformation detection base points, base points and deformation measurement points of a certain tunnel construction segment in the southwest region, the monitoring reference point is moved to the nearest one point of the tunnel's secondary lining, and the measurement data is obtained based on the new reference point. Different function regression models between traditional base points and optimized base points are used to conduct feasibility studies on the role of optimized base points in precision leveling.

Key words: precise leveling; optimized base point; regression model; vault settlement

在隧道施工中，变形监测数据及时准确地反应隧道变化情况，对施工参数及技术工艺的修正起着重要作用。在中后期隧道变形监测实测中，掌子面最近监测断面和洞口基准点距离很远，即使采用复测支导线形式布测，对导线点的精度及保护也不能保证，而且工作量巨大。

针对于此，讨论基准点后移变动至离二衬最近原工作测点检测方法。对于两种方法差距采用回归分析定量分析，选择合适回归模型并进行修正，得到拱顶下沉测点的预测数据。建立回归模型，通过测点变形预测，经过对两种基准点下测点回归函数预测数据分析，研究基准点优化可行性。

1　精密水准法及基准点布测

1.1　拱顶下沉监测

对于公路隧道拱顶下沉测量，按照精密水准法二等精度要求进行监测。监测基准点应布在爆破影响区域外且交通影响小的区域，一般将拱顶下沉监测基准点布设在隧道洞外。由于拱顶较高，常规棱镜测量方法并不适用，采用吊钩—悬挂钢尺作业。监测断面测点布设见图1。

隧道中后期施工变形监测中，在基准点与离二衬最近测点间通过转点进行导线前移及延伸。在精密水准作业下，预设基准点初始高程 H_0，通过测量仪器得到测点数据[1]。经过计算，以基准点高程 H_0 为基础，得到测点相对高程，进而获得

基金项目：西华大学研究生创新基金项目（编号：ycjj2017186）。

作者简介：李浩（1994—），男，在读硕士研究生，主要研究方向：岩土及边坡工程；王鹏（1992—），男，在读硕士研究生，主要研究方向：岩土及边坡工程；李先彬（1993—），男，在读硕士研究生，主要研究方向：岩土及边坡工程；肖磊磊（1992—），男，在读硕士研究生，主要研究方向：岩土及边坡工程。

测点沉降数据并加以分析。

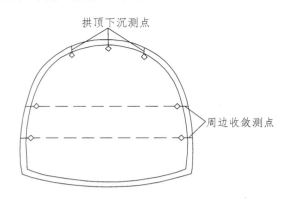

图 1　隧道监测断面测点布设图

1.2　精密水准测量中基准点优化设想

在传统精密水准测量方法中，由于转点逐渐增多，导线增长，监测过程中人工误差的累加，对结果分析不利。针对这些问题，作出将基准点移至离二次衬砌断面最近的测点的设想。

隧道施工中，规范规定二次衬砌作业时对拱顶沉降速率要求为小于 0.07 ~ 0.15 mm/d，达到此测点预计位移的 80% ~ 90%[2]。此沉降速率已经很小了，且二次衬砌施作后对围岩有支撑和约束作用，在这种情况下的测点与待测测点相对形变预计已小于 0.1 mm/d，达到了误差精度要求。通过测点最新数据确认此测点沉降速率符合规范情况下，将此测点上一次所得相对高程作为监测导线数据中初始高程。

基准点布设及测点示意图见图 2。

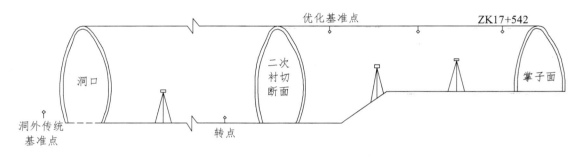

图 2　精密水准法传统基准点与优化基准点布设图

2　拱顶下沉数据回归分析

2.1　传统基准点下测点数据回归分析

此隧道围岩等级为 V 级围岩，将本隧道中一个新的测点 ZK17+542 作为样本分析，按照原精密水准法进行测量并整理数据。洞外基准点预设高程为 350.000 00 m，ZK17+542 测点数据见表 1。

表 1　ZK17+542 传统基准点下测量值

编号	累计时间	相对高程/m	沉降/mm	沉降速度/（mm/d）	累计沉降/mm	编号	累计时间	相对高程/m	沉降/mm	沉降速度/（mm/d）	累计沉降/mm
1	0	360.614 52	0.00	0.00	0.00	9	16	360.597 58	0.79	0.39	16.94
2	2	360.610 59	3.93	1.97	3.93	10	18	360.596 92	0.66	0.33	17.60
3	4	360.606 82	3.77	1.88	7.70	11	20	360.596 33	0.59	0.29	18.19
4	6	360.604 04	2.78	1.39	10.48	12	22	360.595 86	0.47	0.24	18.66
5	8	360.601 96	2.08	1.04	12.56	13	24	360.595 55	0.31	0.16	18.97
6	10	360.600 35	1.61	0.81	14.17	14	26	360.595 27	0.28	0.14	19.25
7	12	360.599 34	1.01	0.51	15.18	15	28	360.595 07	0.20	0.10	19.45
8	14	360.598 37	0.97	0.48	16.15	16	30	360.594 96	0.11	0.06	19.56

通过最小二乘法对散点分布进行拟合回归线，对经过最小化每个数据点到线的垂直偏差平方和来得到最佳拟合线。最终发现对数及二阶多项式函数模型拟合相关系数最高，就两种函数模型对比分析。

对数模型为：

$$D = a\ln(n/n_0)$$
$$D = a\ln(n) - b$$

（1）

二阶多项式模型为：

$$D = a(n-n_0)^2 + b(n-n_0)$$
$$D = a(n-n_0)^2 + b(n-n_0) + c \tag{2}$$

式中：D 为下沉值；a、b、c 为回归系数；n、n_0 为测点的测次。

将实测值代入两种函数模型中，得到各自函数的回归系数 a、b 及 c 的值，推出回归模型的源函数[3~6]。根据函数的线性相关求解各自的相关系数 r，据此选择测点 ZK17+542 的最佳预测回归分析模型。

经过计算，对数函数 $D = 7.4874\ln(n) - 0.0538$，相关系数 $r = 0.994$；二阶多项式函数 $D = -0.1217n^2 + 3.2012n - 1.528$，相关系数 $r = 0.990$，最终决定对数函数为最优回归模型。

图 3 为传统基准点下 ZK17+542 测值散点分布与两种函数模型回归值关系图。

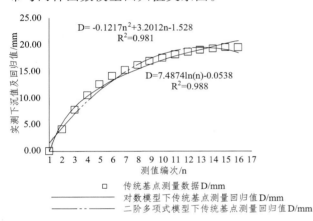

图 3　传统基准点下测量值与回归值关系图

2.2 优化基准点下测点数据回归分析

将离二次衬砌断面最近原测点 ZK17+672 作为优化基准点，对测点 ZK17+542 进行监测，得到下沉测量数据。优化基准点 ZK17+672 最后一次测次沉降速率为 0.04 mm/d，符合要求，所得相对高程为 358.028 08 m，作为初始高程代入计算测点 ZK17+542 下沉值，见表 2。

对于优化基准点下散点回归模型，对数函数 $D = 6.8919\ln(n) + 0.2764$，相关系数 $r = 0.990$；二阶多项式函数 $D = -0.121n^2 + 3.084\,6n - 1.414\,6$，相关系数 $r = 0.988$。显然，对数函数为最优回归模型。优化基准点下 ZK17+542 测值散点分布与两种函数模型回归值关系见图 4。

可以看到，在回归模型下的数据预测与实测散点相比，函数模型回归值增长速率大于散点实测值增速，因此回归预测结果客观上大于实际下沉值，对隧道预期安全及结构防护有利。

表 2　ZK17+542 优化基准点下测量值

编号	累计时间	相对高程/m	沉降/mm	沉降速度/（mm/d）	累计沉降/mm
1	0	360.614 52	0.00	0.00	0.00
2	2	360.610 68	3.84	1.92	3.84
3	4	360.607 11	3.57	1.79	7.41
4	6	360.604 45	2.66	1.33	10.07
5	8	360.602 43	2.02	1.01	12.09
6	10	360.600 85	1.58	0.79	13.67
7	12	360.599 92	0.93	0.46	14.60
8	14	360.599 08	0.84	0.42	15.44
9	16	360.598 41	0.67	0.34	16.11
10	18	360.597 90	0.51	0.26	16.62
11	20	360.597 47	0.43	0.21	17.05
12	22	360.597 13	0.34	0.17	17.39
13	24	360.596 88	0.25	0.12	17.64
14	26	360.596 70	0.18	0.09	17.82
15	28	360.596 55	0.15	0.08	17.97
16	30	360.596 43	0.12	0.06	18.09

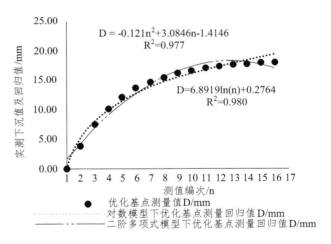

图 4　优化基准点下测量值与回归值关系图

2.3 两种基准点下测点数据回归预测分析

对两种基准点下数据经过回归模型作预测分析，并作对比分析。两种基准点下测点测值与对数回归模型对比见图 5。

计算两种基准点下回归函数发展速率，对两个回归函数求导。

传统基准点回归函数导数函数为：

$$D' = \frac{7.4874}{n} \qquad (3)$$

优化基准点回归函数导数函数为：

$$D' = \frac{6.8919}{n} \qquad (4)$$

在 $n = 16$ 时，两种基准点下回归函数的导数分别是 0.468 0 和 0.430 7，两者相差值在 0.01 量级，且可以看到，随着 n 值的增大，两者差值越来越小。

因此，在回归函数模型发展趋势上，优化基准点与传统基准点下测点数据重合度高，有实际意义。

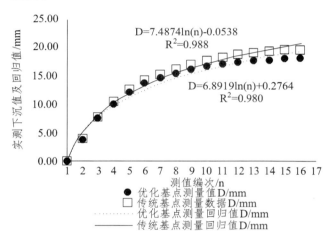

图 5　两种基准点下 ZK17+542 测量值与对数回归模型对比图

利用回归分析法对测值做出预测，传统基准点下测点预测值见表 3，优化基准点下预测值见表 4。

表 3　传统基准点下测点预测值

测次 /n	累计沉降 /mm	沉降速度/ (mm/d)	测次 /n	累计沉降 /mm	沉降速度/ (mm/d)	测次 /n	累计沉降 (mm	沉降速度/ (mm/d)
20	22.38	0.56	25	24.05	0.33	30	25.41	0.27

表 4　优化基准点下测点预测值

测次 /n	累计沉降 /mm	沉降速度/ (mm/d)	测次 /n	累计沉降 /mm	沉降速度/ (mm/d)	测次 /n	累计沉降 /mm	沉降速度/ (mm/d)
20	20.92	0.57	25	22.46	0.31	30	23.72	0.25

结合表 3、表 4 看出，回归模型预测所得测点在后续测次中沉降速率误差值在 0.01mm 一级，与回归函数导数推导数据吻合，符合要求。

3　结　论

综上所述，将传统基准点移至离二次衬砌最近测点后，通过实测数据及回归模型分析可以看出，两种方法在散点分布沉降速率上拟合度高。结合实际工程，不同围岩等级下沉降对回归模型会产生不同影响，不同围岩等级相关参数变化下的具体实施模型及方法还有待于进一步研究。

参考文献

[1] 刘绍堂. 隧道施工期间的变形监测技术[J]. 地下空间及工程学报，2006，2（8）.

[2] 张文红. 浅谈隧道监控量测[J]. 科学之友，2009，12（35）.

[3] 周朝长. 拱顶下沉监测在公路隧道大变形中的应用与分析[J]. 四川建筑，2012，32（2）.

[4] 王国欣，肖绪文. 浅谈公路隧道监测项目选择与测点布置[J]. 华东公路，2007（6）.

[5] 张顶立，黄俊. 地铁隧道施工拱顶下沉值的分析与预测[J]. 2005，24（10）.

[6] 凌同华，李品钰. 隧道检测数据回归分析模型选择及优化的灰色局势决策法[J]. 中外公路，2013，33（1）.

[7] 张正禄. 工程测量学[M]. 武汉：武汉大学出版社，2002.

[8] 杨海芹，李俊才，陈志宁. 浅埋暗挖隧道施工中纵向地表下沉的规律[J]. 南京工业大学学报，2008，30（3）.

[9] 刘绍堂，肖海文. 隧道拱顶下沉监测[J]. 地下空间与工程学报，2007，3（8）.

[10] 刘团结. 关于隧道拱顶下沉监测方法的探讨[J]. 中国勘察设计，2010（9）.

[11] 夏立初，那通兴，彭国才. 公路隧道施工变形监测精度要求探讨[J]. 隧道建设，2016，36（5）.

纯电动汽车传动系统参数匹配及仿真

程　洋

（西华大学汽车与交通学院，四川 成都 610039）

摘　要： 根据装配有 2 档 AMT 的纯电动汽车的整车参数及设计性能指标，对纯电动汽车传动系统参数进行了简洁合理的匹配。在 AVL Cruise 软件中进行纯电动汽车的动力性与经济性仿真分析，仿真结果中最高车速为 179 km/h，0～50 km/h 加速时间为 4.7 s，50～80 km/h 加速时间为 3.4 s，NEDC 工况法及 60 km/h 的等速工况法的续驶里程分别为 181 km、225 km 以及最大爬坡度为 39%。这表明匹配的传动系统能够满足设计要求。

关键词： 纯电动汽车；传动系统；匹配；仿真

Parameters Matching and Simulation for Power-train of Electrical Vehicle

CHENG Yang

(School of Automobile and Transportation, Xihua University, Chengdu 610039 China)

Abstract: Based on the requirements of vehicle power performance and continuous driving range, a reasonable and pithy match is made for the parameters of a pure electric vehicle with 2 gears automatic mechanical transmission. By using the Cruise software, a simulation model of the vehicle was build. The maximum speed is 179 km/h, the 0～50 km/h acceleration time is 4.7 s and the 50～80 km/h acceleration time is 3.4 s. The driving mileage of the NEDC operating mode and the 60 km/h cruising mode is 181 km and 225 km and the maximum climbing slope is 39% which indicates that the parameters matching can meet the design requirements.

Key words: pure electric vehicle; power-train; matching; simulation

　　纯电动汽车具有胜过传统内燃机车辆的诸多优点，如零排放、零污染、高效率、低噪声。而驱动电机作为纯电动汽车的唯一动力源，具有低速恒扭矩、高速恒功率的特点，而且匹配单速比减速器的纯电动汽车结构更加简单、成本更低的优点，当前市场在售大多数纯电动汽车均采用单速比减速器的方案[1]。对于纯电动汽车传动系统结构主要有市场上主流纯电动固定速比结构和主要还处于研究阶段市场上较为少见的两挡机械自动变速器结构。匹配固定速比减速器的纯电动汽车由于电机峰值转速过高、电机经常工作在低效率区域、起步加速性能不足等问题依然突出，如果电机最高转速和基速速比偏小，那么就很难同时满足最高车速和最大爬坡度的要求，电机在频繁的大范围转速变化过程中会产生强烈的电磁干扰，这对于电机及其控制器会产生不良的影响。

同时，电池组的输出功率变化过于频繁容易造成电池组内部各个电池单元电量不均匀，从而降低电池组的寿命。加上可变变速器后，电动汽车进一步释放电动机的动力储备，通过变速箱的齿比将电动机的高转速转化为高扭矩，进而提升加速能力；传动系的转速范围可以增大，从而将电机的转速范围保持在合适的范围内，可以使传递到车轮上的动力输出更加平稳、有效，提升乘坐的舒适性；电动机转速可以控制在合理的变化区间内，避免频繁地变化电机功率，从而保证车辆电机与电池组的使用寿命。为避免较多挡位带来的整车故障率的增加以及考虑到整车质量及成本，变速箱也不会无限制的增加挡位，两挡变速箱在纯电动汽车上的应用是一个很好的选择。本文选择对某款纯电动汽车匹配 2 挡 AMT，通过系统仿真，从动力性、经济性方面阐明了匹配结果的合理性。

作者简介：程洋（1991—），男，硕士研究生，主要研究方向：汽车性能测试与仿真。

1 整车性能要求及基本参数

整车的整体性能要求和基本参数如表 1 和表 2 所示。

表 1 整车性能要求

性能参数	符号	单位	值
最高车速	v	km/h	≥120
20 km/h 最大爬坡度	i	—	≥35%
0～50 km/h 加速性能	t	s	≤6 s
50～80 km/h 加速性能	t	s	≤5 s
整车续驶里程	L_1	km	≥100 km
60 km/h 等速工况续驶里程	L_2	km	≥200 km

表 2 整车基本参数

性能参数	符号	单位	值
整车整备质量	m	kg	1 550
迎风面积	A	m²	2.458
风阻系数	C_D	—	0.33
车轮滚动半径	r	m	0.299
滚动阻力系数	f	—	0.01
机械传动效率	η_t	—	0.92
旋转质量系数	δ	—	1.05

2 传动系统参数匹配

纯电动汽车传动系统的参数匹配包括驱动电机的选择、减速器速比的匹配、电池容量的选择。

2.1 驱动电机的参数匹配

2.1.1 电机功率的选择

纯电动汽车电机功率的选择需要满足整车最高车速、加速能力和最大爬坡度的要求。本文采用的电机型号为永磁同步电机，计算公式[2]如下：

$$P_1 \geq \frac{v_{max}}{3\,600 \cdot \eta_t}\left(mgf + \frac{C_D A v_{max}^2}{21.15}\right) \quad （1）$$

$$P_2 \geq \frac{v_i}{3\,600 \cdot \eta_t}\left(mgf\cos\alpha_{max} + mg\sin\alpha_{max} + \frac{C_D A v_i^2}{21.15}\right) \quad （2）$$

$$P_3 \geq \frac{v_a}{3\,600 \cdot \eta_t}\left(\delta m \frac{dv_a}{dt} + mgf + \frac{C_D A v_a^2}{21.15}\right) \quad （3）$$

$$P_{max} \geq \max(P_1, P_2, P_3) \quad （4）$$

$$P_e = \frac{P_{max}}{\lambda} \quad （5）$$

式中：m 为装备质量；f 为滚动阻力系数；C_D 为风阻系数；A 为迎风面积；v_{max} 为最高车速；α_{max} 为最大爬坡度；v_i 为最大爬坡度时的车速；v_a 为加速末速度；P_e 为驱动电机的额定功率；λ 为电机的过载系数。

2.1.2 电机的扭矩及转速的选择

（1）电机的峰值扭矩

为满足汽车最大爬坡度要求，则驱动电机提供的最大驱动力须大于此时的汽车行驶阻力，则

$$\frac{T_{max}i_1i_0\eta_T}{r} = mgf\cos\alpha_{max} + mg\sin\alpha_{max} + \frac{C_D A v_i^2}{21.15} \quad （6）$$

（2）电机的峰值转速

驱动电机的峰值转速应满足最高车速要求，根据车速与驱动电机转速的关系有：

$$v_{max} = 0.377\frac{n_{max}r}{i_2i_0} \quad （7）$$

式中：n_{max} 为电机的峰值转速（r/min）。

2.2 减速器速比的匹配

2.2.1 1 挡传动比的选择

1 挡传动比的选择需要满足整车性能的要求，同时也必须满足汽车行驶的附着条件，即最大驱动力小于或等于附着力。

根据电机峰值扭矩 T_{max} 和最大爬坡度 α_{max} 对应的行驶阻力以及附着条件确定变速器 1 挡传动比为：

$$i_1 \cdot i_0 \geq \frac{(mgf\cos\alpha_{max} + mg\sin\alpha_{max})r}{T_{max}\eta_t} \quad （8）$$

$$i_1 \cdot i_0 \leq \frac{F_z\varphi r}{T_{max}\eta_t} \quad （9）$$

式中：F_z 为硬路面对驱动轮的法向反作用力；φ 为附着系数，取 0.8。

2.2.2 2 挡传动比的选择

2 挡传动比的选择须满足汽车最高稳定车速及行驶阻力需求：

$$i_2i_0 \leq 0.377\frac{n_{max}r}{v_{max}} \quad （10）$$

$$i_2 \cdot i_0 \geqslant \frac{(mgf + \dfrac{C_D A v_{max}^2}{21.15})r}{T_{vmax}\eta_T} \qquad (11)$$

式中：T_{vmax} 为电机最高转速对应的最大输出转矩。

2.3 动力电池容量的选择

电池系统参数的选择主要是电池组数目和电池组容量的选择。由电池系统的最低工作电压应能满足电机系统的最小工作电压来选择电池组数目的最小值，由电池系统的最大输出功率应能满足电机系统的峰值功率要求来选择电池组数目的最大值，由电动汽车的续驶里程确定电池组容量[3]。

汽车以车速 v 匀速行驶时，电池组的总容量为[4]：

$$C = \frac{1\,000 \cdot P_v L_2}{U_b \Delta_{soc} v \eta_e \eta_{ec}} \qquad (12)$$

式中：U_b 为电池组的电压；L_2 为汽车的续驶里程；Δ_{soc} 为电池组的放电深度；η_{ec} 为电机与控制器的传递效率，取 0.9；P_v 为汽车以速度；v 匀速行驶时电机的功率；η_e 电机与电池之间的传递效率，取 0.9。

2.4 电动汽车的匹配结果

根据汽车的整车参数及设计目标，匹配出汽车的各参数如表 3 所示。

表 3   电动汽车匹配参数

	参数	值
驱动电机	额定功率	40 kW
	峰值功率	80 kW
	峰值扭矩	250 N·m
	峰值转速	10 000 r/m
电池	电池类型	三元锂电池
	总容量	140 A·h
	额定电压	342 V
减速器	一挡速比	2.437 5
	二挡速比	1.481 5
	主减速器速比	3.722

3   AVL Cruise 软件仿真分析

依据汽车构型，搭建纯电动汽车的整车模型。在 Cruise 软件平台上，通过从模块库中直接拖拽出汽车部件模块的方式来搭建整车模型，并通过对属性的修改来快速完成整车模型参数设定。然后，通过部件之间的连线的方式，完成部件间的机械连接和电气连接[5]，如图 1 所示。

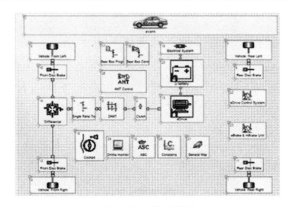

图 1   整车仿真模型

仿真结果如下所述。

仿真时，分别建立了 NEDC 循环工况、60 km/h 等速循环工况、满载爬坡性能工况和满载加速性能工况来验证汽车的百公里能量消耗、整车的续驶里程、最大爬坡度以及最高车速等性能。

表 4   仿真结果

性能参数	符号	单位	值
最高车速	v	km/h	179
20 km/h 最大爬坡度	i	—	39%
0～50 km/h 加速性能	t	s	4.7
50～80 km/h 加速性能	t	s	3.4
整车续驶里程（工况法）	L_1	km	181
整车续驶里程（等速工况法）	L_2	km	225
百公里能量消耗	Q	kW·h	16.50

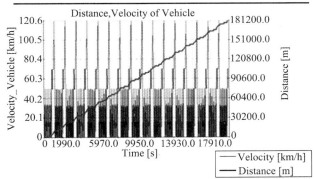

图 2   循环工况续驶里程

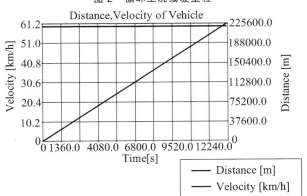

图 3   等速工况续驶里程

电池 SOC 值从 90% 下降到 30%，汽车 NEDC 工况下的续驶里程仿真结果如上图 2 所示，仿真总共运行 19 750 s，16.5 个工况，续驶里程 181 km。60 km/h 等速循环工况续驶里程仿真结果如图 3 所示，仿真历时 13 550 s，续驶里程 225 km，均满足设计要求。

汽车的爬坡度仿真结果如图 4 以及最高车速仿真结果如图 5 所示。

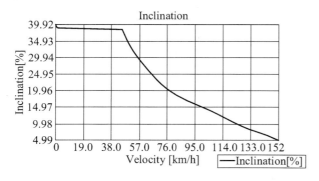

图 4　最大爬坡度

图 4 中为 1 挡的最大爬坡度仿真曲线，速度区间为 0 ~ 45 km/h 时，汽车的爬坡度为 39%，满足设计要求。

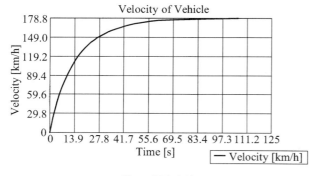

图 5　最高车速

图 5 中，汽车在加速行驶大约 83 s 后到达最高稳定车速 179 km/h，0 ~ 50 km/h 的加速时间为 4.7 s，50 ~ 80 km/h 的加速时间为 3.4 s，仿真结果均满足设计要求。

4　结　　论

（1）根据整车性能指标及基本参数初步确定了电机、电池参数及减速器传动比匹配，最后选择电机为永磁同步电机，其峰值功率为 80 kW，峰值转速为 10 000 r/min，最大转矩为 250 Nm，电池选取的是三元锂电池，电池总容量为 140 A·h。

（2）利用 AVL Cruise 仿真软件中搭建整车模型，仿真得到整车的最高车速为 179 km/h，0 ~ 50 km/h 加速时间为 4.7 s，50 ~ 80 km/h 加速时间为 3.4 s，汽车的最大爬坡度为 39% 以及续驶里程仿真试验，NEDC 工况法及 60 km/h 的等速工况法的续驶里程分别为 181 km、225 km。仿真结果符合设计要求，匹配合理。

参考文献

[1] 陈全世. 先进电动汽车技术[M]. 北京：化学工业出版社，2007.

[2] 余志生. 汽车理论[M]. 5 版. 北京：机械工业出版社，2009.

[3] 陈勇，孙逢春. 电动汽车续驶里程及其影响因素的研究[J]. 北京理工大学学报. 2001，21（5）：578-582.

[4] 李浩. 插电式混合动力汽车匹配和能量管理策略研究[J]. 农业装备与车辆工程，2017，55（7）：44-48.

[5] 王庆年，曾小华，等. 新能源汽车关键技术[M]. 北京：化学工业出版社，2016.

基于模糊神经网络的驾驶意图识别方法

罗　位，严　超，梁益铭，陈桥松

（西华大学汽车与交通学院，成都　610039）

摘　要：针对汽车换挡性能期望的驾驶意图识别问题，本文建立了基于模糊神经网络的驾驶意图识别模型。根据实验采集的油门开度、油门开度变化率、车速和记录的优秀驾驶员主观评价，制定了相应的模糊推理规则库；并基于该规则库，推理出动力性能期望值；油门开度、油门开度变化率和速度作为输入并把模糊推理出的动力性期望值作为输出训练模糊神经网络，并与基于推理技术的驶意图识别模型作对比，表明基于模糊网络的驾驶意图识别方法效果更好。

关键词：模糊技术；模糊神经网络；驾驶意图识别

Driving Intention Recognition Method Based on Fuzzy Neural Network

LUO Wei, YAN Chao, LIANG Yiming, CHEN Qiaosong

(School of Automobile and Transportation, Xihua University, Chengdu 610039 China)

Abstract: For the driving intention recognition problem of shifting, this paper builds a driving intention recognition model based on fuzzy neural network. According to the experimental data about velocity, throttle opening, throttle opening change rate and subjective evaluation of drivers, this paper formulates fuzzy inference rules of power performance expectation. Based on the rules, power performance expectation can be deduced. Velocity, throttle opening and throttle opening change rate as input, and power performance expectation as output, to train the fuzzy neural network. At last, this paper compares the result of fuzzy neural network with the driving intention recognition model based on fuzzy reasoning technology and the result shows that the driving intention recognition method based on fuzzy network is better.

Key words: fuzzy technology; fuzzy neural network; driving intention recognition

前　言

在汽车行驶过程中，驾驶员通过对当前车辆的运行状态和行驶环境的感知，同时对当前的使用状态是否合理进行判断，然后规划出最合适当前行驶环境的一系列操作，并依此操纵汽车，使其进入一个新的运行状态，如此循环，形成人—车—环境循环系统[1]。作为该闭环系统中唯一能决策的对象，其意图的识别直接影响整个系统的运行。

目前国内外研究面较广，成果丰富，研究重点主要是驾驶员的辅助系统、主动安全技术和起步等方面的驾驶意图识别技术。如：Li 等[2]把汽车转向角、横向加速度和横摆角速度作为识别输入，利用隐马尔可夫模型和贝叶斯滤波技术成功识别出驾驶员的变道意图。Okamoto 等[3]通过利用随机森林算法对过去几秒的驾驶行为分析来得到邻车的变道意图，并把基于该意图来评估行车威胁。Bocklisch 等[4]利用专家经验数据训练自适应模糊识别模型，并用模糊识别模型在线辨识驾驶员变道意图。高建平[5]等对驾驶风格及加速意图进行模糊识别，通过驾驶员在环的半实物仿真验证了识别模型，以驾驶风格和加速意图识别结果为输入，建立转矩修正系数 k 的模糊控制器，反模糊化输出 K 值，对需求转矩进行修正。王庆年等[6]基于大量的工况数据建立辨识模型，实现了对制动意图的准确识别，在此基础上优化了再生制动的控制策略。而综合考虑汽车性能的驾驶意图识别方法并将识别结果应用于综合最优个性化换挡规律的研究相对较少。

作者简介：罗位（1992—），男，硕士研究生，主要研究方向：换挡规律的优化。

本文在分析驾驶员的特征操作和汽车行驶参数对于汽车换挡性能影响的基础上，提出了一种针对汽车综合最优换挡规律的驾驶意图识别方法。首先以速度、油门开度和油门开度变化率作为输入参数，设计了动力性期望规则库，搭建动力性模糊识别模型，并把模糊识别方法的输入和输出作为模糊神经网络的训练数据，得到了以模糊神经网络为基础的驾驶意图识别模型。

1 模糊推理系统的建立

驾驶意图识别特征参数实验采集了速度、油门开度、油门开度变化率和对应的驾驶员主观评价。以实验测得的速度、油门开度和油门开度变化率作为模糊推理系统输入，驾驶员动力性期望作为输出，建立一个三输入、单输出的动力性期望模糊推理系统如图1所示。本模型是采用多输入单输出的模糊推理模型[7]。

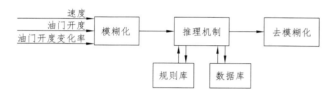

图 1 动力性期望模糊推理系统

1.1 输入变量隶属度函数的建立

本文将优秀驾驶员的速度分为 5 个模糊子集，模糊语言变量{很小（VS），小（S），中（M），大（B），很大（VB）}，归一化后论域是[0 1]，见图 2；油门开度分为 5 个模糊子集，模糊语言变量为{很小（VS），小（S），中（M），大（B），很大（VB）}，归一化后论域是[0 1]，见图 3；油门开度变化率分为三个模糊子集{慢（S），中（M），快（F）}，归一化后论域是[0 1]，见图 4。速度、油门开度、油门开度变化率归一化方法：

$$x' = \frac{x - x_{\min}}{x_{\max} - x_{\min}} \qquad (1)$$

式中，x' 表示归一化后的数据；x 表示样本数据；$x_{\min}$ 表示数据最小值；$x_{\max}$ 表示数据最大值。

1.2 输出变量隶属函数建立

本文把驾驶员的动力性期望值分为 5 个模糊子集。模糊语言变量为{很低（VL），低（L），中（M），高（H），很高（VH）}，论域为[0 1]，见图 5。

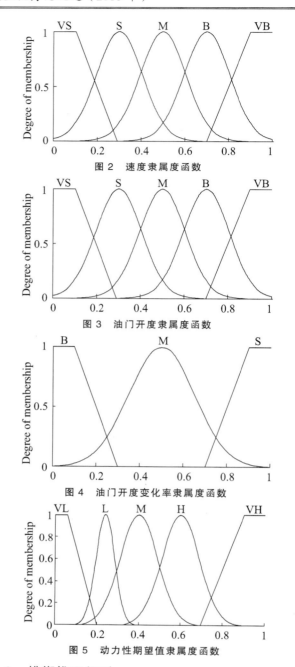

图 2 速度隶属度函数

图 3 油门开度隶属度函数

图 4 油门开度变化率隶属度函数

图 5 动力性期望值隶属度函数

1.3 模糊推理规则

根据优秀驾驶员的操作经验、专家知识以及发动机特性，以动力性期望为输出，制定了75条驾驶员对动力性期望值得模糊推理规则，见表1。

1.4 驾驶意图模糊识别系统的验证

以采集的数据中速度、油门开度、油门开度变化率作为输入，根据制定的模糊推理系统计算其动力性期望值，并把动力性期望值根据指定的动力性期望值隶属度函数模糊化，转化成对应的语言变量，并与实验记录的驾驶员主观评价对比，对比结果见图 6。其模糊化方法是计算动力性期望值每个模糊语言变量的隶属度，隶属度最大，即动力性期望值模糊化结果就是该模糊语言变量。

表 1　动力性模糊推理规则表

油门开度变化率	油门开度 \ 速度	VS	S	M	B	VB
S	VS	VL	L	L	M	M
	S	L	M	M	M	M
	M	L	M	M	H	H
	B	M	M	H	H	H
	VB	M	B	VH	VH	VH
M	VS	VL	M	M	M	M
	S	L	M	M	M	M
	M	M	M	H	H	H
	B	M	H	H	H	VH
	VB	M	VH	VH	VH	VH
F	VS	VL	M	M	M	M
	S	S	M	M	M	M
	M	M	H	H	H	VH
	B	M	H	H	VH	VH
	VB	M	VH	VH	VH	VH

　　基于模糊识别方法的驾驶意图识别模型输出和驾驶员主观评价的模糊语言处于同一语言变量等级区间的比例为 50%，模糊识别模型输出和驾驶员主观评价的模糊语言处于相邻语言变量等级区间比例为 47.3%，模糊识别模型输出和驾驶员主观评价的模糊语言值既不处于同一等级区间也不相邻的。

2　基于模糊神经网络的驾驶意图识别模型

　　本文把驾驶意图识别特征参数实验采集的数据分为两组（每组约 1600 组数据），一组用于训练，一组用于验证。用模糊神经网络制定驾驶意图识别方法，本文把训练数据的速度、油门开度和油门开度变化率作为输入，模糊推理技术计算的动力性期望值作为输出训练模糊神经网络，并把其作为驾驶意图识别模型，利用验证数据的速度、油门开度和油门开度辩护率作为输出，计算动力性期望值，把其值模糊化，并与记录的主观评价做对比，具体流程见图 7。

2.1　模糊神经网络结构

　　该网络共 6 层，见图 8：第一层节点为输入变量；第二层节点数为模糊区间总数（13 个节点）；第三、四、五层节点数等于规则数（75 个）；最后一层只有一个节点，输出是驾驶员对汽车动力性的期望值，取值[0　1]，值越大表示驾驶员动力性期望值越高。

　　每个输入变量只与第一层表示该变量模糊区间的节点相连接，连接权为 1；第一层每个节点只与第二层表示该输入变量模糊区间的节点连接，连接权为 1；第三层从上到下依次表示 75 条规则，连接权为 1；第三层每个节点都与第四层每个节点相连接，连接权为 1；第四层只与相对应的第五层节点相连接，初值设为 1；第五层节点都和第六层节点连接，连接权为 1。

　　模糊神经网络同一层的节点具有相同类型的传递函数，用 $u_1^k, u_2^k, \cdots, u_q^k$ 表示 k 层节点的 q 个输入，S_i^k 表示 k 层第 i 个节点的输入，o_i^k 表示第 k 层的第 i 个节点输出，各节点输入输出关系如下[8]：

$$S_i^1 = u_i^1, \quad o_j^1 = S_i^1 \qquad (2)$$

式中：u_1^1 表示速度；u_2^1 表示油门开度；u_3^1 表示油门开度变化率。

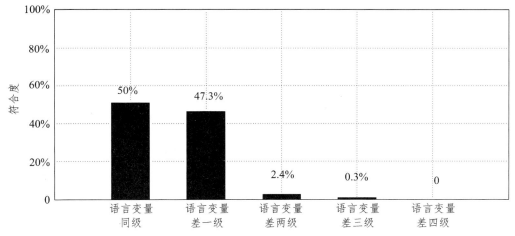

图 6　基于模糊识别方法的驾驶意图识别模型输出

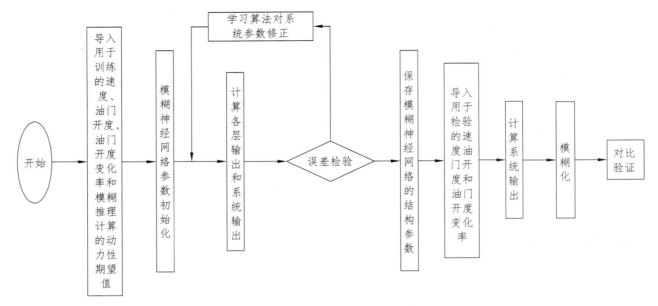

图 7　基于模糊神经网络的驾驶意图识别方法流程图

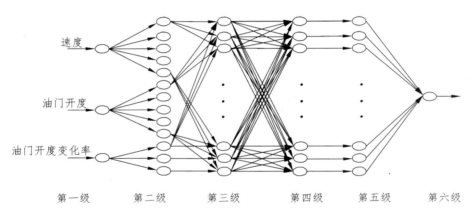

图 8　模糊神经网络结构图

$$S_i^2 = u_i^2 = o_i^1 \qquad o_{ij}^2 = \exp[-(o_i^1 - c_{ij})^2 / \sigma_{ij}]$$

$$(i = 1, 2, 3; j = 1, 2, 3, 4, 5) \qquad （3）$$

c_{ij} 是高斯函数的中心，σ_{ij} 是高斯函数宽度且当 $i = 3, j \neq 4, 5$。

$$S_l^3 = o_{ij}^2，\quad o_l^3 = o_{1j}^2 \cdot o_{2j}^2 \cdot o_{3j}^2 \qquad （4）$$

$$S_l^4 = o_j^3，\quad o_l^4 = o_j^3 / \sum_{i=1}^{75} o_i^3 \qquad （5）$$

$$S_l^5 = o_j^4 w_j，\quad o_l^5 = S_j^5 \qquad （6）$$

w_j 是权重参数，是一个 4×75 的数组 $\boldsymbol{P}$ 与 $[1 \ u_1^1 \ u_2^1 \ u_3^1]$ 组成的向量 $\boldsymbol{B}$ 的乘积即 $w_j w = \boldsymbol{p} \cdot \boldsymbol{B}$。

$$S_l^6 = o_j^5，\quad y_j = o^6 = \sum_{j=1}^{75} o_j^5 = \sum_{j=1}^{75} o_j^4 w_j$$

$$（ l = 1, 2, 3 \cdots, 75） \qquad （7）$$

2.2　模糊神经网络学习算法

　　本网络仿照 BP 网络用误差反传的方法来设

计调整学习参数，包括了正向和反向传播两个阶段。学习算法过程中若是输出层得到期望的输出，则学习算法结束；如果不能则调整连接权值及其高斯函数的中心值和宽度，使误差平方和最小[9]。

　　（1）误差平方和计算。神经网络总误差为：

$$E = \frac{1}{2} \sum_{i=1}^{r} (t_i - y_i)^2 \qquad （8）$$

式中：y_i 为实际输出；t_i 为期望输出；r 为输入向量的维数。

　　（2）神经网络的权值调整公式：

$$\frac{\partial E}{\partial p_{ji}^l} = \frac{\partial E}{\partial y_l} \frac{\partial y_l}{\partial y_{ij}} \frac{\partial y_{ij}}{\partial p_{ij}^l} = -(t_l - y_l) o_j^4 x_i \qquad （9）$$

$$p_{ji}^l(k+1) = p_{ji}^l(k) - \beta \frac{\partial E}{\partial p_{ji}^l} = p_{ji}^l(k) + \beta(t_l - y_l) o_j^4 x_i \qquad （10）$$

式中：β 是学习率；$j = 1, 2, \cdots m; i = 1, 2, \cdots, n;$

$l = 1, 2, \cdots, r$。

（3）高斯函数参数调整：

$$\frac{\partial E}{\partial c_{ij}} = -\delta_{ij}^{(2)} \frac{2(x_i - c_{ij})}{\sigma_{ij}} \qquad (11)$$

$$\frac{\partial E}{\partial \sigma_{ij}} = -\delta_{ij}^{(2)} \frac{2(x_i - c_{ij})^2}{\sigma_{ij}^3} \qquad (12)$$

$$c_{ij}(k+1) = c_{ij}(k) - \beta \frac{\partial E}{\partial c_{ij}} \qquad (13)$$

$$\sigma_{ij}(k+1) = \sigma_{ij}(k) - \beta \frac{\partial E}{\partial \sigma_{ij}} \qquad (14)$$

式中：$\beta > 0$ 为学习速率；$i = 1, 2, \cdots n; j = 1, 2, \cdots, m_i$。

2.3　模型验证

把驾驶意图识别方法特征参数实验采集的数据和动力性期望值一一对应并把该数据分为两组。第一组作为模糊神经网络的训练数据（速度、油门开度、油门开度变化率作为模糊神经网络输入，动力性期望作为模糊神经网络输出）。第二组数据作为模糊神经网络的验证数据，把速度、油门开度和油门开度变化率作为输入，计算动力性期望值，并把其模糊化和驾驶员主观评价对比，模糊化方法，验证结果见图7。

由图9分析可知，模糊神经网络输出和驾驶员主观评价的模糊语言处于同一语言变量等级区间的比例为 54.3%，驾驶意图识别模型输出和驾驶员主观评价的模糊语言处于相邻语言变量等级区间比例为 42.3%，驾驶意图识别模型输出和驾驶员主观评价的模糊语言值既不处于同一等级区间也不相邻的比例为 3.1%，所以该驾驶意图识别模型对驾驶员动力性期望识别效果较好。

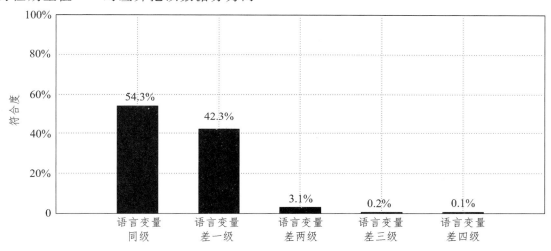

图 9　模糊神经网络验证结果

由图6可知，基于模糊识别方法的驾驶意图识别模型输出和驾驶员主观评价的模糊语言处于同一语言变量等级区间的比例为 50%，模糊识别模型输出和驾驶员主观评价的模糊语言处于相邻语言变量等级区间比例为 47.3%，模糊识别模型输出和驾驶员主观评价的模糊语言值既不处于同一等级区间也不相邻的比例为 2.4%，相较于利用模糊神经网络识别方法的结果略差，所以基于模糊神经网络识别方法的驾驶意图识别模型效果较好。

3　总　结

本文针对驾驶员对汽车动力性能期望的识别方法进行了研究，把速度、油门开度和油门开度变化率作为输入，设计了动力性期望规则库，搭建动力性模糊识别模型；并把模糊识别模型的输入和输出训练模糊神经网络，得到驾驶意图识别模型；同时经过验证对比得出模糊神经网络的识别效果较好。

参考文献

[1] 刘洪波. 基于人—车—环境识别的自适应档位决策方法研究[D]. 长春：吉林大学，2012.

[2] LI KEQIANG, WANG XIAO, XU YOUCHUN, et al. Lane changing intention recognition based on speech recognition models[J]. Transportation Research Part C, 2016, 69:

497-514.

[3] KAZUHIDE OKAMOTO, KARL BERNTORP, STEFANO DI CAIRANO. Driver Intention-based Vehicle Threat Assessment using Random Forests[J]. Elsevier Ltd, 2017, 50 (1): 13860-13865.

[4] FRANZISKA BOCKLISCH, STEFFEN F. BOCKLISCH, MATTHIAS BEGGIATO. Adaptive fuzzy pattern classification for the online detection of driver lane change intention[J]. Elsevier B.V., 2017, 262: 148-158.

[5] 高建平，赵金宝，杨松，等. 基于驾驶意图的插电式混合动力公交车控制策略[J]. 机械工程学报，2016，v.52（24）: 113-120.

[6] 王庆年，孙磊，唐先智，等. HEV 制动意图识别的研究[J]. 汽车工程，2013，v.35；No.230（9）: 14-19，76.

[7] 李士勇. 模糊控制·神经控制和智能控制论[M]. 哈尔滨：哈尔滨工业大学出版社，2003.

[8] MARTIN T. HAGAN HOWARD-B.DEMU THMARK-H. BEALE. 神经网络设计[M]. 北京：机械工业出版社，2002.

[9] 李国勇. 智能预测控制及其 MATLAB 实现[M]. 北京：电子工业出版社，2010.

轮毂电机电动车的电磁悬架控制器设计

杨馥宁　王艳阳　熊开洋

（西华大学汽车与交通学院，成都 610039）

摘　要： 开关磁阻电机（SRM）因起始转矩大，效率高等优点在轮毂电机电动车（IWM-EV）中具有良好的应用前景。但 SRM 垂直力，即 SRM 不平衡径向力的垂直分量，会导致 SRM 的垂直振动明显而对 IWM-EV 的动态性能造成负面影响。本文引入电磁悬架和基于最优控制理论的电磁悬架线性二次型（LQG）控制器来减小 SRM 的垂直振动及其对车辆动力学性能的负面影响。控制器的设计考虑了簧上质量加速度、SRM 气隙偏心、SRM 定子加速度、悬架动挠度四个性能指标，并采用了层次分析法（Analytic Hierarchy Process，AHP）来计算性能指标的权重系数。随后，搭建了 1/4 车辆模型，采用 60 km/h 的 B 级路面激励对控制器进行城市工况仿真，仿真结果表明该控制器能明显降低 SRM 垂直振动并提高 IWM-EV 的动态性能。

关键词： 开关磁阻电机；电磁悬架；SRM 不平衡径向力；LQG 控制器

Electromagnetic Suspension Controller Design for Hub Motor Electric Vehicle

YANG Funing, WANG Yanyang, XIONG Kaiyang

(School of Automobile and Transportation, Xihua University, Chengdu 610039 China)

Abstract: Switched reluctance motors (SRMs) have good application prospects in wheel hub motor electric vehicles (IWM-EV) due to their large starting torque and high efficiency. However, the vertical force of the SRM, that is, the vertical component of the SRM's unbalanced radial force, can cause the vertical vibration of the SRM to be noticeable and negatively affect the dynamic performance of the IWM-EV. In this paper, electromagnetic suspension and electromagnetic suspension linear quadratic type (LQG) controller based on optimal control theory are introduced to reduce the vertical vibration of SRM and its negative impact on vehicle dynamics. The design of the controller considers four performance indicators of sprung mass acceleration, SRM air gap eccentricity, SRM stator acceleration and suspension dynamic deflection, and uses the analytic hierarchy process (AHP) to calculate the weight coefficient of the performance index. Subsequently, a 1/4 vehicle model was set up and the controller was used to simulate the urban conditions using a 60 km/h class B road surface excitation. The simulation results show that the controller can significantly reduce the vertical vibration of the SRM and improve the dynamic performance of the IWM-EV.

Key words: switched reluctance motor; electromagnetic suspension; SRM unbalanced radial force; LQG controller

1　绪　论

根据动力驱动形式的不同，电动车主要分为两类，即集中驱动型和轮边驱动型。集中驱动形式因其应用技术难度较小得到了较为广泛的应用。轮边驱动形式省略了传统汽车的机械传动系统，开关磁阻电机（SRM）作为轮毂电机的主要类型之一，具有传动效率高、节能效果佳等优点，

然而，这些优势被其固有的转矩脉动、振动和噪声所掩盖，这严重阻碍了开关磁阻轮毂电机的应用[1-4]。由气隙偏心引起的不平衡径向力是开关磁阻电机振动的主要原因之一[2-5]。

为了抑制开关磁阻电机振动，已有学者通过研究一些电机本身结构和控制策略来消除电机转矩脉动和径向力[6-8]。在电机本身结构研究方面通

作者简介：杨馥宁（1993—），男，硕士研究生，主要研究方向：电磁悬架控制；王艳阳（1979—），女，副教授，主要研究方向：智能电动车和智能驾驶；熊开洋（1996—），男，西华大学本科生，汽车电子专业。

过对电机各部件的优化和综合设计来降低电机的振动。X. D. Xue[9]等提出了电动汽车开关磁阻电动机多目标优化设计方法。期望用于电动汽车的电动机具有高转矩，高效率和高转矩密度。因此，通过使用三个权重因子和三个基准值，选择所开发的优化函数作为最大平均转矩，在每个铜损的最大平均转矩和每个电动机层压体积的最大平均转矩之间正确折中，选择定子和转子极弧角作为优化变量。此外，作者还讨论了优化设计的设计要求和一些约束条件，优化设计结果表明，该方法能很好地满足电动汽车的要求。黄朝志[10]等提出在定子齿顶部开设矩形槽的方法。通过定子齿顶部开槽，改变定/转子重叠部分磁力线的方向，从而减小径向磁密、增大切向磁密。分析了开槽宽度和开槽深度对减小径向力的影响，通过有限元分析获得样机的最优开槽尺寸。相比于传统结构，开槽定子结构气隙的转矩脉动、径向磁密、径向力波峰值得到降低。张鑫[11]等提出一种在转子齿两侧开槽的方法，通过改变转子齿形来改变转子表面气隙磁密的方向，可以减小气隙中的径向磁密，同时增大切向磁密，达到抑制电磁振动的目的。该方法对开关磁阻电机的电磁振动有较好的抑制效果，但对电机的运行效率有一定影响。Piyush C. Desai[12]等提出了一种新型的转子极数比定子极数多的开关磁阻电机，与具有相似的相数和约束体积的常规 6/4 开关磁阻电机相比，该电机能产生更高的单位体积扭矩。在电机控制策略研究上，Tingna Shi[13]等人提出了一种新型的转矩脉动最小化方法，即开关磁阻电机的滑模变结构。总参考转矩由滑模变结构控制器通过转速误差计算得到，预期相转矩通过转矩共享功能得到。然后在预期的相位转矩和实际的电磁转矩之间进行余量计算，然后由 PI 调节器获得预期的相电流，在电流滞环控制下，实际相电流能较为准确地达到预期相电流。仿真结果表明，与采用固定角斩波控制方法比较，转速波动系数在高低转速区间均得到降低。蔡军[14]等提出了一种基于开关磁阻电机相电感矢量的无传感器控制方法。先基于脉冲注入技术，提出了一种新的相电流斜率差的方法来识别每相的全周期相电感。其次，相电感被认为是具有固定相位差的矢量，合成矢量随着转子位置的变化而旋转。结合组合矢量正交分解方法和新的电感分区域方法，可以估计转子位置，

该方法可实现从静止到高速运行的 SRM 无传感器控制。孙剑波[15]等通过将 2 步和 3 步换相法引入直接瞬时转矩控制，提出了一种能同时减振降噪和减小转矩脉动的新控制策略。采用新的控制策略，在斩波控制和单脉冲控制下，振动都可得到有效抑制，且新控制策略可在转矩斩波控制下减小转矩脉动。J. Ye[16]提出了一种带转矩分配功能的宽转速范围、低扭矩波动的转矩控制器，主要在换相期间定义了两种工作模式：在模式 I 中，输入相磁链变化率的绝对值高于输出相；在模式 II 中，输出相的磁链变化率高于输入相，使电机具有更高的平均扭矩和更低的扭矩波动。S. Ko[17]等提出了一种用于提高轮毂电机电动车辆稳定性的电动机转矩控制算法。利用车轮转速、车辆加速度和电机转矩来估计作用在轮胎上的纵向力和法向力，并提出基于这些因素的道路摩擦系数估计方法。此外还通过引入重心的虚拟移动与滑移率的概念，提出了限制轮内电动机扭矩的方法。仿真和实验结果表明，轮内电机转矩控制算法使车辆在湿滑的道路上不空转。P. Song[18]等对电动汽车轮毂电机线控驱动器控制器和电动差速器控制进行了研究，采用多层次的系统化设计方法，对驾驶员控制层、车辆运动控制层、轮胎力分配层、计算执行层采取不同的控制策略，改善了车辆的稳定性以及在开环和闭环操纵中的性能。

　　以上研究有助于抑制开关磁阻电机振动，但开关磁阻电机对车辆振动特性的影响尚未被充分考虑，考虑开关磁阻电机本身垂直振动对车辆动态特性的影响，进而提升开关磁阻电机电动车的舒适性、操稳性、安全性，会成为开关磁阻电机电动车未来发展的方向。为了进行这项研究，本文首先搭建了 1/4 车辆模型和 SRM 垂直力模型。然后通过层次分析法（Analytic Hierarchy Process，简称 AHP）计算加权系数并完成 LQG 控制器设计。最后，分析了模型在随机道路上的频率响应和在代表性道路上的时域响应。结论表明，该控制器能够有效减少 SRM 垂直振动及其对车辆动态性能的负面影响。

2　建　模

2.1　1/4 车辆模型

　　为了模拟电磁悬架力对电动车的影响，所需的车辆动力学模型需要同时体现电磁悬架力和

SRM 垂直力的作用，为此本文搭建了 1/4 车辆模型如图 1 所示，车辆运动的控制方程可以描述为：

$$\begin{cases} m_s\ddot{z}_3 = -k_s(z_3 - z_2) - C_s(\dot{z}_3 - \dot{z}_2) + F_c - m_s g \\ m_{ms}\ddot{z}_2 = -k_{ms}(z_2 - z_1) + k_s(z_2 - z_3) + C_s(\dot{z}_2 - \dot{z}_3) + \\ \qquad\quad F_c + F_v - m_{ms}g \\ m_u\ddot{z}_1 = -k_t(z_1 - q) + k_{ms}(z_2 - z_1) + F_v - m_u g \end{cases}$$

（1）

如图 1 所示：m_s 代表簧上质量，m_{ms} 代表定子质量，m_u 代表转子、轮圈、轮胎、制动系统等总质量，z_1、z_2、z_3 分别为簧上质量、定子、转子的垂向位移。C_s 为悬架阻尼，K_s 为悬架刚度，K_{ms} 为转子轴承刚度，K_t 为轮胎刚度。F_v 代表轮毂电机定转子之间的不平衡径向力，F_c 代表电磁悬架控制力。

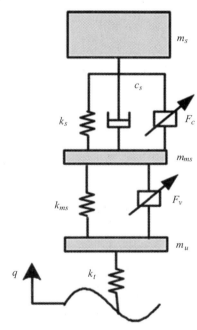

图 1　1/4 车辆模型

2.2　SRM 垂向力模型

由于电机的几何平衡结构，SRM 径向力总是被视为零。但车辆载荷和道路激励[17]将导致 SRM 气隙偏心，由于这种偏心径向力总是不为零。本研究主要目标是减少 SRM 的垂直振动及其对车辆动态性能的负面影响，6/4 外转子 SRM 如图 2 所示。根据[19]，每对磁极之间的磁拉力差会产生不平衡的径向力，每对定子磁极的径向不平衡力可以描述为：

$$F_1 = -\frac{\sin(\theta_0)}{g_m - \Delta g}T = -\frac{r\sin(\theta_0)}{g_m - \Delta g}$$

（2）

$$F_2 = -\frac{\sin(\theta_0)}{g_m + \Delta g}T = -\frac{r\sin(\theta_0)}{g_m + \Delta g}$$

（3）

则不平衡径向力为：

$$F_r = F_1 - F_2$$

（4）

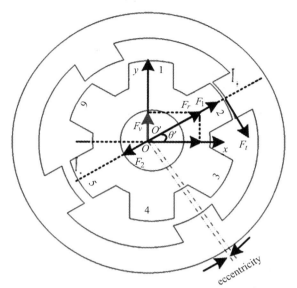

图 2　6/4 外转子 SRM

不平衡径向力的垂直分量为

$$F_v = F_r \sin(\theta')$$

（5）

式中：θ_0 是定子和转子的重叠角；F_t 是轮胎切向力；g_m 是 SRM 的气隙长度；Δg 是 SRM 气隙偏心；θ' 是定子和车轮纵轴之间的角度。每对磁极都会产生不平衡的径向力，为了便于说明，本文仅选择定子 1 和 4 来研究 SRM 垂直力对 SRM 振动和车辆动态性能的影响。当 θ' 为 90°时，SRM 不平衡径向力等于 SRM 垂直力。

3　电磁悬架控制器设计

3.1　电磁悬架的状态空间方程

车辆悬架设计中的主要性能指标包括：车身垂向加速度，悬架动行程，气隙偏心，定子加速度。因此选择状态变量 x 和输出向量 y 为：$x = (z_1, z_2, z_2', z_3, z_3')^T$，$y = (\ddot{z}_3, \ddot{z}_2, z_1, F_v, F_c)^T$。

结合悬架系统四分之一车辆模型运动微分方程和路面输入方程，即得出悬架系统的状态空间方程为式（6）：

$$\begin{cases} \dot{x} = \boldsymbol{A}x + \boldsymbol{B}u \\ y = \boldsymbol{C}x + \boldsymbol{D}u \end{cases}$$

（6）

式中：高斯白噪声输入向量 $\boldsymbol{u} = \boldsymbol{u}(t)$；$\boldsymbol{A}$ 为系统矩阵；$\boldsymbol{B}$ 为输入矩阵；$\boldsymbol{C}$ 为输出矩阵；$\boldsymbol{D}$ 为前馈矩阵。

3.2　LQG 控制器的设计

LQG（线性二次型）控制器可根据设计要求提出不同的目标函数，综合考虑各种性能指标，提高车辆性能。本文基于最优控制理论为电磁悬架设计了 LQG 控制器，该控制器考虑了车辆车身加速度，气隙偏心率，SRM 定子加速度，悬架动态挠度四个性能指标。

定义电磁悬架的综合评价指标泛函 J 为气隙偏心、定子加速度、悬架动行程和车身垂向振动加速度的加权平方和在时域 T 内的积分值，其表达式为：

$$J = \lim_{T \to \infty} \frac{1}{T} \int_0^T \{q_1[z_2(t) - z_1(t)]^2 + q_2[\dot{z}_2(t)]^2 + q_3[z_3(t) - z_2(t)]^2 + q_4[\dot{z}_3(t)]^2\}d_t$$

（7）

式中：q_1、q_2、q_3、q_4 分别为各性能指标的加权系数。车身垂向加速度的加权系数 $q_4=1$。

根据反馈状态变量 $X(t)$，就可得出 t 时刻作动器的最优控制力 U_a：

$$U_a(t) = KX(t) \tag{8}$$

3.3　基于 AHP 的加权系数的确定

AHP（层次分析法）是一种将与决策相关的要素分解为目标、标准和程序，然后在此基础上进行定性和定量分析的决策方法。在本文中其被用于选择 LQG 控制器性能指标的权重系数。

3.3.1　同尺度量化比例系数

对被动悬架进行该工况的仿真得到原悬架车身加速度、SRM 气隙偏心、悬架动扰度与 SRM 定子加速度在相应工况下的均方根值 σ_{BA}^2、σ_{DTD}^2、σ_{SWS}^2、σ_{STA}^2；σ_{BA}^2 的同尺度量化比例系数为 1，按式（9）确定 σ_{DTD}^2、σ_{SWS}^2、σ_{STA}^2 的同尺度量化比例系数 β_1、β_2 与 β_3。

$$\sigma_{BA}^2 \times 1 = \beta_1 \times \sigma_{DTD}^2 = \beta_2 \times \sigma_{SWS}^2 = \beta_3 \times \sigma_{STA}^2 \tag{9}$$

3.3.2　主观加权比例系数

令 h_{ij}（无单位）为两个不同性能指标的重要性比值，i 与 j 分别代表参与比较的两个性能指标。表 1 是各指标相对重要性的对照表。若两指标相对重要性介于两个比较值之间，则分别取：2，4，6，8。

表 1　指标与指标重要性的比较值

指标 i/j	同等重要	略重要	比较重要	重要	很重要
h_{ij}	1	3	5	7	9

根据各评价指标的重要性构造如表 2 所示的判断矩阵 H。

表 2　确定主观加权的判断矩阵

比较值	因素 1	因素 2	因素 3	因素 4
因素 1	h_{11}（1）	h_{12}（$1/h_{21}$）	h_{13}（$1/h_{31}$）	h_{14}（$1/h_{41}$）
因素 2	h_{21}（$1/h_{12}$）	h_{22}（1）	h_{23}（$1/h_{32}$）	h_{24}（$1/h_{42}$）
因素 3	h_{31}（$1/h_{13}$）	h_{32}（$1/h_{23}$）	h_{33}（1）	h_{34}（$1/h_{43}$）
因素 4	h_4（$1/h_{14}$）	h_{42}（$1/h_{14}$）	h_{43}（$1/h_{34}$）	h_{44}（1）

由所确定的主观加权判断矩阵，按照以下方法计算各评价指标的主观加权比例系数。

（1）H 行元素的乘向量 $\boldsymbol{M}$，$\boldsymbol{M}$ 的 $\boldsymbol{n}$ 次方根向量 $\bar{\boldsymbol{W}}$，$\bar{W}_i$ 的正则向量：

$$\boldsymbol{M} = [M_1, M_2, \cdots, M_n]^T$$

$$M_j = \prod_{j=1}^n h_{ij}, (i, j = 1, 2, \cdots, n) \tag{10}$$

$$\bar{\boldsymbol{W}} = [\bar{W}_1, \bar{W}_2, \cdots, \bar{W}_n]^T$$

$$\bar{W}_i = \sqrt[n]{M_i}, (i = 1, 2, \cdots, n) \tag{11}$$

$$W = \frac{\bar{W}}{\sum_{i=1}^n \bar{W}_i}, (i = 1, 2, \cdots, n) \tag{12}$$

（2）H 的最大特征值及其一致性的检验：随机一致性比率

$$\lambda_{max} = \sum_{i=1}^n \frac{(HW)_i}{nW_i} \bar{W}_i, (i = 1, 2, \cdots, n) \tag{13}$$

$$CR = \frac{\lambda_{max} - n}{RI(n-1)} \tag{14}$$

式中：RI 为 H 的随机一致性指标；当 n 等于 3 时，RI 等于 0.58。当 $CR<0.1$ 时，通过一致性检验，否则需要对 H 进行一致性校正。

（3）主观加权比例系数

车身垂向加速度的主观加权比例系数为 1，按式（15）确定气隙偏心、定子加速度与悬架动扰度的主观加权比例系数 γ_1、γ_2 和 γ_3：

$$W_1 = \frac{W_2}{\gamma_1} = \frac{W_3}{\gamma_2} = \frac{W_4}{\gamma_3} \tag{15}$$

3.3.3　最终的加权系数

按式（16）确定最终的悬架 LQG 控制器加权系数 q_1、q_2、q_3：

$$\begin{aligned} q_1 &= \beta_1 \gamma_1 \\ q_2 &= \beta_2 \gamma_2 \\ q_3 &= \beta_3 \gamma_3 \end{aligned} \tag{16}$$

4 仿真分析

开关磁阻电机的不平衡径向力对轮毂驱动电动汽车平顺性和操稳性会有一定的影响，为验证控制器在常见城市工况下的效果，本文选取了 60 km/h 的 B 级路面（图 4.1）作为输入，对电磁悬架进行了仿真分析。

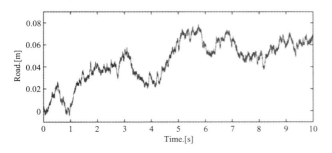

图 4.1 随机路面输入（B 级）

4.1 时域分析

为了更加直观地研究在一定的路面输入下系统输出随时间变化的情况，本文对控制器各项优化指标：车身加速度、气隙偏心、悬架动挠度、定子加速度在 60 km/h 的 B 级路面下进行时域分析，其结果如图 4.2、4.3、4.4、4.5 所示。

从图 4.2～4.5 中可以看出，在 B 级路面输入下，各项指标都实现了优化。其中，车辆的车身加速度和悬架动挠度信号波形变化相对较慢，脉冲持续时间较长。相对于被动悬架汽车，电磁悬架汽车车身加速度和悬架动挠度信号幅值有所下降，车辆行驶平顺性和乘坐舒适性较好；而车辆的气隙偏心和定子加速度信号波形变化速率极快，脉冲信号的持续时间短，脉冲上升和下降边沿十分陡峭，电磁悬架汽车相较于被动悬架汽车的气隙偏心信号幅值有所降低，开关磁阻电机的不平衡径向力减小，对 SRM 振动和车辆动态性能的影响降低，汽车在行驶过程中车身姿态更好。

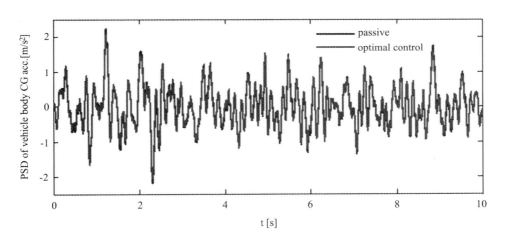

图 4.2 车身加速度时域图

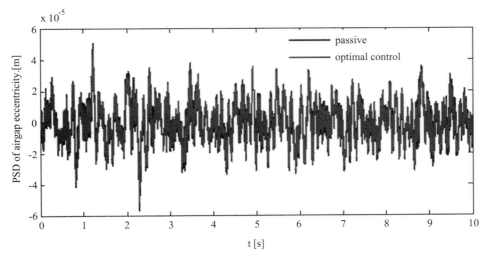

图 4.3 气隙偏心时域图

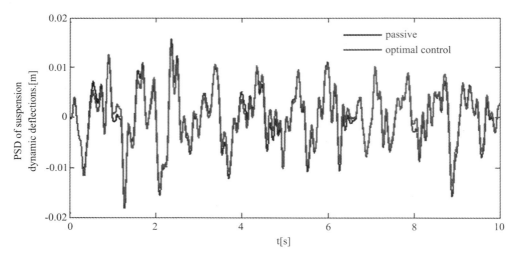

图 4.4　悬架动挠度时域图

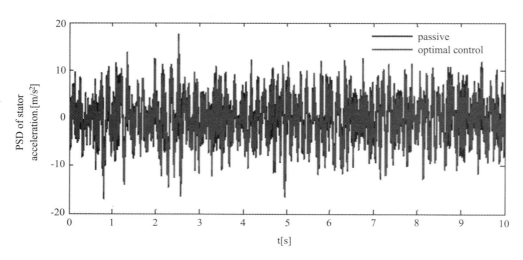

图 4.5　定子加速度时域图

4.2　频域分析

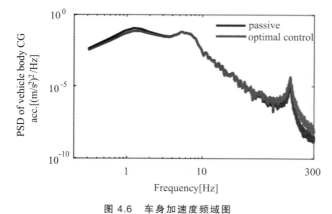

图 4.6　车身加速度频域图

从图 4.6 中可以看出，在车身固有频率为（1Hz）处，电磁悬架汽车车身加速度功率谱密度（PSD）为 $6.763×10^{-2}$（m/s^2）^{2}/Hz，被动悬架汽车车身加速度功率谱密度为 $4.32×10^{-2}$（m/s^2）^{2}/Hz。电磁悬架汽车车身加速度功率谱相比于被动悬架

汽车有明显降低，降幅达到 36.1%。

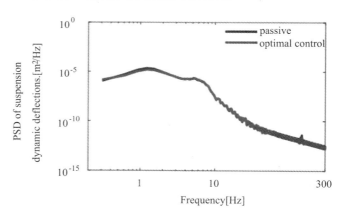

图 4.7 悬架动挠度频域图

从图 4.7 中可以看出，在车辆主动悬架 LQG 控制器的作用下，车身固有频率（1Hz）处，电磁悬架汽车的悬架动挠度功率谱密度（PSD）为 $1.44×10^{-5}m^2$/Hz，被动悬架汽车的悬架动挠度为

1.025×10⁻⁵m²/Hz，下降幅度为 28.8%。

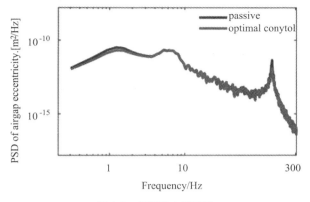

图 4.8 气隙偏心频域图

从图 4.8 中可以看出，在固有频率（146.2 Hz）处，被动悬架汽车的气隙偏心功率谱密度（PSD）为 $4.427×10^{-12}$ m²/Hz；电磁悬架汽车的气隙偏心功率谱密度（PSD）为 $1.298×10^{-12}$m²/Hz，下降幅度为 70.68%。

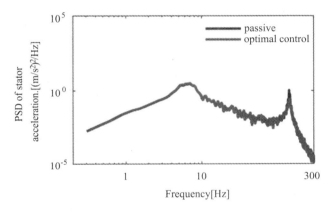

图 4.9 定子加速度频域图

从图 4.9 中可以看出，在车辆主动悬架 LQG 控制器的作用下，固有频率（142.5 Hz）处，电磁悬架汽车的定子加速度功率谱密度（PSD）为 $2.781×10^{-1}$（m/s²）²/Hz，被动悬架汽车的定子加速度为 1.091（m/s²）²/Hz，下降幅度为 74.5%。

在对车身加速度，悬架动扰度，气隙偏心和定子加速度的频域分析中可看出，电磁悬架能有效降低车身垂向加速度和轮毂电机振动，对轮毂电机电动车在常见城市工况下的舒适性有明显提升。

5 结 论

为了减小轮毂电机电动车的 SRM 垂直振动，本文使用了电磁悬架并采用最优控制理论设计了电磁悬架 LQG 控制器。根据所得出的仿真结果，可以总结出以下结论：

（1）对随机道路输入的仿真表明，该电磁悬架与被动悬架相比，能有效降低 SRM 气隙偏心和定子加速度，SRM 垂直振动明显下降。

（2）该控制器能有效减少车身加速度，乘坐舒适性明显提高。

总之，基于最优控制理论的控制器可以有效地匹配电磁悬架，与被动悬架相比可有效降低 SRM 垂直振动并提高轮毂电机电动车的舒适性，但最终效果应该由实验来验证。

参考文献

[1] DIVANDARI M, DADPOUR A. Radial force and torque ripple optimization for acoustic noise reduction of SRM drives via fuzzy logic control[C]//Ieee/ias International Conference on Industry Applications. IEEE, 2010: 1-6.

[2] SANTOS F L M D, ANTHONIS J, NACLERIO F, et al. Multiphysics NVH Modeling: Simulation of a Switched Reluctance Motor for an Electric Vehicle[J]. IEEE Transactions on Industrial Electronics, 2013, 61(1): 469- 476.

[3] HUSAIN I, RADUN A, NAIRUS J. Unbalanced force calculation in switched-reluctance machines [J]. Magnetics IEEE Transactions on, 2000, 36(1): 330-338.

[4] SHETH N K, RAJAGOPAL K R. Variations in overall developed torque of a switched reluctance motor with airgap nonuniformity[J]. IEEE Transactions on Magnetics, 2005, 41 (10): 3973-3975.

[5] EBRAHIMI B M, FAIZ J, ROSHTKHARI M J. Static-, Dynamic-, and Mixed-Eccentricity Fault Diagnoses in Permanent-Magnet Synchronous Motors[J]. IEEE Transactions on Industrial Electronics, 2009, 56(11): 4727-4739.

[6] SHETH N K, RAJAGOPAL K R. Effects of nonuniform airgap on the torque characteristics of a switched reluctance motor[J]. IEEE Transactions on Magnetics, 2004, 40(4): 2032-2034.

[7] AFJEI E, TORKAMAN H. Airgap eccentricity fault diagnosis in switched reluctance motor [C]//Power Electronic & Drive Systems & Technologies Conference. IEEE, 2010: 290-294.

[8] TA M C, DUFOUR C. Real-time simulation

and control of reluctance motor drives for high speed operation with reduced torque ripple[J]. Annals of Laboratory Medicine, 2011, 36(1): 4176-4181.

[9] XUE X D, CHENG K W E, NG T W, et al. Multi-Objective Optimization Design of In-Wheel Switched Reluctance Motors in Electric Vehicles[J]. IEEE Transactions on Industrial Electronics, 2010, 57(9): 2980-2987.

[10] 黄朝志，陈海东，刘细平，等. 一种减小开关磁阻电机振动的定子新结构[J]. 微特电机，2017，45（9）：37-40.

[11] 张鑫，王秀和，杨玉波，等. 基于转子齿两侧开槽的开关磁阻电机振动抑制方法研究[J]. 中国电机工程学报，2015，35（6）：1508-1515.

[12] DESAI P C, KRISHNAMURTHY M, SCHOFIELD N, et al. Novel Switched Reluctance Machine Configuration With Higher Number of Rotor Poles Than Stator Poles: Concept to Implementation[J]. IEEE Transactions on Industrial Electronics, 2010, 57(2): 649-659.

[13] SHI T, NIU L, LI W, et al. Torque-ripple Minimization in Switched Reluctance Motors Using Sliding Mode Variable Structure Control[C]//中国控制会议. 2010: 332-337.

[14] CAI J, DENG Z. Sensorless Control of Switched Reluctance Motor Based on Phase Inductance Vectors[J]. IEEE Transactions on Power Electronics, 2012, 27(7): 3410-3423.

[15] 孙剑波，詹琼华，王双红，等. 开关磁阻电机减振降噪和低转矩脉动控制策略[J]. 中国电机工程学报，2008，28(12): 134-138.

[16] YE J, BILGIN B, EMADI A. An Extended-Speed Low-Ripple Torque Control of Switched Reluctance Motor Drives[J]. Power Electronics IEEE Transactions on, 2015, 30(3): 1457-1470.

[17] KO S, KO J, LEE S, et al. A study on the road friction coefficient estimation and motor torque control for an in-wheel electric vehicle [J]. Proceedings of the Institution of Mechanical Engineers Part D Journal of Automobile Engineering, 2015, 229(5): 611-623.

[18] SONG P, TOMIZUKA M, ZONG C. A novel integrated chassis controller for full drive-by-wire vehicles[J]. Vehicle System Dynamics, 2015, 53(2): 215-236.

[19] KRISHNAN R. Switched reluctance motor drives: modeling, simulation, analysis, design, and applications[J]. 2001.

基于 LabVIEW 的车轮六分力数据采集系统设计

张　杨，孙仁云，孙振耀，刘长伟

（西华大学汽车与交通学院，四川 成都 610039）

摘　要： 汽车车轮六分力数据采集系统通过轮力传感器（WFT）采集路面行驶过程中的车轮力的相关参数。本系统的设计基于 LabVIEW 作为软件平台，对车轮六分力采集系统进行了研究开发。另外，通过汽车道路试验的方法对该车轮六分力系统进行了实车测试。在试验过程中，通过采集安装在汽车轮胎部位的传感器信号，实时检测汽车轮力变化的过程曲线，同时进行处理分析。实验实现了对驱动轮参数、采集文件的储存及数据处理等测试，并验证了六分力测试系统了对汽车制动测试相关性能的分析和评估的功能，实验效果良好，且精度较高。该系统对汽车车轮力测试及制动性能的研究提供了一些条件。

关键词： 车轮六分力；传感信号；数据采集；LabVIEW

Design of Wheel Six-component Data Acquisition System Based on LabVIEW

ZHANG Yang, SUN Renyun, SUN Zhenyao, LIU Changwei

(School of Automobile and Transportation, Xihua University, Chengdu 610039 China)

Abstract: The relevant parameters of the wheel force during driving are collected by the vehicle wheel six-component force data acquisition system through a Wheel Force Transducer(WFT).The design of this system is based on LabVIEW as a software platform for the research and development of the wheel six-component force collection system. In addition, a real-vehicle test has been performed on this wheel six-component system by means of a vehicle road test.In the test process, by collecting signals of the sensor installed on the tires of the vehicle, the changing curve of the vehicle wheel force has been detected in real time, and processing analysis has been performed at the same time. The experiment has achieved the test of driving wheel parameters, storage of captured files, and data processing. At the same time, the six-component force test system's function of analyzing and evaluating the relevant performance of automobile brake test has been verified. The experimental results are good and the precision is high. The system provides some conditions for the study of wheel force testing and braking performance.

Key words: wheel six force; sensing signal; data collection; labVIEW

1　引　言

随着汽车行业的快速发展，汽车制动性能安全问题日益成为人们关注的焦点。每年各种重大交通事故的发生，很大程度上都与汽车关键零部件的失效有关。因此，对汽车各个部件的相关性能检测与分析特别重要，尤其是轮胎作为该系统元件与地面接触的唯一部件，对轮胎力学的研究是检测汽车性能一个不可或缺的重要环节。当前

汽车制动试验研究方法可分为道路试验和试验台试验，其中试验台试验是利用飞轮模拟汽车行驶的惯性力，以及使用水力或电力测功机模拟汽车行驶的各种阻力，以检测发动机功率、转速、扭矩等相关参数[1]。而道路试验主要采用轮力传感器对汽车轮力参数进行测试研究。相比而言，试验台试验不能完全准确地模拟真实路面行驶的工况及行驶过程的零部件受力变化。就现今而言，对汽车轮力传感器的研究处于领先地位的国家主

作者简介：张杨（1993—），男，研究生，西华大学汽车与交通学院，研究方向：汽车测试与仿真分析；孙仁云（1967—）男，教授，西华大学汽车与交通学院，研究领域：汽车动力学性能测试、汽车及发动机电控技术、电动汽车控制技术；孙振耀（1993—）男，研究生，西华大学汽车与交通学院，研究方向：电动汽车控制技术；刘长伟（1987—），男，研究生，西华大学汽车与交通学院，研究方向：汽车测试与仿真分析。

要集中在工业极为发达的欧美日等，其中包括美国 MTS/MSC、瑞士 Kistler、德国 LBF 研究所、CORRSYS 研究中心、日本 TML 等[2]。而我国由于汽车工业水平整体实力较为落后，虽然当中不乏许多高等院校科研所，包括东南大学、湖南大学、华晨汽车、东风汽车等积极投入研究且取得不错成绩，但对于整个测试领域还处于落后阶段。因此，对六分力测试系统的研发十分关键。汽车车轮六分力力测试系统通过轮力传感器实现道路试验的测试，并可以精确地测得各种工况下的汽车轮胎力的参数，以便于对汽车性能的研究。

2　测试系统

汽车车轮六分力测试系统是以车轮六分力传

图 1　汽车轮胎六分力坐标系模型

同时通过本测试系统采集到的车轮多维力数据可进一步处理，完成对汽车的滑移率、附着系数等进行理论研究分析。该方法较传统的试验台试验采集的数据更为准确、全面，能够实时地反映各种工况的车轮行驶扭矩和受力参数。对地面附着系数 φ、附滑移率 S 等进行分析[3]，其计算公式为：

$$F_{X_{\max}} = F_{\varphi} = F_z \cdot \varphi \qquad (1)$$

$$s = \frac{u_w - r_{r0}\omega_w}{u_w} \times 100\% \qquad (2)$$

式中　$F_{X_{\max}}$——地面对轮胎的最大切向反作用力；

F_{φ}——附着力；

F_z——驱动轮法向反作用力；

φ——附着系数；

s——滑移率；

r_{r0}——无制动力时车轮滚动半径；

u_w——车轮中心速度。

感器作为硬件平台，专门用于测量汽车行驶过程中轮胎多维力变化的仪器设备。这里的车轮六分力是指建立以 O 为车轮坐标系原点的各轴向分力和力矩，箭头方向分别代表 X，Y，Z 各轴的正方向。其中的六分力分别指 F_x（纵向力）、F_y（侧向力）、F_z（法向力），以及 M_x（翻转力矩）、M_y（滚动力矩）、M_z（回正力矩）[3]。该车轮坐标系模型，如图 1 所示。

另外本系统采用 LabVIEW 软件编程、ART2542 数据采集卡，以及六分力采集系统来构建汽车车轮多维力测试系统，以实现不同工况下的车轮多维力的数据采集与分析，可实时地观察汽车在行驶过程中车轮受力的情况，系统的结构框图如图 2 所示。

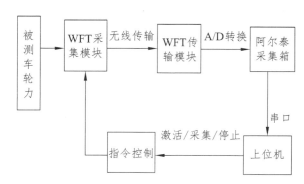

图 2　汽车六分力测试系统结构框图

3　硬件组成

本车轮六分力测试系统的硬件结构如图 2 所示。该测试系统由硬件和软件两个部分构成。硬件部分包括：1 过渡法兰、2 改制轮毂、3 弹性元件、4 弹性体盖板、5 采集模块、6 传输模块、7 圆螺母；软件部分包括：1 轮力传感器的信号采集部分、2 信号传输部分、3 数据显示等部分。

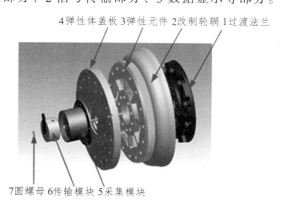

图 3　车轮六分力传感器结构图

路面试验中,将 WFT 轮胎安装在汽车的驱动轮上,连接好设备,并激活,然后进入 LabVIEW 测试系统界面进行测试。车轮多维轮力传感器由随着车轮转动的信号采集模块和不随车轮转动的信号传输模块组成,两者之间通过无线方式进行通信。其中转动的连接方式:① 将过渡法兰通过原 M22 螺栓与轮毂连接;② 将弹性体与改制轮辋通过螺栓连接;③ 弹性体与改制轮辋连接;④ 通过弹性体中心凸缘处的螺栓孔与过渡法兰中心孔连接;⑤ 弹性体与过渡法兰连接;⑥ 安装弹性体盖板;⑦ 弹性体盖板安装;⑧ 安装心轴;⑨ 安装采集模块;⑩ 安装传输模块;⑪ 通过传输模块支架上导槽及固定支架与车身连接。

该车轮力传感器的传感模块,将多组应变片按不同的方向粘贴于弹性体的相应位置,并通过特殊的组桥方式构成六路惠斯通电桥实现对三维空间中三维力和三维力矩信息的获取以及六分力测量通道间信号的直接解耦输出[4, 5];然后信号采集模块部分将采集到的车轮力传感模块输出的模拟信号,以无线传输的方式将数据传递至信号传输模块。数据采集箱将多个传感系统传输模块的串口数据统一经过 A/D 转换为计算机可以识别读取的数字信号通过以太网数据输出,以便于上位机进行数据采集[6]。其工作原理如图 4 所示。

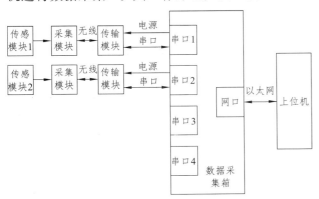

图 4　数据采集原理图

4　软件设计

本测试系统在软件方面,采用 LabVIEW2014 作为软件开发平台,实现汽车以车轮六分力传感器在路面工况下的受力数据采集软件部分的设计[7]。其中 LabVIEW 软件编程平台包括两个部分:程序框图和前面板[8]。

汽车在路面测试试验的过程中,需要对不同工况下的多个力学参数进行检测,同时又要对采集到的数据包解析分析,从而判断滤波处理后曲线是否正确,所以数据的采集和后续处理十分重要。本系统信号采集部分包括六分力传感器采集模块和含 ART2542 数据采集卡的采集箱两个部分,前者针对驱动轮上轮力参数的采集,后者用于将多个传感系统传输模块的串口数据统一转换为以太网数据输出,以便于上位机进行数据采集。

4.1　信号的采集和实时显示

在前面板上按照设计方法设定:文件读取路径、串口选择 COM4,波特率设置(115200),数据包解析长度、文件存储路径等。正确设置参数后,进行数据采集时,可以根据设定的参数,在前面板上实时的显示观测汽车在不同工况下的 F_x(纵向力)、F_y(侧向力)、F_z(法向力),以及 M_x(翻转力矩)、M_y(滚动力矩)、M_z(回正力矩)以及速度、加速度、纵向附着系数、侧向附着系数的变动情况。

4.2　数据采集部分的设计

利用 LabVIEW 编写的六分力串口数据采集及实时显示程序设计如图 5 所示。

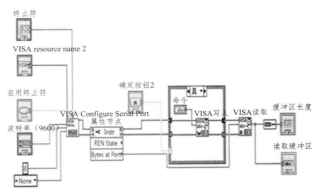

图 5　六分力串口数据采集与显示程序

首先通过串口助手界面发送车轮力传感器指令,检测六分力传感器是否激活,如果接收到的数据呈现十四位的数据包格式,则认为该传感器已激活,否则未被激活。当传感器被激活后,进入 LabVIEW 的六分力采集系统参数设置串口界面,正确设置参数,然后进入数据采集界面,发送指令,即可进行数据采集,系统界面如图 6 所示。

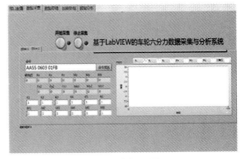

图 6　系统操作界面

4.3 数据处理与分析

试验过程中，试验员可以通过程序界面显示观察到汽车行驶的轮胎多维力动态变化，并与驾驶员的加速、减速以及制动等操作对比，判断程序界面显示的走势是否合理，并记录不同工况下

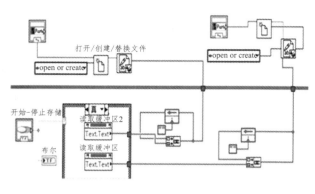

图 7 文件存储程序

另外将路面试验中采集到的加速、减速、制动过程的数据存储文件，使用到该数据处理程序上运行分析，可得到侧向力系数和纵向力系数的相关曲线图[9]，如图 9 所示，基本验证了的测试系统的准确性，实现了基于 LabVIEW 软件平台编程的车轮六分力数据采集系统对实车试验的车轮力采集。

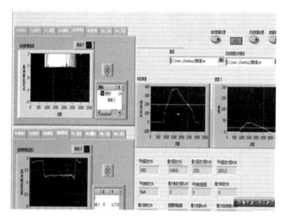

图 9 数据处理与分析

5 结束语

通过对车轮六分力采集系统的设计，并结合 LabVIEW 模块化的编程可以得出以下结论：① 该测试系统对车轮传感器的多维力完成了采集测试，验证了系统的数据采集与分析的功能。② 从测试效果上看，该系统基本上满足了数据测试的试验要求。③ 另外，系统实现了汽车轮胎力参数的动态曲线的变动显示和文件存储的方法，并增

的操作处理，以便后续对数据分析与处理。实验结束后，将采集到的数据存储到单独的文件夹，然后利用地面附着系数及滑移率推导公式编写关于 LabVIEW 的数据分析处理程序，文件存储和文件读取程序如图 7，8 所示。

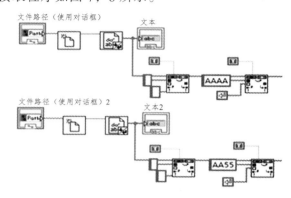

图 8 文件读取程序

加了制动性能处理与分析的功能，较原测试系统而言，更方便、高效。④ 但由于现实条件的限制，仍然有很多功能不足：比如预留的数据采集卡上的脉冲计数器接口，可以增加计数器上可使用油压传感器和轮速传感器等，以获得制动时制动管路油压和四个车轮的车轮转速的数据，增加系统测试的数据和分析数据的全面性，对全面分析汽车驱动和制动状态有更大的帮助可作用。再就是对测得的汽车车轮力数据还可以进行汽车路面谱的分析、附着率和滑动率的分析、悬架的振动分析、转向输入响应分析等。还可以通过采集大量的动态载荷谱数据，进行动态载荷谱的统计特征值分析、概率密度分析、系统相关性分析、频谱分析、系统相干性分析等统计分析[10]。

参考文献

[1] 张为公. 基于多维轮力测量的汽车道路试验系统[D]. 南京：东南大学，2001.

[2] 张小龙，张为公. 轮力传感器及其在汽车道路试验中的应用[J]. 仪表技术与传感器. 2005（1）：4-3.

[3] 余志生. 汽车理论[M]. 北京：机械工业出版社，2009.

[4] 王东. 汽车轮力测量解耦理论与技术研究[D]. 南京：东南大学，2016.

[5] 周耀群，张为公，刘广孚，李忠国. 基于新型车轮六分力传感器的汽车道路试验系统设计与研究[J]. 中国机械工程，2007，18

（20）：2510-05

[6] 崔胜民，张京明，尚捷. 汽车轮胎六分力测
力仪的研制[J]. 橡胶工业，2001.

[7] 黄伟，孙仁云，王波，吴本成. 基于 LabVIEW
的汽车制动性能测试系统[J]. 西华大学学报
（自然科学版），2007（1）.

[8] 胡仁喜，高海宾. LabVIEW 2010 中文版虚拟
仪器从入门到精通[M]. 北京：机械工业出版
社，2012.

[9] 王力. 基于 LabVIEW 的高速数据采集系统
的软硬件设计[D]. 南京：南京理工大学，
2013.

[10] 刘长伟. 基于车轮六分力的汽车动态测试系
统研究[D]. 成都：西华大学，2017.

DART-MS/MS 快速检测发芽青稞中的 γ-氨基丁酸

伍小宇，袁　旭，李伟丽，吴　韬

（西华大学食品与生物工程学院，成都　610039）

摘　要： γ-氨基丁酸（GABA）是一种食品功能成分，传统检测方法采用高效液相色谱衍生化检测，比较耗时。本论文创建了一种快速直接分析质谱方法（DART-MS），首先对 GABA 质谱裂解行为进行了系统研究，经过优化后，30 s 之内可以检测发芽青稞中的 GABA 含量。其检测限（LOD）和基质效应分别为 0.156 mg/L 和 9.37%。同时测定了发芽前后三种不同颜色青稞中 GABA 含量的变化，发现发芽后青稞中 GABA 含量提高了 300%。结果表明 DART-MS 方法无须预先衍生化或色谱分离，可以作为快速测定食物中 GABA 浓度的高通量方法。

关键词： γ-氨基丁酸；发芽；青稞；DART

Rapid Detection of Gamma Aminobutyric Acid Content by Direct Real-time Analysis Mass Spectrometry(DART-MS/MS)

WU Xiaoyu, YUAN Xu, LI Weili, WU Tao

(College of Food and Biological Engineering, Xihua University, Chengdu 610039, China)

Abstract: Gamma-aminobutyric acid(GABA)is a food functional ingredient. Traditional detection methods using high performance liquid chromatography derivatization detection are time consuming. In this dissertation, a Rapid Direct Analytical Mass Spectrometry(DART-MS)method was established. Firstly, the cracking behavior of GABA was systematically studied, and after optimization, GABA in germinating barley could be detected within 30 seconds. The limits of detection(LOD)and matrix effects were 0.156 mg/L and 9.37%, respectively. At same time, determination of the change in GABA contents of barley in three different colors before and after germination showed that GABA content of barley increased by 300% at after germination. The results show that the DART-MS method does not require prior derivatization or chromatographic separation and can be used as a high-throughput method for rapid determination of GABA concentration in foods.

Key words: Gamma-aminobutyric acid; germination; highland barley; DART

γ-氨基丁酸（GABA）是一种四碳游离氨基酸，具有多种生物活性，并对许多生理疾病具有积极作用。GABA 存在于大脑中，并在中枢神经系统内的几种通路中发挥抑制性神经传递的基本作用[1]。它被证明是动物和人类的天然抗高血压剂[2]。此外，食用富含 GABA 的食物还可以延缓或抑制癌细胞侵袭，改善记忆力并治愈皮肤创伤[1]。

目前最常用的检测方法是色谱法，由于 GABA 分子中没有发色团，检测 GABA 一般需要用丹酰氯和邻苯二甲醛[3,4]进行复杂的衍生化。尽管色谱方法在实验室中广泛使用，但由于长时间的样品衍生化和色谱分离，检测过程非常耗时。

直接分析实时质谱（DART-MS）是质谱分析中的一项技术突破[5]。DART-MS 已被用作高通量工具，用于复杂食品基质中的目标和非目标分析。例如，DART 电离能够即时检测和鉴定大蒜中含有的天然硫化合物[6]，鱼中的组胺成分[7]。然而，直到现在还没有报道用 DART-MS 测定青稞中

基金项目： 西华大学重点科研基金资助（Z1620515）；四川省高等学校粮油工程与食品安全重点实验室资助项目（szjj2016–025）；教育部春晖计划项目（Z2017061，Z2017092）。

作者简介： 伍小宇（1993—），女，学生，硕士，主要研究方向：食品科学与工程；袁旭（1992—），女，学生，硕士，主要研究方向：食品科学与工程；李伟丽（1983—）博士，副教授，研究方向：农产品加工。E-mail：12596577@qq.com。

通信作者： 吴韬（1973—），博士，研究员，研究方向：特色粮油加工。E-mail：wutao@caas.cn。

GABA 含量。本研究的目的是开发一种新颖快速的方法来表征发芽青稞中的 GABA，并对三种颜色品种青稞中 GABA 含量进行量化。据我们所知，这是使用 DART-MS 在食物资源中表征和量化 GABA 的第一份报告。

1　材料和方法

1.1　材料、实验试剂

青稞，产自四川马尔康足不足村；甲醇，乙腈和甲酸（HPLC 级），乙腈和甲醇购自 Sigma 公司（St.Louis，MO，USA），甲酸购自天津科密欧化学试剂有限公司。γ-氨基丁酸（GABA）标准购自 Sigma-Aldrich（美国密苏里州圣路易斯）。

1.2　发芽青稞粉准备

参考 Vale 等[8]的发芽方法，挑选大小一致、籽粒饱满的白青稞 500 g 置于 20 °C，黑暗条件，恒温水浴箱中浸泡，浸泡时间为 24 h，浸泡后的青稞去除表面浮水，置于恒温暗箱中（20 °C）发芽 96 h。取青稞芽体于-70 °C 超低温冰箱中预冷 4 h，进行冷冻干燥 24 h。干燥后的发芽青稞经高速粉碎机粉碎，过 75 目筛，得到发芽青稞粉备用。另取未发芽青稞，同法制粉作为对照组。

1.3　标准液和提取液的准备

GABA 标准储备溶液制备：将 0.100 g 标品溶解在 10 mL 30%甲醇中得到浓度为 0.01 g/mL 的标准储备液。通过用 30%甲醇（体积分数）稀释 GABA 标准储备溶液来制备从 0.625 mg/L 到 10 mg/L 的标准工作溶液。所有标准溶液在 4 °C 下储存并在使用前放置到室温。提取液准备：称取 0.500 g 发芽青稞粉溶于 10mL 30%甲醇中并涡旋 3 min。将混合物水浴超声 30 min，取上清液过 0.22 μm 滤膜后将提取液贮存于 4 °C 冰箱中备用。

1.4　DART-MS 分析

DART-MS 分析系统包括 Triple Quad 3500（AB SCIX，CA，USA）和 DART 离子源（DART-SVP，IonSense，Saugas，MA，USA）。DART 离子源的孔与离子转移管之间的间隙为 1.0 cm。将工作溶液（3.0 μL）沉积在玻璃样品棒（Ion-Sense）的尖端上。将这些玻璃棒保持在线性轨道上，然后通过自动进样器将样品离子引入质谱仪。优化的 DART 参数如下：正离子模式；气压 0.3 MPa；气体温度 400 °C；并且栅极电压为 100 V。Dip-It 顶端导轨系统使用 0.6 mm/s 的恒定速度。高纯度氮气（99.999%）用作待机气体，高纯度氦气（99.999%）用作运行气体。

使用由 Analyst 1.6.2 软件（AB SCIEX）控制的 AB SCIEX Triple Quad TM 3500 串联质谱仪（California，MA，USA）获得分析物的质谱信息，在多反应监测（MRM）模式下检测，其质谱参数为：去簇电压，66 V，帘式气体，35 psi；载气（GS1 和 GS2），15 和 20 psi；碰撞能量，28 V；离子源温度 200 °C；扫描范围 50 ~ 500 m/z。

1.5　方法验证

在本研究中，所用方法通过以下参数进行验证：校准线性，基质效应，回收率，检测限（LOD），定量限（LOQ），精密度。青稞的检出限和定量限分别是对应于信噪比为（S/N）3 和 10 时标品浓度的估计值。通过在三个水平分析三次重复测定回收率：0.625，1.25 和 2.5 mg/L，三种水平分别以 1:1（体积比）的比例添加到样品的三个等分试样中。青稞计算公式的回收率如下：

$$回收率（\%）= \frac{C_{sm} - C_m / 2}{C_s / 2}$$

式中：C_{sm} 是加标测量值；C_m 是大麦样品的测量值；C_s 是加标 GABA 标准溶液的浓度。

基质效应的溶液是通过用 30%甲醇和样品溶液连续稀释储备溶液（10 mg/L）制备的。青稞中目标离子强度的基质效应通过以下方程估算[9, 10]：

$$基质效应（\%）= \frac{机制的效率 - 校准曲线的斜率}{校准曲线的斜率} \times 100\%$$

2　结果讨论

2.1　DART 源的电离特性分析

在 DART 源（图 1）中，观察到的 MS 图谱是主离子 m/z 104 以及几种离子加合物，可能包括 m/z 150 [M+HCOOH+H]⁺,m/z 186[M+ HCOOH+ 2NH₄+H]⁺和 m/z 236 [2M+ HCHO+H]⁺。DART 源的二级碎片如图 2 所示，分子量 m/z 86 [M+H-H₂O]⁺ 的产生可能是由母离子 m/z 104 丢失一个水分子产生的。

2.2　青稞的定量分析

通过 DART-MS 使用外标准方法定量分析三种颜色青稞中的 GABA 含量。GABA 产生的离子对[M + H]⁺（m/z 104）和[M + H-H₂O]⁺（m/z 86）在 DART-MS 正离子模式下被监测，并通过多反应监测（MRM）模式确定其峰面积。如表 1 所示，DART-MS 测定的青稞提取物中 GABA 浓度的范围为未发芽青稞 20.2 mg/kg 至 24.8 mg/kg，发芽青稞 56.3 mg/kg 至 61.1 mg/kg。发芽青稞的 GABA

含量比未发芽青稞增加近 300%。发芽后青稞中 GABA 含量的增加可能与 GABA 合成（谷氨酸脱羧酶）和 GABA 分解（例如 GABA-丙酮转氨酶）的酶的活性有关[11]。

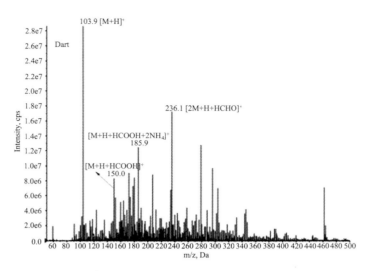

图 1　通过 DART 源测得的 GABA 一级质谱特征图

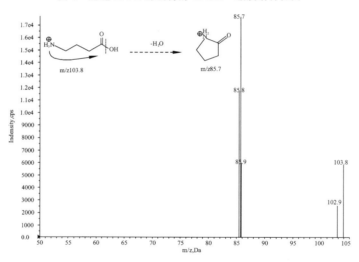

图 2　通过 DART 源测得的 GABA 二级质谱图

表 1　通过 DART-MS 确定的那个青稞发芽前后的 GABA 含量

种类	处理方法	DART-MS（mg/kg 干重）	RSD/%
白青稞	未发芽	20.2±1.64	8.13
	发芽	56.3±0.67	10.80
黑青稞	未发芽	24.9±2.16	6.42
	发芽	61.1±1.85	3.36
蓝青稞	未发芽	23.8±1.28	9.25
	发芽	60.0±0.98	4.87

准曲线为 $y = 1\,437x - 105$，相关系数（R^2）为 0.998。此外，方法的 LOQ 为 0.625 mg/L，方法的 LOD 为 0.156 mg/L。在 DART-MS 方法中，精密度和重复率的 RSD 值分别为 7.46% 和 8.22%。通过 DART-MS 方法（表 3）测得的 GABA 的回收率范围为 88.3% 至 92.0%。这与廖昌均等人[12]的研究结果相一致。说明用 DART-MS 方法测定食品中 GABA 含量有较高回收率，且其精密度和重复率均在可接受范围内，因此该方法用于测定青稞中 GABA 含量是可行的。

2.3　方法可靠性和准确性分析

方法验证参数的结果总结在表 2 中。线性校

表 2　ART-MS 方法的参数验证

方法	线性关系	R^2	重复率 (n=3)	定量限 /（mg/L）	检出限 （mg/L）	精确率 (n=6)
DART-MS	$y=1\ 437x-105$	0.998	8.22%	0.625	0.156	7.46%

表 3　DART-MS 方法的加标回收率

	样品测量值/（mg/L）	加标浓度/（mg/L）	加标测定值/（mg/L）	回收率/%
未发芽	1.24±0.108	0.625	0.897±0.035	88.3
黑青稞		1.25	1.20±0.049	89.4
		2.5	1.77±0.040	92.0

基质效应通常发生在电离过程中，这往往会对复杂食品样品中的定量分析产生不利影响。基质效应产生的可能是样品组分与溶剂离子（氧阴离子和大气水团簇阳离子）的竞争作用，也可能是目标分析物与基质的结合作用引起的。在这项研究中，我们发现 DART 源的基质效应为 9.37%（表 4），这表明 DART 源都产生了较小的基质抑制效应。这可能是因为 DART 采用直接进样法，无须色谱分离，因此没有大量溶剂参与质谱分析，从而使其基质效应较小。

表 4　DART-MS 方法的基质效应

基质	校准曲线方程	R^2	基质效应/%
空白	$y=1\ 323x-156$	0.998	—
未发芽黑青稞	$y=1\ 447x+1\ 075$	0.996	9.37%

3　结　论

总之，在经过简单提取后，用 DART-MS 能够有效实现对青稞中的 GABA 进行高通量定性分析。DART-MS 参数的优化使检测 GABA 的水平低至 0.156 mg/L。与传统的 GABA 检测方法相比，DART-MS 方法能有效消除烦琐的衍生步骤和冗长的分离过程，DART-MS 能大大简化分析周期。此外，该方法对环境友好并且不产生大量的有毒流动相。为建立食品中 GABA 快检方法提供了理论依据。

参考文献

[1] DIANA M, QUÍLEZ J, RAFECAS M. Gamma-aminobutyric acid as a bioactive compound in foods: a review [J]. Journal of Functional Foods, 2014, 10(3): 407-420.

[2] JOYE I J, LAMBERTS L, BRIJS K, et al. In situ production of γ-aminobutyric acid in breakfast Cereals [J]. Food Chemistry, 2011, 129(2): 395-401.

[3] DING J, ULANOV A V, DONG M, et al. Enhancement of gama-aminobutyric acid (GABA) and other health-related metabolites in germinated red rice (Oryza sativa, L.) by ultrasonication[J]. Ultrasonics Sonochemistry, 2017, 40(Pt A).

[4] LIU R, HE X, SHI J, et al. The effect of electrolyzed water on decontamination, germination and γ-aminobutyric acid accumulation of brown rice [J]. Food Control, 2013, 33(1): 1-5.

[5] HAJSLOVA J, CAJKA T, VACLAVIK L. Challenging applications offered by direct analysis in real time(DART)in food-quality and safety analysis [J]. Trac Trends in Analytical Chemistry, 2011, 30(2): 204-218.

[6] KUBEC R, CODY R B, DANE A J, et al. Applications of Direct Analysis in Real Time-Mass Spectrometry (DART-MS) in Allium Chemistry. (Z)-Butanethial S-Oxide and 1-Butenyl Thiosulfinates and Their S-(E)-1-Butenylcysteine S-Oxide Precursor from Allium siculum[J]. Journal of Agricultural & Food Chemistry, 2010, 58(2): 1121.

[7] NEI D, ISHIHARA K, SATOMI M, et al. rapid screening of histamine concentration in fish fillet by direct analysis in real time mass spectrometry(DART-MS)[J]. Food Control, 2017, 75.

[8] VALE P, CIDADE H, PINTO M, et al. Effect of sprouting and light cycle on antioxidant activity of Brassica oleracea varieties [J].

Food Chemistry, 2014, 165, 379-387.

[9] CHENG Y, DONG F, LIU X, et al. Simultaneous determination of fipronil and its major metabolites in corn and soil by ultra-performance liquid chromatography-tandem mass spectrometry [J]. Analytical Methods, 2014, 6(6): 1788-1795.

[10] DU P, WU X, XU J, et al. Determination and dissipation of mesotrione and its metabolites in rice using UPLC and triple-quadrupole tandem mass spectrometry [J]. Food Chemistry, 2017, 229: 260-267.

[11] DONG-HWA C, SEUNG-TAIK L. Germinated brown rice and its bio-functional compounds [J]. Food Chemistry, 2016, 196(8): 259-271.

[12] 廖昌军，臧志和，王德艳. LC-MS 同时测定大鼠脑脊液中谷氨酸和 γ-氨基丁酸的方法研究[J]. 中国测试，2015，41（2）: 50-53.

石斛碱对斑马鱼胚胎毒性的研究

王彬容，杨文宇，王　萌，王维香，陈祥贵，李明元

（西华大学食品与生物工程学院，成都　610039）

摘　要：目的：采用斑马鱼胚胎发育技术方法研究石斛碱对斑马鱼胚胎的毒性效应。方法：以受精后 6 hpf 斑马鱼胚胎为实验模型，分别暴露于不同浓度（40、80、140、200、250 和 350 mg/L）石斛碱溶液中，以不加助溶剂的胚胎培养液为正常对照组，每隔 24 h 更换 1 次对应浓度的石斛碱溶液，分别在 24、48、72 和 96 hpf 时间点用显微镜分别观察斑马鱼胚胎发育形态，记录 24 hpf 斑马鱼胚胎的自主抽动次数，48、72 和 96 hpf 的心率，24、48、72 和 96 hpf 死亡率，96 hpf 孵化率和畸形率的情况。结果：在给药 48 hpf 后，斑马鱼胚胎出现脊柱弯曲、心包水肿、卵黄囊水肿、胚胎凝结、发育滞后等畸形现象，随着药物浓度及培养时间的增加，斑马鱼胚胎自主抽动次数、心率、死亡率和孵化率减少，死亡率和畸形率增加，出现畸形的最低石斛碱浓度为 80 mg/L。石斛碱引起斑马鱼胚胎半数死亡浓度 LC50（96 hpf）为 120.12 mg/L。结论：石斛碱对斑马鱼胚胎发育具有一定毒性作用，且与石斛碱的浓度正相关。

关键词：石斛碱；斑马鱼胚胎；毒性

Study on the Toxicity of Dendrobine on Zebrafish Embryos

WANG Binrong, YANG Wenyu, WANG Meng, WANG Weixiang,
CHEN Xianggui, LI Mingyuan

(School of Food and Biological Engineering, Xihua University, Chengdu 610039 China)

Abstract: Objective: To study the toxic effects of Dendrobine on zebrafish embryos using zebrafish embryo development techniques. Methods: The experimental model of 6hpf zebrafish embryos after fertilization was exposed to different concentrations(40, 80, 140, 200, 250, and 350 mg/L)of dentifrice solution. The embryo culture medium without solubilization was used as the normal control group. Change the primary solution of dendrobine once every 24 hours. Observe the developmental patterns of zebrafish embryos at 24, 48, 72, and 96 hpf time points. Record the frequency of spontaneous twitches of 24 hpf zebrafish embryos, 48, 72, and 96 hpf heart rate, 24, 48, 72, and 96 hpf mortality, 96hpf hatching rate and malformation rates. Results: After 48 hpf, the zebrafish embryo showed spinal deformity, pericardial edema, yolk sac edema, embryo coagulation, and delayed development. As the concentration of the drug increased, the zebrafish embryos experienced a decrease in the frequency of spontaneous tic, heart rate mortality, and hatching rate. Mortality and malformation rates increased; as the embryos grew in the medium containing the drug, the heart rate slowed down, and the mortality and malformation rate increased. The LC50(96 hpf)of zebrafish embryo death caused by scopolamine was 120.12 mg/L. Conclusion: Dendrobine has a toxic effect on zebrafish embryos and is positively correlated with the concentration of scopolamine.

Key words: dendrobine; zebrafish embryo; toxicity

　　金钗石斛（Dendrobium nobile Lindl.）为兰科石斛属多年生植物，作为药典石斛之一，其入药始载于《神农本草经》，是我国名贵中药材之一[1]。金钗石斛的主要有效成分有生物碱类、酚类、多

基金项目：四川省泸州市科技计划项目（No.14JC01483-LH31）。

作者简介：王彬容，女（汉族），硕士研究生研究，方向为药食两用及天然药物提取方向；杨文宇，男（汉族），博士，副教授，主要从事药食两用及天然药物研究；王维香，女（汉族），博士，副教授，主要从事天然产物分离及斑马鱼药理研究；陈祥贵，男（汉族），博士，教授，主要从事天然活性物质研究与利用；李明元，男（汉族），博士，保健食品开发利用；王萌，女（汉族），硕士研究生，化学制药工艺与技术。

糖等[2]，其中，生物碱常作为评价石斛质量和药效的重要指标。石斛碱是最早从金钗石斛中分离出的，是金钗石斛中含量较高的有效成分，实验证明石斛碱具有止痛、解热、降低心率和血压、减慢呼吸、解巴比妥毒等作用[3-5]，具有较高的药用价值。近年来，在临床上和中药复方中含石斛碱的药材被广泛应用到保健品中。但目前有关石斛碱的急性毒性研究少见报道，为合理、安全用药，有必要对石斛碱毒性进行更多研究，为含有石斛碱的天然药物的安全用药提供理论依据。

斑马鱼具有发育快、子代数量多、胚胎透明易观察等生物学特性，目前已是在药理和毒理研究方面得到广泛利用的模式动物。由于斑马鱼的早期发育与人类极为相似，其胚胎发育全透明，可利用显微镜，全程观察和研究其心脏发育、血液流动状况及对胚胎的发育影响，为研究相关的病理毒理学提供了有效的方法[6]。本实验以斑马鱼胚胎为模型，系统研究石斛碱对斑马鱼胚胎发育及运动的影响，为其安全性评价提供毒理学依据。

1　仪器与材料

1.1　动物

斑马鱼（Danio rerio）为野生（wild type，WT）AB 系，购自国家斑马鱼资源中心。丰年虾，购于天津丰年水产养殖有限公司。

1.2　试剂及仪器

石斛碱购自成都埃法生物有限公司，分子式 $C_{16}H_{25}NO_2$，纯度≥98%，二甲亚砜（DMSO，批号：30072492）。

显微摄像系统（OLYMPUS SZX10 光学显微镜，0.63×，6.3×，BDS230）；斑马鱼循环水养殖系统（青岛中科海水处理有限公司），恒温培养箱 BPH-9082（上海圣科仪器设备有限公司）。

2　方法

2.1　胚胎收集

选取产卵稳定的斑马鱼，将雌、雄按 2:1 配对，置于交配盒中并将其隔开，于次日早上抽取隔板交配，产卵 30 min 后，收集受精卵，剔除死卵，用干净循环水水和胚胎培养液（4% $CaCl_2$，10%NaCl，0.3%KCl，1.63%$MgSO_4$）清洗受精卵，再将受精卵移入装有胚胎培养液的培养皿中，28.5 ℃ 培养 6hpf（hours post fertilization）待用[7]。

2.2　给药方法

按照 OECD 指导，设计胚胎毒性试验（OECD，

2006）[8]。受试药石斛碱由于不溶于水而溶于有机溶剂，而 DMSO 作为有机溶剂对胚胎影响较小，故选用 DMSO 为助溶剂，配制成 1 mg/mL 的母液于 4 ℃ 贮藏备用。根据预实验，实验组浓度用胚胎培养液配制为 40、80、140、200、250、350 mg/L，并保证每组培养液中含助溶剂终浓度为 0.1%，另设含 0.1%助溶剂的胚胎培养液的实验对照组和胚胎培养液的正常对照组。选用 96 孔细胞培养板，试验时每孔加入 200 μL 试液，放 1 枚受精卵，每个试验浓度均为 20 枚卵。共做 3 次平行实验，3 次平行实验和实验浓度组所用胚胎数为 60 枚，密封以避免挥发改变试验浓度[9]。将密封好的细胞培养板放在 28.5 ℃ 恒温培养箱中培养。

2.3　观察指标

6 hpf 后胚胎在 28.5 ℃ 连续培养，在相应浓度的药液或对照溶液中，观察并统计各实验组每个时期对应指标现象，以观察记录每个浓度下的 5 枚胚胎为样本，主要观察 24 hpf 斑马鱼胚胎的自主抽动频率，48、72 和 96 hpf 心率，24、48、72 和 96 hpf 死亡率，96 hpf 孵化率和畸形率的情况[10-11]。

斑马鱼的死亡 LC50[12]检测指标及判断标准观察的指标有：Ⅰ类指标（致死性指标）：卵凝结，无心跳，不孵化；Ⅱ类指标（揭示受试药物特定的作用方式的非致死性指标）：无血液循环，发育畸形、孵化延迟[12]。

2.4　统计学方法

应用 SPSS19.0 软件中 Prohibit 方法进行分析，计算斑马鱼培养到 96hpf 时石斛碱对斑马鱼的半数致死浓度 LC50。并通过 SPSS19.0 统计分析处理数据，以多组数据均值（$\bar{X}\pm S$）进行方差分析，以及采用 Dunnett-t 方法，以 $P<0.05$ 时为差异显著具有统计学意义。

3　结果

3.1　石斛碱对斑马鱼胚胎 24 hpf 自主抽动的影响

自主抽动能力是胚胎发育是否正常的指标之一。胚胎发育到 24 hpf 时，正常胚胎尾部有强烈的自主抽动。结果显示，随着石斛碱浓度增加，斑马鱼胚胎自主抽动次数逐渐降低。正常对照组胚胎自主抽动次数平均为（7.2±0.89）次/min；当石斛碱浓度达到 40 mg/L 时与正常组比较无显著差异；当石斛碱浓度达到 250、350 mg/L 时，胚胎无自主抽动，无统计学意义；当石斛碱浓度达到 140、200 mg/L 时，斑马鱼抽动次数低至正常

对照组的 30%以下，具有显著统计学意义（$P <$ 0.01，图 1）。

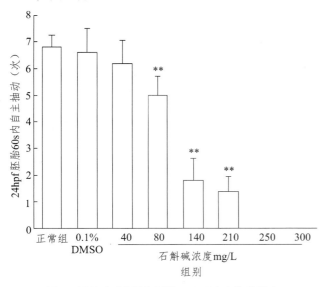

图 1　石斛碱对斑马鱼胚胎 24 hpf 自由抽动影响

注：$\bar{x} \pm s$，$n = 5$；与正常对照组比较，**$P<0.01$

3.2　石斛碱对斑马鱼胚胎 48、72 和 96hpf 心率的影响

斑马鱼发育到 48 hpf 出现规律的心跳，心率是斑马鱼胚胎毒性测试实验中重要的毒理学指标，记录 20 s 内 48、72 和 96 hpf 时每个平行组各浓度下斑马鱼的心率。通过统计结果可知，同一观察时间下，石斛碱 80 mg/L 以上浓度组，随着石斛碱浓度的升高，斑马鱼胚胎的心率逐渐降低。48 hpf 是石斛碱 200 mg/L 与正常对照组显有显著的差异，在 72 和 96 hpf 时其显著差异浓度提前到 80 mg/L（图 2）。

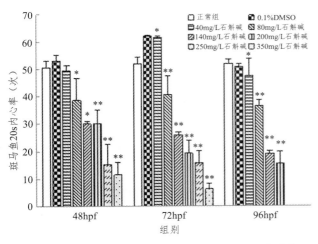

图 2　石斛碱对斑马鱼胚胎 48、72 和 96 hpf 心率的影响

注：$\bar{x} \pm s$，$n = 5$；与正常对照组比较，*$P<0.05$，**$P<0.01$。

3.3　石斛碱对斑马鱼胚胎 96hpf 孵化率的影响

正常情况下，斑马鱼胚胎从 48 hpf 开始孵化，72 hpf 大部分胚胎孵化出膜，到 96 hpf 基本孵化完成。本实验记录了 96 hpf 的孵化个数，其孵化率（%）=已孵化胚胎数/总胚胎数×100%，统计计算得到每组浓度的孵化率。从结果可知，在 96 hpf 时，与正常对照组相比 40、80 mg/L 组孵化率无差异，随着石斛碱的浓度升高，胚胎的孵化率逐渐降低，在 200、250、350 mg/L 浓度与正常对照组相比有显著差异。

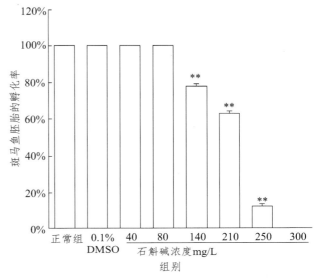

图 3　石斛碱对斑马鱼胚胎 96hpf 孵化率影响

注：$\bar{x} \pm s$，$n = 5$；与正常对照组比较，**$P<0.01$。

3.4　石斛碱对斑马鱼胚胎死亡率的影响

当胚胎发育时呈现出不透明、卵凝结；胚胎发育后期，观察到幼鱼心脏停止跳动，可判定为死亡。结果显示，随着石斛碱给药浓度的升高，在不同时期胚胎死亡率逐渐增加，在 24 hpf 无明显的差异；与正常对照组死亡率相比，48 hpf 时，石斛碱浓度 250 mg/L 表现显著的差异性，72 和 96 hpf 分别从 200 mg/L 表现差异性（$P < 0.05$，图 4），说明此数据具有统计学意义。随着给药时间的增加，与同一时期的正常对照组比较，随时间增加死亡率具有显著差异的给药浓度逐渐降低。在 96 hpf 时，石斛碱 350 mg/L 组斑马鱼出现全死亡，200 和 250 mg/L 的死亡率分别为 49.80%± 0.085 和 81.94%±0.064，利用 SPSS 软件分析，求出斑马鱼胚胎暴露 96 hpf 的半致死浓度 LC_{50}，其 LC_{50} 为 120.12 mg/L。

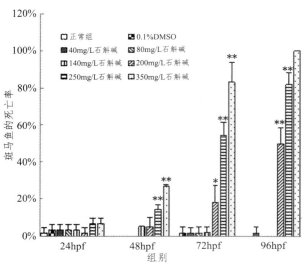

图 4　石斛碱对斑马鱼胚胎死亡率的影响

注：$\bar{x}\pm s$，$n=5$；与正常对照组比较，*$P<0.05$，**$P<0.01$。

3.5　石斛碱对斑马鱼胚胎致畸作用

显微镜观察发现（图 5），随着石斛碱浓度升高，畸形主要表现胚胎凝结、发育滞后、卵黄囊水肿、心包水肿、间歇性心跳、凝血、尾部弯曲和脊椎弯曲等特征。48 hpf 时，350 mg/L 组的胚胎颜色呈现灰色，并随时间逐渐加深凝结至死亡，到 96 hpf 时全部死亡；72 hpf 时，各浓度组致畸率增加，卵黄囊水肿、心包水肿、脊椎弯曲和尾部畸形等特征加重；在 96 hpf，各浓度组斑马鱼均出现严重的卵黄囊水肿、心包水肿、脊椎弯曲和尾部畸形等特征，250 mg/L 组全部畸形（图 6）。

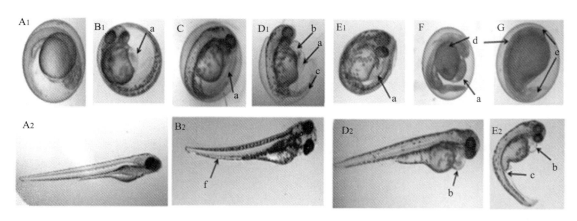

图 5　石斛碱对斑马鱼不同时期形态发育的影响

注：A.48 hpf 时对照组：A₁ 未孵化，A₂ 已经出膜，正常发育；B₁.48 hpf 时 40 mg/L：与对照组比较有卵黄水肿（a）；C. 48 hpf 80 mg/L，不出膜，并且心包异常（a）；D₁. 48 hpf 140 mg/L：膜已破，尾部不能伸展表现出脊椎弯曲（c），严重心包水肿和卵黄水肿（a、b）；E₁. 48 hpf 时 200 mg/L；卵黄囊水肿，心包处伴有积血；F.72 hpf 时 250mg/L：严重的心包肿大（a）、身体变灰开始凝结（d），尾部畸形不能动（b）、尾部弯曲（c）；G.24hpf 350mg/L：胚胎发育滞后，使胚胎尾和头部未发育的（e）；B₂.72 hpf 时 40 mg/L：出现尾部轻微弯曲（f）；D₂。72 hpf 时 40 mg/L：轻微心包水肿（d）；E₂。72hpf200mg／L 已经出膜，尾部出现不能复原的弯曲（c），出现轻微心包水肿（d）。

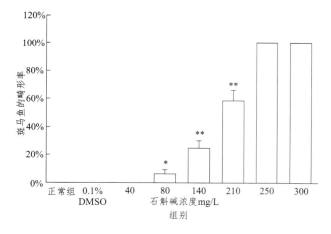

图 6　石斛碱对斑马鱼胚胎 96 hpf 畸形率影响

注：$\bar{x}\pm s$，$n=5$；与正常对照组比较，*$P<0.05$，**$P<0.01$。

4　讨　论

本文以产卵后 6 hpf 的斑马鱼胚胎为模型，观察不同浓度下各时期石斛碱对斑马鱼胚胎发育的影响，观察了胚胎自主抽动、心率、孵化率、畸形率、畸形特征以及死亡率的指标，为石斛碱安全性评价提供毒理学依据。

斑马鱼自主抽动是反映斑马鱼神经系统的指标，是不受机体控制的活动，随着发育过程中神经系统的完善而逐渐减弱。本研究显示，随着石斛碱浓度的增加，斑马鱼自主抽动的次数逐渐减慢，石斛碱浓度大于 80 mg/L 时，其自主抽动次数明显减慢。石斛碱 250 mg/L 以上时，胚胎无抽动，随着浓度的增加胚胎在形体上表现出变灰凝结、发育停滞的现象，说明石斛碱对斑马鱼神经系统发育和细胞分裂有一定的毒性作用。

斑马鱼心率是斑马鱼作为模式生物，在胚胎毒性测试实验中一个非常重要的亚致死毒理学终点[13-14]。实验结果表明，随着石斛碱浓度增加，斑马鱼心率逐渐减少，心收缩力减小，心输出量减少，心率减慢，并出现严重的心包囊肿，血液循环减慢以致心跳抑制以及间歇性心跳，在 96 hpf 时，350 mg/L 组血液循环几乎停滞，心跳极其微弱，同时随着培养时间的延长，同一浓度下的胚胎的心率与时间呈良好的线性关系，表明石斛碱对斑马鱼有富集性的心脏毒性。

斑马鱼孵化率是评价胚胎毒性的重要指标。据研究发现，斑马鱼从 48 hpf 开始孵化到 96 hpf 结束，其孵化主要借助孵化酶和机械力[15]。本实验结果显示，在 96 hpf 时，石斛碱对斑马鱼孵化有抑制作用。

畸形率是胚胎毒性的重要指标，由畸形的表征可知，低浓度组 40 mg/L 在生物富集的作用下，也出现心胞水肿的现象，表明石斛碱在心脏毒性方面有较强的作用。在石斛碱对斑马鱼胚胎死亡率的研究中，随着石斛碱浓度的增加，死亡率也在 48 hpf 后显著的增加，说明石斛碱在一定浓度下属于微毒性物质。

实验结果显示，与对照组相比，整个过程中石斛碱浓度高于 80 mg/L 有较明显的毒性影响。《中国药典》2015 版质量标准规定，金钗石斛中石斛碱不得低于 0.4%，在中药材使用中不能因为其含量少而忽视了石斛碱本身存在的毒理作用。由于人体对药物毒性的耐受量要远低于动物，斑马鱼与人给药剂量的换算系数国内外也尚未有定论，因此在用药时不能大剂量地服用含石斛碱的药剂，应考虑其含量合理用药。

参考文献

[1] 管志斌，李再林. 珍稀名贵中药金钗石斛[J]. 中国野生植物资源，2002，21（4）：36-37.

[2] 江滢，黄厚今. 金钗石斛研究进展[J]. 云南中医中药杂志，2015，36（1）：77-78.

[3] XIADC, LIAOXC, LISL. Pharmaceutical use of SHIHU[J]. Pract Tradit Chin Med(实用中医药杂志), 1998, 14(4): 45.

[4] 王宪楷，赵同芳. 石斛属植物的化学成分与中药石斛[J]. 药学通报，1986，21（11）：666-669.

[5] 华茉莉，刘全，庄贤韩，等. 石斛碱的新应用：CN101543492[P]. 2009-09-30.

[6] 陈汝家，朱俊靖. 斑马鱼模型在药物毒性与安全性评价中的应用[J]. 毒理学杂志，2012，26（3）：224-229.

[7] MONTE W.THE ZEBR AFISH BOOK A guide for the laboratory use of zebrafish(Dario rerio)[M]. Edition 4. Printed by the University of Oregon Press, 2000: 253.

[8] OECD. OECD guidelines for the testing of chemicals. Draft proposal for a new guideline, fish embryo toricity(FET) test[S]. Paris: OECD, 2013.

[9] SCHULTE C, NAGEL R. Test acute toxicity in the embryo of zebrafish, brachy danio rerio, as an alternative to the acute fish test: preliminary result s[J]. ATLA, 1994, 22(1): 12-19.

[10] WANG S, LIU K, WANG X, et al. Toxic effects of celastrol on embryonic development of zebrafish (Danio rerio)[J]. Drug Chem Toxicol, 2010, 34(1): 61-65.

[11] CHAN PK, CHENG SH. Cadmium-induced ectopic apoptosis in zebrafish embryos[J]. Arch Toxicol, 2003, 77(2): 69-79.

[12] 朱琳，史淑洁. 斑马鱼胚胎发育技术在毒性评价中的应用[J]. 应用生态学报，2002，13（2）：B252.

[13] WANG K, ZHAO BQ, CUI DX, et al. Toxicity assessments of near-infrared upconversion luminescent LaF3: Yb, Er in early development of zebrafish embryos[J]. Theranostics, 2013, 3(4): 258-266.

[14] 徐永学，刘丽丽，王健，等. β-氯氰菊酯对斑马鱼胚胎的发育毒[J]. 中国药理学与毒理学杂志，2013，27（2）：256-262.

[15] 王卓，蒲韵竹，陈怡君，等. 敌敌畏对斑马鱼运动行为的影响[J]. 国际药学研究杂志，2013，40（3）：327-330.

郫县豆瓣酱风味成分的全二维气相色谱-飞行时间质谱分析

袁　旭，伍小宇，李伟丽，吴　韬

（西华大学食品与生物工程学院，四川，成都，610039）

摘　要： 郫县豆瓣成分复杂，传统的 GC-MS 难以充分分离，容易造成成分鉴定错误。采用柱前衍生化全二维气相色谱-飞行时间质谱（comprehensive two-dimensional gas chromatography-time-of -flight mass spectrometry，GC×GC-TOFMS）技术对特级郫县豆瓣酱中的风味成分组成及其含量进行研究。结果表明，在特级郫县豆瓣酱中确认了可信度较高的 238 种化合物，根据化学结构的差异可分为 10 类化合物，包括有机酸类 72 种、酯类 16 种、醛类 5 种、糖类及其衍生物 22 种、酮类 9 种、酚类 4 种、醇类 26 种、胺类 14 种以及其他类 30 种。研究发现，特级郫县豆瓣酱的风味成分以有机酸类、氨基酸及其衍生物和胺类化合物为主，相对含量分别达到 30.36%、26.58% 和 16.48%。

关键词： 郫县豆瓣酱；风味成分；全二维气相色谱-飞行时间质谱

Comprehensive Two-Dimensional Gas Chromatography–Time-of Flight Mass Spectrometry Analysis of Flavor Components in Pixian bean paste

YUAN Xu, WU Xiaoyu, LI Weili, WU Tao

(College of Food and Biological Engineering, Xihua University, Chengdu 610039 China)

Abstract: Due to the complex composition of Pixian bean paste, the traditional GC-MS is difficult to be fully separated, and it is easy to cause errors in component identification. A comprehensive two-dimensional gas chromatography-time-of-flight mass spectrometry(GC×GC-TOFMS)technique was used to study the composition and content of flavor components in the special Pixian bean paste. The results showed that 238 compounds with higher levels of confidence were identified in the special Pixian bean paste. According to the differences in chemical structure, they can be divided into 72 organic acids, 16 esters, 5 aldehydes, 22 sugars and their derivatives, 9 ketones, 4 phenols, 26 alcohols, and 14 amines, 30 other species, a total of 10 compounds. The study found that the flavor components of the special Pixian bean paste are mainly organic acids, amino acids and their derivatives and amine compounds, and their relative contents were 30.36%, 26.58% and 16.48%, respectively.

Key words: Pixian bean paste; flavor components; comprehensive two-dimensional gas chromatography-time-of-flight mass spectrometry(GC×GC-TOFMS)

郫县豆瓣酱，俗称郫县豆瓣，产于四川省成都市郫都区（原郫县），是国家认定的地理标志产品，距今已有 300 多年的历史。它以二荆条红辣椒、青皮蚕豆、小麦粉为主要原料，通过微生物制曲、前发酵，再经过翻、晒、露等后发酵工艺酿制而成[1]。

由于郫县豆瓣风味独特，对其风味成分的研究受到学者们广泛关注。例如：罗静等[2]采用气相色谱-质谱法（GC-MS）测定了不同后发酵期郫县豆瓣样品中挥发性呈香物质，共检测出 9 个类别超过 140 种挥发性呈香物质。刘平等[3]采用气相色谱-嗅觉测量法（GC-O）及香气活性值法

基金项目： 本项目由四川省教育厅重点项目（18ZA0456）；郫县豆瓣全程数字化安全保障技术集成研究与示范（2015-HM02-00066-SF）；西华学者（0220170105）；西华大学重点科研基金资助（Z1620515）

作者简介： 袁旭（1992—），女，研究生，研究方向：食品科学与工程；伍小宇（1993—），女，研究生，研究方向：粮油加工；李伟丽（1983—），女，博士，研究方向：农产品加工。

通信作者： 吴韬（1973—），男，研究员，博士，研究方向：农产品加工。

（OAV 值）对郫县豆瓣中的特征香气物质进行鉴定，共检测出 112 种挥发性物质。随着研究的不断深入，GC 和 GC-MS 在风味成分研究上的局限性也逐渐地暴露出来，还存在灵敏度较低、峰容量有限、检测成分较少等缺陷。全二维气相色谱-飞行时间质谱(comprehensive two-dimensional gas chromatography-time-of-flight mass spectrometry，GC×GC-TOFMS)，是将含有不同极性固定相的两根色谱柱以串联的方式连接在一起，所检测的样品通过第一维色谱柱分离后经调制器聚焦，然后以脉冲方式进入第二维色谱柱再次进行分离[4]。目前 GC×GC-TOFMS 已成功应用于茶[5]、香醋[6]、白酒[7]等发酵食品研究。此外前人对于郫县豆瓣的风味成分研究集中在挥发性成分，对于非挥发性研究尚未见报道。因而，本研究拟采用柱前衍生化法结合 GC×GC-TOFMS 分析技术解析特级郫县豆瓣的风味物质，为阐明郫县豆瓣风味物质基础，质量标准提升及工艺优化等提供科学依据。

1　材料与方法

1.1　材料与试剂

某品牌特级郫县豆瓣；异丙醇（色谱纯）、乙腈（色谱纯），CNW Technologies 公司；吡啶（色谱纯），Adamas 公司；甲氧铵盐（分析纯），TCI公司；核糖醇(纯度≥99%)，SIGMA 公司；BSTFA（ with 1% TMCS, v/v ），REGIS Technologies 公司。

1.2　仪器与设备

全二维气相色谱/飞行时间质谱系统、7890B气相色谱，美国安捷伦科技公司；PEGASUS 4D飞行时间质谱，美国力可公司。

1.3　方法

1.3.1　样品制备

称取 100g 特级豆瓣样品，-50 ℃ 以下冷冻干燥 24 h，高速粉碎机粉碎，混匀，粉末备用。

准确称取粉末样品 100 mg 于 2 mL EP 管中，加入 1 mL 提取液（异丙醇：乙腈：超纯水=3：2：2），再加入 20 μL 核糖醇，涡旋 30 s。加入磁珠，45 Hz 研磨仪处理 4 min，超声 10 min，然后在 4 ℃/12 000 r/m 离心 8 min。移取 0.8 mL上清液于 2 mL 进样瓶（甲烷硅基化的）中，在真空浓缩器中干燥提取物，然后加入 200 μL 甲氧铵盐试剂，混匀后，在烘箱中 50 ℃ 孵育 90 min。最后向样品中加入 200μL BSTFA(含有 1%TMCS，体积分数)，将混合物 50 ℃ 孵育 30 min，然后上机检测。

1.3.2　色谱条件

柱系统由两根色谱柱组成：柱①：DB-5MS（ 30 m×250 μm×0.25 μm），柱②：DB-17HT(1.9 m×100 μm×0.1 μm)。柱子之间通过毛细管柱连接器连接。载气为氦气，流速为 1.0 mL/min。操作条件：柱温箱升温程序：从 90 ℃ 开始保留 1 min，以 5 ℃/min 的速率升到 170 ℃（不保留），再以10 ℃/min 的速率升到 250 ℃（不保留），最后以25 ℃/min 的速率升到 300 ℃，保留 13 min。进样口采用分流模式，进样量为 1.0 μL，隔垫吹扫流速为 3 mL/min。

1.3.3　质谱条件

采用 EI 电离源，电子轰击能量-70 eV；进样口温度 270 ℃，传输线温度 300 ℃，离子源温度220 ℃；质量扫描范围 m/z 为 33～600，扫描速率100 spectrum/s，溶剂延迟 0.3 min。

2　结果与分析

2.1　郫县豆瓣成分的 GC×GC-TOFMS 分析

本研究采用液液萃取法提取样品，其三维色谱如图 1 所示。实验结果显示郫县豆瓣组分十分复杂，其一维色谱图中有大量化合物存在共流出现象，而通过进一步的二维色谱分离，这些共流出的化合物在二维色谱图中得到了较好的分离，这将有利于进一步对这些化合物的准确定性、定量分析。

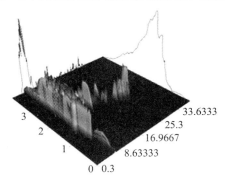

图 1　郫县豆瓣酱的 3D 色谱图

2.2　定性分类

通过全二维气相色谱分离结合高通量飞行时间质谱检测以及 Pegasus 4D 工作站质谱库的工作站进行峰提取、基线矫正、解卷积、峰积分等数据处理，结合 mainlib 谱库、nist 谱库以及 wiley谱库的自动解卷积和检索分析，结合人工解谱验证、二维色谱出峰规律比对验证。因此从豆瓣酱样品中鉴定出了 238 种物质，按属性可将鉴定出的物质分为 10 类，如图 2 所示，分别是有机酸类、氨基酸及其衍生物、糖类及其衍生物、醇类、胺类、酯类、酮类、酚类及其他化合物。由图 2 可知，有机酸类化合物的种类最多，达到 72 种，其次为氨基酸及其衍生物，为 40 种。醛类化合物和酚类化合物最少，分别为 5 种和 4 种。

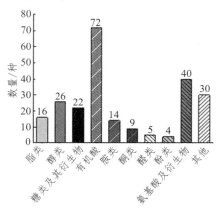

图 2　特级郫县豆瓣酱中物质种类分布图

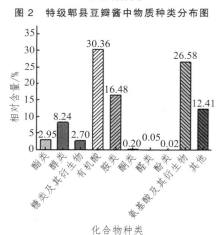

图 3　郫县豆瓣酱中物质种类的相对含量

如图 3 所示，有机酸类物质在郫县豆瓣酱物质基础中的含量最高，占比为 30.36%。其次为氨基酸及其衍生物和胺类化合物，分别为 26.58% 和 16.48%。而酮类、醛类和酚类化合物在郫县豆瓣中的含量较少，均小于 1.0%。结合图 2 和图 3 可知，在郫县豆瓣中，有机酸类和氨基酸及其衍生物的种类和含量均较高，而糖类及其衍生物的种类较多但含量却较少，造成此现象的原因可能是特级豆瓣酱的发酵时间较长，在其发酵过程中，蛋白质在蛋白酶的作用下水解成游离氨基酸，美拉德反应和 Strecker 氨基酸降解反应又会消耗所产生的游离氨基酸，同时氨基酸还可以通过脱氨作用、转氨作用、联合脱氨或脱羧作用，分解成胺类、α-酮酸等物质，这些物质可以转变成糖、脂类或再合成某些非必需氨基酸[8]。而糖类化合物作为微生物发酵过程的碳源和能源，不断被微生物消耗产生酸，因此糖类含量较低[9]。

2.3　定量分析

一级豆瓣酱和特级豆瓣酱样品中共有的物质及其相对含量如表 1 所示。

表 1　郫县豆瓣酱 GC×GS-TOFMS 分析鉴定出的主要物质

化合物	保留时间/min	分子式	CAS 号	相对含量/%
有机酸				
肌酸	4.300 3	$C_4H_9N_3O_2$	57-00-1	6.65
草酸	5.378 2	$C_2H_3NO_3$	471-47-6	1.63
乳酸	8.989 4	$C_3H_6O_3$	50-21-5	3.41
棕榈酸	26.500 4	$C_{16}H_{32}O_2$	57-10-3	1.07
戊二酸	38.967 0	$C_5H_8O_4$	110-94-1	14.72
酯类				
十七酸甲酯	26.067 1	$C_{18}H_{36}O_2$	1731-92-6	2.20
1-甘油-棕榈酸酯	30.056 1	$C_{19}H_{38}O_4$	542-44-9	0.50
醛类				
丁醛	11.233 8	C_4H_8O	123-72-8	0.01
琥珀半醛	11.833 9	$C_4H_6O_3$	692-29-5	0.01
糖类及其衍生物				
麦芽三糖	13.833 9	$C_{18}H_{32}O_{16}$	1109-28-0	0.31
塔格糖	24.656 0	$C_6H_{12}O_6$	87-81-0	0.39
N-乙酰-D-半乳糖	26.700 4	$C_8H_{15}NO_6$	1877-31-0	0.44
果糖	30.700 5	$C_6H_{12}O_6$	57-48-7	0.35
氨基酸及其衍生物				
N-甲基-DL-丙氨酸	4.933 9	$C_4H_9NO_2$	600-21-5	10.11
L-异亮氨酸	11.700 6	$C_6H_{13}NO_2$	73-32-5	3.47
甘氨酸	14.800 5	$C_2H_5NO_2$	56-40-6	1.06
丙氨酸	16.100 5	$C_3H_7NO_2$	56-41-7	2.38
谷氨酸	19.778 4	$C_5H_9NO_4$	56-86-0	4.04
酮类				
1,3-环己二酮	7.111 7	$C_6H_8O_2$	504-02-9	0.03
1,3-二羟基丙酮	7.356 0	$C_3H_6O_3$	96-26-4	0.09
酚类				
愈创木酚	11.967 3	C_8H_8FN	90-05-1	0.01
邻苯二酚	15.100 6	$C_6H_6O_2$	120-80-9	0.01
醇类				
D（＋）-阿拉伯糖醇	22.811 5	$C_5H_{12}O_5$	488-82-4	1.37
山梨糖醇	25.400 4	$C_6H_{14}O_6$	50-70-4	3.11
肌醇	26.833 7	$C_6H_{12}O_6$	87-89-8	1.15
胺类				
乙酰苯胺	3.933 7	C_8H_9NO	103-84-4	11.58
丙二酰胺	5.678 2	$C_3H_6N_2O_2$	108-13-4	3.23
其他				
未知物 1	4.778 2	-	-	3.53
未知物 2	5.301 0	-	-	4.97

有机酸类物质是特级郫县豆瓣酱中含量最高的一类物质，其中戊二酸和肌酸是含量最高的两种有机酸，含量分别达到 14.72% 和 6.65%。醇类化合物中 D（＋）-阿拉伯糖醇（1.37%）和山梨糖醇（3.11%）等物质的含量较高。15 种胺类化合物中乙酰苯胺（11.58%）和丙二酰胺（3.23%）为主要组成物质。22 种糖类及其衍生物中，N-乙酰-D-半乳糖和塔格糖的含量相对较高。酯类化合物主要物质为十七酸甲酯和 1-甘油-棕榈酸酯，其余物质含量均较低（<0.1%）。4 种酚类化合物、9 种酮类化合物和 5 种醛类化合物的含量均较低（<0.1%）。以往报道中豆瓣酱除了醇类、酯类、酸类等挥发性成分外[10]，氨基酸则是豆瓣酱的主要呈味物质，其中天冬氨酸和谷氨酸为鲜味氨基酸，是豆瓣酱中鲜味的主要来源[11]。然而，本实验中天冬氨酸的含量很低（<0.01%，未列出），谷氨酸含量为 4.04%。其可能原因在于样品成分不完全一样，其中丙氨酸、丝氨酸、苏氨酸和甘氨酸为甜味氨基酸[12]，对豆瓣酱的风味形成有利，在特级郫县豆瓣酱中的含量分别为 2.38%、0.67%、0.50% 和 1.06%。

3 结 论

有机酸类 72 种、酯类 16 种、醛类 5 种、糖类及其衍生物 22 种、酮类 9 种、酚类 4 种、醇类 26 种、胺类 14 种以及其他类 30 种

本研究首次采用液液萃取，柱前衍生化技术结合全二维气相色谱飞行时间质谱技术解析了郫县豆瓣酱中非挥发性风味组分特征。研究发现采用极性不同的二维色谱柱系统结合高通量飞行时间质谱能够有效地实现郫县豆瓣复杂挥发性组分的分离分析。采用全二维方法在豆瓣中除了鉴定出醇类、酯类、酚类、酮类及醛类等易挥发成分，还鉴定出了 72 种有机酸、40 种氨基酸及其衍生物、22 种糖类及其衍生物，14 种胺类等不易挥发的物质。研究表明，有机酸类成分在郫县豆瓣酱物质基础中数量和含量均最多，其次为氨基酸及其衍生物。此外，酯类、酮类和酚类化合物的数量和含量均较少。这些成分不仅能赋予郫县豆瓣特殊的风味，很多成分还具有显著生理活性。本研究为郫县豆瓣风味解析、工艺优化及质量标准提升等提供了科学依据。

参考文献

[1] 李幼筠. "郫县豆瓣"剖析[J]. 中国酿造，2008，27（6）：19-23.

[2] 罗静，赵红宇，徐炜桢，等. 郫县豆瓣后发酵过程中挥发性呈香物质测定及主成分分析[J/OL]. 食品科学，1-15. http：//kns.cnki.net/kcms/detail/11.2206.TS.20171030.1340.120.html.

[3] 刘平，霍刚，陈功，等. 郫县豆瓣特征香气物质的研究鉴定[J]. 中国酿造，2015，34（1）：27-32.

[4] DALLUGE J, BEENS J, BRINKMAN U A. Comprehensive two-dimensional gas chromatography: a powerful and versatile analytical tool[J]. Journal of Chromatography A, 2003, 1000 (1-2): 69-108.

[5] 刘顺航，徐咏全，李长文，等. 普洱茶粉挥发性成分全二维气相色谱/飞行时间质谱研究[J]. 茶叶通讯，2016，43（3）：13-18.

[6] 尹俊玲. 传统手工和现代工业化生产镇江香醋风味组分的比较研究[D]. 镇江：江苏大学，2016：57-66.

[7] 李俊，王震，郭晓关，等. 基于全二维气相飞行时间质谱联用法分析贵州酱香型白酒挥发性风味成分[J]. 酿酒科技，2016（12）：102-106.

[8] 武俊瑞，顾采东，田甜，等. 豆酱自然发酵过程中蛋白质和氨基酸的变化规律[J]. 食品科学，2017，38（8）：139-144.

[9] 高秀芝，王小芬，李献梅，等. 天源酱园豆酱发酵过程中营养及理化指标动态[J]. 食品科学，2008，29（9）：352-354.

[10] 郑宇，谢三款，于松峰，等. 中国传统发酵调味食品微生物功能分析与菌种选育技术[J]. 生物产业技术，2017（1）：82-90.

[11] TSENG Y H, LEE Y L, LI R C, et al. Non-volatile flavour components of Ganoderma tsugae[J]. Food Chemistry, 2005, 90（3）: 409-415.

[12] 白羽嘉，陶永霞，张莉，等. 阿魏对阿魏菇氨基酸及挥发性成分的影响[J]. 食品科学，2013，34（14）：198-204.

构建人类命运共同体思想对理性处理中美贸易摩擦的启示

蓝淇超

（西华大学马克思主义学院，四川 成都 610039）

摘　要： 构建人类命运共同体思想是习近平新时代中国特色社会主义思想的重要组成部分，是对马克思主义共同体思想的继承和发扬，是对马克思主义世界历史理论的体现和验证，是对中华民族传统文化的科学扬弃，也是对中国共产党历任领导人外交思想的总结和升华。当前，中美贸易摩擦愈演愈烈，负面效果逐步显现。习近平构建人类命运共同体的重要论述对理性处理中美贸易摩擦有着重要启示。坚持开放包容，坚定维护国家尊严和核心利益的决心，同美国发展新型大国关系。坚持对话协商，坚定促进共同发展的决心，推进中美经贸关系健康发展。坚持互利共赢，坚定维护和完善多边贸易体制的决心，推动构建人类命运共同体。

关键词： 人类命运共同体思想；中美贸易摩擦；启示

The Enlightenment of Constructing the Community of Human Destiny on Rational Handling of Sino-US Trade Friction

LAN Qichao

(School of Marxism Xi Hua University, Chengdu 610039 China)

Abstract: Constructing the thought of human destiny community is an important part of the thought of socialism with Chinese characteristics in the new era of Xi Jinping. It is the inheritance and development of the thought of the Marx community, the embodiment and verification of the theory of the world history of Marx, the scientific abandonment of the Chinese traditional culture and the Communist Party of China, the summing up and sublimation of the diplomatic thoughts of the successive leaders. At present, Sino-US trade frictions are intensifying and negative effects are gradually emerging. Xi Jinping's common thought of building human destiny has important implications for rational handling of Sino-US trade frictions. Adhere to open and inclusive, and firmly safeguard national dignity and core interests of the determination to develop new relations with the United States of America. We must persist in dialogue and consultation, firmly strengthen the determination to promote common development and push forward the healthy development of Sino-US economic and trade relations. Adhere to mutual benefit and win-win situation, firmly maintain and improve the multilateral trading system, and promote the construction of a community of human destiny.

Key words: the idea of human destiny community; Sino-US trade friction; enlightenment

0　引　言

2011 年《中国的和平发展白皮书》中提到，不同类型、不同发展阶段、不同社会制度的国家之间，都可以结成"你中有我，我中有你"的命运共同体。2012 年，中国共产党的十八大报告中明确指出，要同舟共济，全责共担，增进人类共同利益，倡导人类命运共同体意识。习近平作为

"人类命运共同体"的倡导者，多次在重要场合提及此思想。在 2013 年博鳌亚洲论坛上习近平向世人提出应牢固树立命运共同体意识，在 2016 年 G20 峰会上习近平真诚期望成员要树立利益共同体和命运共同体意识，2017 年习近平在联合国日内瓦总部发表《共同构建人类命运共同体》的主旨演讲，标志着构建人类命运共同体思想正式形成。

作者简介：蓝淇超（1990—），男，西华大学硕士研究生，主要研究方向：马克思主义基本原理。

1　构建人类命运共同体思想的科学内涵

人类命运共同体是指在追求本国利益时兼顾他国合理关切，在谋求本国发展中促进各国共同发展。人类只有一个地球，各国共处一个世界，要倡导"人类命运共同体"意识。构建人类命运共同体思想的核心就是中国共产党的十九大报告所指出的，"建设持久和平、普遍安全、共同繁荣、开放包容、清洁美丽的世界"。构建人类命运共同体思想主张，在伙伴关系上坚持对话协商，在安全格局上坚持共建共享，在经济发展上坚持合作共赢，在文明交流上坚持交流互鉴，在生态建设上坚持绿色低碳。[1]

2　构建人类命运共同体思想的时代背景

中国共产党十八大以来，中国在各项事业上都取得了前所未有的成果。经济方面，国内生产总值从 54 万亿元增长到 80 万亿元，年均增长7.2%，在主要国家中位列前茅。政治方面，政治体制改革不断深入，政府职能不断优化，政府的社会服务功能明显增强。社会方面，农村土地"三权"分置、户籍制度、公立医院等关乎民生的改革举措陆续落地实施。生态环境方面，坚定不移推进生态文明建设，环保理念深入人心，生态环境恶化的状况得到明显改变。中国特色社会主义进入新时代，意味着中国实现了从站起来、强起来到富起来的伟大飞跃。中国的治理理念和实践受到高度赞赏，中国的国际塑造力、感召力、影响力极大提高。

人类在过去一百多年的时间里，经历了热战和冷战。随着东欧剧变和苏联解体，世界多极化趋势呈现，经济全球化深入发展，社会信息化、文化多样化持续推进，新一轮科技革命和产业革命正在孕育成长。"各国相互联系、相互依存，全球命运与共、休戚相关，和平力量的上升远远超过战争因素的增长，和平、发展、合作、共赢的时代潮流更加强劲"。然而，毒品泛滥问题、粮食安全问题、全球气候变暖问题等传统安全问题给人类发展带来严峻考验。国际恐怖主义、核扩散、网络安全等非传统安全问题也给人类带来了极大的挑战。世界怎么了，我们怎么办？习近平以卓越的政治家和战略家的宏大视野和战略思维，高瞻远瞩地提出构建人类命运共同体的重要思想。

3　构建人类命运共同体思想的理论渊源

构建人类命运共同体思想是对马克思主义共同体思想的继承和发扬。马克思主义共同体思想主要内容包括共同体是人类存在的基本形式，发展共同体的过程性、阶段性和目标性统一于人的解放过程中，资本主义的共同体是"虚幻的共同体"，"自由人联合体"是人类社会"真正共同体"。[2]构建人类命运共同体正是以此为理论基础。首先，人是存在于社会共同体中，社会共同体是人的组织形式。"人的本质不是单个人所固有的抽象物，在其现实性上，它是一切社会关系的总和。"这就说明人与社会共同体是同时存在，人作为社会共同体的一部分，不能脱离社会而存在。其次，社会共同体的形式与人的生产方式密切相关。"手推磨产生的是封建主的社会，蒸汽磨产生的是工业资本家的社会"。由此可见，人的生产方式以及其状况对社会共同的形式有着重要影响。最后，社会共同体的发展过程与人类解放的过程相互交织且目标相统一。一方面，社会共同体的发展经历了从低级到高级的过程。在原始社会，人类主要经历了原始群、氏族、部落等共同体形式。进入奴隶社会后，人类由于阶级利益分化，人类形成了不同的政治和经济利益共同体。而建立"自由人联合体"是社会共同体发展的终极目标。另一方面，人类的解放要经历"人的依赖关系"到"物的依赖性"，再到"个人的自由全面发展"三个阶段。自由人是存在于"自由人联合体"中的，个体在共同体中获得了真正的自由，人才能真正实现全面发展。[3]因此，社会共同体的发展的终极目标和人类解放的终极目标是相统一性的。在追求终极目标的过程中，社会共同体的发展与人类的解放过程相互交织的。

构建人类命运共同体思想是对马克思主义世界历史理论的体现和验证。马克思、恩格斯在《德意志意识形态》中初步提及世界历史理论，即生产力的普遍发展与交往的普遍发展是世界历史的两个基本前提，各民族的历史将向世界历史转变。而在《共产党宣言》中，他们对世界历史理论做了更为系统全面的阐述，即"双逻辑理论"——资本逻辑和国家民族逻辑。资本逻辑就是资本主义生产方式所推动的一系列社会发展过程及其内在规律。[4]随着资本主义生产方式在全球范围的确立，各种文化的相互融合和生活方式趋同是大势所趋。民族国家逻辑就是由资本主义交往方式所推动的各个民族国家的一系列政治发展过程及其内在规律。随着世界各民族和国家的交往加强，世界市场的形成，加剧民族国家之间的斗争，从而开启向自由人联合体的过渡趋势。资本逻辑和民族国家逻辑的相互交织。势必会促使越来越广泛的共同利益、越来越多的价值共识，同时也面对着共同性的世界难题，为人类命运共同体的形成奠定基础。

构建人类命运共同体思想是对中华民族传统文化的科学扬弃。《孙子兵法》作为一部传世巨著，被历代兵者视为战争的瑰宝。然而，此书第一句话就讲，"兵者，国之大事，死生之地，存亡之道，不可不察也"，其要义是慎战、不战。"海纳百川，有容乃大"充分体现了具有包容思想的国际权利观。世界命运应该由各国共同掌握，国际规则应该由各国共同书写，全球事务应该由各国共同治理，发展成果应该由各国共同分享。绿色低碳发展的可持续发展观充分体现了"天人合一、道法自然"的思想。[5]自工业革命以来，人类创造出极大的物质财富，但也给地球生态留下了极大的伤痕。绿色低碳发展已经成为今后人类发展的必然趋势。《礼运篇》中讲的"大同世界，天下为公"，就是天下为公的社会制度，如果天下为私，就是有违大道之行。[6]《尚书》的第一篇《尧典》中说："协和万邦，黎民于变时雍。"意思是各个国家之间都应该和谐相处。[7]"单则易折，众则难摧"充分说明各方应精诚团结，共同协作，维护各个国家和各民族的共同利益，建立符合人类整体利益的全球治理体系。

构建人类命运共同体思想是对中国共产党历任领导人外交思想的总结和升华。[8]毛泽东将革命经验中总结出来的独立自主成功运用到外交领域，独立自主成为中国外交政策的基本立场和根本原则。周恩来倡导的"互相尊重主权和领土完整，互不侵犯，互不干涉内政，平等互利，和平共处"五项原则成为规范国际关系的重要准则。邓小平对时代主题——和平与发展的准确把握，为中国制定正确的对外开放战略提供了科学依据。胡锦涛提出的和谐世界理念为构建人类命运共同体的提出奠定了基础。中国的发展离不开世界，世界的发展离不开中国，世界好，中国才能好，中国好，世界才更好，这是中国共产党历届

领导人的共识。随着中国特色社会主义事业进入新时代，构建人类命运共同体理念应运而生。[9]

4　构建人类命运共同体思想对理性处理中美贸易摩擦的启示

中美两国建交以来，双边经贸关系持续发展，利益交汇点不断增多，形成了紧密合作关系，不仅使两国共同获益，而且惠及全球。特别是进入 21 世纪以来，在经济全球化快速发展过程中，中美两国遵循双边协定和世界贸易组织等多边规则，拓展深化经贸合作，基于比较优势和市场选择形成了结构高度互补、利益深度交融的互利共赢关系。[10]自 2018 年 3 月 22 日，美国对华采取投资限制措施，拟对价值 500 亿美元的中国商品征收关税以来，中美双方在贸易领域展开了一场正面的交锋，贸易摩擦的主要领域在中国出口的优势领域和中国依赖性较强的进口领域。此次中美贸易摩擦的实质是美国政府率先发动的，以扭转贸易逆差为借口，以遏制中国发展为真实目的的贸易打击活动。中美贸易摩擦一度呈现出愈演愈烈的势头，但从长远发展的角度来看，美国政府的贸易政策必将逐步回归理性。[10]而构建人类命运共同体思想对处理中美贸易摩擦有着重要的启示。

坚持开放包容，坚定维护国家尊严和核心利益的决心，同美国发展新型大国关系。中美两国的任何贸易策略都将对中美两国经济乃至世界经济发展产生重要影响。美国在主动挑起贸易摩擦之后，先拟对价值 500 亿美元的中国商品征收关税，再到宣布对中国输美的 1333 项 500 亿美元的商品加征 25% 的关税。从 2018 年 9 月 24 日起，又对 2000 亿中国输美产品征收 10% 的关税。其中，美国对钢铁出口远超中国的经济体施行关税豁免直接暴露了美国以扭转贸易逆差为借口，发动贸易战来遏制中国发展的真实目的。构建人类命运共同体思想认为经济全球化是大势所趋，和平与发展是民心所向。把困扰世界的问题、影响本国发展的矛盾简单归咎于经济全球化，搞贸易和投资保护主义，企图让世界经济退回到孤立的旧时代，不符合历史潮流。在此次贸易摩擦中，中国被迫采取了一些回应措施，体现了中国维护国家尊严和核心利益的决心。改革开放是中国的基本国策，也是推动中国发展的根本动力。中国开放的大门不会关闭，只会越开越大。对于贸易战，

中国不愿打、不怕打、必要时不得不打。中美只有继续深化合作,共同构建新型大国关系,才能符合两国人民共同的利益。

　　坚持对话协商,坚定促进共同发展的决心,推进中美经贸关系健康发展。和平与发展仍然是当今时代的主题,世界多极化、经济全球化、社会信息化和文化多样化趋势不断增强,新一轮科技革命和产业革命正在孕育成长,这为各国的发展带来了新的机遇。习近平构建人类命运共同体思想认为,中美两国作为主要的经济体,应加强宏观政策调控,兼顾当前利益和长远利益,着力解决本国发展的深层次问题,进一步解放和发展社会生产力。中美两国应当坚持对话协商,共同维护世界贸易组织的组织规则,支持开放、透明、非歧视性的多边贸易体制,构建开放型世界经济。坚决反对搞贸易保护主义,损人利己。美国正在贸易保护主义的道路上渐行渐远,其贸易政策违背了经济全球化的趋势,必将损伤美国本国民众的利益。中国只需继续保持促进共同发展的决心,促进中美经济共同繁荣,继续把为人类做出新的更大的贡献作为自己的使命。

　　坚持互利共赢,坚定维护和完善多边贸易体制的决心,推动构建人类命运共同体。华尔街金融风暴之后,世界经济增长依然低迷,国际投资和贸易持续不振,除了金融危机消极影响仍未完全消除之外,结构性问题根深蒂固,单边主义和保护主义抬头,也是重要原因。多边主义是维护和平、促进发展的重要途径。世界贸易组织等国际机构为促进经济持续发展做出贡献是有目共睹。人类命运共同体思想认为,要促进全球经济持续发展,应当开启结构改革和创新增长两大轮子,为世界经济长远发展注入新活力,激活贸易和投资两大引擎,补足全球经济合作的短板,在世界贸易组织框架内解决贸易争端,而不能像美国依靠贸易保护来实现所谓的发展。中国将继续发挥负责任大国作用,与其他国家一道,共同建设持久和平、普遍安全、共同繁荣、开放包容、清洁美丽的世界。

5　结　论

　　当今世界充满了不确定性,人们对未来的寄予厚望又感到疑惑。新一轮科技革命和产业革命正在孕育成长,既给世界各国带来了发展的机遇,也带来了新的挑战。当前,中美贸易摩擦频发,要避免"修昔底德陷阱",就必须坚定不移维护多边贸易体制,坚定不移推动全球治理体系变革,坚定不移推动构建人类命运共同体。

参考文献

[1] 习近平. 共同构建人类命运共同体[N]. 人民日报,2017-01-20(1).
[2] 张华波,邓淑华. 马克思发展共同体思想对构建人类命运共同体的启示[J]. 马克思主义研究,2017(11).
[3] 董金璐. 在马克思共同体思想视角下人类命运共同体的构建[J]. 法治与社会,2017(15).
[4] 郗戈.《共产党宣言》的世界历史理论与构建人类命运共同体[BD/OL],中国社会科学网,2018-02-27.
[5] 邵龙宝. 儒学在人类命运共同体构建中的资源价值[J]. 上海师范大学学报,2018(1).
[6] 于铭松. 中华文明的特质与构建人类命运共同体[J]. 中央社会主义学院学报,2017(6).
[7] 张立文. 中国传统文化与人类命运共同体[N]. 光明日报,2017-11-06(15).
[8] 郭海龙. 习近平人类命运共同体思想的生成、价值和实现[J]. 邓小平研究,2017(3).
[9] 傅守祥. 构建人类命运共同体的中国智慧[BD/OL],中国社会科学网,2017-03-09.
[10] 中华人民共和国国务院新闻办公室. 关于中美经贸摩擦的事实与中方立场[BD/OL],新华网,2018-09-24.
[11] 张宇燕,冯维江. 如何理解中美贸易摩擦[BD/OL],中国社会科学网,2018-04-24.

特色产业扶贫研究

——基于名山区茶叶产业扶贫的实证调研

陈怡文，李姝，尹德志

（西华大学马克思主义学院，成都 610039）

摘　要：特色产业扶贫是一项重要的"授人以渔"的造血式扶贫措施。为了实现精准脱贫与乡村振兴战略，名山区大力发展以茶叶产业为主导的特色产业扶贫。做好茶叶产业扶贫是推动名山区经济发展的需要，也是实现精准扶贫与乡村振兴战略的最佳选择。以雅安市名山区为例进行实地调研，分析当地贫困情况和发展茶叶产业扶贫的经验，以及对其他地区扶贫工作的借鉴意义。名山区的经验表明：大力发展特色产业推动精准扶贫，要注意因地制宜选取适合的产业及发展模式；注重与市场的结合，有效地规避风险；合理的发挥政府、企业和社会的作用。

关键词：产业扶贫；茶叶产业；因地制宜

Characteristic Industry Poverty Alleviation
——An Empirical Study on the Poverty Alleviation of Tea Industry in Mingshan District

CHENG Yiwen, LI Shu, YIN Dezhi

(School of Marxism, Xihua University, Chengdu 610039 China)

Abstract: Poverty alleviation by characteristic industry is an important hematopoietic poverty alleviation measure.In order to achieve the strategy of precise poverty alleviation and rural revitalization, Mingshan District vigorously develops the characteristic industry with tea to help the poor. It is the need to promote the economic development of mingshan district and the best choice to achieve accurate poverty alleviation and rural revitalization strategy. This paper makes a field investigation on the mingshan district of Ya'an city, analyzes the local poverty situation and the experience of developing the tea industry to help the poor, as well as the reference significance of the poverty alleviation work in other areas. Attention should be paid to the selection of appropriate industries and development models according to local conditions. The experience of mingshan district shows that: to vigorously develop characteristic industries is to promote precision poverty alleviation; attention should be paid to the combination with the market to effectively avoid the risk; the government and company and society's function should be reasonably played.

Key words: industry poverty alleviation; tea industry; adopt measures suiting local conditions

0 引　言

在十九大提出的乡村振兴战略的二十字方针中，产业兴旺被排在乡村振兴战略的首位。2015年《中共中央国务院关于打赢脱贫攻坚战的决定》中明确提出，为实现精准扶贫、精准脱贫目标，在具体实现路径上，要根据贫困地区和贫困人口情况，实施好"五个一批"工程，即发展生产脱贫一批，易地搬迁脱贫一批，生态补偿脱贫一批，发展教育脱贫一批，社会保障兜底一批。[1]与其他扶贫政策相比产业扶贫政策排在"五个一批"的首位，是扶贫战略的重点。习近平总书记2013年11月在湘西考察时强调："欠发达地区抓发展，更要立足资源禀赋和产业基础，做好特色文章，实现差异竞争、错位发展"。[2]2016年5月，国家

作者简介：陈怡文（1996—），女，马克思主义学院，2017 级研究生，研究方向：马克思主义中国化；李姝（1991—），女，马克思主义学院，2017 级研究生，研究方向：马克思主义中国化；尹德志（1969—），男，马克思主义学院，教授，研究方向：马克思主义中国化、农村问题、思想政治教育。

出台了《贫困地区发展特色产业促进精准脱贫指导意见》。国家对产业扶贫尤为重视，产业扶贫一直被视为扶贫政策的重中之重。名山区以绿色扶贫发展理念为引领，以贫困人口稳定增收脱贫为目的，深入推进农业供给侧结构性改革，坚持产业发展与精准扶贫精准脱贫相结合、统筹规划与因地制宜相结合、市场主导与政府引导相结合、重点扶持与整体推进相结合、群众主体与社会参与相结合，紧紧围绕贫困人口稳定增收脱贫，加大产业支持力度，加快培育一批带动贫困群众长期稳定增收的优势特色产业，构建贫困群众脱贫致富奔小康的产业支撑体系，走出一条"绿而美、绿变金"的特色扶贫之路。[3]名山区茶叶产业扶贫模式充分地利用了当地的优势资源，在政府、企业、农村经济组织和贫困户的共同参与下，因地制宜地推动茶叶产业的发展，改善了贫困户自我发展自我提高的能力，帮助他们依靠自己的劳动，提高经济收益，脱贫致富奔小康。

1 研究现状和研究方法

1.1 研究现状

关于特色产业扶贫研究，从已有资料来看，相关研究理论成果丰硕，并且在实践过程中进行了推进，更具有实用性。从研究形式来看，研究主要集中在发展状况、分配制度以及贫困原因上，并提出一些建议。主要有以下几个方面的内容：① 对产业扶贫这个新兴模式的研究。② 在产业扶贫中强调政府的职能。③ 产业扶贫现状、问题、以及如何解决这些问题。总的来说，产业扶贫的具体实践已经取得了部分成效，其理论研究和实践探索也在进一步地深化，但对于产业扶贫的路径方法研究尚且有所不足，仍处于亟待深入研究分析阶段。

1.2 研究方法

本文采用的主要研究方法是调查研究法，本文作者是"2017 年名山区扶贫成效第三方评估"课题的主要成员。2017 年 10 月到 12 月，课题组以 PPS 比例法加随机抽样法划分确定覆盖雅安市名山区乡（镇）、村、户的抽样数额，总计从 2014 年全区建档立卡贫困户 5 489 户抽取 5 000 户作为样本，样本比例达 91.09%，样本中包括 2014—2016 年度已脱贫的贫困户 4 503 户，2017 年拟脱贫的 497 户贫困户全部覆盖。调查内容包括贫困户基本信息，已脱贫人口或拟脱贫人口是否达到

"一超六有"的基本要求。2017 年拟退出的贫困村是否做到了"一低五有"。调研组采取的主要调查方法包括实地观察法、问卷调查法、访谈调查法和文献调查法，实地察看贫困乡镇、贫困村、贫困户扶贫脱贫实际情况，对贫困户进行访谈，并向贫困户发放调查问卷了解其脱贫、扶贫帮扶落实情况，与乡镇、村等扶贫相关工作人员进行座谈，了解乡镇、村扶贫、脱贫具体详情，同时查阅台账，了解村集体经济收入及贫困户收入情况等。在调查中获取了大量的关于产业扶贫的数据和资料。文中引用的最新数据，能够真实有效地反映出名山区产业扶贫发展现状。

1.3 创新点

本论文的创新之处主要有三个方面：① 分析了名山区的贫困状况。② 分析了名山区发展茶叶产业的优势条件。③ 总结了名山区发展茶叶产业的要素以及对其他地区的借鉴意义。

2 名山区贫困状况分析

名山区面积 614 平方千米，辖 9 镇 11 乡，192 个村，17 个城镇社区居民委员会，1264 个村民小组，总人口 27.89 万，其中农业人口 23.18 万，是一个典型的丘陵农业区。[4]名山区农村低收入群体相对较少，但由于地处山区，经济发展相对缓慢，仍有 42 个贫困村，5 489 户 15 860 人贫困人口。

名山区的致贫原因主要有：一是人口老龄化，当下的贫困地区，大部分农民外出务工，留下老人、儿童，和存在健康问题的患者，而种茶树、施肥、修枝、采茶等必须勤于护理，否则将影响茶叶质量和产量。贫困户的老龄化人口结构使其创收能力低下，难以完成脱贫目标。二是土地碎片化，按户籍人口数分配的土地面积不均、分得的土地肥沃质量不均，并且以家庭生产为主的农业经营难以形成规模效益，使得贫困户增收空间有限。三是贫困户家庭成员就业能力普遍较低，在调研中我们询问贫困户"您的生产技术主要是如何学来的？"他们这样回答："跟父母学来的。"另外他们接受专业技能培训的学习能力和积极性有限，例如该区的每个村都设立了农民夜校、村图书资料室，但主动去学习的村民寥寥无几，培训效果不佳。再加上部分贫困户脱贫意识薄弱，认为退出贫困户名单后将不再享受国家的扶贫优惠政策，此类存在"等靠要"现象的贫困户也不在少数。

3 名山区发展茶叶产业的优势和扶贫成效

3.1 发展茶叶产业的优势

3.1.1 有利的自然环境

名山区位于成都平原西南边缘，因境内蒙顶山而得名，素有"仙茶故乡"之美誉。产地全年平均气温 14.5 ℃，年降水量 2 000～2 200 mm，常年细雨蒙蒙、烟霞满山。[5]光热的有利条件，加上肥沃和集中的土壤，使名山区享有得天独厚的茶叶种植条件。目前有 48.8 万亩土地宜于种植茶叶，已用于种茶的土地有 35.2 万亩。

3.1.2 茶叶种植历史悠久

雅安市名山区享有"世界茶源·中国茶都"的美誉。两千多年的茶叶发展史，孕育出底蕴深厚的蒙顶山茶文化，"扬子江中水，蒙顶山上茶"传唱古今，闻名中外。[6]名山区是我国著名的老茶生产区，茶叶作为当地最重要的种植物之一，是当地居民长期种植的作物，日积月累的茶叶种植经验保证了茶叶的优良品质。

3.1.3 政策环境优越

政府对有信誉、有劳动能力、有产业发展意愿、有土地等生产资料，但缺资金的贫困户，以扶贫小额信贷和产业扶持基金为主，财政支持为辅的方式支持其发展。名山区政府出台了《茶产业发展规划》《茶产业发展要素保障规划》《蒙顶山茶产业转型升级中长期发展规划》等文件，明确了扶贫目标、任务及具体措施。同时加大对茶叶的财政投入力度，为茶产业的进一步发展和优化升级提供了强有力的资金支持。

3.2 茶叶产业助力精准脱贫的成效

2014—2016 年 3 年间，名山区共有 4 992 户 14 669 名贫困人口脱贫，8 个贫困村退出。至 2016 年底，全区剩余建档立卡贫困人口 497 户 1 191 人，贫困村 34 个，贫困发生率从 6.8%下降到 0.51%。根据 2017 年四川省扶贫标准规定，贫困户家庭人均纯收入应超过 3 300 元才算实现脱贫。实际调研表明，雅安市名山区贫困户以家庭为单位人均年收入为 9 920 元。排名第一的马岭镇人均年收入达到 12 766 元，排名最后的永兴镇也达到 7 940 元。名山区贫困户收入之所以远超国家和省定贫困标准，主要得益于名山特色产业的发展，以及以产业为抓手促脱贫攻坚战略的实施。根据调查，贫困有效样本中，有茶叶种植的贫困户达到 2 824 户，户平均种植茶叶面积 2.59 亩，茶叶种植毛收入平均每户达到 12 296 元，按平均 40%每亩的支出成本计算，茶叶收入可为 2 824 户贫困家庭平均增收 7 377 元。

4 名山区茶叶产业扶贫的启示

4.1 强基固本，把产业扶贫置于重要位置

产业扶贫是实现农业产业立体化转型，不断巩固扶贫成果的重要举措。中国有句俗语叫"救急不救穷"，在精准扶贫问题上也是如此，给贫困户发钱发物只是解一时之渴的"输血式"扶贫，只有发展产业才能真正实现授人以渔的"造血式"扶贫。易地搬迁扶贫是在政府的资金帮扶下贫困户自己承担大部分资金在人口聚集、更适合就业的地区修建新房。易地搬迁扶贫需要贫困户自己出资，会给他们带来一定的经济压力，生态保护脱贫和教育扶贫只有少数符合条件的贫困户才能享受此政策，因此只有产业扶贫才能做到帮助贫困户增收并走上脱贫不返贫的道路。2016 年 7 月，习近平总书记在宁夏固原考察时强调："发展产业是实现脱贫的根本之策，把培育产业作为脱贫攻坚的根本出路。"[7]2016 年 4 月，习近平总书记在安徽金寨考察时提出："产业要适应发展需要，因地制宜、创新完善。"[8]全国人大代表耿福能连续三年将精准扶贫建议带上两会，他认为：产业扶贫是精准扶贫的有效途径。[9]产业扶贫更重要的是找到农村发展新形式，建设魅力乡村，提高农村的吸引力，进一步实现乡村振兴战略。

4.2 因地制宜，发挥自身产业优势

扶贫政策决不能搞"一刀切"，我们必须因地制宜，注重发展自己的优势资源，寻找符合当地实际自然资源情况的扶贫产业发展模式，着力发展立体型产业结构。由于生活在农村的贫困户教育程度普遍不高，文化水平有限，大大制约着他们学习技术的能力，这也是他们难脱贫的原因之一。缺乏专业技术加上没有资金的支持，导致他们发展产业的能力较差，不适合"高尖精"的农业产业类型，即使政府出资提供品种优良的农作物幼苗给贫困户，也会由于其种植难度大、技术要求高等原因而功亏一篑。对于有些乡镇、村不适宜种茶，名山区大力培育、发展地方特色产业，促进贫困村贫困户脱贫。推动建立了 9.5 万亩现代农林业产业基地和 27.1 万亩全国绿色食品原料基地（产叶），新增和完善了 2.9 万亩现代农业产业基地。茶叶属于多年生灌木类，四季常青，根系发达，水分涵养能力强，有助于改善土壤结构，

防止水土流失，可以充分利用自然环境资源，发展农业立体经济。茶园下养鸡，茶园中种植梨子、脆红李、樱花、银杏等果树和经济树木，二者相得益彰。当地政府不仅要求茶农们保持茶园周边的生态健康活力、保护梯田，并出资千万打造生态茶产业经济走廊。所以要发展使贫困户能广泛参与的、造血式扶贫模式。在我国民间有"靠山吃山，靠水吃水"的说法，这说的就是利用所在地的特色资源优势，提高老百姓收入、改善老百姓生活的意思。利用特色资源发展特色产业，只要能够广泛吸引当地群众的热情参与，必然能够在提高地方财政收入的同时，提高贫困户收入水平。[10]名山区依照精准扶贫的要求，根据自身的资源优势和贫困户自身条件，因人制宜、因地制宜地推进特色产业帮扶项目，以茶叶产业发展带动农户增收，实现脱贫目标。

4.3 结合实际，创新产业发展模式

4.3.1 运用互联网优势

运用互联网优势搭建电商平台和物流网络，使传统的茶产业迸发新的生机与活力，实行互联网＋模式推广。积极与扶贫经济合作，名山区已经与猕猴桃企业合作了三年，现加入了樱桃企业，使产业多元化，实行互利共赢共同发展。另外，茶叶电商平台也有利于推动茶叶产业的发展。传统茶叶营销模式已不太适用于现在的社会，通过互联网进行销售，可以方便这类消费者在网上进行选购，可销售的范围也从当地迅速发展到了全国乃至全世界，使名山茶叶产业扶贫真正的走上可持续、不返贫的道路。

4.3.2 利用优越的自然环境

积极推动生态农业的发展与完善，大力开发有机茶叶。随着消费结构的不断改善，人们的消费观更加趋于健康化、理性化，而纯天然绿色无污染的有机茶叶正好与人们的健康消费理念相吻合，这就为开拓茶叶有机市场提供了充足的消费需求。2017年400多家以煤炭为燃料的茶叶工厂由政府出资补贴全部转型为使用天然气。同时与国家权威认证机构合作，保证生产出高质量的绿色无污染的有机茶叶，促进茶叶产业的可持续发展。

4.3.3 发展茶旅融合产业

当茶园达到一定面积，就从旅游业入手转型。大力发展休闲农业旅游业、生态疗养、农村电子商务、文化创意产业等新兴产业。将茶产业与旅游业结合，加强茶旅融合发展，夯实农民增收产业基础。促进茶旅一体化发展，围绕1条生态茶产业文化旅游经济带，错位组团发展"蒙顶山禅意茶乡""官田坝酒乡茶乡""红草坪骑游茶乡""牛碾坪科普茶乡""茅河乡水韵茶乡""骑龙场梯田茶乡""月亮湖浪漫茶乡"，大力建设茶农场、茶家乐、茶庄园、民俗客栈等。[11]

4.4 产业与市场相结合，有效规避风险

特色产业的发展有其自身的优势，但也存在一定的风险。在产业发展过程中，不仅要经受自然、市场、技术等考验，还要面临政策制度的风险。如今是产业扶贫的蓬勃发展时期，产业发展已经取得了许多成功的例子，如苍溪县的林业发展、伊通榛子产业等。但是在不断发展变化的市场经济中，不仅要看到产业发展带来的机遇，也应充分考虑产业风险，做到未雨绸缪。国家要求在2020年之前实现脱贫攻坚，精准脱贫。每年国家扶贫攻坚战略中的大部分资金都投放于全国400多个贫困县中，县里再把扶贫资金用于发展产业，大力支持农民加入新产业的发展，经济作物的生产变成发展的重中之重。由于种植业受市场供求关系的影响较大，如果各地的贫困村都去发展种植业，待到产业发展见效时市场供大于求，势必会增加产业发展的风险。当前的贫困村发展的产业都十分类似，通常是橘子、葡萄、梨、蔬菜等经济作物。在农作物市场供求关系较为稳定的情况下，盲目地发展农作物种植产业，无疑是增大收益风险和脱贫的难度。一些产业模式前期投资额大、风险高、实现经济效益的周期长，产业见效时正是市场饱和时。

名山区政府出台了一系列招商引资优惠政策，使贫困户真正获益；引导村企结对共建，促进互利共赢。通过强化人才保障，综合提升茶农的劳动技能和个人素养。与科研机构、农业院校形成长期合作的关系，不断地改善茶叶种植技术和加工制作工艺，实行现代农业、智慧农业，运用现代技术和模式管理茶园，严格控制土地的湿度、盐碱度和施肥比例，推出更多受大众喜爱的茶叶产品。在返乡务工人员、种养殖大户、"土专家""田秀才"中筛选培养对象，从项目、资金、技术等方面给予一定支持，增强致富带头人示范带动能力，为扶贫产业提供人才支撑。名山区茶叶种植区人口较为稀疏，劳动力缺乏，茶叶企业对非产茶区的贫困户进行免费的技能知识培训，使他们熟练地掌握茶叶采摘技能，到茶园帮助茶农进行采摘工作，由政府提供给他们适当的经济

补贴，一方面可以缓解产茶区缺乏劳动力、用工荒的问题，为茶叶生产的采摘环节提供更充足的劳动力资源；另一方面也可以提高贫困户的经济收入，帮助他们摆脱贫困。

名山区不断改进和完善自身的劣势，规避市场风险，强化人才保障，实行差异化竞争。努力吸收培育技术型人才、学习新兴技术、研制新型产品、将产品深加工形成品牌化、提高茶叶品质，使名山茶叶在未来市场竞争中脱颖而出。总之，发展产业一定要对未来市场风险进行充分的考量，强化自身优势，提高核心竞争力，做到差异化竞争。

4.5 发挥政府、企业和社会的协同机制

政府在产业扶贫中发挥引导作用，政府的引导优势在政策资金和平台的搭建上，市场配置的优势在产业项目选择和信息传导上。精准扶贫产业项目的推进离不开政府的合理引导，但政府合理引导不能挤占市场主体的自发选择性，而是在市场主体自发选择性的基础上，政府加以合理引导。要注重外生性与内生性相结合。政府引导具有外生性，完全依靠政府，精准扶贫产业项目不可持续；市场配置具有内生性，内生性激发市场主体活力，确保精准扶贫产业项目不断修正。政府帮助协调农村经济组织、企业与贫困户之间的关系，推动合作项目的落实，对贫困户提供技术指导，政策支持；对企业进行适当监管，同时确保多方利益，达到互利共赢的局面。

培育大型茶叶集团，扩大品牌影响力，开拓新的市场。原有的茶叶产业生产规模小、缺乏新科技，可以在聚集生产方面做文章，以此来提升茶叶产业规模效益与质量。中国茶叶种植历史悠久，品种丰富，历经千百年的发展茶产业不断地推陈出新。名山茶叶在激烈的市场竞争中要想发挥自身的优势，必须大力进行品牌的宣传与推广，努力打造以"蒙顶山茶""蒙顶山甘露"为主导的茶叶品牌，并在继承传统茶叶品牌的同时注重创新驱动发展，积极培育"抹茶""果茶"等新兴茶叶品牌。同时，整合区域内现有的所有品牌资源，加强品牌建设，充分利用政府政策优势，加大宣传力度，利用茶叶税收资金在各大网站电视上投放广告，提升品牌影响力和知名度，扩大名山茶叶在市场上的占有率。此外政府应对有发展潜力并在创新发展方面做出一定成绩的贫困村给予一定的财政补助和奖励，不断协调政府、企业和社会的关系。

5 总 结

经过实证调研分析，我们发现名山区以种植茶叶进行产业扶贫对贫困户有较好的经济效益，对其他地区的扶贫工作具有借鉴意义。要解决产业扶贫中的农民意愿不高、人口老龄化、土地碎片化、就业能力低等主要问题，同时也需要注意因地制宜选取适合的产业及发展模式；注重与市场的结合，有效地规避风险；合理地发挥政府、企业和社会的作用等以使产业扶贫发挥最大效果。未来可对产业扶贫的创新机制以及如何防范风险等方面做进一步的研究。

参考文献

[1] 中共中央、国务院. 中共中央国务院关于打赢脱贫攻坚战的决定[EB/OL]. [2015-11-29] http://www.scio.gov.cn/xwfbh/xwbfbh/wqfbh/2015/33562/xgbd33570/Document/1458302/1458302.htm.

[2] 刘军涛. 习近平赴湘西调研扶贫攻坚[EB/OL]. 新华网，2013-11-03.

[3][11]雅安市名山区人民政府办公室. 关于加强产业扶贫工作促进精准脱贫的实施方案[EB/OL].[2018-03-15]. http://www.scms.gov.cn/.

[4][5] 雅安市名山区人民政府网站，2017.05.05. http://www.yaan.gov.cn/htm/index.htm

[6] 政协四川省名山县委员会文史资料征集. 名山县文史资料（蒙山茶文化专辑）[M]. 1986.

[7] 吴舟 脱贫之战，习近平发出总攻令[N]. 人民网，2016-07-25.

[8] 钱中兵. 习近平考察安徽金寨：扶贫机制要进一步完善兜底措施[N]. 新华网，2016-04-24.

[9] 席秦岭. 全国人大代表耿福能：产业扶贫是精准扶贫的有效途径[N]. 华西都市报，2016-03-02[10]发展王大明. 特色产业是贫困地区精准扶贫的有效方式——以四川广元市为例[J]. 西华师范大学学报（哲学社会科学版），2017（1）.

[10] 王大明. 发展特色产业是贫困地区精准扶贫的有效方式——以四川广元市为例[J]. 西华师范大学学报（哲学社会科学版）2017（1）1：92-95.

家风融入高校思想政治教育的创新研究

张思雨，张煜林，尹德志

（西华大学马克思主义学院，成都　610039）

摘　要： 为了更好地促进家风融入高校思想政治教育之中，实现家风与高校思想政治教育的共同发展，相互融合，笔者通过采用文献研究法、系统分析法、理论联系实践法等研究方法，通过对家风内涵的解读，在充分挖掘家风融入高校思想政治教育的必要性的基础上，进一步地研究家风融入高校思想政治教育的方法与路径，主要表现为四个方面：借助新媒体平台，创新宣传载体与形式；以高校思想政治教育课堂为中心，及时更新教育观念；依托校园文化建设，开展社会实践活动；正确处理家风教育、学校教育与社会教育的关系。家风是中华民族的文化遗产，家风融入于高校思想政治教育，有助于提高高校学生的道德素养，也为高校思想政治教育创造了有利的环境。

关键词： 家风；高校思想政治教育；创新

The Innovation Research of Family Wind Integration into University Ideological and Political Education

ZHANG Siyu, ZHANG Yulin, YIN Dezhi

(School of Marxism, XiHua University, Chengdu 610039 China)

Abstract: In order to better promote the family style into the ideological and political education in colleges and universities, realize the common development of the family style and the ideological and political education of colleges and universities, the author adopts the methods of literature research, system analysis, theory and practice. Through the interpretation of the connotation of family style, the author fully excavate the family style into the university. On the basis of the necessity of ideological and political education, we will further study the methods and ways of integrating the family style into the ideological and political education of colleges and universities, which are mainly manifested in four aspects: using the new media platform, innovating the carrier and form of propaganda; taking the ideological and political education in the university as the center, updating the educational concept in time, relying on the campus culture, setting up social practice activities; correctly handling the relationships among family atmosphere education, school education and social education. The family style is the cultural heritage of the chinese nation. The family style is integrated into the ideological and political education in Colleges and universities, which will help to improve the moral quality of the college students, and also create a favorable environment for the ideological and political education in colleges and universities.

Key words: family tradition; ideological and political education in colleges and universities; innovate

引　言

党的十八大以来，习近平总书记多次在不同场合强调家风的重要性。习近平总书记在 2015 年春节团拜会上发表重要讲话，强调："家庭是社会的基本细胞，是人生的第一所学校。不论时代发生多大变化，不论生活格局发生多大变化，我们都要重视家庭建设，注重家庭、注重家教、注重家风。"[1]2016 年 12 月 12 日，习近平在会见第一届全国文明家庭代表时，提出了"广大家庭都要弘扬优良家风，以千千万万家庭的好家风支撑全社会的好风气"。党的十九大报告指出，深入

作者简介： 张思雨（1994—），女，马克思主义学院，2017 级研究生，研究方向：马克思主义中国化；张煜林（1995—），男，马克思主义学院，2017 级研究生，研究方向：中国近现代史；尹德志（1969—），男，马克思主义学院，教授，研究方向：马克思主义中国化、农村问题、思想政治教育。

挖掘中华优秀传统文化蕴含的思想观念、人文精神、道德规范，结合时代要求继承创新，让中华文化展现出永久魅力和时代风采。家风作为中华优秀传统文化的重要组成部分，具有极其重要的当代价值。在新时代，将家风融入于高校思想政治教育中，不仅符合高校思想政治教育和高校学生自身发展的要求，更是贯彻习近平新时代中国特色社会主义思想的重要举措。

通过中国知网检索所有主题为"家风"的文献，得到文献总数为 6 167 篇（检索日期 2018-06-10）。通过对文献的分析，目前国内学者对家风的研究主要集中于历代名人之家风、传统家训家风等方面，并取得了有价值的研究成果。但同时也发现了研究中存在的不足之处，一方面表现为研究的基本问题有待理清，比如目前研究中对于家风的内涵、特点等界定有待商榷。另一方面，研究的系统性有待加强，虽然目前关于家风的研究层次较广，但缺乏系统化、深入化的学术论文。通过中国知网检索所有主题为"家风融入高校思想政治教育的创新研究"的文献，得到文献数量偏少（检索日期 2018-06-10），较少有学者从家风融入高校思想政治教育的角度进行研究。因此，本文将在借鉴已取得的研究成果的基础上，针对现有研究存在的问题进行探索。本文的研究创新主要是选题和观点的创新。本文以家风为切入点，对开展高校思想政治教育工作进行解读、研究家风融入高校思想政治教育的路径、为高校思想政治教育的研究和实践提供新的视角，对开展高校思想政治教育工作具有重要的理论意义和现实价值。

1　家风的概念

所谓"家风"即"门风"，[2]指一个家庭或家族基于婚姻或血缘关系不断相传的道德信念和处世之道等，与一个家庭或者家族的贫穷与富有、社会地位高低没有关系。家风属于精神层面，属于意识形态范畴，其主要是指一个家庭或者家族的思想意识方面的传统，即家就是一个家庭或者家族的传统风尚、风格等。良好的"家风"通过世代相传，使许多代人受益。不良的"家风"则会因为一代一代地相传，使许多代人受损。[3]

习近平总书记在全国高校思想政治工作会议上强调，高校思想政治工作关系高校培养什么样的人、如何培养人以及怎样人这个根本问题。高校思想政治教育是指高校教育工作者用一定的思想、政治观点、道德规范等，对其教育对象施加有目的、有计划的影响，使其教育对象形成符合一定社会所要求的思想品德的社会实践活动。而家风教育也是教育的一种形式，是由年长者自觉地对年幼者进行德、智、体、美各方面的最基本、最直接、最经常的教育或影响。高校思想政治教育与家风教育是以培养社会需用的人为目标的教育活动，是集思想作风、生活习惯、情感态度、价值取向及其他心理因素等多种成分为综合体的教育力量。家风教育更是一种无言的教育，是一种潜在的无形力量，它不是只局限于名门望族、而是趋于平民化。家风教育看似抽象，因为它较偏向于形容几代人在生活中的文化沉淀，但实际上是具体的，体现在现代生活中的各个方面。

2　家风融入高校思想政治教育的必要性

在新时代，高校思想政治教育面临着亟待解决的问题，存在着教学形式单一、教学效果不理想、家风教育与学校教育脱节、重认知轻情感、重理论轻实践等弊端。为破解高校思想政治教育的面临的难题，不仅需要充分探究高校思想政治教育的前沿动态，也需要更深入地挖掘中华民族的优秀传统文化，而家风作为中华民族传统文化的重要组成部分，融入于高校思想政治教育是十分必要的。

2.1　彰显高校思想政治教育的文化底蕴

中国古代的家风内容十分丰富。如生活常规的培养，包括日常生活的行为习惯和言谈举止；家庭关系的处理，如夫妻之间做到夫妻和顺、相敬如宾，兄弟之间做到兄友弟恭、兄弟偡偡，长少之间做到长少有序、父慈子孝；[4]道德品质的提倡，如仁、义、礼、智、信、友爱、谦让、善良、勤劳俭朴等；重视子女的品德教育，如东汉著名经学家郑玄在《戒子益恩书》中，结合自己所走的人生道路，告诫自己的儿子努力探求君子之道，一定要成为品德高尚的人。[5]在封建家族社会中，家庭道德的基本观念突出强调"孝"与"悌"，"孝"是封建家庭教子做人的基本要求，赡养父母被视为儿女的道德责任。由此可见，这些历朝历代的思想结晶是家庭成员健康人格形成的指导思想，是开展高校思想政治教育工作的文化基础。按照马克思主义的文化态度，要辩证地看待传统的家风思想，认识并发扬传统中的精华，剔除传统中的糟粕，使其成为建设高校思想政治教育珍贵的典史资料，彰显高校思想政治教育的文化性。

2.2 丰富高校思想政治教育的资源

自古以来，家风扎根于中国历史土壤上的无数家庭或家族，虽然每一家庭或家族可能在生活作风、传统习惯和道德规范都存在着差异，但这种差异相互汇集，成为中华传统文化中优秀的道德观念和价值理念。作为礼仪之邦的中国，在家风方面拥有丰富而宝贵的资源，一方面，良好的家风在很大程度上都与新时代高校思想政治教育的内容和任务相契合，从理论上来说，家风内容包括德育、智育、体育、美育、劳育，而高校思想政治教育的内容不仅将其囊括在内，归属于道德教育范畴，除此以外，高校思想政治教育的内容还包括政治教育、思想教育、法纪教育及心理教育等方面，共同构成了高校思想政治教育内容的"五要素"。以具体实际为例，无论是"坚韧不拔、勤劳勇敢、自强不息"的民族精神，还是"忠、孝、仁、义、礼、智、信"的伦理道德，都为新时代高校思想政治教育的内容所汲取，提炼成为社会主义核心价值观的核心内容，适应着新时代发展的需要。另一方面，在当今社会上，仍然有很多家庭或家族追求着书香门第，保留着许多淡雅脱俗的艺术喜好，无论是流传至今的家规家训，还是生动丰富的传统故事，都是对传统文化的特殊保留，为高校思想政治教育提供了丰富多彩的资源。[6]

2.3 优化高校思想政治教育的环境

家庭是以婚姻、血缘或收养关系为纽带的社会组织形式，是社会的基本生活单位。[7]思想政治教育的家庭环境是指影响和制约家庭成员思想品德形成发展的各种环境，如：家长的思想道德素质、教育理念和价值取向等。家庭环境对家庭成员尤其是子女的成长，子女思想品德的形成和发展具有十分重要的作用，对优化高校思想政治教育的微观环境有着重要的意义，家风是家庭环境的重要组成部分。一方面，家风会决定高校学生的性格和品行，良好的家风有利于营造积极乐观的家庭氛围，有利于增强高校学生的品德修养，有利于高校学生健康人格的形成，有助于高校思想政治教育工作的开展。另一方面，家风是良好社会风气形成的重要渠道。只有家风正，社会风气才清正。[8]首先，良好的社会风气对高校思想政治教育具有感染作用。遵守社会法纪，讲求社会公德，注重文明礼貌，诚实守信等良好社会风气催人奋发向上，使高校学生潜移默化地形成正确的价值观念，陶冶人们的情操，美化人们的心理。其次，良好社会风气对高校思想政治教育具有促进作用。社会风气良好时，有助于高校思想政治教育工作顺利实施并取得实效，促进高校学生形成良好的思想品德。最后，良好社会风气对高校思想政治教育具有约束作用，它可以通过社会舆论氛围来引导高校学生应该做什么及怎么做，不应该做什么或不能做什么。

2.4 拓展高校思想政治教育的空间

高校思想政治教育的主要阵地是学校，主要通过教学活动、课外活动、教师榜样、校风等进行，高校思想政治教育的根本目的是用共产主义思想和科学文化知识教育高校学生，提高高校学生的思想道德素质，促使高校学生更加坚定地拥护共产主义和社会主义，为最终实现共产主义而奋斗。家风的总目的、总任务是：为国家和社会培养未来的人才，教会子女如何做人，教育子女在德、智、体、美、劳等各方面全面发展，培养其成为有理想、有道德、有文化、有纪律的社会主义新人。由此可见，两类教育在共同追求与价值取向等方面在根本上是一致的。如果建设高校思想政治教育仅仅依靠学校这一主阵地，并不能取得最佳的效果。而且，对比学校教育，家风也具有独特的优势。其一，在家庭范围内，家庭成员中的教育者对受教育者既存在情感的感染性，又具有特殊的权威性，是亲和性与权威性相结合的教育方式。其二，家风具有鲜明的针对性。以血缘关系为基础，教育者充分了解、熟知受教育者的情况，更容易从受教育者的实际出发，因材施教，"对症下药"，从而进行有针对性的教育。其三，家风内容十分广泛、丰富，远远超出学校教育内容所涉及的范围；在方式方法上，更具有灵活性，不受时间、地点、场合的种种限制，"遇物则诲"，相机而教；在语言表达方面，更通俗易懂，容易为高校学生所接受。因此，家风应与学校教育相互融合，使高校思想政治教育的空间不断得到拓展，这也是新时代的需要。

3 家风融入高校思想政治教育的现状

目前，学界基于对家风的研究主要是与中小学思想品德教育相结合，认为中小学生思想品德更易受家庭环境、家庭观念的影响，中小学阶段是思想品德形成的关键时期。而对家风与高校思想政治教育的研究较少，在现实社会生活中，家风与高校思想政治教育存在着"断层"现象。

3.1 家风在高校思想政治教育中重视度不够

由于社会结构的分化、思想观念的开放以及传统家族式社会的瓦解等原因，很多传统的家风教育规范作用逐渐淡化甚至消失。[9]家风在高校思想政治教育中的重视度不够主要从家庭和高校或高校教育工作者两方面进行分析。从家庭层面而言，家风重视度不够高普遍存在着两种现象：一种是典型的"只养不教"现象，家长把教育责任完全推给学校和教师，认为自己只负责从经济上、生活上、物质上满足子女的需要，而对于孩子的学习、品德等方面的问题都会由高校或者高校教师来指导，认为与自身无关系。另一种则是因为家长自身事务繁忙，生活压力大，整日为经济收入担忧，再加之一些家长的文化素质水平不高，将教育子女的希望寄托于学校和教师。而在高校思想政治教育工作中，家风重视度不够高主要表现为高校或高校教育工作者对学生家风的教育引导存在偏差，没有深刻意识到家风仍然对于高校学生具有重要作用，学生的人格形成既离不开学校教育也离不开家庭教育，从而忽视与学生家长的沟通联系，没有正确认识家风与学校教育、社会教育之间的合力作用。对家风重视度不够，加大了高校思想政治教育工作的负担，在这种形势下，家风在高校思想政治教育中的价值难以得到有效发挥。

3.2 家风在高校思想政治教育中功能弱化

家风作为传统文化的重要组成部分，不仅体现着中华民族悠久的历史文化，同时也蕴含着思想政治教育的内容和任务，对提升高校学生道德素养，塑造良好的人格，培养正确的世界观、人生观、价值观有着积极的促进作用。然而，长期的封建社会的文化背景所形成的传统家风也会导致某些家庭的教育观不正确。比如：一些家庭向子女灌输轻视劳动人民的思想，把读书当成子女成才的唯一途径，认为"万般皆下品，唯有读书高"，只关注子女的学习成绩，从而忽视子女的性格发展、品德养成、心理素质等。这种教育观念导致高校学生的价值观念容易产生偏差，而长期以来，高校主要采用单一的灌输方式开展思想政治教育工作，未深入了解学生的思想状况和家风状况，家风教育只是浮于表面工作，未真正落实到学生的思想政治教育工作中。这导致优良的家风难以发挥教育功能，不良的家风难以得到及时

纠正，甚至直接影响学生的健康成长。

4 家风融入高校思想政治教育的路径分析

4.1 借助新媒体平台，创新宣传载体与形式

在新时代，把家风融入于高校思想政治教育中，必须借助于新媒体平台，创新宣传载体和形式。一方面，高校要充分利用微信、微博、QQ 等网络推送平台，宣扬优良的家风、家教、家训，传播以社会主义核心价值观为核心的正能量，可以通过宣传形象具体、生动活泼的家庭感人故事、"家风正、人品好"的榜样家庭的家风家教传递正确的人生观、价值观和世界观，不再局限于冷冰冰的说教灌输方式，可以通过创建以"家风"为主题的公众号，定期推送家风文章，鼓励高校学生积极关注评论，也可以借助新媒体的技术优势，制作与家风有关的网络微课、动画视频、卡通片等，创造更多优秀的家风作品，使越来越多的高校学生感受到优良家风的真正价值。另一方面，高校必须加强网络思想政治教育工作队伍的建设。高校教育工作者可以通过掌握新媒体技术，加强师生之间的双向互动，及时了解高校学生的思想动态，积极引导高校学生重视家风、传承家风，贴近高校学生的实际生活，同时教育工作者要把握家风与高校思想政治教育之间的有机融合，充分发挥家风积极的思想政治教育价值。只有借助新媒体平台，通过全方位、多渠道的宣传，才能使高校学生更关注重视家风，进而反思自己的家庭风气，营造良好的家庭风气，树立正确的价值取向，提高自身的思想品德素养。

4.2 以高校思想政治教育课堂为中心，有机结合家风内容与思想政治教育内容

思想政治教育课堂是开展高校思想政治教育工作的主渠道，高校教育工作者必须学习有关家风方面的知识，将传统家风家训内容贯穿于高校思想政治教育课堂之中，并且与思想政治教育内容包括家庭美德教育、集体主义教育、社会主义教育、爱国主义教育等有机结合。一方面，家风必须适应新时代发展要求，把高校学生的正确的价值观、人生观和健康的人格形成摆在成才标准的第一位，彰显社会主义核心价值观，为建设富强民主文明和谐美丽的社会主义现代化强国而服务。另一方面，习近平总书记指出："要处理好继承和创造性发展的关系，重点做好创造性转化和

创造性发展。"这意味着需要不断传承和创新家风内容，坚持与时俱进。在文化传承上，高校教育工作者应采取马克思主义科学的文化态度和方法，对传统的家风进行分析研究，汲取其中精华，将家风作为优秀的传统文化进入深入研究学习，并加以借鉴发扬，对于其中不符合社会主义核心价值观的消极内容，教育工作者则必须坚持"扬弃"的态度。在创新发展上，高校教育工作者应积极将传统家风资源进行现代化转换，使家风在内容上与时俱进，在方法上推陈出新，同习近平新时代中国特色社会主义思想结合起来，使家风文化源源不断地为高校思想政治教育输送养分，实现两者的良性互动。

4.3 依托校园文化建设，开展社会实践活动

校园文化建设、社会实践活动是高校思想政治教育的重要补充形式。一方面，充分利用校园环境，可以通过建造家风文化广场，开展家风文艺演出，家风书法大赛，家风征文等活动，可以创建家风文化墙，彩绘以家风为主题的文字或者图画，在校园内张贴、悬挂家风名人名言、家训字画等，宣传家风，宣传家风中蕴含的思想政治教育内容，形成丰富多彩的家风校园文化活动。另一方面，家风与高校思想政治教育必须坚持理论与实践相结合，不仅要重视将优良的道德品质内化于心，更要强调外化于行，实现知行统一。因此，在家风融入高校思想政治教育过程中必须开展社会实践活动，变抽象、富有哲理的理论内容为形象具体的实践活动，更贴近学生的生活，促使高校学生能够直观感受家风的魅力。

4.4 正确处理家风教育、学校教育与社会教育的关系

首先，必须认识到家风教育与学校教育、社会教育是同等重要的，[10]家风教育在整个教育体系中与学校教育、社会教育形成"三足鼎立"的局面，彼此之间相辅相成，它也是一切的教育之源。从这个意义上说，家风教育是学校教育的基础，社会教育是家风教育的延伸。在新时代，这是不容忽视的。其次，一个家庭或家族的教育理念、教育目标，应该与国家、与学校的要求相一致。在现代社会，培养和教育高校学生的目的不再是像封建社会所提倡的"光宗耀祖"，也不是追逐名利，而是要按照我国的教育方针，培养出既具有社会主义觉悟，又有一定科学文化知识的全面发展型人才。错误的家庭教育理念、教育目标就会给学校教育以及社会教育带来一系列难度，

产生相互抵消、甚至排斥的力量。所以，三者之间必须具有共同的教育理念、育人方式以及共同的目标追求。最后，家长与高校教育工作者之间必须相互信任、相互配合，及时对学生的情况进行沟通交流，保持密切联系。对于社会组织的一些活动，家长也应该积极支持，通过这些活动促使高校学生认识社会，熟知社会，逐步增强高校学生独立活动的能力。

5 结 语

家风教育是一个古老而又最具有时代特色的课题，它素为我国所重视，是中国传统文化的重要组成部分。习近平总书记提出应该科学对待中华传统文化时，也将家风、家教上升到核心价值观的高度，纳入治国理政的大格局。家风教育已成为人们所关注的话题，在培养家庭成员的德、智、体、美、劳等方面充当着重要的角色。高校思想政治教育的对象来自家庭成员，家庭风气直接影响着高校思想政治教育的教育效果，因此，必须充分研究家风融入高校思想政治教育的路径分析，使家风走进高校思想政治教育、走进高校学生，共同致力于培养社会主义"四有"新人，为国家培养、造就和输送合格的人才。

参考文献

[1] 习近平. 在 2015 年春节团拜会上的讲话[N]. 人民日报，2015-02-18（2）.

[2] 孙凤青，张旭. 从思想政治教育的角度探析"家风"[J]. 才智，2014（20）：78-79.

[3] 赵忠心. 家庭教育学[M]. 北京：人民教育出版社，2001.

[4] 赵忠心. 中外家庭教育荟萃[M]. 北京：高等教育出版社，1989.

[5] 李万平. 新媒体环境下大学生优良家风教育的途径探析[J]. 兰州教育学院学报，2018，（3）：103-105.

[6] 张艳国. 家训辑览[M]. 武汉：湖北教育出版社，1996.

[7] 牛志平."家训"与中国传统家庭教育[J]. 海南师范大学学报，2013（5）：79-86.

[8] 曾参. 国学传世经典·大学[M]. 长春：北方妇女儿童出版社，2014.

[9] 路承亚."家风"的思想政治教育功能初探[J]. 时代报告，2014（9）：111.

[10] 吴航. 家庭教育学基础[M]. 武汉：华中师范

大学出版社，2001.

[11] 万承业. 浅析思想政治教育中的家庭环境建设[J]. 都市家教，2013（6）：191.

[12] 李宁. 家风教育与高校育人的思考[J]. 大连教育学院学报，2017（2）：59-60.

[13] 王保国. 试论家风与中小学生思想品德教育[J]. 黑龙江教育学院学报，2015（3）：68.

[14] 王磊，孙亚男. 中华友善家风的传统文化意蕴及当代价值[J]. 长白学刊，2018，（2）：152-156.

[15] 王立刚. 中国传统家风的文化渊源与教化意义[J]. 河北师范大学学报（教育科学版），2017（2）：33-37.

[16] 白海燕. 好家风与社会主义核心价值观的关联机制研究[J]. 思想政治教育，2016（5）：36-40.

[17] 白旭英. 树"家风"与思想品德教育一样重要[J]. 学周刊学术研究，2014，（22）：201.

[18] 刘先春，柳宝军. 家训家风：培育和涵养社会主义核心价值观的道德根基与有效载体[J]. 思想教育研究，2016（1）：30-34.

[19] 张琳，陈延斌. 当前我国家风家教现状的实证调查与思考[J]. 中州学刊，2016（8）：98-104.

[20] 宋俭，钟道邦. 新时代高校学生开展红色家风教育的意义及途径[J]. 学校党建与思想教育，2018（4）：21-22.

[21] 夏江敬，汪勤. 浅析优良家风家训中思想政治教育的意蕴[J]. 理论月刊，2017（11）：127-131.

现代传媒语境下网络礼仪的形成与规范

李明月

（西华大学 马克思主义学院 四川成都 610039）

摘 要：随着网络平台的增加，网络交际应运而生，在网络带给我们的便利的同时，网络问题层出不穷。网络礼仪问题也逐渐受到重视，较为系统完善的网络礼仪体系尚未形成。构建网络礼仪规范离不开法律层面，技术层面、社会层面以及自身层面的支持，同时也需要媒介平台，网络受众的共同努力。

关键词：网络礼仪；现代传媒；规范原则

The Formation and Standardization of Internet Etiquette in the Context of Modern Media

LI Mingyue

(School of Marxism, Xihua University, Chengdu, 610039 China)

Abstract: With the increase in the network platform, network communication arises at the historic moment. While the network brings us convenience, network problems emerge one after another. The great importance has given to the problem of Internet etiquette and the perfect network etiquette system has not yet formed. The construction of network etiquette standards can not be separated from the support of the legal level, the technical level, the social level and its own level as well as the common efforts of the media platform and the network audience.

Key words: internet etiquette; modern media; normative principles

随着网络交际的出现，网络礼仪的构建被提上议程。现实生活中的社会交际中人与人之间的交往需要遵守礼仪，在虚拟的网络世界中，人与人之间的交往也应该遵守网络礼仪。网络礼仪的问题越来越受到人们的重视，但是网络礼仪规范的形成不是一蹴而就的，而是不断更新、不断完善的长期过程。良好的网络礼仪可以帮助我们树立良好的网络形象，而良好的网络形象对构建人与人之间和谐友好的交际关系具有重要的推动作用，良好的网络礼仪可以促进良好的网络规范的形成，实现构建和谐网络社会的目标，最终实现构建和谐社会的目标。

1 现代传媒语境下网络礼仪的来源及定义

"传媒"就是传播各种信息的媒体，传播媒体。"传媒"一词是在 1943 年美国图书馆协会的《战后公共图书馆的准则》一书中，首次作为术语使用的，现在已经成为各种传播工具的总称。现代传媒是指以数字、网络、多媒体等信息传播新技术为依托的新媒介。它具有高时效、高渗透、高兼容和高交互等特性，正日渐成为人们获取知识、交流信息的重要工具和载体，影响力不容小觑。

中国自古就有"礼仪之邦"的美称，礼仪与社会交往活动息息相关，礼仪文化是在原始社会随着人的出现就已经存在的。互联网的出现使人们生活的阵地逐渐转移到网络，便有了网络上的礼仪文化，即网络礼仪。

礼仪文化是伴随着人们之间的社会交往所产生的，礼仪一定是基于人与人之间的交往所产生的一种文化，是人们在社会交往活动中，为了相互尊重，在仪容、仪表、仪态、仪式、言谈举止等方面约定俗成的，共同认可的行为规范。所谓约定俗成的也就是说并非法律规定的，但却是共同认可的，因此还是有一定的强制性的。网络礼

作者简介：李明月（1995—），女，研究生，西华大学马克思主义学院，研究方向：思想政治教育方向。

仪就是人们在互联网虚拟世界中拥有的一套约定俗成、共同认可的规定及礼仪。简而言之就是互联网使用者在网上对其他人应有的礼仪。

2　现代传媒语境下网络礼仪形成与规范的重要性

社会交际是我们每个人生活当中都必不可少的，众所周知，在人与人之间的交往中留下一个很好的印象是非常重要的。在社交活动中，好的印象等于成功的一半。这也就是我们经常提到的"首因效应"。通俗来说就是第一印象效应，即先入为主效应。第一印象作用最强，持续时间最长。除此之外你的言谈举止也都是决定社交成败的关键因素，总的来说也就是礼仪问题。礼仪决定着社交。

中华民族本来就有"礼仪之邦"的美称，有着优秀的文明礼仪。但是，当前社会进入信息化时代，现代传媒语境下，人们之间的社会交往转移到网络，礼仪文化的弘扬和传承也需要拓展网络渠道，网络这一新的战场，带给礼仪文化的弘扬和传承有挑战，同样也有机遇。在了解现代传媒语境下网络礼仪形成与规范的重要性的基础上，采取行之有效的对策，抓住机遇，迎接挑战，将礼仪文化在现代传媒语境下发扬传承。互联网上充斥着大量的信息，扩展了人际交往的渠道，使人们可以通过各种方式进行交流和沟通。但是，互联网也充满了商业气息，在现有法律法规监管尚不健全的情况下，受商业利润驱使，网络企业的社会责任感迷失，对传统文明礼仪置之不顾，甚至肆意践踏。"匿名制"的存在使传统的道德监管失效。德国心理学家弗洛姆说："个人为了逃避责任和获得安全，匿名加入群体后会表现出暴虐和放纵"。[①] 于是不少在现实社会中循规守纪的网民一旦聚集到这个虚拟环境中，容易形成庞大的窥探隐私群或者成为网络"好战分子"。现如今，网络恶搞、网络暴力是匿名下的网民因不惧道德谴责和法律责任的另类放纵，网络色情在参与者互不谋面的情况下得到快速传播和升级。随着现代传媒的不断发展，传播技术的不断加强，不道德不文明的行为开始在网络上泛滥。人们在享受到互联网数不尽的便利和好处的时候，也不得不忍受网络上一些庸俗、浅薄的内容。网络文明正

在受到越来越强烈的关注，我国精神文明建设、公民道德建设和文明礼仪教育也不得不从现实生活中延伸到网上，今天"讲文明礼仪、促人际和谐"这个话题，需要在网络上大讲特讲。现代传媒语境下网络礼仪的形成与规范已经迫在眉睫。

3　现代传媒语境下网络礼仪的构建原则

"要提高网络综合治理能力，形成党委领导、政府管理、企业履责、社会监督、网民自律等多主体参与，经济、法律、技术等多种手段相结合的综合治网格局。"新时期，习近平总书记对网络综合治理提出了更高要求。这也为我们研究现代传媒语境下网络礼仪的构建提供了思路。

3.1　以法律为准绳的原则

在现代传媒语境下的网络礼仪规范是约定俗成、共同认可的，所谓约定俗成是指并非法律规定但却有一定的强制性，那就是需要网络法制保障的。目前网络法制存在着两方面的缺陷，一是网络立法的不足，二是网民法律意识淡薄。

一方面，当前国家的主流是法治与德治相结合的治理方式，网络礼仪体系的构建就必然少不了法律层面的支持。"要推动依法管网、依法办网、依法上网，确保互联网在法治轨道上健康运行。"近年来，《国家网络空间安全战略》《通信网络安全防护管理办法》《电话用户真实身份信息登记规定》《公共互联网网络安全突发事件应急预案》《计算机软件保护条例》《信息网络传播权保护条例》等配套规章、规划和政策文件相继出台，网络空间法治化成为法治中国建设的重要内容。这些法律以及相关政策的出台为网络安全提供了强有力的保障，同时也为网络礼仪的构建提供了法律层面的强制力。2017 年 6 月 1 日，《中华人民共和国网络安全法》正式施行，开启了我国依法治网的新阶段，为保障网络安全竖起制度"防火墙"；近年来，网络安全审查、数据出境安全评估、个人信息保护等重要制度逐步建立，共同为网络安全织就"牢不可破"的制度防线。但是，这样远远不足以解决网络上遇到的所有问题，比如隐私权问题，网络给侵权者提供了良好的保护屏障，在发现隐私权被侵犯之后，即使运用技术找到侵权者，侵权者也可能已经将证据销毁，从而躲过应受的惩罚。在这种背景之下就要求我们主动去发现寻找网络立法的不足之处，从而完善网络立

---

① 埃里希·弗洛姆：逃避自由[M]. 北京：国际文化出版公司，2002.

法，使其最大限度地保护我们的权利。

另一方面，我们绝大多数人在现实的社会中都会以法律的准绳严格要求自己，遵守法律法规，不做违法乱纪的事情。但是在网络这一虚拟的环境中我们的法律意识就会淡薄，更有甚者会借助网络这一平台进行犯罪行为，进而借助网络平台掩饰犯罪行为。在这种背景下促进网络礼仪规范的形成就要求我们必须加强网络法制教育，使人们在网络上也做到知法、懂法、守法。

3.2 以教育为路径的原则

在现代传媒语境下，至今尚未形成较为系统完善的网络礼仪规范，很重要的一个原因就是网络礼仪教育的严重匮乏。人作为一个独立的个体存在于社会之中，教育主要是来源于三个方面，家庭、学校、社会。要想确保网络礼仪的形成与规范，必须先确保人人重视网络礼仪，就必须确保人人接受网络礼仪教育，这就需要学校、家庭、社会可以在现代传媒语境下迅速形成合力，弥补网络礼仪教育上的不足，共同为网络礼仪的形成与规范出力。

家庭教育作为教育基石，家庭氛围的耳濡目染是很有效的教育，但是由于现代传媒是新兴传播媒介，可能每个人都处在不断学习不断探索的过程中，所以家庭教育难以形成；而且目前我国并没有意识到网络礼仪教育的重要性，因此在基础教育中也并没有相关的网络礼仪教育的课程；作为我们成长环境的社会对网络礼仪教育更是无从下手。相比之下我们可以借鉴国外的先进做法。比如，韩国要求小学二年级就开始增设网络礼仪教育的课程，这就是补足网络礼仪教育匮乏的一项行之有效的措施。再比如，美国实行的是建立教学网站在网上对网络礼仪教育进行推广，在互联网走进人们生活的时代无疑加快了这一措施的效率。只有国家首先重视起网络礼仪教育，学校才能优先发力促进网络礼仪教育，然后与家庭社会形成合力共同促进网络礼仪规范的形成。

3.3 以受众为根本的原则

网络礼仪有十大准则，而首当其冲的就是"记住他人的存在"。这个准则所处的位置也就昭示了"以人为本，尊重他人"即以受众为根本的重要性。我们的日常生活及其工作，说直白些就是在和人打交道，无论你做什么都离不开和人打交道，在网络中亦是如此。把人作为根本，需要把"人"放在首位，就要求一切以"人"为中心，尊重每一位网络人。再比如，我们现在聊天都喜欢用一

些简化的符号当作表情表达心情，这时候我们就要学会看懂这些符号，看懂对方所要表达的意思，避免会错意带来的后果。同时，我们还会使用一些表情包来增加聊天的趣味性，就涉及表情包的一个选择问题，不能随意地去发送表情，而是根据对方和你的关系，结合对方的人物性格选择合适的表情发送。

"以人为本，尊重他人"就是告诉我们在网络交际中，以对方为中心，我们要学会接受对方，重视对方，赞同对方。接受对方就是要求我们像接受自己一样接受对方，包容是人际交往的最大法宝；重视对方要求我们在与对方的相处活动中在乎对方感受，了解对方需求；赞同对方就要求我们对于对方的观点看法不要急着反驳，每个人的思维方式不同，考虑问题结果也大不相同，我们要学会赞同对方，让对方感到足够的尊重。

在网络上只有自己先学会尊重他人，才会收获他人的尊重，一个相互尊重的网络环境，也就离和谐的网络环境咫尺之遥。

3.4 以和谐为目标的原则

在现代传媒语境下，谈网络礼仪的形成与规范问题的目标是构建和谐网络社会，构建网络和谐社会就是构建和谐社会的一个重要部分。和谐的网络社会是最终的目的，构建和谐的网络社会同样离不开法律、道德、技术的支持。法律层面的支持是一个不断完善的过程，也是相互促进的过程，在网络礼仪的研究中发现问题，完善法律以弥补问题，时代发展进步又会出现新的问题，从而构成相互促进共同完善的过程。道德层面的则更多的是需要加强网络礼仪教育，同时还需要网民的自律。技术层面的支持离不开政府和相关技术部门的支持，现代媒介平台已经意识到网络礼仪的形成与规范的问题，正在运用技术手段做着相对的改变，绝大多数软件要求实名制就是最大的进步，实名制使网上行为公开化透明化，避免了匿名制带来的道德监管失效的消极影响，再比如对内涵段子、抖音、快手等APP的整治，关闭某软件的评论功能等，都是国家在技术层面为网络礼仪形成与规范所做的努力。

构建和谐的网络社会需要多方面的相互配合，相互协作，共同努力，国家在网络立法层面正在不断加强，给了网络礼仪强有力的法律基础；现代传媒语境下，网络礼仪的形成和规范也被逐渐重视起来，网络礼仪教育也将会被重视起来；技术层面的问题也在逐渐发生着改变，国家已经

意识到网络安全的重要性并提供技术支持，而这种支持也是网络礼仪形成及规范的支持；最后就要求我们从自身出发，主动地去了解网络礼仪教育的相关知识，学会自律，也为构建和谐的网络环境出一份力。

4　结　论

网络礼仪的重要性不言而喻，网络礼仪体系的形成也不是一蹴而就，每一种规范的形成都是需要时间去探索、去改进。首先，法律层面的强制性规范的基本保障，也有技术层面对互联网的监管是必需的，社会传统礼仪也可以提供一定的理论。有了这些基本前提的保障，还需要我们从自身出发，学会自律，自觉地去遵守。法律层面、技术层面、社会层面、自身层面缺一不可，相互依存、协调统一、共同构建网络礼仪体系，从而实现建设和谐网络社会的目标。

参考文献

[1] 卢志鹏，康青. 新编大学生实用礼仪教程[M]. 北京：北京理工大学出版社，2009.

[2] 沈晶晶，杨锁强，程少川. 基于民族礼仪冲突的网络礼仪形成与构建研究[J]. 情报杂志，2004（12）.

[3] 李祖杰. 网络礼仪的缺失与构建[J]. 媒介研究，2017（5）.

[4] 张睫，周妍欣. 网络礼仪的构建原则[J]. 网络传播，2010（7）.

[5] 千莹花，金美花，朴光赫. 大学生网络礼仪现状分析及对策建议[J]. 计算机光盘软件与应用，2012（5）.

[6] 程燕. 塑造良好的网络礼仪形象——以 QQ 聊天即时通讯工具为例进行分析[J]. 安徽文学，2011（12）.

[7] 张燕. 关于当代大学生礼仪规范的几个问题[J]. 中国青年政治学院学报，1994（4）.

[8] 何佳，严光菊，彭月，谯从超，曾晗. 数字化背景下大学生网络礼仪的调查研究——以西南医科大学为例[J]. 科教文汇，2017（10）.

[9] 黄立霞. 传统礼仪文化的现实价值及其传承路径[J]. 汉字文化，2017（19）.

雅安市名山区扶贫工作研究

尚　书

（西华大学马克思主义学院　成都　610039）

摘　要：帮助数千万贫困人口摆脱贫困，事关我国"十三五"规划全面建设小康社会目标的实现，第一个一百年能否顺利完成的历史重任。如何做好精准扶贫工作，打赢脱贫攻坚战，已上升为国家战略部署，成为党和国家工作的重中之重。雅安市名山区根据国家、省、市的战略部署，认真落实，多种举措开展精准扶贫工作，取得了一定的成绩，但仍存在问题。雅安市名山区作为一个具有山区、藏区、城乡结合部的区域。其扶贫工作大有借鉴价值，对其精准扶贫工作进行研究，总结经验，发现问题，探讨解决途径，对于推动四川乃至整个扶贫开发工作来说具有重要的现实意义。

关键词："十三五"规划；精准扶贫

Study on Poverty Alleviation in MingShan District of Ya'an city

SHANG Shu

(School of Marxism, XiHua University, Chengdu 610039 China)

Abstract: To help tens of millions of poor people out of poverty, it is related to the realization of the goal of building a moderately prosperous society in China's 13th five-year plan, and the historical task that can be successfully completed in the first 100 years. How to do a good job of targeted poverty alleviation, win the fight against poverty alleviation, have risen to the national strategic deployment, and become the top priority of the work of the party and the national center. MingShan district strategy, according to the national, provincial and municipal, earnestly implement various measures to carry out precise poverty alleviation work, has obtained certain achievements, but also encountered many difficulties and problems, MingShan district as an area with mountains, the Tibetan and urban-rural fringe areas, the poverty alleviation work is representative. The study of the exactly poverty alleviation work to find problems and to explore solutions has important practical significance to promote the poverty alleviation work in sichuan province and even the entire.

Key words: the 13th five-year plan; targeted poverty reduction

1　精准扶贫概述

1.1　精准扶贫概念

2013 年 11 月，习近平总书记在湖南湘西调研时首次提出"精准扶贫"，精准扶贫是粗放扶贫的对称，是指针对不同贫困区域环境、不同贫困农户状况，运用科学有效手段对扶贫对象实施精确识别、精确帮扶、精确管理的治贫方式。精准扶贫改变了以往扶贫工作中的漫灌现象。精确定位贫困户，科学分析致贫原因，对穷根做到有效的针对性根治，让每一笔扶贫资金的利用成了精准滴灌。

1.2　精准扶贫工作内容

精准扶贫工作的内容主要包括：① 精准识别。是指通过申请评议、公示公告、抽检核查、信息录入等步骤，将贫困户和贫困村有效识别出来，并建档立卡。② 精准帮扶。是指对识别出来的贫困户和贫困村，深入分析致贫原因，落实帮扶责任人，逐村逐户制定帮扶计划，集中力量予以扶持。③ 精准管理。是指对扶贫对象进行全方位、全过程的监测，建立全国扶贫信息网络系统，实时反映帮扶情况，实现扶贫对象的有进有出，动态管理，为扶贫开发工作提供决策支持。④ 精准考核。是指对贫困户和贫困村识别、帮扶、管

作者简介：尚书（1991—），男，西华大学马克思主义学院在读研究生，研究方向：近代史基本问题研究。

理的成效，以及对贫困县开展扶贫工作情况的量化考核，奖优罚劣，保证各项扶贫政策落到实处。

1.3　精准扶贫工作要求

习近平总书记 2015 年 6 月 18 日在贵州省调研时，提出扶贫开发工作"四个切实""六个精准"的具体要求，四个切实：切实落实领导责任、切实做到精准扶贫、切实强化社会合力、切实加强基层组织。六个精准：扶持对象精准、项目安排精准、资金使用精准、措施到户精准、因村派人精准、脱贫成效精准。

2　雅安市名山区扶贫工作现状

2.1　雅安市名山区概况

名山区地处四川盆地西南边缘，面积 614 平方千米，辖 9 镇 11 乡，192 个村，17 个城镇社区居民委员会，1 264 个村民小组，总人口 27.89 万，其中农业人口 23.18 万，是一个典型的丘陵农业县。名山区 2017 年共有 16 个贫困村，1 191 名贫困人口。

2.2　雅安市名山区扶贫政策

2017 年雅安市名山区认真贯彻落实中央、省、市和区委有关脱贫攻坚政策要求，坚持以精准扶贫、精准脱贫为抓手，以改革创新为动力，深入实施"五大扶贫工程"和"五个一批"脱贫攻坚行动，强化"五个结合"，落实"六个精准"脱贫攻坚要求和"五个一批"帮扶机制，聚焦"两不愁、三保障""一低五有"和"四个好"目标，着力优化生产生活环境、提升产业就业水平，着力在创新机制方法、提高群众满意度上见实效，高标准高质量完成 2017 年度脱贫目标任务。

3　雅安市名山区扶贫工作存在的问题

3.1　贫困户评定问题

雅安市名山区评选贫困户的流程是贫困户提出申请后，由村委会和扶贫干部组成调查组入户调查，了解贫困户的各项基本情况，但基层的工作量大，工作极其烦琐。首先，入户调查的信息多且杂，并且要求精确，如收入和开支的测算，农户粮食、蔬菜靠自己种植，很多家庭也喂有"过年猪"，种植蔬菜、粮食都是施有机肥，喂猪的饲料也都是粮食，农户往往无法量化支出；部分农户在外务工，其收入很难衡量，存在农户漏报收入村干部虚报收入的现象。其次，大部分贫困户文化程度较低，不能很好地理解掌握扶贫政策，这就在一定程度上造成了信息的不对称，在参评

过程中，就会产生漏评现象，甚至可能导致腐败滋生。基于这种现象，在基层调查后，基层政府都会进行民主评选最终确定贫困户，这是我国基层民主制度的体现，但只采用民主评选确定贫困户，民主评选中出现人情分现象，一些符合条件的贫困户，因为得罪了人，和村民关系不好，在民主评选中落选。

3.2　扶贫资源分配不均

名山区涌泉村是市工商局的对口扶贫点，部分村民已经住上了三层楼房，然而门口还挂着贫困户的明白卡，仍有大把资金支持。而毗邻的长坪村是档案局的帮扶单位，有些地方却还没有通路。精准扶贫问题，是块硬骨头，但某些单位急于求成，在扶贫过程中一味投入资金。在"两不愁三保障"的政策执行中，把义务教育有保障理解为贫困户的孩子就应该上什么学都不花钱，把安全住房有保障理解为贫困户就应该住好房、住大房。这样一来，那些没有进入贫困村行列的村子和村民就意见很大，特别是已脱贫人口意见很大，他们靠自己的努力，勉强脱离了贫困，在住房、生活质量、教育保障上反而不如贫困户。一些村民在走访中就表示，有些村子不是扶贫而是造富。这些现象需要引起注意，避免激化社会矛盾。

3.3　产业扶贫急于求成

雅安市名山区的支柱产业是茶产业，其品牌蒙顶山茶已经在国内有很好的口碑，被誉为中国十大名茶。名山区里有大型的茶叶交易市场，2017 年，全区茶园面积达 35.2 万亩，综合产值达 55 亿元，名山被命名为国家茶叶公园。"蒙顶山茶"区域公用品牌价值达 23.68 亿元，位列四川省第一。然而茶叶对气候、土壤要求极为严格，该区可以种茶的土地不到百分之五十，而名山区多为山区，大规模的农业种植难度很大。农业种植见效慢、收益低，某些扶贫单位在制定产业扶贫计划时图省事，找点资金，给群众买几头猪，买几只鸡，以求迅速达到脱贫标准。一只猪在该区卖 1 600 元，饲料成本是 400 元，一只母猪每年可以出四到五头小猪，在按这户人家人头平均过后，很容易就完成了脱贫任务。这种方式见效快，短时间内就让农民脱了贫。然而却并没有让养猪成为一个可以持续脱贫的产业。在实地调研中，笔者发现大部分农户并未修建有专门的养猪场地，而是搞庭院养殖，养殖、生活不分区，增加了人畜共患的风险。农村虽然有驻村农技员，也上过培训课，但农户受制于文化水平低，不能发现养

殖中存在的细微问题。

3.4 扶贫资料填报耗时耗力

精准扶贫结对帮扶明白卡上注明了贫困户享受的补助、政策，并有该户的帮扶单位、第一书记、驻村农技员的姓名电话，方便贫困户联系帮扶干部。出发点是好的，但上级领导检查扶贫工作时明白卡就首当其冲。"不久前，有领导在检查时发现明白卡上有一处涂改，当时就发了火，我们连夜又重新给所有的贫困户做了新的明白卡。"瓦窑村第一书记说。

扶贫明白卡和扶贫档案必须由第一书记填写，一式三份，不得出错，不得涂改，改一项数据很多数据就得重新填报，往往就折腾几天，上级领导检查，对扶贫工作做出指示，又需要往上加，又重新制作明白卡。很多第一书记被拴在了办公室忙着填表，再找贫困户签字制作新的明白卡和扶贫档案，没有时间去研究扶贫项目，精准扶贫成了精准填表。

3.5 扶贫工作没有发动社会力量

现阶段的精准扶贫工作多是政府力量主导，社会公益力量没有充分地调动起来。在雅安市名山区，扶贫工作成了政府挑大梁，而作为脱贫攻坚的重要力量，公益组织却没有有效地发动起来，政府和公益组织没有充分地结合起来。事实上，随着扶贫工作的推进，剩下的贫困户大多是深度贫困户，政府所面对的是一个复杂多样社会系统，需要具有社会工作等专业经验知识才能面对这样的工作。而大多数公益组织本就从事了多年的扶贫工作，积累了宝贵的扶贫经验。社工人员本来就经过了专业的培训，是扶贫工作的重要生力军。一支对扶贫事业大有裨益的力量没有发挥出来其作用。各村的扶贫人员多是政府抽调出来的，大多数对扶贫工作并不专业，只能在工作学习总结，同时抽调政府工作人员专职扶贫，这对原单位的工作造成了影响。

4 解决措施

4.1 多种手段完善精准识别

应当改变自上而下地分配贫困户指标，改由贫困户申请，基层村委会调查摸排情况，民主评议，得出贫困户规模并上报；另一方面，国家相关部门要自上而下地再次进行调查，核实贫困户规模中是否存在水分。最终，建立起自下而上的贫困户评选上报和自下而上的贫困户调查核实制度。两头对贫困户规模进行精准识别，做到筛选

时不漏掉一户贫困户，核查时不多出一户虚假户。

4.2 扶贫资金需合理使用

在扶贫工作中出现的强势部门造富现象需要及时制止，脱贫攻坚不能脱离实际、更不能吊高胃口。将精准识别工作做扎实，建档立卡贫困人口基本信息需统计完善并及时更新，将已经脱贫的贫困户及时退出，将符合条件的贫困户和返贫户及时纳入，避免扶贫资金的浪费。要将教育扶贫和医疗扶贫数据及时共享，让贫困家庭子女能按规定享受助学金等教育扶贫资助，让有重病患者的贫困户享受到医疗扶贫资金。

建立健康的、透明的扶贫资金管理机制，将扶贫贷款和贴息补助等扶贫资金的使用及时公开，确保专款专用。要杜绝扶贫工作中出现的形式主义，改变扶贫工作中"垒大户""造盆景"现象，将产业扶贫资金用在刀刃上，探索和发展可持续造血的扶贫产业，而不是将扶贫资金直接发给贫困户。要加强基层扶贫资金统筹和监管，实行阳光化管理，避免形成发生骗取套取、违规使用等问题。扶贫工作涉及多个部门，要加强跨部门扶贫信息整合共享，精准施策、强化监管，提高扶贫资金和项目绩效。

4.3 为基层干部减负

扶贫工作的数据是非常重要的，数据汇总资料库后，建立每个地区扶贫大数据对扶贫工作大有裨益。但基层将大部分精力用于统计数据，就会耗费大量的人力物力财力，甚至会为此搞出数字脱贫。基层干部需要将主要精力用于数据统计，扶贫项目的调研就会减少，造成了本末倒置，偏离了脱贫攻坚的根本。当前脱贫攻坚已进入了决胜阶段，经过多年的脱贫工作，剩下的贫困户大多是深度贫困户，工作任务繁重且艰巨，上级部门要为基层干部减负，不要让基层干部陷入"表格的海洋"。要解放基层干部，鼓励其多想出路，找到符合当地的脱贫路子，让贫困村摘帽，让贫困户脱贫。

4.4 发展符合当地实际的特色产业

脱贫攻坚核心在于产业扶贫，雅安市名山区部分贫困村大力引导茶叶种植，取得了极好的成效，种植茶叶每亩地纯收入 5 000 元，而茶树的种植采摘都不是体力活。解放了青壮年劳动力，青壮劳动力出去打工每年都会有八千左右的纯收入。并且茶园里可以饲养"茶园鸡"，即节省了饲料钱，也因为其散养的优势在市场上打开了销路。但茶叶要求的生长条件很严苛，并不适合所有贫

困村。如何指导没有地域优势的贫困村找到适合自己特色的产业就是重中之重。产业扶贫离不开创新思维。产业扶贫要发掘当地特色，找准经济发展的大方向，找到两者之间的结合点，这样才能顺势而上，彻底将输血式扶贫转为造血式扶贫。产业扶贫的中心是市场经济。推进产业扶贫，首先把握市场导向，遵循市场和产业发展规律，因地制宜合理确定产业发展方向、重点和规模，提高产业发展的持续性和有效性。要利用特色思维充分发掘各地自身优势。比如，名山区山清水秀，就属一大优势；可以将其打造成旅游风景区，让旅游成为其特色产业，该区气候类似台湾，种植特色水果也不失为特色产业，名山区的资源只要得到科学、合理、及时开发，就能转化成贫困地区发展的后发优势。要善于利用互联网大数据思维推动工作。当下，"互联网+""大数据"风生水起，为很多产业转型发展、跨越发展提供了不少机会。如果名山区利用好网络，将为其产业扶贫工作插上腾飞的翅膀。

4.5　充分发动社会各界力量参与扶贫

要在名山区积极鼓励社会各界参加扶贫工作，要在名山区乃至全国树立起扶贫不只是政府工作的思想，引导社会各界力量参与扶贫，将政府的行政力量和社会资源的灵活自主有机地结合起来，形成扶贫工作的新格局。要充分动员支持社会团体、协会、非公经济组织等积极参与精准扶贫，发挥"光彩事业""希望工程""万企帮万村"等扶贫公益品牌效应，积极引导社会各方面资源向贫困地区聚集。通过社会精英联谊等活动，把区内外事业有成、有社会影响的人士团结到党委政府周围，动员他们为家乡扶贫出资出智，增强社会责任，体现个人社会价值，最广泛地动员各方面的社会力量参与精准扶贫。

注：数据来自雅安市名山区脱贫攻坚成效第三方评估（W172045）

参考文献

[1]《中共中央办公厅国务院办公厅印发〈关于创新机制扎实推进农村扶贫开发工作的意见〉的通知》（中办发〔2013〕25 号）.

[2] 邓维杰. 精准扶贫的难点、对策与路径选择[J]. 农村经济，2014（6）：78-81.

[3] 杨慧华. 菏泽市农村精准扶贫存在的问题与对策[J]. 农村经济与科学，2016（17）：227-231.

[4] 陈春祥. 黔西北山区精准扶贫机制与脱贫对策研究[D]. 贵州：贵州民族大学，2016.

[5] 徐加玉. 农村基层精准扶贫实践问题分析—基于云南邓镇的调查[J]. 中国延安干部学报，2016（3）：130-136.

[6] 季轩民，温锟. 新型城镇化视域下我国农村精准扶贫困境及路径研究[J]. 改革与战略，2016（5）：112-115.

[7] 许尔君，袁凤香. 中国梦视域下的"精准扶贫[J]. 邓小平研究，2016（5）：66-82

[8] 马尚云. 精准扶贫的困难及对策[J]. 学习月刊，2014（10）：25-26.

民族地区小学语文教材利用的现状与对策

——基于四川4个县中小学校的调查研究

涂春雷

（西华大学马克思主义学院，成都 610039）

摘　要：语文教材是民族地区汉语教学的载体，在师生教学活动中承担着导向、参考、评价的作用，关系着整体教学质量的高低。通过调查，本文分析了少数民族地区语文教材的使用情况及在使用中所衍生的问题，提出了使用"情趣化"的教材，"情趣化"使用教材的策略，望为民族地区小学的语文教材的编制、使用与反馈提供一点参考。

关键词：民族地区；小学语文教材；情趣化

The Present Situation and Countermeasures of Chinese Textbooks of Primary School in Ethnic Areas
——Based on Investigation and Research of Primary and Middle Schools in Four Counties of Si Chuan

TU Chunlei

(School of Marxism, XiHua University, Chengdu 610039 China)

Abstract: Chinese Textbook is the carrier of Chinese teaching in ethnic areas. It plays the role of guidance, reference and evaluation in teaching activities of teachers and students, which is related to the quality of teaching. Through the investigation and research, this paper analyzes the use of Chinese textbooks in ethnic areas and the problems of their using. It puts forward the strategy of use of "funny" teaching textbooks to provide theoretical reference for the compilation, use, and feedback of Chinese textbooks in ethnic areas.

Key word: ethnic areas; Chinese textbooks of primary school; funny

"汉语"作为民族地区的重要学科，不仅是小学学校教育教学及生活的重要语言，而且还承担着促进民族地区儿童对汉语的情意发展，进而在潜移默化中形成国家认同、民族团结等情感的重要作用。语文教材则是民族地区汉语教学的载体，是否正确使用语文教材关涉整个教学活动的教育价值。课题组在对"少数民族地区汉语教学现状调查研究"的过程中，发现"语文教材"问题，是制约汉语教学质量提高的主要难题。基于此，本研究根据调研过程中的数据，探究民族地区的"语文教材"存在的问题，并为问题的解决提供实证依据。

1　研究对象与方法

本研究从教师、学生、教材编制、教材使用

环境四个方面入手，自编"民族地区小学语文教材的调查问卷"。在"国培计划"西藏农牧区小学语文教师培训班中进行了预调查，预调查中发放问卷共 50 份，采用 Cronbabch　a 系数来检验问卷的信度，并采用请专家评价的方法来评判问卷的效度。结论为 Cronbabch　a=0.842，信度良好；同时专家根据民族地区教育教学的特点，对问卷进行了适当的修改。正式调查选择在四川省藏族聚居区和彝族聚居区各两个县开展。其少数民族人口占全县总人口的比例均达 90%以上。每县的调查对象由 2 所小学的教师、学生，以及该县教育局、教研室的部分相关专业人员组成。共发放问卷 400 份，回收有效问卷 372 份，有效回收率达 93%。其中藏族 183 人，占 49.2%；汉族 83 人，占 22.3%；彝族 71 人，占 19.1%；其他民族 35

作者简介：涂春雷（1991—），女，西华大学马克思主义学院在读研究生，研究方向：马克思主义中国化。

人，占 9.4%。教师 269 人（中心校教师 149 人，县城小学教师 103 人，村小教师 17 人），占 72.3%；学生 103 人，占 27.7%。所有数据采用 SPSS17.0 多元软件进行处理和分析。

与此同时，课题组设计了访谈提纲，对少数民族地区汉语教材的相关问题进行了共同访谈与个别访谈，并深入课堂进行课堂观察收集相关资料。对访谈的资料的分析采取的是人工编码，并结合现场的课堂观察获得的现象和意义理解进行融会贯通式的思考。

2 研究过程与分析

被调查的 4 个县，有 3 个县均使用人民教育出版社"义务教育课程标准实验教科书"《语文》教材，仅有 1 个县的藏族地区使用的是人民教育出版社少数民族汉语课程教材研究开发中心编写的《汉语》教材。本研究围绕人教版的语文教材进行了调查研究，发现少数民族小学语文教材主要存在三个问题。

2.1 教材难度过高

在调查中，关于"现用教材的难度"，针对教师的调查：59.9%认为"内容太难"，40.1%认为"难度适中"，没有教师选择"内容浅显易懂"；学生在回答"你对课文的理解程度"这个问题时，12.3%的学生选择"理解"，29.6%选择"部分理解"，58.1%选择"不能理解"。在访谈过程中，教师对于难易程度的判断，主要来自教师运用教材时的教学体验以及学生学习效果的反馈。学生则是因为少数民族地区学校教育发展滞后，大多数儿童没有受过学前教育，也没有接触过汉语教学。而人教版的语文教材是根据 6 岁左右的汉族儿童的水平及所接触的生活情境所编写的，其反映的情境主要是汉族地区的生活情境，少数民族学生缺乏这样的生活经验，加之汉语基础的缺失，对教材内容的理解难度增加很多。另一方面，多数地区在小学阶段开设了三门语言类的课程：本民族语、汉语、英语。本土语言，当地小学生虽然具有基本的口语表达能力，但是读写方面仍然是从头开始；而汉语和英语都应该归于第二语言学习的范畴。三门语言学习齐头并进，这变相增加了小学生学习汉语的难度。本研究在课堂观察和访谈中发现，大量学生根本不能掌握教材内容。其小学成绩也进一点佐证了本研究。（如表 1）

表 1　某县 2015—2016 学年下期小学语文及彝文成绩统计

年级	语文平均分		彝文平均分		人平总分	
	全县	农村	全县	农村	全县	农村
一年级	32.35	24.48	77.99	66.73	67.73	51.22
二年级	27.00	19.76	88.33	76.46	67.44	51.72
三年级	35.27	27.59	76.88	65.78	69.97	63.22
四年级	40.57	29.16	78.02	64.92	65.66	48.78
五年级	40.95	28.88	78.78	67.10	61.65	46.13

2.2 脱离民族地区儿童实际生活。

在调查中，学社在回答"你所在学校或地区少数民族学生小学一年级的汉语水平"问题时，25.6%认为"完全听不懂，也不会说汉语"，27.7%认为"大部分学生听不懂，也不会说汉语"，45.2%认为"少部分听得懂，也会说少量汉语"。从这一组数据可以清晰地发现，少数民族地区学生在小学一年级的汉语基础是较差的，大量学生的汉语基础为"零起点"。而目前使用的教材是统一规划的，以汉族儿童在幼儿园阶段已经储备了大量的语句，具有良好的语言表达和交流能力为依据编写的教材。基于此，人教版语文教材中安排了大量的名家经典篇目：从诗歌、童话、记叙文到说明文再到散文、小说、戏剧和议论文等其他题材的选文。据统计，该教材共有课文 489 篇，其中需要精读的就有 359 篇。与此同时，编写人员还设定了拼读识字和各种拓展练习。教材编写组无疑是充分考虑了儿童从形象思维到抽象思维逐步发展成熟这样的认知特点。这种的目标定位，兼具工具性与人文性，能使学生更好地提高读写能力、阅读能力、审美能力和感悟能力。这就与民族地区的教育现实情况发生冲突：教材中过多的篇目及生字量，显然对于不具备一定的汉语听说基础的彝族小学生而言，是枯燥难懂的；教材中在小学低段设置的古诗（咏柳、春晓、锄禾）、童话寓言（小蝌蚪找妈妈、狐狸和乌鸦、小马过河）、民间传说（司马光的故事、神笔马良），是民族地区儿童没有听过的；课本上描述的许多自然风光、人文胜地多是内地的，与民族地区儿童的生活实际联系不紧密；与此同时，由于彝族千年文化的根深，彝族人日常生活都是以本土语言"彝语"的交流方式为主导，而汉语的交流方式只会出现在有限的课堂上，下课后又回到"彝语世界"

中，这就导致了相对封闭的语言环境，但对于儿童来说，一个多元化、开放式的汉语语境无疑是学习汉语所不可缺少的语言环境。如果语文教材割裂了民族地区儿童的教育世界和生活世界，并且存在于一个脱离多元化、开放式的封闭式语境中，自然无法调动学生的学习兴趣。

2.3　"教"教材、"死用"教材

在回答"你在教学中是严格按照教材内容教学，还是会根据学生实际情况对内容进行调整"的问题时，29.7%的教师"完全根据教材开展教学"，54.0%的教师"偶尔会调整教材内容"，仅16.3%的教师"较多调整教材内容"。在访谈中发现，较多的县教育局和教研室规定教师必须严格按照教材教学，甚至还会到学校检查教师的教学是否按照教材进行。但在课堂观察和访谈中发现，大量学生根本不能掌握教材内容。教师教学自主权缺失，导致大多教师不敢根据学生实际接收能力调整教学内容和教学进度。教师在按教学进度完成教学计划的同时，还要考虑到学生汉语基础差，课堂理解困难这一事实，放缓教学进度。所以往往教学任务难以完成。同时，为了尽快提高学生的学习成绩，教师错误地采用了死板的教学方式：反复认、读、写生字，分析课文，进行大量的练习等等，即没有关注学生的文化背景，也没有根据课文的特点来设计相应的教学方法，而是把教学过程程式化，千篇一律。这就陷入了教师辛苦工作却成绩平平的怪圈。

3　策略与小结

通过调查与分析，以及综合调查过程中的访谈与课堂观察，本研究认为改革少数民族地区汉语教材现状的关键在于"情趣化"，即使用"情趣化"的教材，"情趣化"地使用教材，也是正确使用教材、活用教材的途径。"情趣"一词包含两个层面的含义，即情和趣。从词源上解释，情涉及"情况""情境""情感"等；趣则有"兴趣""乐趣"等义。[1]

3.1　使用情趣化的教材

情趣化的教材首先必须是一本优质的教材，具有针对性、实用性、科学性、系统性的特点。其次，作为民族地区的教材应着眼于教材使用者的共同需求，关注民族文化、热点问题和兴趣取向，体现出民族性和情趣性特点。

第一，对学习内容进行符合民族地区学生接受水平的调整。学生对学科学习的兴趣，很大程度源于接触学科的初期。如果学习者在接触学科的初期感受到的是"艰难""无趣"，那么，学生就极易形成消极，甚至拒绝的情绪。因此，应该降低一、二年级学生所用教材的难度，先打下牢固的基础。在具体内容的安排上，不能把识字、拼音、阅读作为重点，应当重点学习"言语"。这不仅符合语文"先言后文"的规律，也是少数民族地区学校的实际需要。教师的教学活动中，"言语"始终都是非常重要的。如果学生连老师的课堂语言都听不懂，那么老师的"教"和学生的"学"当然会面临更大的困难。特别是在一年级上册中，可以把拼音教学适当置后，一方面，遵循了语言发展的规律，在学生具有一定汉语的言语基础之后，拼音教学也许效果会更好；另一方面，这是考虑到彝文中也有一些符号，部分学校还开设了英语，这些陌生的符号极易产生混淆，所以先给刚刚接触汉语的彝族小学生一定的缓冲和适应期，随文识字达到一定的积累量后，再加入进行拼音教学的内容，以求事半功倍。本研究尝试研发一、二年级的替代教材，奠定好学生学习的基础和对汉语的兴趣，在三年级时再衔接人教版的教材，确保既能由浅入深，又能不背离考核目标。以一年级（上）册的内容为例，本研究作了十二个单元的安排："上学啦""小书包""教室里""校园里""爱卫生""我是谁""好伙伴""我的家""吃饭了""穿衣服""爱运动""颜色美"，[2]意在通过这些内容先让没有经历过学前教育的彝族小学生养成良好的习惯、了解学校的环境和指令、熟知常见物品的名称等。在每个单元里，又分为"情景会话""字词乐园""我会说""我能行"等模块，让学生从整体到局部，从看、认、说、读、唱、玩等环节来进行学习，更能激发学生的学习兴趣。在每个模块后，还为教师配有相应的教学提示，从教学方式、教学内容、教学练习（游戏式）等方面拓展教师的教学思路。采用此种编写思路，让教师做到"用教材教，而非教教材"。

第二，结合彝族学生的生活情境编写教材补充讲义。在内容上，可以将民族地区的风土人情、英雄传奇、谚语诗歌等作为素材。在人物形象上，可以选择民族地区的小孩作为主角，以他们的所见所闻所感展开教材篇目的学习，使学生从人物形象上倍感亲切；在插图上，尽可能地使用民族地区儿童熟知的场景，甚至可以借鉴英语教材中，第二语言学习的成功范例。比如在学习与色彩相关的单元时，可以借鉴英语中的"情景会话"

部分，进行适当的处理：选取的是民族地区儿童最熟悉的草原为背景，有蓝天、白云、绿草、红（黑）马、白羊、牦牛、黑鹰、黄花、紫花。图中，同学们（衣服颜色多样）在草地上拿着望远镜用简单的句型讨论看到的事物及颜色。这些情境的创设，使少数民族地区汉语教学置于学生真实的生活之中，有效降低了教学难度，提高了学生学习效率。四川省丹巴县邛山村小学贾静瑶老师以此自编教材开展汉语教学，其学生三年级参加全县统考，班平均成绩位列全县第七名，其微型课题研究成果，获得四川省教科所二等奖。四川省色达县城关小学以此提纲为基础，编写了一年级语文替代教材，也显著提高了学生的汉语考试成绩[3]。

第三，增加教材的趣味性。儿童是以感性体验为主的，他们对于学习的兴趣主要源于生动有趣的学习活动。在学习中，如果学生能常常体验趣味性的学习活动，那么他们的学习兴趣就会更高，就能更加有效地投入学习。汉语学习的兴趣不在汉语本身，而在于生动有趣的汉语学习活动。这就给汉语教材的编写提出了更高的要求。教材不仅仅是学习内容的呈现，关键在于生动、有趣的学习活动设计。因此，在编写教材时，可以借鉴英语教材的成功经验：近年国内各种版本的英语教材，基本上都是以情境会话作为语言呈现的主要方式。同时，根据学生年级不同，辅之以故事、虚构角色、真实人物、歌曲、韵文、词汇图等方式。

3.2 "情趣化"地使用教材

第一，根据实际情况，取舍或调整教材内容。一方面，在基础较差的乡村小学里，尤其在小学一、二年级，降低汉语教学要求，以适应学生的实际学情。另一方面，挖掘教材中的能与民族地区日常生活产生关联的因素，抓准学生的"情趣点"，因地制宜，因材施教，促进民族文化的交流互动，最终达到促进民族地区学生对汉语的情意发展，进而在潜移默化中形成国家认同、民族团结的情感的目的。

第二，改进教材使用方式，积极营造汉语语境。教材的使用设计，应融入民族文化特色，从儿童生活经验的体验方面切入，让受教者不仅带着生活经验来学习汉语，并且能从学习中获取更丰富的生活经验；另一方面，扩大汉语交流的时间范围，学生不光只是在有限的课堂上使用汉语交流，同时发动多方力量，倡导全校师生使用汉语作为学校生活（其他学科学习以及课后校园生活）的主要交流方式。

第三，结合学生真实的生活情境使用教材。在教学活动中，教师可以用实物展示、图画呈现、表演模拟、回顾已有经验、语言描述、音乐渲染等方式，创设一个扎根于民族文化的土壤中的、能充分调动学生情绪或情感的、轻松愉快的情境。比如，清代诗人袁枚的绝句《所见》，为我们呈现的是牧童骑牛、高歌、听蝉鸣、欲捕蝉、噤声的动态画面。民族地区小学生不少都放过牛，有的也捕过蝉或鸟，教师可以引导学生回想他们在山间放牛戏耍的场景，畅谈捕捉鸟兽虫鱼时的经验，激发他们对放牧活动的美好回忆和向往之情，更有助于他们对这首绝句的理解。以此类推，在教学过程中，教师可以有意识地把作品中描述的情形与自己的经历、游戏做比较，唤醒学生的生活经验，引发学生的情趣与感慨，使学生对作品内涵有更深入的理解和把握。[4]

第四，合理配套教学资源，能更好地促使教材的"情趣化"功能发挥最大的教育价值。配套资源应具有：经济实用性、民族性、趣味性的特点，分为纸质与电子两种，包括：教材附赠的录音光盘或录音带、教学用书及配套的教学挂图和生字词卡片、教学光碟、玩教具等。教材附赠的MP3光碟或录音带主要是从听读方面辅助学生学习教材内容，根据每个单元的内容设置有字词朗读、课文诵读等内容。民族地区的教师教学用书不仅仅包括教案指导，考虑到教师的水平参差不齐，在教师用书中，应配详细的、可操作的教学指导。比如，哪些教学环节可以设计怎样的游戏，如何通过游戏来缓解学生对于枯燥知识的厌烦情绪、提高学生的语言技能和学习兴趣等。教学光碟则可以包括和教材内容相呼应的简单歌曲或视频、和游戏相配合的音乐或动画、和单元主题相对应的中国文化介绍的图片或视频，以此来调节课堂氛围。玩教具，尤其是在小学低段，可以针对教材中的部分章节，结合儿童的发展特征设置玩教具，这既是对教材内容的拓展，也是对教学知识的深化。让学生在"情趣化"的课堂，通过学习"情趣化"的教材，最终进入好学、乐学、善学的理想境界。

参考文献

[1]《中国大百科全书》总编辑委员会. 中国大百科全书语言文字卷[M]. 北京：中国大百科全书出版社，1988.

[2] 中华人民共和国教育部. 全日制又务教育语
　　　文课程标准（实验）[S]. 北京：人民教育出
　　　版社，2011.

[3] 杨东. 旁门正道——教育变革的智慧[M]. 成

都：四川教育出版社，2012.

[4] 王洋. 对维汉语教学的教材研究[J]. 新疆大
　　　学学报（哲学，人文社会科学版），2010（1）.

家庭教育与高校大学生思想政治教育的关系研究

杨舒婷[1]，吴伊灿[2]

（1. 西华大学马克思主义学院，成都 610039；2. 西华大学马克思主义学院，成都 610039）

摘　要： 大学生的家庭教育是大学生成长过程中所受教育的重要组成部分，处于基础性的重要地位，对青年大学生有着深远持久、潜移默化的影响。家庭教育与高校大学生思想政治教育之间相互影响、相互补充，并起着正反两个方面的强化或阻碍作用，在高校的教学与育人实践中，如果能有效地将家庭教育与高校思想政治教育紧密结合，将显著推动高校思想政治教育工作开展，提高工作水平。本文把大学生家庭教育与高校大学生思想政治教育结合起来，通过研究两类不同教育形式之间的关系，探讨大学生家庭教育与高校大学生思想政治教育的合力作用。

关键词： 大学生；家庭教育；高校大学生思想政治教育

The Positive of College Student Family Education in College Ideological and Political Education

YANG Shuting[1], WU Yican[2]

(1. School of Marxism, XiHua University, Chengdu 610039 China;
2. School of Marxism, Xihua University, Chengdu 610039 China)

Abstract: The family education of college students is an important part of education, it has a fundamental important influence for young college students. Family education and ideological and political education influence each other, if can combine family education and ideological and political education close effectively, it will significantly promote the ideological and political education work, and improve the level of work. In this paper, through the research of the relationship between the different forms of education, it will find the positive effects of college student family education in college ideological and political education.

Key words: college student; family education; college ideological and political education

引　言

引导大学生树立正确的三观是高校大学生思想政治教育的出发点，将他们培养成为建设社会主义现代化强国的高素质人才，这个过程必须内在地包含着大学生家庭教育的支持和配合。家庭教育是青年大学生行为规范和思想品德形成的基础，在大学生的成长和发展过程中有着举足轻重的重要作用。然而在高校大学生思想政治教育的教育实践中，与大学生家庭教育的结合却仍然有限。

1　大学生家庭教育和高校大学生思想政治教育的概念

1.1　大学生家庭教育的概念

家庭教育主要是指在家庭生活中，处于核心地位的家庭成员，即家长对其子女实施的教育。教育活动的开展处于家长与子女关系之间，环境主要集中于家长和子女相处的家庭环境之中。家庭教育从子女诞生便开始，整个过程持续时间长，并且在不同阶段都呈现出独特的特点，每个阶段的家庭教育实践都会对后续的家庭教育实践产生深远的影响。2013 年 10 月 31 日，习近平在同全国妇联新一届领导班子成员集体谈话上强调，"千千万万个家庭的家风好，子女教育得好，社会风气好才有基础。"[①] 当子女进入大学阶段过后，普遍离开熟悉的家庭成长环境，在地缘上与家庭保持着一定距离。这个时期的大学生，仍处于青春期和性格塑造期，普遍缺乏社会历练，对家庭仍

---

① 从"家风"传承看习近平如何齐家治国[DB/OL]. http：// politics.people.com.cn/n1/2016/0217/c1001-28130868.html.

作者简介： 杨舒婷（1994—），女，硕士，研究方向：思想政治教育；吴伊灿（1995—），女，硕士，研究方向：思想政治教育。

有依赖，主要表现在经济和情感之上的依赖，来自家庭的支持是大学生成长和发展的重要基础。但这个时期的大学生又普遍渴望独立，希望脱离父母的权威和控制，获得平等的地位，独立自主的解决自我生活当中所面临的一系列就业、婚恋和社会交往的问题。所以说，大学生家庭教育是家庭教育的较高水平的阶段，是对中小学时期家庭教育的延续和发展，是家庭中长者对子女施加影响的阶段，也是大学生道德品质逐渐定型的后期阶段。

大学阶段的家庭教育虽不像中小学阶段起着基础性作用，但是仍然对于子女发展具有重要作用。主要体现在父母对于此时期不成熟子女的引导或推动作用之上，这个时期的大学生普遍比前一个时期面临更多的选择和规划，由于缺乏人生阅历，父母的引导一般会发挥重要的影响作用，在大学生迷茫之时，父母会伸出援助之手，帮助子女解决困惑和困难。同时，由于大学生长期处于学校环境，远离家庭。家庭对大学生有了更为重要的情感满足需求的作用，因为父母是最了解子女的人，更加愿意倾听他们的遭遇和想法，在对子女进行教育时，更能够满足子女的情感需要。

1.2 高校大学生思想政治教育的概念

高校大学生思想政治教育是思想政治教育实践活动在高校范围内的开展，主要的教育对象为青年大学生。当今时代，国际国内形势深刻变化，思想交织、思潮涌流，高校意识形态阵地的争夺日趋激烈。面临新的考验，思想政治工作是做好其他工作的前提，要始终将思想政治工作置于重要位置，让思想政治工作发挥提纲挈领的作用。中共中央国务院印发《关于加强和改进新形势下高校思想政治工作的意见》，强调指出，高校肩负着人才培养、科学研究、社会服务、文化传承创新、国际交流合作的重要使命。加强和改进高校思想政治工作，事关办什么样的大学、怎样办大学的根本问题，事关党对高校的领导，事关中国特色社会主义事业后继有人，是一项重大的政治任务和战略工程。①高校作为思想政治工作前沿阵地，肩负着学习研究宣传马克思主义、培养中国特色社会主义事业合格建设者和可靠接班人的重大任务。高校的立身之本在于立德树人，特别是帮助青年学生树立正确的世界观价值观，定位人

---

① 中共中央 国务院印发《关于加强和改进新形势下高校思想政治工作的意见》[EB/OL]. http://www.gov.cn/xinwen/2017-02/27/content_5182502.htm.

生的航向。事实证明，思想政治工作是办好中国特色社会主义大学的重要保障，只有立身端正、方向正确、坚定不移，高等教育才能在正确的轨道上健康发展。

党的十八大以来，各地各高校全面贯彻党的教育方针，紧紧围绕立德树人这一根本任务，不断推动高校思想政治工作创新发展，不断巩固马克思主义在高校的指导地位。全国高校思想政治工作会议于2016年12月7日至8日在北京召开，习近平总书记在会上发表重要讲话强调，高校思想政治工作关系高校培养什么样的人、如何培养人以及为谁培养人这个根本问题。要坚持把立德树人作为中心环节，把思想政治工作贯穿教育教学全过程，实现全程育人、全方位育人，努力开创我国高等教育事业发展新局面。高校的思想政治工作没有"暂停键"，这项工作必须成为常态化的系统工程，不断推进，不断深入。

在新时代的高校思想政治教育工作当中，我们要以习近平在全国高校思想政治工作会议上的重要讲话精神为指导，在大力提高大学生科学人文素质的同时，提高大学生的思想政治素质，引导大学生树立正确的政治观。

2 大学生家庭教育和高校大学生思想政治教育的关系

2.1 两者存在相互统一的关系

大学生家庭教育和高校大学生思想政治教育两种教育实践一同面对和解决大学生成长过程中所面临的各种困扰和困难，推动大学生良性发展。两种的教育方式的联合，将形成教育的合力。首先，家庭教育自始至终都在子女的成长和发展过程中扮演着至关重要的作用，大学阶段是子女人生中的关键时期，目前整个社会日益多元，情况复杂，虽然高校思想政治教育工作者能够通过努力帮助大学生解决在校学习过程中出现的各类困扰和问题，但解决的方式和程度是有限的。此时就需要大学生家庭教育的及时补充，通过父母的努力有效解决大学生在生活学习、思想道德等方面的疑惑和困境，保证他们的健康成长。其次，两种教育方式在教育目标上是有共同点的。家庭教育也是注重对人的培养，把子女培养成为具备优良思想品德，对家庭、对社会有奉献的人。家庭教育和高校思想政治教育都是注重对人的培养，只不过包含着不同的实践内容。

同时，大学生的整个教育过程以大学生家庭教育为基础，两种教育形式相互补充。家庭教育是大学生所受教育的第一步，起着基础的定型的作用。很多家长由于自身条件的限制，不可能全方位多层次地对大学生进行系统的教育，高校大学生思想政治教育在此时便可以作适时的补充，两者相互依赖，互为补充地完成对大学生这一细致、复杂的塑造工作。

2.2　两者存在相互对立的关系

首先，大学生家庭教育各具特色，不同的家庭有着不同的教育方式、教育内容和教育途径。每一个大学生的行为习惯、兴趣爱好和身心发展都不尽相同，家庭教育根据大学生自身具有的特殊性会有针对性、灵活多元的方式对大学生开展教育活动。而且，每个大学生的家庭环境都不相同，父母对子女的发展情况掌握也不同，具有较强的异质性。而高校大学生思想政治教育是针对全体大学生的教育行为，是一种具有普遍性或共性的教育。

其次，家庭教育作为一项十分重要的教育实践活动，它的目的主要是在满足自身家庭需要的基础上开展的，即绝大多数家庭是以家庭的存在和发展为目标。家庭的需要和社会的需要总会在一定时刻发生不一致的矛盾，当面临着家庭和社会两方面的选择时，大多数的家庭教育往往会优先关注家庭需要的满足。反映在家庭教育和高校大学生思想政治教育的关系上，大学生家庭教育在某些问题上的解决方式或追求目标可能会同高校思想政治教育的教育目标和教育方式产生不一致。如果不对家庭教育加以规范和引导，就会在某些方面阻碍高校思想政治教育的效果形成。高校大学生思想政治教育是整个教育实践活动的关键部分，它是从社会需要的角度出发，用符合社会历史发展规律和人民群众利益的标准来教育和培养大学生，满足社会对优秀人才的需要。总的来说，就是家庭教育更关注"小家"的发展，高校大学生思想政治教育更重视"大家"的发展。

最后，大学生家庭教育和高校大学生思想政治教育的对立还表现在，家庭教育缺乏系统规划和严谨的考核。大学生家庭教育活动的开展零散地分布于日常生活之中，伴随着日常生活，灵活地对大学生产生影响。家庭教育的内容和目标取决于家长的认知，具有较强的主观性和差异性。而高校大学生思想政治教育是一种正规化的思想

教育，由经过严格训练的、经验丰富的教育工作者所承担，具有计划性、规范性和统一性，有着统一的教学标准、科学的教学内容、专业的教师队伍，是有计划有组织地开展教育实践活动。

3　大学生家庭教育对高校大学生思想政治教育的积极作用

习近平说，"家庭是社会的基本细胞，是人生的第一所学校。不论时代发生多大变化，不论生活格局发生多大变化，我们都要重视家庭建设，注重家庭、注重家教、注重家风。"[1]大学生家庭教育与高校大学生思想政治教育对于学生的引导作用是相辅相成的。人创造环境，环境也创造人。实现高校思想政治工作全程、全方位育人，必须构建校内校外合力机制，营造良好育人环境。学校教育长于言教、家庭教育长于身教，二者有机融合，有助于打破单兵作战的局限，提升高校思想政治工作的效果。发挥好大学生的家庭教育与高校大学生思想政治教育的合力作用，也有利于帮助学生完成自我价值与社会价值的实现。

3.1　发掘高校大学生思想政治教育的新内容

高校思想政治教育涉及的内容是比较广泛的，主要注重对学生进行课堂理论教育。思想政治教育工作者了解和引导学生的前提是与学生建立一定的信任关系，而高校学生众多，校园生活丰富，专业课程压力大，以至于无法与每一个学生建立完善的沟通平台，进而高校思想政治教育工作的推进开始变得有些艰难。然而大学生的家庭教育是与受教育者息息相关的，家长建立在对学生非常了解的基础之上，帮助学生梳理在校期间所遇问题，保持与学生亲密的情感联系，有利于建立学生在学习和生活上的独立品格。不可否认，良好的家庭教育对于学生主体的影响是非常大的，高校思政教育借鉴大学生家庭教育的可取之处，有利于进一步发掘高校大学生思想政治教育新内容。

3.2　走出高校大学生思想政治教育的单项格局

高校大学生思想政治教育注重对大学生在校期间的意识形态教育，很难去追溯学生过去的成长环境和学习经历，容易造成思政教育的局限化。家庭、学校和社会对于学生的引导和教育是不可忽视的，其中家庭和学校教育的联动性的好坏，

---

① 十八大以来，习近平这样谈"家风"[EB/OL]. http://www.xinhuanet.com/politics/2017-03/29/c_1120713863.htm.

直接决定着学生对思政教育理解的深浅。从这个意义上来说，大学生家庭教育不仅可以弥补高校思想政治教育在时空上的不足，而且也在一定程度上拓展了高校思想道德教育的广度，使高校大学生思想政治教育不再局限在大学校园里，而是走进大学生的家庭和生活，为大学生思想政治教育合力的形成提供了可能。

3.3　建立高校与家长有效承接机制

任何形式的教育，单靠一方的力量，都是薄弱的，教育效果也是不完善的。家庭生活、家庭教育和家风培育，在家庭教育中的重言传、重身教，是大学生扣好人生教育的"第一粒扣子"。家庭教育与高校大学生思想政治教育的融合，可以使德育效果得到显著提升。作为德育工作的基础性工程，家庭教育的重视，可以使德育工作双向联动，相融相合。更为重要的是，家庭教育与高校大学生思想政治教育形成教育合力，更能提升思政教育的实效性。

通过建立高校与家长有效交流机制，开展家长会议、家长学校、家庭教育咨询和家校书面联系等活动，形成思想政治教育齐抓共管的合力。其中高校辅导员作为高校思政德育工作的主要负责人，需要及时地与学生家长取得联系，并建立沟通渠道，可以通过网络虚拟平台的架构，利用新媒介的力量，也可以通过实践生活的走访与回访，建立长效有效的沟通与反馈渠道。面对问题，共同解决；面对进步，共同分享。

参考文献

[1] 中共中央　国务院印发《关于加强和改进新形势下高校思想政治工作的意见》.

[2] 习近平：决胜全面建成小康社会　夺取新时代中国特色社会主义伟大胜利——在中国共产党第十九次全国代表大会上的报告[R]. 北京：人民出版社，2017.

[3] 任蕾. 学习贯彻全国高校思想政治工作会议精神[J]. 思想理论教育导刊，2016(12): 1-1.

[4] 颜吾佴. 贯彻落实全国高校思想政治工作会议精神需要动真格[J]. 思想理论教育导刊，2017（2）: 10-13.

[5] 任艳华. 90后大学生家庭教育与高校思想政治教育的关系研究[D]. 焦作：河南理工大学，2012.

[6] 贺建学. 当代大学生成才教育存在的问题及对策研究[D]. 北京：中央民族大学，2011.

[7] 喻芒清. 大学生成才教育研究[D]. 武汉：武汉大学，2005.

[8] 邱京. 当前家庭教育存在的问题及对策研究[D]. 石家庄：河北经贸大学，2016.

[9] 赵伦芬. 高校思想政治理论课在大学生成长成才中的功能强化研究[D]. 成都：电子科技大学，2009.

[10] 吕舒. 家庭教育对大学生价值观形成与发展的影响研究[D]. 天津：天津商业大学，2016.

生态文明型企业文化建设的困境与对策

张煜林，张思雨

（西华大学马克思主义学院，成都 610039）

摘　要：企业文化是企业的灵魂，生态文明是新的文明形态。随着时代发展，企业作为经济发展的中坚力量，应当树立生态文明意识，建设生态文明型企业文化，承担起保护环境的社会责任。为了使企业更好地建设生态文明型企业文化，本文在对生态文明企业文化界定的基础上，简要分析了生态文明型企业文化建设的必要性以及生态文明型企业文化建设所面临的困境，最终提出了生态文明型企业文化建设的对策。

关键字：生态文明；企业文化；文化建设

The Predicament and Countermeasures of Building Enterprise Culture with Ecological Civilization

ZHANG Yulin, ZHANG Siyu

(School of Marxism, Xihua University, Chengdu 610039 China)

Abstract: Corporate culture is the soul of an enterprise, and ecological civilization is a new form of civilization. With the development of the times, enterprises, as the backbone of economic development, should set up the consciousness of ecological civilization, build an ecological civilization type enterprise culture, and bear the social responsibility of protecting the environment. In order to make the enterprise build the culture of ecological civilization better, this article, based on the definition of the culture of ecological civilization enterprise, briefly analyzes the necessity of the cultural construction of the ecological civilization type enterprise and the difficulties faced by the construction of the ecological civilization type enterprise culture, and finally puts forward the countermeasures for the construction of the ecological civilization type enterprise culture.

Key words: ecological civilization; enterprise culture; cultural construction

引　言

生态文明是继原始文明、农耕文明、工业文明后的新型文明形态。生态文明是以人与自然和谐发展为基本原则，旨在促进经济、社会与自然可持续发展，最终实现人与自然和谐相处。生态文明建设是关系我国人民福祉、关乎民族未来的长远大计。习总书记在十九大报告中指出："我们要建设的现代化是人与自然和谐共生的现代化，既要创造更多物质财富和精神财富以满足人民日益增长的美好生活需要，也要提供更多优质生态产品以满足人民日益增长的优美生态环境需要。"[1]在十八届五中全会提出"必须牢固树立并切实贯彻创新、协调、绿色、开放、共享的发展理念"。[2]上述表述意味着生态文明将会成为人类文明发展的新方向，中华民族将肩负起建设生态文明的重任。

企业文化是指企业在市场竞争中逐步形成的为全体员工所认同、遵守、带有本企业特色的价值观念、经营准则、经营作风、企业精神、道德规范、发展目标的总和。[3]企业文化是企业的内核，是企业的灵魂所在，一个良好的企业文化能够指引企业不断向前发展。生态文明建设是大势所趋，企业是否在发展中具有生态文明意识、是否将节约资源与保护环境的精神写入企业制度，这开始成为衡量一个企业综合实力的重要指标。

作者简介：张煜林（1995—），男，马克思主义学院，2017级研究生，主要研究方向：中国近现代史；张思雨（1994—），女，马克思主义学院，2017级研究生，主要研究方向：马克思主义中国化。

在这种条件背景下，建设生态文明型企业文化就成了当代企业提高综合竞争力和可持续发展的一个重要战略选择。

从已有资料来看，相关研究理论成果丰硕，并且在实践中不断推进。目前研究成果主要体现在：第一，对企业文化建设与生态伦理建设的研究。第二，对企业建设生态文化时环保技术运用的研究。第三，中国传统文化与企业生态文化建设关系研究。总体上看，已经取得了一定的研究成果，但是在企业生态文化建设对策研究上仍然不全面、不充分，仍处于亟待深入研究的阶段。本文在继承前人成果基础上做了以下创新：第一，分析了生态文明型企业文化建设的文化缺陷。第二，站在公司战略层面提出了新的对策。

1 生态文明视角下企业文化的界定

现代企业文化包含物质文明视角下的企业文化和生态文明视角下的企业文化两部分。物质文明视角下的企业文化是为企业生产服务的，企业文化完全以扩大企业规模、提高生产效益为目的。[4]生态文明视角下的企业文化是指，将生态理念融入企业文化之中，使之成为企业经营的指导思想，并贯穿于企业经营的各个方面的一种新型的企业文化。[5]这是企业文化在世界保护环境主题下的创新。这两种文化最本质的区别在于，是否把可持续发展、维护生态平衡以及促进人与自然和谐共处放在首位。重视生态文明是企业文化在新时代发展下的一个风向标。

2 生态文明型企业文化建设的必要性

2.1 生态文明型企业文化建设是实现可持续发展的必然要求

"可持续发展"的基本内涵是指既要考虑当前发展的需要，又要考虑未来发展的需要；不能以牺牲后代的利益为代价，来换取现在的发展。[6]改革开放以来，我国经济总体上保持了高速增长态势，但是在经济得到高速增长的同时，却忽略了对环境的影响。单纯以追求 GDP 为目标的经济增长模式在带来了物质财富极大增加的同时也破坏了生态环境，造成了资源的浪费。企业应当认识到环境恶化的后果，要肩负起保护环境的重任。这就要求企业要调整以往只注重经济发展而忽略生态效益的生产方式，要将生态文明建设纳入企业发展战略中来，要建设生态文明型企业文化，走可持续发展道路。

2.2 生态文明型企业文化建设能使企业树立良好形象

企业形象是消费者和社会大众对企业的直观印象。一个良好的企业形象能够增加社会公众对企业的认同，能够促进消费者选择企业的商品，从而增加企业在市场的份额。一个良好的企业形象就是企业商誉的体现，是企业在市场上赖以生存的保障。随着时代的发展，生态环保的生活方式已经成为人们所追求的、时髦的生活方式，人们在获得产品以及服务的同时会更加关注这是否环保、是否节约资源，以生态建设为己任的企业开始成为市场的宠儿。

2.3 生态文明型企业文化建设能够有力应对绿色壁垒

中国加入 WTO 既是机遇，也是挑战。经济全球化在为中国带来资金、技术、先进理念的同时，西方国家也在寻找各种理由，架设各种贸易壁垒阻碍中国的发展，绿色贸易壁垒就是其表现形式之一。绿色贸易壁垒是依据环保标准制定的，其形式是合理的，但贸易保护的本质是不变的。我国环境保护意识觉醒比较晚，环保制定标准还不完善，对产品的检控达不到世界标准水平，导致了我国产品在世界市场上处于不利地位，制约了经济发展。生态文明型企业文化建设，就是要提高环保意识、生产绿色产品，以此来冲破贸易壁垒，应对国际市场上的挑战，从而促进经济又好又快发展，扭转国际社会对中国制造就代表高污染的传统观念。

2.4 生态文明型企业文化建设是环境保护的需要

企业作为当代文明社会的经济支柱，决定和构成了整个社会的组织结构、生活方式和社会风气。企业的经营发展不仅仅是自己的事情，企业更要站在社会角度来考虑，担负起社会的责任，时刻明确自己的发展关系到整个社会乃至地球的发展和未来。十二届全国人大常委会第八次会议表决通过了《环保法修订案》，这为环境保护提供了法律依据。企业若想长期稳定地发展，就要遵守这些法律法规，主动采取措施，实行绿色管理，建设生态文明型的企业文化。

2.5 生态文明型企业文化建设是践行社会主义核心价值体系的应有之义

《中共中央国务院关于加快推进生态文明建设的意见》中指出，"坚持把培育生态文化作为重要支撑。将生态文明纳入社会主义核心价值体系，加强生态文化的宣传教育，倡导勤俭节约、绿色低碳、文明健康的生活方式和消费模式，提高全社会生态文明意识。"[7]社会主义核心价值体系是建设和谐文化的根本。[8]生态文明型企业文化建设契合了社会主义核心价值体系的需要，是社会主义和谐文化构建的重要组成部分。企业应当积极响应国家号召，加强生态文化理念在企业中的宣传，对企业中仍然存在的浪费资源的现象制定出整改措施，培育企业员工的生态文明意识，履行建设生态文明社会的义务。

3　生态文明型企业文化建设面临的困境

3.1　传统企业文化的缺陷

企业文化产生于工业文明，虽然我们已经进入了生态文明的时代，但是工业文明的文化糟粕仍然在企业文化中有所体现，工业文明的思维方式和价值观念存在着根本缺陷，这就在思想根源上为生态文明型企业文化建设加大了难度。

传统企业文化缺乏辩证法的思维因子，缺少人与自然对立统一辩证关系的思考。企业是人与环境互动最主要的单位。企业生产经营的活动，体现着辩证法联系和矛盾的观点。一方面，企业要想经营发展就要从大自然获取原始材料，并通过加工，最终生产的产品会以废物的形式回归自然。这体现着联系的观点，说明企业的生产、我们的生活离不开自然；另一方面，企业在生产产品促进社会财富增长的同时也造成了资源的减少和废物的增加，这是企业与自然相矛盾的地方。传统企业文化把自然当作人类的附属品，认为人类与自然的关系是征服与被征服的关系，忽视自然对人类生存的前提意义和制约作用，这导致了企业文化天生缺少生态文明的因子。生态视域的缺乏使企业内部行为的有组织性与生态环境利用的无序性矛盾不断加深，甚至出现企业内部运行越有效率，对生态环境的破坏就越严重的状况。[9]

3.2　绿色资本严重缺乏，限制了生态文明型企业文化发展

当前，环保产业资金缺口巨大，很大程度上限制了环保行业各项政策的实施效果。据相关估计，我国环保产业每年的投资需求大约为 3 万亿元，而财政投资仅提供 15%左右，故环保产业的资金需求缺口巨大。[10]一个环保企业产生的新理念往往能影响整个市场上其他种类企业的文化理念。当前，环保产业整个市场发展的缓慢并不利于其他企业建设生态文明型的企业文化。一个没有绿色理念的企业，并不会把资金投入企业节能减排和保护生态环境上，因此企业生态文化建设就更加难以实施，同时企业也不能在环境保护的实践中产生新的理念，这就形成了一个恶性循环，既不利于企业自身发展，也不利于整个社会发展。

3.3　政府环保执法力度不严，阻碍生态文明型企业文化发展

十八大以来政府反复强调生态环境保护的重要性，并且在 2015 年出台新的环保法，为生态保护提供了法律保障。虽然具备了法律基础，但是仍然存在环境保护的监管监察并不严厉以及地方官员为了 GDP 发展对地方高污染企业进行庇护的现象。这导致企业认为环境监察只是"面子工作"，企业就不会为企业生态文化建设投入资源，同时这也影响了社会的风气，阻碍了生态文明社会的发展。

4　生态文明型企业文化建设的对策

4.1　树立企业生态价值观

价值观是企业文化的核心，是企业生产经营时追求成功所推崇的基本信念和标准。企业传统价值观在于追求利润最大化，虽然在一定程度上能够刺激生产，产生更大的经济效益。但这种只重视利益不重视生态的价值理念，长远来看损害了人类的利益、破坏了人类赖以生存的生态环境。在当代，企业只是依靠科技水平的领先来获得成功的理念已经过时，消费者在注重产品性能的同时会更加关注产品的生态效益。因此，对于企业而言，要想取得成功，必须改变自身理念，树立生态价值观。要想树立企业生态价值观，首先要领导者本身具备人与自然和谐相处的意识，企业的高级管理人员要不断提高自己的生态环保意识，以身作则，为企业员工做出良好示范。其次，企业要进行组织架构调整，成立专职部门，如：企业文化战略委员会等部门对企业文化建设做专业的战略部署。最后，从制度上入手，完善企业环境保护管理体系与规章制度，使企业生态文化建设有章可循。

4.2　开拓企业生态新市场

随着经济持续不断发展，人们越来越看重生活品质，生态品牌自然也受到市场欢迎，一个好的生态品牌会取得消费者的信赖，得到更多人认可，从而占据更大的市场份额。并且从市场角度

来看，生态市场目前还属于"蓝海市场"的范畴，市场竞争相对较小，市场开发空间大。企业传统的发展模式已经不符合时代潮流了，产品结构优化调整和企业全面升级蓄势待发，谁能准确把握时代主题，谁就能率先成为市场的领头羊。企业想成为生态文明时代下的受益者，企业的生产运营就要更多地关注自身的生产过程和产品对于环境的影响。树立良好的企业公众形象，为企业的自身生存和发展赢得更为广阔的空间；通过绿色和生态战略来提升企业的竞争力，开拓企业生态新市场。

4.3 政府为生态文明型企业文化建设提供有利环境

企业建设生态文明型文化必须依靠政府加强监督以及大力支持来完成，政府的监督会促使企业自觉建设生态文明型文化，减少污染的排放和资源的浪费；政府的支持体现在政策上要提供倾斜、技术上提供支持、资金上提供财政帮助以及鼓励和引导企业践行生态文明价值观，最终达到企业内化为自身动力的目的。但是政府只是监督和支持是远远不够的，政府还需要履行社会服务的职能，开展生态文化建设，这既要加强企业内部管理层的生态思想教育，也要在全社会公开进行生态文化的宣传，转变社会浮躁的唯物质观念，树立可持续发展的观念，推动企业、社会、政府三方共同推进生态文化的建设。

4.4 实施绿色发展战略

公司战略决定着企业的"终点"，体现着企业的"使命"。一个成功的企业必定肩负着社会的责任，在进行战略选择时要优先考虑社会公众利益。企业制定战略要合理分析内外部环境因素的影响，在生态文明的时代，企业战略分析要重新运用"PEST"模型进行分析，在外部环境发生变化之时合理采取新的战略，即绿色发展战略。

绿色发展战略就是企业以可持续发展出发，积极承担环境保护责任，完成国家规定的节能减排任务，同时企业应当积极主动调整产业结构、提高资源利用效率，生产更绿色更环保的产品。生态文明建设是大势所趋，企业要更加主动去实施更环保、更生态的绿色发展战略，才能使企业在市场竞争中抢占先机，才能快速提高企业核心竞争实力，为企业创造更多现实效益。

4.5 加强企业员工生态道德文化建设

员工是企业生产经营中的主体，要建设生态文明型企业文化就是要加强员工企业生态道德建设，培育企业员工生态文明意识。企业加强员工生态道德素质建设，就是要抓好日常宣传教育，运用专栏、网络、讲座、知识竞赛等方式开展生态文明基本知识的学习；就是要开展员工自我教育，转变员工的思想观念，提高员工的思想道德素质；就是要进行头脑风暴，开展集体讨论，上下联动，为生态道德文化建设出谋划策。只有每一名员工真正树立了生态道德意识，做到爱企业，更爱社会；爱劳动，更爱环境；爱产品，更爱资源，才能表明企业形成了生态文化的道德氛围。

5 结 论

企业在经济发展过程中扮演着重要角色，生态文明时代的来临要求企业应当推进生态文明型企业文化建设。本文在对生态文明企业文化界定的基础上，简要分析了生态文明型企业文化建设的必要性以及生态文明型企业文化建设所面临的困境，提出了生态文明型企业文化建设的对策。生态文明型企业文化建设在我国研究领域仍然属于一个新兴领域，并且生态文明型企业文化建设涉及的范围比较广泛，对于生态文明型企业文化建设的研究还能从路径和模式方面进一步深入。

参考文献

[1] 习近平.决胜全面建成小康社会夺取新时代中国特色社会主义伟大胜利——在中国共产党第十九次全国代表大会上的报告[R].北京：人民出版社，2017.

[2] 习近平.中国共产党第十八届中央委员会第五次全体会议上的报告[R].北京：人民出版社，2015.

[3] 侯彦杰，许婕.生态文明视域下传统企业文化透视与重构[J].中华文化论坛，2016（1）：46-50.

[4] 尹辉，袁心舟，余子航.关于企业生态文化的探析——以YSS企业为例[J].中国国际财经（中英文），2017（11）：133-134.

[5] 徐杰.面向生态文明的企业文化建设研究[D].哈尔滨：东北林业大学，2005.

[6] 刘阳，聂春雷.浅议企业生态文化建设[J].环境与可持续发展，2013，38（4）：103-105.

[7] 中共中央国务院关于加快推进生态文明建设的意见[EB/OL].http://www.gov.cn/xinwen/

2015-05/05/content_2857363. htm，2005-05-05/2018-06-09.

[8] 毛军成. 社会主义核心价值体系下的企业文化建设[J]. 发展，2009（6）：119-120.

[9] 王焕利，郑均雷. 生态文明视域下的企业生态文化建设[J]. 科教导刊（中旬刊），2014（2）：220-221.

[10] 王卫. 生态文明建设背景下的企业生态文化研究[D]. 晋中：山西农业大学，2013.

大数据背景下乡村社会治理的创新路径研究

万新月

（西华大学马克思主义学院，成都 610039）

摘　要：继互联网、云计算等新兴技术的发展，大数据开始被推向舞台。充分利用大数据，可促进乡村社会治理能力与治理体系的现代化建设，步入新时代，大数据背景下的乡村社会治理的路径研究不可缺少。本文首先分析了大数据时代的背景，以及引入大数据对乡村社会治理的意义；然后解释了新时代下的乡村社会治理困境；最后描述了大数据背景下协同共治的乡村社会治理模式，明确不同主体的主要责任，并提出了培养数据人才，制定数据标准等建议，形成了大数据背景下乡村社会治理路径。

关键词：大数据；乡村社会治理；路径研究

Innovative Path Research on Rural Social Governance under the Background of Big Data

WAN Xinyue

(School of Marxism, Xihua University, Chengdu 610039 China)

Abstract: With the development of emerging technologies such as the Internet and cloud computing, big data has been brought to the stage. Making full use of big data can help to promote the modernization of rural social governance and governance system, with entering into a new era, it becomes necessary to the path research of rural social governance under the background of big data. Firstly, this paper analyzes the background of big data era and the significance of big data to rural social governance. Then explains the rural social governance dilemma under the new era; Finally, it describes the rural social governance model of collaborative governance under the background of big data, clarifies the main responsibilities of different subjects, and put forward some suggestions, like training data talents, establishing standard recommendations and so on, which form the rural social governance path under the background of big data.

Keywords: big data; rural social governance; the path research

1　引入大数据的意义

继互联网、云计算新兴技术的浪潮之后，人们开始把注意力转移到大数据上。互联网技术的推动和普及也带来了数以亿计的用户数据，再加上云计算、云存储为这些数据提供保管、访问的场所和渠道，大数据成为一项丰富的信息资源。如何将这些数量类型繁多、价值密度低的数据为我们所用？这成为当下大数据时代的首要问题。目前不同的行业，不论是企业还是零售商等，都能运用互联网上的大数据进行有效信息的提取，帮助自己进行管理、运营与投资。同样的，针对乡村社会治理，我们应该合理运用大数据，将其化大为小，将数据融入村民生活，为村民带来便利，这样不仅能有效提升乡村社会治理能力，同时也能推进乡村社会治理能力和治理体系现代化建设。具体而言，笔者认为在乡村社会治理层面，引入大数据主要有以下几点意义：

促进乡村社会治理现代化。十八届三中全会通过的《中共中央关于全面深化改革若干重大问题的决定》中提出要推进国家治理能力和治理体系现代化。乡村社会治理属于我国国家治理体系，因此促进乡村社会治理能力与治理体系的现代化是乡村社会治理的发展目标。引入大数据，能够促进乡村社会治理思想的现代化。大数据代表着大量的信息流，在乡村社会治理过程中，各方治

作者简介：万新月（1993—），女，西华大学马克思主义学院在读研究生，研究方向：马克思主义中国化。

理者们可以根据这些信息流，发散出更多创新、符合时代发展的治理思想，使大数据成为创新治理思想的原动力，同时促进思想的进步。引入大数据，能够促进乡村社会治理技术的现代化。大数据平台作为一个与外界交流的窗口，可以引发创新的思想，也能带来更专业的治理技术，可以集众家之所长，采取更合适、更有效的方式去进行乡村治理。引入大数据，能够创造现代化的乡村社会治理环境。将大数据融入人民群众生活中，让人民群众享受大数据带来的便利和快捷，并根据大数据思想和技术，建立智慧办公平台、公共信息交流平台等，以小集大，创造一个现代化的乡村治理环境。

促进乡村治理决策科学化。决策科学化是体制建设过程中的基础保障，一套好的体制是由一系列科学的决策组成。科学的决策，完善的体制是乡村社会群体的正常运营与有效治理的基本要求。帮助治理者产生科学的决策，在当今时代下，大数据是必不可少的。通过深度挖掘和分析，形成有效完善的信息，帮助各方治理者做出正确合适的决策。同时大数据的运行和传输是非常便利快捷的，及时的信息流也是做科学决策过程中重要的一部分。

促进未来预测能力数据化。数据的预测功能其逻辑基础即是认为每一种行为变化都有一定的征兆和迹象，每一项事物都有踪可循，而如果根据这些征兆与迹象，发现这些现象与行为之间的客观规律或者必然联系，就可以对之进行相应的预测[1]。但是传统的数据较为单一、分散、且时间上存在滞后性，不能多维度且及时性地预测未来。新时代下，运用新兴的科学技术，对海量的数据进行实时分析。首先可以通过简单的描述分析，找出事物发展的客观规律，从而预测某件事情未来的趋势；接着可以运用预测功能相关的数据模型、云计算等进行深度挖掘，预测未来某些事情发生的概率，从而帮助决策者做出合适且风险较低的决定。政府也可以运用这一功能，了解公众的实时需求，更好地为公众提供服务。

2　新时代下的乡村社会治理困境

乡村作为我国主要社会群体之一，在现代化、城镇化等一系列时代因素的影响下，发生着巨大的变革。新时代下，乡村社会结构也在发生着变化，同时也面临着机遇与挑战，抓住时代带来的机遇，同时处理乡村社会治理困境，有利于推进乡村社会治理现代化建设。

2.1　人口流动频繁，治理面临挑战

改革开放后，我国开始实行社会主义市场经济，打破了部分农村经济单一、结构固化的僵局，工业化和城镇化更是促进了这一转变，农村经济产业开始多样化，农村社会结构更加开放。随着我国经济与社会的飞速发展，城市与边远农村地区的交通设施资源等差距较大，为提高生活水平，许多农民开始大规模地涌入城市。新华网2017年12月13日报道，"乡村人口从2005年的近7.5亿减少为2014年的约6.2亿，农村空心化趋势日益明显"。部分地区的农村空心化问题给新时代下的乡村社会治理带来了新的挑战。一些农民不再只从事农业，逐渐往非农产业发展，如零售商、外出务工等，"农民工"这一名词时常被提起。由于农民工在城市和农村的双重角色，现有的乡村治理体系不能很好地为农民工提供治理服务，如农民工的乡村政治参与度较低等。留守老人、留守儿童等群体的出现，需要乡村社会治理体系加大关注度。部分地区的劳动力外流也造成了农村人才的缺失，致使一些农村的基层治理干部年龄老化。

2.2　产业经济落后，经济支持较弱

农村经济作为乡村社会治理的重点部分，农村经济的发展不仅对我国经济的发展有积极的正向作用，而且能够从基础保障层面帮助乡风文明建设，从而促进我国乡村社会治理现代化建设。目前我国政府为提高农村经济发展水平，缩减城乡差距，制定了许多益农惠农政策，近年来更是成立了扶贫工作队，发展我国农村经济产业。但是我国农村存在区域性自然资源贫乏、部分地区基础设施落后、农村产业收益较低、农村产业技术支持薄弱、产业布局散乱等问题。助力我国农村产业发展，提高农村经济水平，是一项需要始终坚持、不断进步的工作。而仅仅依靠政府的政策支持是不够的，应该在以政府为治理主体的情况下，跟随时代的脚步，引用新技术，新平台、新力量发展我国乡村经济。

2.3　意识形态散乱，精神支撑缺乏

我国近年来逐渐重视农村经济与产业发展，开展了一系列的扶贫项目，帮助了许多农民摆脱了贫穷的禁锢，但精神层面的扶贫也不能落后，乡风文明建设也引起了各学者的注意。目前我国个别地区村民的文化水平偏低，致使认知能力较弱，对我国相关政策的宣传理解造成阻碍；一些

农村地区的年轻劳动力外流，导致对政治参与的关注度不高，不能更好地理解与消化我国优秀文化和思想；部分农村地区的文化传播媒介较为落后、传播速度慢，导致村民信息接收存在滞后性；城镇化的推进，造成一些村民之间的思想水平参差不齐，主流意识形成困难等问题。这一系列问题导致了部分农村地区意识形态散乱的问题，存在村民缺乏稳定正向的精神支撑的现象，为我国核心价值观的形成与乡风文明建设增加了障碍。

3 乡村社会治理的创新路径

在大数据背景下，我们应该始终坚持"以人民为中心"的理念，做好新时代下的农村工作，运用新的技术方法和数据平台夯实乡村社会治理工作，明确乡村社会治理工作的主体，结合大数据制定科学的决策和制度，依靠大数据平台培养和吸引优秀人才，同时有效避免大数据的弊端，做好信息安全工作，从各个层面做好基层党建、政策宣传、民生、扶贫、民族宗教、综治维稳等相关治理工作的内容。

3.1 打造协同共治的治理模式

传统的乡村管理是政府一元垂直型的管理模式，政府作为"家长"的角色，管理着主要村务；并且作为唯一的管理主体与权力中心，占有数据资源的绝对优势，但同时也出现了乡村数据收集、处理、应用和公开的权力垄断，其他社会主体被排除在管理主体体系之外，并成为政府信息的接受者和使用者[2]。在大数据时代下，应该打造协同共治的治理模式。政府仍然承担主要责任，对乡村社会治理工作起到统筹和管理作用，合理运用相关资源和行政权力，同时推动乡村社会治理重心下移，提高基层的乡村治理能力。除了政府作为主体以外，我们也应该将企事业单位、社会组织、村民等纳入乡村社会治理体系。首先企事业单位和社会组织应该合理运用手中多个领域的乡村治理数据，与政府拥有的大数据进行整合，实行共享共治。然后以政府为主导，企事业单位或者社会组织为辅助，整合后的大数据为资源，建立大数据平台，实行线上线下共同治理，通过政府和企业协同治理的方式，达到资源的优化配置，并保证大数据嵌入的乡村社会治理平台带来最大效益。最后大数据平台可以和村民实现近距离对接，帮助政府了解村民的实时情况，并且协助村民在大数据时代背景下参与乡村社会治理，开发和提高企事业单位、社会组织和村民的乡村

社会治理能力，打造一个共建共享共治的乡村社会治理格局。

3.2 明确不同主体的治理责任

政府成立大数据部门，做好大数据统筹与协调工作。再结合乡村具体情况，与相关企事业单位、社会团体与组织等合作，创建大数据平台。该平台可以实现政务信息交互功能、产业信息交互功能、文化信息宣传功能以及村情民意自治功能。政务信息交互功能自上而下主要保证政策的传播、宣传引导、便民服务等作用，自下而上主要保证民意收集和舆情分析作用，实现政府与村民线上的近距离沟通，便于直接治理，并得到相应政策运行后的有效反馈，便于政府治理体制的完善。产业信息交互功能主要提供相关的产业和技术信息，开阔村民的视野和眼界；并设置农村经济交易功能，如电商营销、农产品销售、宣传乡村旅游等，为农民的产业经济提供渠道和帮助，促进农村经济发展。文化信息宣传功能主要保证村民接收实时、有效的信息和文化，使文化的传播手段更加快捷和多样化，促进乡村意识形态的建设。村情民意自治功能主要提供网上交流场所，跟随时代的脚步，增强村民之间的联系与交流，拉近乡村邻里之间的情感，克服了空间上的距离问题，实现村民横向自治，同时也能促进乡风文明建设。各基层数据部门可进行网上联络和数据共享，借鉴其他基层的优秀做法，结合当地实际情况，多维度地思考和解决问题，实现创新治理、共享治理模式。

企事业单位和其他社会组织，从大数据平台出发，协助政府治理工作，在经济方面打造一个线上线下相结合的产业链。各企事业单位可充分考察各乡村特色之后，整合已拥有的相关资源，为乡村引入资金流和技术流，以资金作为产业引擎，技术助力产业生产，同时结合大数据平台拓宽销售渠道，促进农村产业的发展。将农产品或者乡村特色带出去的同时，也可为乡村引进先进的技术、优秀的人才以及相应的消费能力，实现双向交互，增加农村经济活力，提高农村经济能力。相应地也可以提高农村的人才建设和周边产业发展、如物流、电商等。企事业单位或者其他社会组织也可在经济层面上协助政府的乡村治理工作，提高村民们的产业技能和就业水平，助力脱贫攻坚。

村民在大数据的指引下，充分融入大数据背景下的乡村社会治理建设中。物质层面上，深刻

理解基层政府的相关决策，抓住大数据背景带来的机遇，发展产业经济，脱贫致富。精神层面上，利用大数据平台，开阔自己的眼界和视野，解放思想，提高道德素质。村民之间互相帮助，共同致富，调动自己在乡村社会治理中的能力，积小成大，实现横向自治。

3.3　做出数据决策，培养数据人才

大数据平台每天会产生海量的村民数据，因此合理运用这些数据是乡村社会治理工作的重要内容。在大数据时代，可以用数据"基于实证的事实"引导基层政府提前做好工作，在数据这一载体带来的大量信息分析的基础上进行科学的决策，这是乡镇政府的主要决策和工作方式，这会使基层政府的决策质量大大提升[3]。现在的乡村治理业务随着乡村社会的变革，变得愈加复杂，同时也带来许多新的困难，因此采用传统的政治经验进行决策是不科学的。对大数据进行深度挖掘，协助基层政府做出科学决策、制定有效制度，是很有必要的。首先针对海量的数据信息，将总体数据作为样本，采用云计算、云存储、数据模型等方式，对数据进行深度分析，挖掘数据背后的规律，基于这些信息做出正确的判断和科学的决策。然后综合这些决策和判断，制定合理有效的制度，再把制度运行后的数据作为反馈，不断完善，形成闭环流程，有效提高基层政府和其他治理主体的治理能力。最后结合数据分析结果，在农村经济行业培养相关数据人才，将大数据嵌入农业经济发展，运用数据思维解决技术问题，促进农村经济产业多样化的发展。并依靠大数据平台，吸引优秀大学生返回家乡支持乡村建设，制定大学生创业优惠政策，带动农村经济发展。

3.4　制定数据标准，保障信息安全

大数据为我们的生活带来了很多的便利，同时也推动了乡村社会治理现代化建设的进程，但是我们也应该正视大数据的弊端，即信息的安全保障。传统的乡村社会治理过程中，主要是政府统筹与管理，造成了数据垄断，但也确保了信息安全。当大数据嵌入乡村社会治理以后，数据共享将会成为主流，信息泄露必须引起重视。因为乡村大数据也包含着许多村民的私人信息，而信息的泄露会给村民和社会造成难以估量的损失，损害村民的利益。保障信息安全，首先应该制定数据标准。依据大数据平台，针对农村产业经济的数据，不仅应该制定相关的质量、交易标准等，更应该制定数据标准，保障村民的经济权益；针对村民的个人信息，应该制定相对应的信息标准，禁止泄漏和买卖，否则实行处理或者处罚等，保障村民的人身权益。保障信息安全，还应该从立法的角度，实行最后一层保障。政府、企事业单位、社会团体、社会组织和村民等不同社会群体在进行乡村社会协同治理的过程中，为建立大数据平台、信息交互平台等，都会涉及数据共享问题，政府因其职能的特殊性，应制定相关法规，限制数据滥用、数据泄露等情况，明确数据使用边界，落实数据所属责任人，以保障信息安全。

参考文献

[1] 吴叶林，崔延强. 基于大数据背景的高职院校专业设置机制创新探究[J]. 中国高教研究，2015（5）：95-99.

[2] 谭九生，任蓉. 大数据嵌入乡村治理的路径创新[J]. 吉首大学学报(社会科学版),2017,38（6）：30-37.

[3] 张春华. 大数据时代的乡村治理转型与创新[J]. 重庆社会科学，2017（6）：25-31.

[4] 吴莹. 现代化进程中乡村社会治理模式的困境与出路[J]. 北方论丛，2017（2）：130-134.

[5] 张春华. 大数据时代的乡村治理审视与现代化转型[J]. 探索，2016（6）：130-135.

[6] 党国英. 中国乡村社会治理现状与展望[J]. 华中师范大学学报（人文社会科学版），2017，56（3）：2-7.

[7] 黄胜胜. 城市化进程中乡村社会治理困境及优化路径[J]. 湖北民族学院学报（哲学社会科学版），2015，33（5）：20-24.

新媒体时代大学生思想政治教育面临的机遇、挑战及应对对策研究

汪桢沛[1]，袁怀洋[2]

（1. 西华大学马克思主义学院，成都 610039；2. 西华大学马克思主义学院，成都 610039）

摘　要： 新媒体是在信息现代化时代背景中产生的，是一种逐渐被社会大众认可和接受的新型大学生思想政治教育载体。对于这种新型媒体，往往利弊集一体，这就导致其在进入大学生思想政治教育中时必然带有双重性。本文在新媒体背景下分析大学生思想政治教育面临的机遇、挑战及应对对策，具有很强的现实意义，能有助于大学生思想政治教育实践过程中问题的研究和解决，推进大学生思想政治教育健康有序发展。

关键词： 新媒体；大学生；思想政治教育

Opportunities, Challenges and Countermeasures of College Students' Ideological and Political Education in the New Media Era

WANG Zhenpei [1], YUAN Huaiyang [2]

(1. School of Marxism, Xihua University, Chengdu 610039 China;
2. School of Marxism, Xihua University, Chengdu 610039 China)

Abstract: The new media is produced in the background of information modernization. It is a new type of ideological and political education carrier, which has been gradually accepted by the public. For this new type of media, the pros and cons are often integrated into one, which leads to the duality of ideological and political education. This paper firstly explains the related concepts, and then analyses the current development situation, so that in the new media era background, the ideological and political education opportunities and challenges, and puts forward suggestions for personal challenges, hoping to be helpful to study and solve practical problems, to promote the healthy and orderly development of ideological and political education for college students.

Key words: new media; college students; ideological and political education

引　言

习近平总书记在 2016 年 12 月 7 日至 8 日召开的全国高校思想政治工作会议中指出：“要坚持把立德树人作为中心环节，把思想政治工作贯穿教育教学全过程，实现全程育人、全方位育人，努力开创我国高等教育事业发展新局面。”大学生是一个拥有自己个性思想的群体，也是一个需要不断加强思想修养、摆正思想观念、端正思想态度的群体。思想政治教育能从大学生思想根源上对其进行改变和纠正，将大学生群体往正确的思想方向进行引导，培养其成为社会所需的人才。

所以，在高校中开展思想政治教育工作是一种必然，也是一种必须。

从中国知网等相关学术网站搜索近几年新媒体与思想政治教育研究的结果来看，相关学术成果内容多以思想政治教育革新为主，大致包括路径、工作机制及价值理念等方面的创新。其次，对其实践改革的研究、时效性的研究等方面也有涉及。总的来看，学术界对新媒体时代大学生思想政治教育的研究已形成部分成果，但对于其所面临的机遇和挑战的相关研究还有待深入挖掘。新媒体这一新型载体的出现，给现代化教育带来

作者简介：汪桢沛（1995—），女，西华大学马克思主义学院在读研究生，研究方向：思想政治教育；袁怀洋（1993—），男，西华大学马克思主义学院在读研究生，研究方向：马克思主义中国化。

了福音，对于大学生思想政治教育工作影响深远，是现如今社会急需研究和探讨的话题之一。

1　相关概念阐释

1.1　新媒体含义

时至今日，"新媒体"一词早已频繁出现在我们的工作与生活当中，但对于"新媒体"一词的概念，学界却未达成共识。早在 19 世纪 70 年代，"新媒体"一词就曾在美国被戈尔德马克率先提出，但其并未对此概念做具体解释。此后，"新媒体"一词就被多个国家和地区作为不同领域的依据。纵观古今，新媒体自被发现以来就一直被当作是一种使用工具，对其概念更是产生出一种"只可意会，不可言传"之感，那么，究竟什么是新媒体呢？

新媒体从字面意思理解即为新出现的媒体、新产生的媒体、新兴媒体或新型媒体，但这样的概括显然是笼统且不准确的。新媒体是在以报纸等为代表的传统媒体形态基础上进行创新发展，从而衍生出的一种利用数字、网络等科技手段通过无线网等通道以及电脑等载体向用户提供交互信息的媒体形态。清华大学的熊澄宇教授认为："新媒体是一个不断变化的概念，在今天，但凡跟计算机有关的，都可以说成是新媒体。"简言之，新媒体就是一种利用移动科技手段进行网络终端输出，对用户提供信息的媒体形态。

1.2　大学生思想政治教育内涵

毛主席在《关于正确处理人民内部矛盾的问题》一文中提道："为了从根本上消灭发生闹事的原因，必须坚决地克服官僚主义，很好地加强思想政治教育，恰当地处理各种矛盾。"这是"思想政治教育"一词首次以书面形式提出。此后，它的名称发展经历了一个历史发展过程，历经政治工作、思想工作、政治思想工作到最后思想政治教育的提出。上述几个概念看似相近，在平时也被当作同义词使用，但却有着质的区别的。政治工作是一种实践活动，目的是为实现任务；思想工作是一种精神活动，目的是为引导成员思想达到一致；政治思想工作则是前二者的结合形态，是政治工作中的思想工作部分和思想工作中的政治工作部分的融合。然三者的内涵都不能简单地单一代替或者综合杂糅成为思想政治教育的内涵。因此要想对其内涵做出具体阐述就应该先提炼出政治工作、思想工作、政治思想工作三者的本质含义，在此基础上结合实践基础再进行综合凝练概括，得出思想政治教育本身的内涵。

思想政治教育是一种具有普遍性、阶级性和实践性的社会活动，概括地说，它是指用一定的思想观念、道德规范等影响其社会成员，使其能主动地接受这种影响，以形成社会所需要的思想品德的社会实践活动，既包括狭义的学校教育，又包括广义的综合教育。我们所说的大学生思想政治教育即特指狭义的学校教育，从广义上可简单地理解为教育大学生思想，从狭义上则可理解为对大学生进行以人为本为核心，以社会主义核心价值观为理念、以大学生全面发展为重点的带有目的性、针对性、时代性的人生观、世界观、价值观、道德观、政治观和法治观教育。现今社会发展形势下的高校思想政治教育，已然成为一项重要的社会新任务，随着科学的进步和时代的发展，大学生群体接触的思想和观念纷繁复杂，大学生个体出现思维跳跃、主见鲜明的新特点，在这样的教育背景下，正确运用马克思主义理论、中国化社会主义核心价值观理论对大学生进行思想政治教育，将会是一个艰巨而漫长的过程。

2　新媒体时代大学生思想政治教育的机遇

2.1　党和国家提供强有力的制度保障

中共中央、国务院在《关于进一步加强和改进大学生思想政治教育的意见》中提到，要努力去拓展新形势、新环境下大学生思想政治教育的途径，主动占领网络思想政治教育新阵地。在《关于加强和改进新形势下高校政治工作的意见》中进一步指出，加强和改进高校思想政治工作，事关办什么样的大学、怎样办大学的根本问题、事关党对高校的领导，事关中国特色社会主义事业后继有人，是一项重大的政治任务和战略工程。因此在国家政策支持下，全面推进校园新媒体的使用，能够不断开阔大学生思想政治教育的渠道，建立创新性、发展性、丰富性、专业性四位一体的专题教育网页，从而改变传统的思想政治教育方式。

2.2　新型载体提供有效网络信息平台

网络载体是新媒体大众传播的一种载体形式，它通过互联网对信息做交互处理，为思想政治教育提供多种类、多来源的信息知识储备，使教育者和受教育者能在网络平台上进行及时有效的双向互动，从而提高思想政治教育的实效性。加之它本身的便携性，网络载体在我们的学习生活中扮演着越来越重要的角色。

网络载体的产生有助于渲染良好的思想政治教育氛围，打造良好的教学环境，因时而变、因需而变，不断改革，不断创新，满足人们的社会化和继续实现社会化需求。我国是社会主义国家，教育者将与社会主义相关的理论内容制作成比起简单的文字更容易让人产生兴趣的视频、图片等，再利用网络载体直接上传到网络，通过网络平台进行传播，而受众在浏览的同时，其实在不自觉中就接收了这些视频、图片所要传达的信息，使其教学形式更加多样，实现了教学形态由静态到动态的质的飞跃，通过这种方式，社会主义价值观的灌输和建设也因此能取得更好的成效。

2.3 教育主客体平等对话激发自主性

中国传统文化中，对于"教师"这一职业都是用德高望重来诠释的，对于教师说的话，学生一般都是当作权威发言完全听从，少有疑问或者提出自己的反驳，所以在传统教学中教师作为教育主体的地位很高，具有完全的权威性，主体性。但在新媒体教学中，教育主客体可以处在不同的时间和空间范围内进行对话，因此教育客体也会自然而然地减轻自身与教育主体之间面对面谈话的心理压力，发言更加轻松，更加自由，敢于主动提出质疑，发表自己的意见和看法，由此一来二往，不但能让二者更加了解对方的想法，还能拉近二者之间的距离，使二者之间的地位更趋于平等。而教育客体在自我地位得到提升的同时会得到内心的优越感和满足感，在教育教学过程中，就能给自己一种被认可的潜意识，以此来激励自己主动参与学习，提高学习的主动性和积极性。

3 新媒体时代大学生思想政治教育的挑战

3.1 西方文化冲击社会主流意识形态

中国近现代史上，从鸦片战争期间学习西方先进的军事科学技术，到戊戌变法时期学习西方近代民主政治制度，再到民国初期学习西方启蒙思想及文化精神的例子还历历在目。如今新媒体传播信息速度快、内容复杂、自由度高，用户可通过电脑、手机、电视等终端接收到各种各样的信息，其中既有积极向上的也有消极腐败的。积极向上的信息能提高大学生思想道德素质，而消

极腐败的信息则似一针腐蚀剂，能将大学生的思想逐渐腐蚀，带入另一条错误轨道。例如，新媒体网络上到处都能看到西方资本主义制度腐朽文化、宗教极端主义文化、极端个人主义等意识形态信息，一些少数敌对中国的国家甚至对我国公民进行资本主义观点和意识形态价值观内容输出，而大学生正处于"三观"的发展成熟阶段，社会阅历尚浅，对未知世界的认识和判断更具个人主观性，缺少理性和客观分析，同时又是容易被各种思想、文化、道德规范影响的一类群体。所以当外来文化慢慢渗透进我国的同时也能轻易地渗透到大学生的思想意识中。

网络信息多元复杂，决定网络环境必定复杂，使其思想政治教育客体所形成的思想品德和道德行为也出现复杂的情形。同时，影响大学生思想品德形成的信息因素在本质上是多重的，好的、不好的混杂在一起，那么新媒体网络对思想政治教育的影响从本质上看就是积极与消极并存的，消极的一面甚至能在一定程度上对积极的一面造成不良影响。现在的大学生能接触到的西方外来文化越来越广，受西方文化的影响也越来越深，所以在大学生思想政治教育中如何正确引导大学生树立社会主义主流思想成为一大难题。

3.2 政府难于监督管理自由开放信息

在传统媒体信息传播过程中，其传播方式单一、内容量小，潜在的不良信息能被人为地、有意识地过滤掉，能写上报纸、载入书刊、播于广播的一定是经过过滤和筛选之后被留下来的能传播社会主旋律、引导社会主流价值观的积极和先进的信息。而在新媒体传播过程中，其信息内容具有很大的自由性和开放性，信息量过度膨胀。政府在对信息传播的监督和管理中，如果单像在传统媒体时期那样对信息进行逐条筛选、过滤，不仅耗费巨大，而且还会拖延信息发布的时间，达不到新媒体时代信息传播的即时性。也正是因为这样，一些淫秽、色情、赌博等不良信息就抓住新媒体这一漏洞，在网络上进行肆意传播，影响人们的身心健康，特别是对于那些"三观"尚未成形、辨别能力还较弱的青少年、大学生来说，更容易受到不良信息的误导。所以，新媒体自身存在的漏洞，政府若不加强监督管理，势必对大学生的思想政治教育工作带来消极影响。

3.3 网络舆论暴力破坏社会道德规范

近年来，随着网络新媒体在社会大众中间的影响力逐渐增强，它已成为社会大众学习、工作

和生活的一部分，由此而来的网络舆论不容忽视。世界各地、各国家发生的各类大小事件，通过网络就可激起社会大众对这些事件参与和讨论的热情，网络新媒体成为一种能轻易表达思想的自由公众平台。网络舆论正面体现了公民的言论自由权利，但也伴随着消极影响。网络舆论通常是在网友的互相评论当中产生的，这种互动一般情况下是一种文字表达自我想法的互动，但当这种文字表达被刻意地加入个人过于主观的情绪时，就容易演变为网络暴力。现在网络上的一些营销号、"键盘侠"常成为网络舆论的带头者，如在新浪微博热门中，经常有"某某某出轨""某某某吸毒"的话题出现，一些网民就会自动站队，对自己反对的一方进行人肉搜索、批评、辱骂，如果事件主角对网民的评论置若罔闻，不做出任何回应，网民的不满情绪就会加重，对事件主角的攻击就会愈演愈烈，使社会风气乌烟瘴气，社会道德规范反而被网络暴民强行扭曲成一种道德绑架，直接破坏大学生思想政治教育的良好环境。

4　加强新媒体时代大学生思想政治教育的对策

4.1　建立完善的教育系统，构建主旋律教育阵地

习近平新时代中国特色社会主义思想明确指出我国社会主要矛盾是人民日益增长的美好生活需要和不平衡不充分的发展之间的矛盾，必须坚持以人民为中心的发展思想，不断促进人的全面发展、全体人民共同富裕。高校思想政治教育的根本任务旨在引导大学生群体树立正确的世界观、人生观和价值观，秉承为建设中国特色社会主义事业而奋斗的远大理想和坚定信念，培养和打造成为有理想、有道德、有文化、有纪律的社会主义"四有"新人。为完成这一根本任务，不少高校已经开始推广建立网络思想政治教育系统。2007年12月，北京交通大学率先建立了网络首都大学生思想政治教育研究中心，这一研究中心的成立，将成为广大思想政治教育者的学术交流平台，社会主义主旋律传播和教育基地，也是第一个在北京建立涉及全国范围内大学生思想政治教育领域权威的学术评估机构。除此之外，各大高校都在陆续成立研究中心，打造统一的、共享的思想政治教育系统，以此来宣传主流文化意识形态。由此可见，网络教育系统将逐渐成为高校思想政治教育的主要阵地，以新形式、新方式、新姿态融入教育教学活动，提高教育教学活动质量。而我们应当将这种网络教育系统在一所或几所高校进行试点，优化和改善之后再辐射到国内各大高校，形成一套完整统一的教育模式，投入到高校思想政治教育课程及活动当中。

4.2　加大监督管理的投入，保障网络教育的发展

尽管我国已经出台了若干条关于新媒体思想政治教育建设的政策法规，然而这些政策法规都不足以能完完全全地确保政府对新媒体思想政治教育进行监督和管理。目前，在我国的监督和管理制度中，基本都是关于如何去执行，却没有提出对执行者的要求和福利，导致一些执行者产生心有余而力不足的心理，同时，对所需要的基础设施、经费等没有积极提供，造成整个执行过程混乱，执行力度不够，直接影响网络思想政治教育建设的发展。所以，政府要建立健全思想政治教育管理和监督制度，根据当前的具体实际，明确分工，严明权利、义务、奖惩，确保网络思想政治教育在有法可依的前提下健康发展。

4.3　加强教育人才的培养，提高网络教育者素质

面对当前社会发展的现实要求，在新媒体时代大学生思想政治教育过程中，培养一批具有高政治素质、思想素质、道德素质、知识素质、能力素质和生理心理素质的思想政治教育者，打造一支高素质网络思想政治教育队伍就显得尤为重要。政治、思想、道德、知识、能力和生理心理是构成思想政治教育者综合素质的各方面因素，新时代下应在有关领导部门的有序指导下，对教育者做有步骤、有计划、有节奏的思想培训。在教育者自身而言，应当严格要求自己，不断提升自身综合素质，以适应社会新要求，传导给受教育者正确的政治观点、道德规范、行为态度。例如，举办社会主义价值观知识问答、趣味素质拓展活动、网络思想素质视频教学等，在轻松活泼的环境中提升教育者素质。

参考文献

[1] 王大任. 融合新媒体技术　构筑报业数字化新格局[J]. 新闻窗，2008（6）：90-91.

[2] 王婉妮. 网络新媒体特点及其现状分析[J]. 今传媒，2014（12）：123-124.

[3] 余斌. 试论思想政治教育的目的、本质、原则和方法[J]. 中国高等教育，2011（7）：33-35.

[4] 陈万柏，张灿耀. 思想政治教育学原理[M].

北京：高等教育出版社，2015.

[5] 朱先月. 案例教学法在物流管理教学中的课例研究[J]. 现代交际，2014（8）：185-186.

[6] 向婷."参与式"教学在"思政课"教学过程中的运用探讨[J]. 怀化学院学报，2015（4）：115-116.

[7] 董立人. 对新时期灌输教育的再认识[J]. 理论与改革，2001（4）：107-109.

[8] 杨玲玲. 浅析洋务运动对中国近代科技的影响[J]. 黑龙江史志，2014（16）：146-148.

[9] 范莹，杨娟. 以社会主义核心价值引领大学生思想政治教育[J]. 中共银川市委党校学报，2012（3）：27-29.

[10] 张彩虹，温丽萍. 从人的主体性出发探讨思想政治教育的教学策略[J]. 科技信息，2010（1）：793-794.

[11] 霍浩森. 马克思主义人学思想中人的自由全面发展理论[D]. 重庆：西南政法大学，2010.

[12] 宋嗣军，熊荣伍. 用社会主义核心价值体系指导高校思想政治理论课教育教学[J]. 湖北社会科学，2010（3）：184-186.

[13] 胡范坤. 高校辅导员队伍建设实践创新研究[D]. 长春：东北师范大学，2014.

"互联网+"背景下高校学生网络思想政治教育探析

上官晴天

（西华大学人文学院，成都 610039）

摘　要： 在"互联网+"的时代背景下，高校学生网络思想政治教育面临着"以人为本"的总趋向，也面临着"消解"的困境。网络思想政治教育有着思政空间环境拓宽、新的方式方法孕育、学生思想观念更新等发展机遇，但也有教育研究滞后、重视不足、资源聚合薄弱等问题。回避不如直面问题，顺应"互联网+"的网络时代发展趋势，发挥网络思政教育优势，针对缺陷探索出高校思想政治教育新思路符合"实践育人"的出路。

关键词： 互联网+；网络思想政治教育；高校学生；思想观念

Analysis of College Students' Network Ideological and Political Education under the Background of "Internet +"

SHANGGUAN Qingtian

(School of Humanities, Xihua University, Chengdu 610039 China)

Abstract: Under the background of "Internet +" college students' network ideological and political education faces the general trend of "people-oriented", and also faces the dilemma of "dispelling". The network ideological and political education has the development opportunities, such as the ideological and political space environment broadens, the new way method breeds, the student' thought idea renewal and so on, and there also exist the education research lag, the attention insufficient, the resource aggregation weak and so on. It is better to face up to the problem, to conform to the "Internet +" network times development trend, to exert the advantage of network ideological and political education, and to explore the new ideas of ideological education in colleges and universities in line with the way of "practice educating people".

Key words: Internet +; network ideological and political education; college students; ideas

引　言

互联网作为现代科技的产物，是现代社会不可缺少的重要组成部分，对人们的实践生活、思想变化产生了巨大的影响，而"互联网+"则是随着社会的不断发展应运而生的互联网技术的"升级版"。有学者对其做出如下定义："'互联网+'是以互联网为主的新一代信息技术（包括移动互联网、云计算、物联网、大数据等）在经济、社会生活各部门的扩散、应用与深度融合的过程。"[1]在此背景下，网络成为高校学生网络思想政治教育的重要阵地，如何正确认识"互联网+"之于高校学生的现实处境，如何推进高校学生"互联网+"网络思想政治教育工作则是当下思想政治教育领域的重要问题。

1　"互联网+"背景下高校学生网络思想政治教育的现状

而网络作为新时代下的思想政治教育工作的重要载体，从应然的角度而言，本质是为"人"而服务的。因而，"互联网+思想政治教育"所构成的网络思想政治教育在科学技术蓬勃发展的同时，对思想政治教育工作提出了"+"的要求，对于高校学生有着重要意义。有学者将网络思想政治教育的内涵界定为："一定阶级、政党、社会群体用一定的思想观念、政治观点、道德规范，通过现代传媒——计算机网络对其受众施加有目的、有计划、有组织的影响，使他们形成符合一定社会、一定阶级所需要的思想品德的社会实践。"[2]P47网络思想政治教育工作也是立足于高校

作者简介：上官晴天（1994—），男，西华大学人文学院研究生；主要研究方向：马克思主义与中国现当代文学。

"培养什么样的人、如何培养人以及为谁培养人"这一根本问题。在"互联网+"大背景下，高校学生网络思想政治教育正面临着新的趋势与趋向以及不可回避的困境等客观现状。

1.1 "以人为本"总趋向的凸显

思想政治教育是以人为主体，以人为根本的，是"做人的思想工作"的，其主体性特征鲜明。思想政治教育工作本身就具有鲜明的"人本性"和政治性，它是基于现实的、具体的人而言，最终将落脚于人的全面发展以及党和国家的伟大事业建设。网络作为现实世界的"虚拟延伸"，它既是现实的，也是虚拟的，是二者的统一体，是在科学技术发展的基础上对于人的现实生活的补充。网络思想政治教育则是顺应"互联网+"的技术发展趋势，相较于传统的面对面做思想政治工作的方式，它代表了一种新生的思想政治教育方式的更新的趋势，它的逻辑起点是"基于网络的现实的人的思想"。[3]第一，区别于传统相对单一的、呆板的直接"灌输"的思政教育模式，网络思想政治教育有着相对灵活、新颖、易于接受的特点，更加适应现代信息化社会的现实的发展和学生"对美好生活的需要"；在"互联网+"的大背景下，不论是基于大数据的云端信息数据教育分析，还是微信、微博、易班等新媒体传播推广，抑或网络舆情信息的搜集与反馈，这拓宽了网络思想政治教育的空间，都与"以人为本"相关联，目的在于以"春风化雨""润物无声"的方式对高校学生的思想产生正面的、积极的影响。第二，人的主体性、自主性、个性化得到了相应彰显，尤其是对于较易接受新生事物的高校学生。网络具有便捷性、虚拟性等特点，为学生提供了一个"发声"的平台，而且这一平台发声渠道广，发声成本低，发声门槛低，学生的思想诉求等能够得到相对自由的表达，这无疑是增加了高校学生的"主体感"，而这种类似于主人翁意识的"主体感"也是"以人为本"感受的体现与凸显。这也体现了网络思想政治教育发展的根本趋向。

1.2 网络对思想政治教育的"消解"

"互联网+"大背景下，思想政治教育有着全新的发展机遇，但也遭受着网络世界的冲击下"消解"的危险。在传统思想政治教育转向新的网络思想政治教育的相交阶段，容易产生思政教育工作的发展"阵痛"，体现在传统主客体方式之颠倒，价值判断选择之困境，马克思主义的"失语"与"失踪"等，这种方式的呈现就是网络对高校学生思想政治教育的"消解"。

网络思想政治教育工作是在网络上进行的，在信息全球化、多元化、碎片化的今天，网络上（尤其是现代传媒、社交平台）充斥着大量虚假的、负面的、对人产生危害的信息，而且这些信息具有很强的欺骗性与泛滥性，对高校学生的正面价值判断的养成埋下了隐患。"现代传媒所塑造和给予的是一个往往与客观真实相分离的'虚构'，它在剥夺了人们享受其真实性的权利的同时，将价值选择推向深渊。"[4]在人人都可以是"意见领袖"的网络媒介中，虚假的信息可以借由社交平台大肆传播，负面的、失真的、甚至是与主流意识形态完全相背离的资讯，例如全盘西化论、享乐主义、"三俗"论等，让"三观"还未完全树立成型的高校学生难以抉择，使其陷入思想认识上的价值困境。此外，马克思主义等主流思想的发声空间被一定程度上挤压，"失语""失踪"，为网络思想政治工作带来了更大的挑战。

2 "互联网+"背景下高校学生网络思想政治教育发展机遇

"互联网+"的蓬勃发展是时代发展的趋势，习近平总书记在十九大报告中指出要"增强改革创新本领，保持锐意、进取的精神风貌，善于结合实际创造性推动工作，善于运用互联网技术和信息化手段开展工作"。在思想政治教育中，正视、认识和深刻理解网络思想政治教育发展的机遇，迎难而上，才能为"全过程育人、全员育人、全方位育人"打下坚实基础。

2.1 思想政治空间环境的拓宽

随着"互联网+"时代的到来，网络突破了时间与空间的限制，让思想政治教育工作的数据化、信息分析化、便捷化成为可能。此外，高校学生越来越依赖网络生活，不论是查阅资料、与人交流、放松消遣，每个人都不可能拒绝网络这一新生事物而"独善其身"，高校学生对于网络的需求在某种程度上已然成为"刚性需求"。

2.2 思想政治教育新方式方法的孕育

伴随着"互联网+"的"革命"浪潮，"互联网+思想政治教育"的全新模式成为实际现实。"互联网+思想政治教育"则意味着思想政治教育与互联网这一现代科技产物相结合，充分发挥科技的优势，使得思想政治教育变得更加新颖，变得更加"可观""可感""可接地气"。譬如，高校的微信、易班、微博等新媒体的发展就是立足于现代科技这一根本土壤，让思想政治教育工作通过高校学生喜闻乐见的文件、图片、音频等传媒载体，潜移默化地影响学生的行为习惯。

2.3 高校学生思想观念的构建和更新

人的全面发展是全社会所追求的共同目标，而人的全面发展自然也包括精神、思想层面上的发展，表现为思想观念的不断构建和更新。在"互联网+"背景下，人的思想观念较容易发生变化，即新观念的构建与更新。高校学生作为青年的一代，个性意识强烈，主体意识在网络环境的影响下得到了激发，自主性得到了彰显，参与意识的增强为思想观念的构建和更新带来了积极作用。

在"互联网+"大环境下，高校学生利用网络媒介了解世界、国家、社会的发展动向，关心社会热点事件，了解身边所发生的事，国家认同、民族认同、文化认同等在一定程度上指向更加明确，这就扩大了高校学生认识问题的视野和格局，主人翁的、自主参与的、爱国的、关心社会的种种思想观念相应建构。而这些新观念的建构在一定程度上瓦解了传统的闭塞且局限的环境中的陈旧思想观念，他们"用开放的眼光看世界、看周围、看自己，用多维的思维方式思考问题，用宽广的胸怀理性地接纳整个世界"。[5]

3 当前高校学生网络思想政治教育的缺陷

当前，高校学生网络思想政治教育的发展大体环境良好，一系列新的教育成果相继出现，"互联网+"对高校学生网络思想政治教育产生了积极影响。但与此同时，高校学生网络思想政治教育的缺陷也随之产生，网络思政教育有待进一步提升。

3.1 网络思想政治教育研究的滞后

思想政治教育在一定程度上是落脚于"实践育人"的基础上，在实践的基础上得到发展，在发展的过程中不断实践，总结经验方法。"网络思想政治教育，就是在回应人们网络化生存实践中的思想、行为、文化等问题而产生的，实践的依托就是引导网络舆论，引领价值取向，减少网络对人们的消极影响。"[6]从应然的角度而言，网络思想政治教育工作应当顺应"互联网+"的时代趋势，不断丰富自身的内涵属性，从单纯的工具价值到工具价值、社会价值、人本价值的有机统一。但从实然的角度而言，网络思想政治教育工作常

常停留于工具价值的层面，思想政治教育并未形成体系化、复合化、成熟的理论与实践架构。这意味着网络思想政治教育的研究没能适应网络已实实在在成为社会生活不可分离的重要组成部分的客观现实，没能完全释放"互联网+"的应有作用。

3.2 网络思想政治教育重视不足

当前网络思想政治教育重视不足体现在教育者主体对于网络思想政治教育的理解上较为表面，以及过分渲染网络的弊端、将其"妖魔化"。网络思想政治教育作为相对意义上的"新鲜事物"，高校的思想政治教育工作者思想层面上认识到了它的重要性，但在实际中却是"反其道而行之"，这体现了在思想层面上的思维模式仍是陈旧的、不符合实际的思想政治教育工作开展观念。

随着信息技术的不断发展，网络和智能手机不断发展，大量的网络游戏、网上非法借贷、"黄暴"信息充斥着高校学生的日常生活，对其产生了不良影响。部分教育工作者简单地将其归结于网络的弊端，鼓励学生告别网络，用"堵"的方式代替了"疏"，这种方法在一定程度上能够减少网络发展的不良影响，但并未从根本上做好网络思想政治教育工作，使得在之后的网络思政教育工作中，教育工作者陷入了被动，失去了网络思想政治教育的高地。

3.3 网络思想政治教育资源聚合薄弱、参与性低

"互联网+"背景下，网络上的各种信息资源包罗万象，不论是数量上还是丰富性上都有着相对于传统媒介难以替代的优越性，理论上应该能够充分调动高校学生的积极性与参与热情，实际上学生的参与热情并未完全释放。

4 "互联网+"背景下网络思想政治教育的出路思考

网络思想政治教育应当遵循"互联网+"大背景下网络思想政治教育的发展方向以及实际需要，在理论研究、具体实践上不断推陈出新，不断深化，进行创新性发展，不断探索"互联网+"背景下网络思想政治教育的出路。

4.1 注重网络思想政治教育理论与实践的前沿研究

本文认为，只有真正注重网络思政教育的理论与实践的前沿研究，才能在网络思想政治教育中占据先机，才能真正做到"未雨绸缪"。第一，高校的思想政治教育工作者应当在思想认识上将

前沿研究放在重要位置，突破以往单纯的仅仅解决问题的定势思维，理解思想政治教育的"互联网+"的现代化特征以及发展方向，"解决共生性和特殊性的困境"[6]，根据具体环境的变化来进行思维理念的重构。第二，认真学习马克思主义理论经典理论著作，了解事物存在和发展的一般规律，提升思想政治教育工作者的相关的基本学术水平，将网络思政教育理论与实践的前沿研究与不断变化的具体实际有机结合。第三，不断增强网络思想政治教育的即时性研究，不断深化和创新网络思想政治教育的方法论，充分利用"互联网+"技术的大数据搜集与评估，真正在定性、定量的评估中总结最新的思想成果以指导实践。

4.2 深化网络思想政治教育认识，创新网络思想政治教育方法

高校思想政治教育工作者是面向高校学生"实践育人"的基本力量，他们对网络思想政治教育工作的重视程度直接影响了思想政治教育的实施效果，他们应"以学生为中心"，顺应"互联网+"时代的变化，不断创新网络思想政治教育方法。首先，教育工作者应树立正确的网络观，以一种不断学习的态度正视"互联网+"的客观存在，在技术层面上要不断提升自身网络信息技术技能，在行为习惯上要适应青年学生群体的新动态，转变陈旧的思维方式，坚持"民主原则"，在心态上做到"换位思考"，与学生进行平等的、更具包容性的交流。其次，要进一步发挥"互联网+"的积极影响，推动思想政治教育工作的"联网上线"。

4.3 进行资源优化整合，提升参与度

因网络思想政治教育而衍生的各种载体，在本质上应当是以服务学生，实现学生的全面发展为目的，而并非为了彰显"互联网+"而进行网络思想政治教育工作。针对网络思想政治教育资源分散、学习平台繁多的特点，高校网络思想政治教育应树立跨平台思维，打破以往局限的"圈子"思维和过度行政化思维，要善于将传统思想政治教育工作中可行的方法与现代化的网络信息资源

进行分类整合，实现网络优势资源的优化整合，进而打造出立足于本校具体实际的思想政治平台。

习近平总书记在全国高校思想政治工作会议上指出："高校立身之本在于立德树人，只有培养出一流人才的高校，才能够成为世界一流大学。"[7]高校只有将立德树人这一根本贯彻到学生成长成才的过程中才能真正将思想政治工作推向深入。高校学生作为接受思想政治教育的客体，随着"互联网+"的不断深入，其地位的主体特征也应得到彰显，即要让高校学生真正融入且参与到网络思想政治教育工作中，而不是教育者单向地行动。高校应探索将立德树人等主流价值观融合在高校学生喜闻乐见的科技文体艺术活动中，寓教于乐，利用互联网媒介传递网络正能量，引导学生在主动参与的过程中对社会、国家以及大是大非的问题梳理正确的思想认识，在润物无声和潜移默化中达到网络思想政治教育"实践育人"的效果。

参考文献

[1] 宁家骏. "互联网+"行动计划的实施背景、内涵及主要内容[J]. 电子政务，2015（6）：32-38.

[2] 曾令辉. 网络思想政治教育概论[M]. 南宁：广西民族出版社，2002.

[3] 张耀灿等. 现代思想政治教育学[M]. 北京：人民出版社，2006.

[4] 刘英，王惠. "五点一线"：现代传媒语境下思想政治理论课之解锁机制研究[J]. 现代教育科学，2015（3）：29-32.

[5] 李萍. 网络环境下高校学生思想政治教育研究[D]. 长春：林吉林农业大学，2011.

[6] 唐登蓥，吴满意. 网络思想政治教育研究：历程、问题与转向[J]. 思想理论教育，2017（1）：76-81.

[7] 习近平. 把思想政治工作贯穿教育教学全过程开创我国高等教育事业发展新局面[N]. 新华社，2016-12-08.

浅谈《子夜》人物亲情的异化

魏智慧

（西华大学人文学院，成都 610039）

摘　要：马克思的异化理论不但强调人的劳动异化，而且指出金钱给人带来的异化。马克思认为物是现代性的基本特征。人的异化是现代化过程中无可逃避的社会问题。《子夜》描写了在现代化的进程中，杜竹斋为了自己的金钱利益不惜背叛吴荪甫，而曾沧海为了自己的权力和财富处处利用吴荪甫的名望，吴荪甫与林佩瑶同床异梦的夫妻关系，揭示了在整个社会中家族亲情的异化。《子夜》对故事的叙述和人物的描写在某种程度上回应了马克思的异化理论，也揭示了现代化过程中人异化的社会问题。

关键词：山命；生态观；自然；异化；马克思；恩格斯

On the Alienation of Characters' Love in *Midnight*

WEI Zhihui

(School of Humanities, Xihua University, Chengdu 610039 China)

Abstract: Marx's alienation theory emphasizes not only the alienation of human labor, but also the alienation brought by money. Marx believed that things are the basic characteristics of modernity. Human alienation is a social problem in the process of modernization. *Midnight* describes Du Zhuzhai's betrayal of Wu Sunfu in the process of modernization, and Zeng Canghai's use of Wu Sunfu's fame for his own power and wealth. Wu Sunfu and Lin Peiyao's husband-wife relationship, which reveals the alienation of family affection in the whole society. The narration of the story and the description of the characters in *Midnight*, to a certain extent, respond to Marx's alienation theory and reveal the social problems of human alienation in the process of modernization.

Key words: mountain life; ecological view; nature; alienation; Marx; Engels

目前，学者们对《子夜》的研究主要涉及以下几个方面，一方面从文本的主题、经济、政治研究出发；另一方面是对其语言艺术、人物形象、艺术手法的研究；再一方面倾向于小说的现代性研究。但是未有将马克思异化理论运用分析《子夜》中的异化现象，本文主要从吴荪甫与杜竹斋、吴荪甫与曾沧海、吴荪甫与林佩瑶的亲情关系的异化来探讨《子夜》中人物亲情的异化。

马克思认为："夫妻之间的关系，父母和子女之间的关系，也就是家庭。"[1]人类作为一个族类存在，家庭成为这个族类的一个单位。在这个族群里，围绕夫妻、子女和父母形成了不同血缘关系。亲情关系的状态折射出人与人之间关系的状态，如果亲情关系发生了扭曲，那么人与人的关系必然是扭曲的，社会必然呈现出畸形发展状态。

随着社会发展，金钱的作用也越来越大，人对金钱的欲望也日益膨胀。在追求金钱的过程中，以血缘为纽带的家族社会必然会受到亲情的影响。在中国整个现代化过程中，上海历来是作为现代都市的最前沿城市，是现代化速度最快的地方之一。在这样一个充满竞争的大都市里，一部分人为了所谓的生存或者为了满足自己的虚荣心、物质欲望，总是不断利用他人来满足自己的欲望，将他人工具化。在如此唯利是图的社会中，家庭成员的交往带有很强的目的性、功利性、自私性，亲情关系产生了异化。

1　吴荪甫与杜竹斋的关系

小说中，杜竹斋是吴荪甫的姐夫。从中国社会传统意识角度分析，杜竹斋、吴荪甫如此亲密

作者简介：魏智慧（1993—），女，研究生，主要研究方向：马克思主义理论。

的血亲关系，注定他们在商场斗争中自然而然地处于一种互帮互助的状态，但是在物欲横流、个体意识异化的大都市里，这种亲情纽带也难以维持，等待他们的唯有分道扬镳和形同陌路。吴荪甫对杜竹斋知根知底，知道他胆小多疑，不喜欢办厂，对益中收购八个小厂子十分不满，脑子里始终想的是各种发横财的投机阴谋。但他一方面清楚地明白要对抗赵伯韬就不得不拉上姐夫，至少姐夫是不会拒绝赚钱的；另一方面知道姐夫也不会不顾及亲情，更为重要的是他认为在某种程度上姐夫杜竹斋是唯一一个在事业上与自己拥有共同语言的人，于是毫无疑问地将自己的计划告诉了姐夫，并希望姐夫能够加入自己的阵营，一起对抗赵伯韬。但吴荪甫万万没有想到，姐夫最终背叛了自己，原以为牢固的亲情关系最终还是败在了个人欲望，败在了金钱上。马克思认为："商品形式和它借以得到表现的劳动产品的价值关系，是同劳动产品的物理性质以及由此产生的物的关系完全无关的。这只是人们自己的一定的社会关系，但它在人们面前采取了物与物的关系的虚幻形式。"[2]马克思强调在商品经济社会里，人与人之间的关系被物的等价交换的表象所掩盖，商品成为支配人的一切的异己物，而货币是商品的表现形式，由此，金钱的地位被神圣化，人的主体性地位也就消失了。在如此推崇金钱的主体地位的社会当中，一旦人对金钱失去了掌控，威胁到自己个人利益时，一切的亲情都是那么不堪一击。杜竹斋一旦发现自己的个人利益受到了威胁甚至自己可能倾家荡产，于是露出了自己邪恶的本质，成为一个不顾亲戚之情的人。"大事却坏是姐夫杜竹斋乘机予其致命的一击。杜竹斋乘吴荪甫们压低了价钱就扒进：不料竹斋又是这一手，在他手里。那么，昨晚上对他开诚布公那番话，把市场上虚虚实实的内情都告诉了他的那番话，岂不是成了开门揖盗么？——'咳，众叛亲离。我，吴荪甫，有什么地方对不起了人的！'"[3]小说中直接借吴荪甫的口，折射出了二人亲戚关系的破裂，暴露出了杜竹斋个体意识的异化。杜竹斋曾经和吴荪甫表面上亲近，实际上完全是为了满足自己的欲望，一旦益中公司和吴荪甫陷于困境之时，他为了维护自己的利益，必然会不顾亲戚之情。小说中杜竹斋在吴荪甫遇到困境时，他选择了不帮助吴荪甫渡过难关，反而站到了赵伯韬一边来和吴荪甫对抗的做法正是他本性的体现，也是异化社会折射在人身上的反映，也是人自身

的异化。在决战的那天：要是吴荪甫他们的友军杜竹斋赶这当儿加入火线，空头们便是全胜了，然而恰在吴荪甫的汽车从交易所门前开走的时候，杜竹斋坐着汽车来了，两边的汽车夫捏喇叭打了个招呼。可是车里的主人都没觉到，竹斋的汽车咕的一声停住，荪甫的汽车飞也似的回公馆去了。[4]小说从一开始吴荪甫和杜竹斋就几乎形影不离，偏偏在关键时刻二人形同陌路，就连各自的汽车夫互相认出了对方，二人竟然都没觉到，这正是对二人建立在金钱利益的亲戚关系的讽刺，对这种功利性、目的性的姻亲关系异化的彰显。

2 吴荪甫与曾沧海的关系

小说中描写了吴荪甫和杜竹斋的亲情在追求金钱与财富、渴望物质享受时，逐渐将亲情关系割裂，走向了对立面。吴荪甫的舅父曾沧海是一个老乡绅，在双桥镇是有名的"土皇帝"，但是随着时代的发展，他的权力受到了后起之秀的瓦解。在他接到吴荪甫的一封急电时，他的内心非常开心。小说中写道："这封急电递到他手里的一刹那间，他是很高兴的；想到自己无论如何是鼎鼎望族，常在上海报上露名字的吴荪甫是嫡亲外甥，而且打了急电来，——光景是有要事相商，这就比昨天还是拖鼻涕的毛小子的镇上'新贵'们很显见得根基不同了。"[5]曾沧海原本以为可以借嫡亲外甥吴荪甫的名声为自己在家乡地位的提高发挥作用，于是心情非常开心。"但当他翻译出电文来是'报丧'，他那一股高兴就转为满腔怒气。第一，竟是一封不折不扣的普通报丧电，而不是什么商量地方上的大事，使他无从揣在怀里逢人夸耀……"[6]一旦他"狐假虎威"的丑戏不能上演的时候，他顿时充满怒气。这种一旦无法利用姻亲关系实现自己目的时就抱怨、怒骂，何尝不是功利化带来的悲剧。美好的亲情有利于各成员共同进步、共同发展，对实现人的全面解放有着促进作用。但在现代化的发展中，当代人已经逐渐忽视了亲情对实现人的全面发展的重要性，将亲情作为自己的工具。曾沧海原本想利用吴荪甫的力量来实现自己对双桥镇的控制，给予"新贵"们致命打击，但最终愿望落空，这实际上折射出在利用别人的时候，反过来必然是自己异化。曾沧海不但利用自己外甥吴荪甫的名声为自己牟取利益，而且一心想从外甥那里获得更多物质财富。"曾沧海假意送到大厅的滴水檐前，就回转来大生气……尤其是这最后的五万元不能到手，他把费

小胡子简直恨同杀父之仇！"[7]费小胡子是吴荪甫的管家，因为吴荪甫在上海急需要钱，于是叫管家到老家来清点钱财，而曾沧海刚开始时既不愿意将钱拿出来，但迫于外甥的压力不得不让步，这让他的心计全盘落空了。

曾沧海与吴荪甫亲情关系的异化，不单单体现在了曾沧海对亲戚关系的无视以及利用，同时也体现在吴荪甫并没有完全将舅父放在眼中，以至于管家也对曾沧海产生歧视与不满。小说中写道，"费小胡子复又坐下，仍旧笑嘻嘻地说，可是那语调中就有对于曾沧海的盘问很不痛快的气味。……现在看见曾沧海居然又进一步，颇有'太上主人'自居的神气，费小胡子就觉得这位老舅父未免太不识相了。"[8]费小胡子对曾沧海的无视，实际上就是知道了吴荪甫对自己舅父的态度，又非常清楚曾沧海的权力已经逐渐地缩小，利用他的可能性越来越小，于是完全可以不顾及亲戚颜面。费小胡子这种看人说话的处事方式以及对待亲戚的态度，从侧面体现出了吴荪甫对自己舅父的态度。各自为了达到自己的目标不断利用亲戚，各自以利益为中心，忽视了人与人之间的情感交流成了人与人异化的必然表现。

3　吴荪甫与林佩瑶的关系

吴荪甫虽然在商界叱咤风云，但他的家庭生活却并不幸福，他与妻子林佩瑶没有任何共同语言，更谈不上心灵的沟通。吴荪甫一心只忠诚于他的事业，一天到晚要么在书房里密谋自己的宏图大计，要么在交易场所里计划自己的事业，要么就是在工厂里阻止工人罢工，整日为事业而奋斗。他从来没花心思去了解妻子内心需求。当得知双桥陷落的消息，吴荪甫走到少奶奶跟前，"仅仅把右手放在少奶奶的肩上，平平淡淡地说：'……这一次光景都完了！佩瑶，佩瑶！'这两声热情的呼唤，像一道电流，温暖地灌满了吴少奶奶的心曲；可是仰脸看着荪甫，她立刻辨味出这热情不是为了她，而是为了双桥镇，为了'模范镇的理想'，她的心便又冷却了一半。"[9]"佩瑶，佩瑶"的动情呼唤在《子夜》中是绝无仅有的，仅仅把右手放在自己妻子的肩上对吴荪甫来说也是罕见的肢体接触，但让林佩瑶灰心的是丈夫这罕有的深情不是为了她，而是为了他自己的理想事业。丈夫将事业当作了自己的全部，一心只是为了满足自己的占有欲以及金钱欲，忽视对妻子的关心，这何尝不是夫妻关系的冷漠与异化。吴

荪甫与林佩瑶没有灵魂交流的婚姻，从根本原因上是二人都是将自己的婚姻功利化、物质化、金钱化。

吴荪甫对林佩瑶忽视，反过来林佩瑶对吴荪甫同样是漠视的态度。林佩瑶嫁给吴荪甫是因家庭变故，社会的残酷，她把自己的婚姻当作了商品。在文学中有很多女性，她们将自己的婚姻作为自己生存的筹码，"女性做太太似乎成了一种谋生方式，一方供以生活，一方委以身体。至于给谁做太太，那是无所谓的。"[10]林佩瑶就是这类女性，她想获得物质上的保障而嫁给了吴荪甫，成为吴太太。因为二人的结合是在经济基础之上，而这种功利化的婚姻，必然成为双方的异己物，两人也将在这个异己物的包围下逐渐扭曲、颓废、不安。林佩瑶成为吴太太是多少时髦女子所羡慕的，但是成为吴少奶奶的林佩瑶尽管有着充足的物质财富，但是并没有因为这些财富而得到快乐，反而总感到缺少了什么似的。她的精神是极度空虚，但又不知道自己究竟缺少什么。于是，她陷入了对过去感情无止境的怀恋中。林佩瑶整日沉浸在过去的回忆中，必然对于丈夫所经营的事业，没有任何的关心之处，甚至说连丈夫具体在做什么事情都不知道。每当吴荪甫出入三条火线，焦头烂额地回到家中时，她并不能理解丈夫的苦衷，而只能在一旁默不吭声。

小说最后，吴荪甫放弃了自杀，要去庐山避暑，"少奶奶猛一怔，霍地站了起来，她那膝头的书就掉在地上，书中间又飞出一朵干枯了的白玫瑰"。[11]林佩瑶不知道为什么丈夫要匆匆忙忙地出去避暑，但是依旧只是听从了丈夫的话。在小说中这"书"、这"枯花"吴荪甫已经是看见了不止一次，但依旧同以前看到的时候是一样，并没有仔细地注意到书和花，只是想到了自己的心中之事。由此看出，吴荪甫根本就不关心妻子，也不在乎妻子的感受与欲求，只是活在自己的计划和自己的欲望当中。"夫妻二人一个沉浸在中世纪的骑士王子的童话中，一个殚精竭虑地拼杀在工厂和交易所里，尽管双方都曾试图从对方身上寻找到安慰与理解，但心灵的隔膜只能带来彼此的失望"。[12]林佩瑶不满足于现在的生活，依旧对浪漫爱情充满了憧憬，但是丈夫却无法满足她对爱情的渴望，于是回忆和幻想成了她的"救命药"，惶惶度日，造成她精神的空虚，寻求不到疗救的良药的根本原因是她内心享受着金钱带来的美妙，渴望拥有丰富的物质享受，这种将爱情物化的思

想观念必然造成她自己的异化，同时也影响到夫妻关系。同样把金钱欲、占有欲当作自己唯一追求的吴荪甫，也只能在商业上寻找到自己的价值，而他的这种价值必然是扭曲、异化的，进而他的夫妻生活必然是不幸福的。马克思认为在资产阶级统治下金钱使人产生了异化。马克思看到了资产阶级统治下一切罪恶的源头指出："钱是从人异化出来的人的劳动和存在的本质，这个外在本质却统治了人，人却向它膜拜。"[13]在这里马克思深刻地阐释了金钱在人的异化中的作用。无论是林佩瑶还是吴荪甫都有着追求金钱，以钱为中心的价值观，这种价值追求必然造成夫妻间的同床异梦，带来夫妻双方的互不在乎、互不关心的异化局面。

4 结 论

马克思给予了现代性以物的依赖的历史定位，人对物的依赖是现代性的基本特征。无论是吴荪甫与杜竹斋最终的形同陌路，还是曾沧海利用吴荪甫不成以及吴荪甫对曾沧海的漠视，还是吴荪甫与林佩瑶同床异梦的关系，都是以物为纽带，而这正是现代性的基本特征的显现。可见，在现代化、都市化的过程中，人类生存中最为亲密的亲情关系因各自的物质与金钱的利益变成了物质和金钱支配的对象，成为异己物，在如此异己物面前，人最终走向了异化。

参考文献

[1] 马克思，恩格斯. 马克思恩格斯选集：第 1 卷[M]. 北京：人民出版社，1995：33.

[2] 马克思，恩格斯. 马克思恩格斯文集：第 5 卷[M]. 北京：人民出版社，2009：89.

[3] 茅盾. 子夜[M]. 北京：人民出版社，2016：491.

[4] 茅盾. 子夜[M]. 北京：人民出版社，2016：487.

[5] 茅盾. 子夜[M]. 北京：人民出版社，2016：85.

[6] 茅盾. 子夜[M]. 北京：人民出版社，2016：85.

[7] 茅盾. 子夜[M]. 北京：人民出版社，2016：99.

[8] 茅盾. 子夜[M]. 北京：人民出版社，2016：97-98.

[9] 茅盾. 子夜[M]. 北京：人民出版社，2016：109.

[10] 张鸿声. 论中国现代小说中的都市女性[J]. 郑州大学学报，1998（4）：66.

[11] 茅盾. 子夜[M]. 北京：人民出版社，2016：491.

[12] 杨天舒. 子夜中"自我分裂"的空间意象世界[J]. 沈阳师范学院学报（社会科学版），2002（1）：8.

[13] 马克思，恩格斯. 马克思恩格斯全集：第 1 卷[M]. 北京：人民出版社，1956：448.

司法社工介入未成年犯罪嫌疑人帮教矫正工作的探索

李小强[1]，贺颖[2]

（1. 西华大学社会发展学院，成都 610039；2. 西华大学知识产权学院，法学院，成都 610039）

摘　要：近年来未成年人违法犯罪形势日益突出，司法系统面临未成年犯罪嫌疑人帮教矫正工作的新挑战。我国司法领域针对违法犯罪的未成年人坚持以"教育为主，惩罚为辅"为原则，贯彻教育、感化、挽救的方针。预防未成年人初犯后再犯罪危险，降低再犯罪率，开展未成年人帮教矫正工作成为亟待解决的重要课题，在此基础上，社会组织参与未成年人帮教服务成为现实需求。本文重点关注附条件不起诉阶段未成年犯罪嫌疑人帮教矫正工作，通过司法社工介入并运用专业的知识、技巧开展帮教服务，降低未成年犯罪嫌疑人人身危险性，预防未成年人再犯罪风险。同时，通过司法社工与检察机关的配合，推动我国司法社工专业的发展。

关键词：司法社工介入；未成年犯罪嫌疑人；帮教矫正；未成年刑事检察工作

A Probe into the Intervention of Judicial Social Workers in the Correction of Minor Criminal Suspects

LI Xiaoqiang[1], HE Ying[2]

(1. School of Social Development, Xihua University, Chengdu 610039 China;
2. School of Intellectual Property Institute, Faculty of Law, Xihua University, Chengdu 610039 China)

Abstract: In recent years, juvenile delinquency is becoming more and more prominent, and the judicial system is faced with a new challenge of minor suspect's help and correction. In the judicial field of our country, we insist on the principle of "education first, punishment secondary", implement education, influence and rescue. On the basis of how to prevent the risk of juvenile delinquency, reduce the rate of recidivism, and carry out the work of helping and educating minors, it is necessary for social organizations to take part in the service of minors' help and education. Through the cooperation between judicial social workers and the judicial system, the judicial social workers are involved in the correction of minor criminal suspects. Legal social workers use professional knowledge and skills to help and educate minors, promote the change of minors, and prevent the emergence of risk of juvenile redelinquency. At the same time, the cooperation of judicial social work and judicial procuratorial work, on the one hand, promotes the progress of judicial procuratorial work in China, on the other hand, it also promotes the development of judicial social work profession.

Key words: judicial social worker; minor criminal; suspect help corrects; juvenile criminal prosecutions

引　言

司法社会工作作为新型外来专业，目前在国内发展尚为缓慢，但是随着社会的变迁，经济的发展，社会问题逐渐凸显，司法社工在未成年犯罪领域逐渐扮演起重要的角色。未成年人犯罪是指已满14周岁不满18周岁的人实施了犯罪行为。其中对于已满14周岁不满16周岁的人，只有实施了故意杀人、故意伤害致人重伤或者死亡、强奸、抢劫、贩卖毒品、放火、爆炸、投毒的行为，才构成犯罪，需要承担刑事责任。而对于已满16周岁的未成年人实施了法律规定的犯罪行为，都构成犯罪，需要承担刑事责任。司法社工介入未成年犯罪嫌疑人帮教矫正工作在国内不同地区已经取得了显著效果，例如首都师范大学少年司法社会工作研究与服务中心在该领域已具备丰富的实务经验，成都新空间社会工作服务中心在未成年帮教服务领域也已具备丰富的实务经验。同时，

作者简介：李小强（1992—），男，硕士研究生，主要研究方向：青少年行为矫治与司法社会工作；贺颖（1995—），女，硕士研究生，主要研究方向：司法制度。

国内专家学者对于该类研究也日渐丰富，但是大多学者的研究更趋向于宏观的研究和理论的研究。因此，在微观方面的研究和实务的研究需得到进一步提高和重视。同时，司法社工介入未成年刑事检察工作在我国经验也尚不成熟，缺乏体系化，标准化的指导，本文主要探讨对附条件不起诉的未成年嫌疑人的附条件不起诉考查期内的帮助矫正工作，针对介入模式和帮教服务手段等各方面仍需要进一步探索。

1 近几年未成年人犯罪的趋势与未成年帮教矫正工作的现状分析

近几年全国各省的未成年人犯罪案件的数量整体呈现下降的趋势，就四川省的未成年人犯罪趋势来看，根据四川省向全社会发布的《四川省人民检察院未成年人检察工作白皮书（2015—2017）》，可以得出，在过去的三年四川省检察机关共受理提请批准逮捕未成年人刑事案件 4 880 件 7 524 人，未成年人犯罪总数同比下降了 9.7%，但是值得注意的是低龄化的犯罪略显苗头，同时涉网犯罪形势严峻，约占未成年人犯罪总量的六成。从犯罪的主体中看，其中年龄在 16～18 周岁的未成年人居多，犯罪主体多为男性，他们的文化程度都较低，且大部分都是非在校的学生。从未成年人所涉案件的特点来看，其共同犯罪的比例较高，侵犯公民人身、财产性犯罪的比例较高，得到轻缓判决的比例较高。

对于未成年人犯罪趋势下降的原因，笔者认为主要有几点：第一，我国刑法对于未成年犯罪人一直以来都遵从"教育为主，惩罚为辅"的原则，比如：在量刑方面，我国刑法规定对于已满十四周岁不满十六周岁的未成年人犯罪，减少基准刑的 30%～60%，对于已满十六周岁不满十八周岁的未成年人犯罪，减少基准刑的 10%～50%。以这样宽容的方式来对待未成年犯罪人可以促使他们还未成熟的心智得到有效的引领，防止他们以后再犯的可能性。第二，我国刑事诉讼法对未成年犯罪人规定有附条件不起诉、犯罪记录封存等方法，同时我国还设立有少年法庭等专门机构，实则是考虑到了未成年人当时心智的不成熟，对事物的认知能力低下，通过这样的方式对未成年犯罪人进行保护，可以让他们将来的人生不受影响，同时也可以预防他们再犯罪。第三，我国现在的普法教育进行得十分顺利，无论是在学校还是社会或者各类企事业单位都会每隔一定时间就进行一次法制教育，这加强了未成年人的法制观念，降低了他们走上犯罪道路的概率。第四，司法社工对于未成年犯罪嫌疑人和未成年犯罪分子在各个阶段的帮教矫正都充分展现出了良好的效果，对未成年人以后的道路起到了正确引领的作用，这也是未成年人犯罪趋势下降的重要原因之一。

对于未成年人犯罪的处理，要充分考虑到未成年人对犯罪的认识能力、实施犯罪行为的动机和目的、犯罪时的年龄、是否是初犯等问题。为了达到进一步降低未成年人犯罪的概率的目标，接下来笔者将重点论述司法社工介入未成年犯罪嫌疑人附条件不起诉考查期内的帮教矫正的问题。

我们所谈论的矫正一般指社区矫正，社区矫正是指针对被判处管制、宣告缓刑、裁定假释、暂予监外执行这四类犯罪行为较轻的对象所实施的以达到使罪犯的犯罪心理得以矫正，使其能够顺利回归社会的目的的一种非监禁性矫正刑罚。与带有强制性的监禁性刑罚不同的是社区矫正是非监禁性的，因此其灵活性更强也更易被接受。未成年人是当今社会的一个主要犯罪群体，对其的处置方式除了法律上的制裁之外，最重要的就是通过社区矫正中的帮教矫正制度来改造其行为与心理上的犯意，防止他们继续犯罪。

2 司法社工介入未成年犯罪嫌疑人帮教矫正工作的优势

司法机关针对未成年犯罪关注点集中在未成年犯罪预防以及防止初犯后再犯的司法效果上，但是强制手段的管教和单纯的法律知识的灌输不足以应对这样的问题，再犯罪预防的司法效果实现率很低。在附条件不起诉阶段，未成年犯罪嫌疑人经常会脱离检察官的监督视野范围，如何保持跟进和监督变成一项棘手的问题。专业司法社工的介入解决了检察机关这样的后顾之忧，司法社工通过专业的帮教服务，在帮教与监督考察期内，对未成年犯罪嫌疑人思想、行为、认知和法律意识等方面进行教育和引导。

如何利用政府资源与社会资源这两大重要资源实现未成年犯罪嫌疑人的帮教服务，降低其再犯率，促进其顺利进入社会，司法社工的介入为资源整合提供了契机。司法社工介入依据未成年人刑事检察工作的法律、政策依据、工作原则等帮助帮教服务对象链接资源，搭建社会支持网络系统，将政府的支持与社会的支持合理整合，从而最大化促进未成年犯罪嫌疑人的改变，实现再犯罪的预防。

通过有司法社工参与的政社项目缔结，能为未成年人刑事检察工作的开展提供一定的指引，作为实务过程中检验工作的标准，评估工作效果的尺度，让其能够系统化、有步骤地开展一系列工作，形成标准化、系统化的工作模式，防止其肆意操作，毫无章法。

未成年犯罪嫌疑人顺利回归、融入社会，就需要得到社会支持，如果未成年犯罪嫌疑人回归社会之前，无法搭建有效的社会支持网络，将来融入社会就无可靠的社会支持与帮助，不利于实现对未成年感化重塑的社会效果。司法社工介入为其搭建有效的社会支持网络，从家庭、学校、社区、邻居、朋辈群体等方面寻求未成年犯罪嫌疑人有效的社会支持资源，帮助未成年犯罪嫌疑人得到社会的认可与支持，从而增强社会对未成年人的人文关怀，防止其再犯罪风险的出现，从而实现未成年人感化重塑的社会效果。

我国司法社工介入未成年刑事检察工作的时间较晚，有很多经验还不够丰富，因此，司法社工和司法系统合作方面的问题还处在一个不断探索的阶段。目前，内地青少年司法社会工作正处于初步发展阶段，各地司法系统正在积极探索青少年司法社工领域，其中尤以北京为代表，2009年，北京海淀区人民检察院与首都师范大学少年司法社会工作研究与服务中心合力展开了在涉罪未成年人司法社会调查和日常帮教与监督考察工作中引入社会工作的项目。这直接促进了海淀区人民检察院未成年检察工作处"4+1+N"模式的形成。

同时，以四川省为例，2016年3月3日，成都市社会工作者协会、成都市武侯区人民检察院、共青团成都市武侯区委员会、成都市武侯区新空间青少年发展中心等多家单位共同签署《司法社工介入未成年人刑事检察工作规定》及《司法社工介入未成年人刑事检察工作合作协议》。这样的专业合作关系不仅促进司法社工作为一股重要的社会力量参与到未成年刑事检察工作，也不断发挥着司法社工在未成年犯罪嫌疑人帮教矫正的作用，同时增加了社会对司法社工的认可度，可以看出司法系统对于司法社工介入未成年刑事检察工作已取得一定突破。

司法系统对未成年的帮教矫正工作进行一定的支持，可以方便未成年帮教矫正工作的顺利进行，也可以保证未成年帮教矫正工作的效率，司法系统以其法律性和专业性对未成年的帮教矫正工作提供帮助，使司法社工开展工作时的针对性更强，帮教矫正的范围也更加明显。不难看出，司法社工和司法系统进行长期合作，司法社工介入未成年的刑事检察工作对于未成年犯罪方面的工作是有很大益处的，其合作关系取得越来越多的突破指日可待。

3　司法社工开展未成年犯罪嫌疑人帮教服务的介入过程探索

3.1　制定对未成年犯罪嫌疑人帮教矫正的计划

开展对未成年犯罪嫌疑人的帮教矫正工作的前提就是制定一个符合未成年犯罪嫌疑人的帮教计划。司法社工在制定对未成年犯罪嫌疑人的帮教计划时可以对未成年人的个人信息进行一定的查看和分析，初步摸索到未成年犯罪嫌疑人的性格特点、心理成熟的程度、家庭背景、学校环境等足以影响到未成年犯罪嫌疑人实施犯罪的一些东西，在进行了这些分析和初步探索之后，制定一个为该未成年犯罪嫌疑人量身定做的帮教计划，让帮教矫正工作可以更加顺利地开展和进行下去。

3.2　司法社工与未成年犯罪嫌疑人的关系建立

司法社工要对未成年犯罪嫌疑人进行帮教矫正最重要的条件之一就是要和未成年犯罪嫌疑人建立起一个良好的沟通关系，这个阶段是司法社工了解未成年犯罪嫌疑人的需求和现在面对的困难，以及对未成年犯罪嫌疑人面临的问题做出一个初步判断的阶段，只有建立起一个良好的关系，才能够顺利地将对未成年犯罪嫌疑人的帮教矫正工作进行下去。当然，仅仅只与未成年犯罪嫌疑人建立关系是远远不够的，还需要与未成年犯罪嫌疑人周边的社会群体建立起一个良好的关系，这对之后未成年犯罪嫌疑人帮教矫正的工作起到很大的作用。

3.3　了解未成年犯罪嫌疑人的心理特点

未成年犯罪嫌疑人的心理发育和认知能力都还不够成熟，在不同年龄阶段的未成年犯罪嫌疑人有不同的心理状态，比如：12 周岁左右的未成年人由于处在青春期的叛逆阶段，其心理极不成熟，容易暴躁，更容易在他人的带领下走上违法犯罪的道路。因此，司法社工必须要了解未成年犯罪嫌疑人处于哪个年龄阶段的哪个心理状态才能够与其进行更有针对性的沟通，同时，司法社工必须要了解未成年犯罪嫌疑人的性格是内向还是外向，这对之后的沟通方式来说是起决定性作用的。

3.4 了解未成年犯罪嫌疑人违法犯罪的原因

司法社工在对未成年人犯罪嫌疑人进行帮教矫正工作过程中，最重要的就是要掌握未成年犯罪嫌疑人犯罪的主要原因。司法社工在与未成年犯罪嫌疑人进行沟通时，常常都会问未成年犯罪嫌疑人犯罪的原因，而未成年犯罪嫌疑人也常常就用"冲动""脑子一热"等词语一带而过，不谈及其中更深层的原因。但是，在事实上，很多未成年犯罪嫌疑人犯罪的真正原因都与个人性格，家庭环境,学校环境和周边朋友的性格等原因相挂钩，因此，与未成年犯罪嫌疑人一同找出其犯罪的根本原因是整个帮教矫正过程中很重要的一个步骤。

4 司法社工介入未成年犯罪嫌疑人帮教服务的困境

4.1 缺乏广泛性的社会认同

司法社会工作作为社会工作专业的重要领域，其也有相关的基础理论知识和司法社工的伦理守则。但在我国，社会对社会工作专业的认识度普遍不高，司法社会工作开展实务困难重重，不管是普通民众还是相关政府单位对社会工作的定位都有偏差，这导致司法社工专业性的发挥难以实现。社会对社工的认知偏差主要表现在这几个方面：一是不知社工是什么，简单地理解为是研究社会发展的专业。二是认为社工是志愿者，所以专业性并不是很明显，即便非社工专业的人员也能做社工所做之事。三是认为社工是政府工作人员，所做工作是行政性的。

对社工的认知偏差以及社工本身发展时间晚的原因造成社会对社工还缺乏广泛性的认同，所以我国社工发展的现状就是局部发展，发展不平衡，且发展较快的是经济较为发达的地区。

4.2 缺乏专业化的人才队伍

我国司法社工虽然在不断发展，但是司法社工帮教服务专业人才还很缺乏，很多社工并非是社工专业背景，社工理论基础薄弱，都是在发展过程中进行探索，积累经验，这样行业弊端也不利于司法社工专业性的发挥。

笔者在实习过程中针对相关案例的帮教服务中发现，虽然笔者有着相对扎实的理论基础和素养，但也出现专业方面的无所适从感，跟随机构工作人员开展帮教服务时笔者一直思考：某些服务的专业性体现在何处？能达到什么样的帮教服务效果？笔者开始作为一名实习生接触帮教服务工作，所做工作就是一些简单的家访访谈、个案辅导、活动策划，掌握了简单的访谈技巧和跟进工作，所以觉得这样的方式很单一，在专业性方面还很缺乏。因此，笔者认为司法社工急需提高帮教服务专业性，培养专业的帮教服务人才队伍，随着未成年人涉罪案件逐步增多，专业帮教服务人才也将出现更大的需求。

4.3 缺乏创新性的介入模式

总体来看，司法社工介入未成年犯罪嫌疑人刑事检察工作，在我国目前只通过司法社工与检察机关合作的方式实现，因此，介入模式单一，主动性和自主性不强，这样的一个局限就是司法社工只能在需要的时候出现，机动性差，效率低。如何把司法社工专业优势最大化，更有效介入帮教服务工作中，是我们需要探索和讨论的一个议题。司法社工介入未成年帮教服务工作，笔者在实习期间接触到的介入方式都有社会调查、参与合适成年人、家庭走访，以上的介入方式都是为后面帮教服务措施的事实进行一个资料的收集和问题的预估，在具体的帮教手段介入方面，每一例案例介入模式都是类似或相同，笔者认为，司法社工介入未成年犯罪嫌疑人帮教服务工作缺乏多元化的介入模式，服务模式单一，不利于促进司法社工工作的标准化、规范化发展。

4.4 缺乏强有力的资金支持

司法社工开展帮教服务实务工作需要得到资金的支持，接受帮教服务的未成年犯罪嫌疑人在帮教期间也需要一定资金扶持，因此，资金支持也是影响帮教服务的关键因素。但是目前司法社工得到资金的支持渠道狭窄，大多数来源于政府购买社会服务经费拨款，所以会时常出现经费不足的情况。社会工作机构本身要自我发展，所以也无力承担起这样的经费支出，司法社工开展帮教服务活动需要考虑资金的投入，并制定与资金匹配的活动方案，故活动方案也受资金的限制，一定程度限制了司法社工开展实务的丰富性和有效性。

5　司法社工介入未成年犯罪嫌疑人帮教服务的完善对策

5.1　提高社会对司法社会工作的认同度

目前，司法社会工作在社会中认知度普遍偏低，社会对司法社会工作的专业性认识不高，导致司法社工开展实务工作困难重重和社会工作者专业价值感和被认同感低，这影响了司法社工在社会的地位和利用价值。笔者认为提高社会对司法社会工作的认同度应该从这几个方面着手：一是严格区分社会工作与志愿者的区别，人们认为社会工作就是志愿者服务，并没有很高的专业性，社工所做之事普通人也可以做。二是司法社工介入未成年刑事检察工作体制的建设，政府应该发挥主导性作用，加快社会工作专业的普及。三是加强司法社工自身专业能力的建设，司法社工开展实务须具备专业技巧，体现自身优势，只有做好实务工作并取得良好效果才能得到社会的认可。

5.2　加强司法社工专业人才队伍建设

司法社会工作在我国尚属全新的社会职业，司法社工可划分为针对刑满释放和解除教养人员的安置帮教社工、预防青少年犯罪的社工、禁毒社工以及负责社区服刑人员矫正的社工等。从政府可提供的支持来看，政府可以给予政策上的支持，促进司法社会工作专业化、职业化，依法建立司法社工制度，开发司法社工岗位；高校可以开设社会工作专业，加强基础理论知识教育的同时开展实务实习，促进学生的理论与实践相结合，培养司法社工专业人才；社工机构可以对司法社工进行专业督导，进行定期培训，通过司法社工领域新旧知识的更替，保持司法社会工作者自我学习意识和专业本领的提高。

建立专业的司法社工人才队伍对于促进司法社工的专业化、职业化有重要的意义，未成年犯罪嫌疑人帮教服务工作只有在更多的专业司法社工的推动下才能取得更好的矫正效果，才能对降低未成年人犯罪率发挥巨大作用。

5.3　吸取境外实务经验，创新适合境内的司法社工介入模式

司法社工在国外发展历史悠久，实务经验丰富，司法社工介入未成年保护工作具有很强的实务经验和介入模式。以意大利为例，少年司法在发展过程中，司法社会工作从最初的形同虚设，到发挥越来越大作用，是少年司法与社会工作两个领域互相作用的结果。司法社会工作以助人自助为宗旨，采用优势视角，重视少年潜能，提供多样化的服务，凝聚司法的人文关怀，整合少年的优势资源，是柔性司法的代表。而少年司法制度建立的初衷，就以教育和保护少年为理念，不以对少年定罪处罚为目标，深入分析少年成长的社会环境，进一步整合少年周围的微观、中观及宏观资源，这些正好是社会工作专业的核心价值和专业特长。于是在意大利，社会工作逐渐嵌入到少年司法领域中，司法代表国家，社会工作代表社会力量，在保护少年的理念下，走出了司法与社会协同发展的双轨制路径。

20世纪60年代，随着香港经济持续增长，青少年犯罪率比例逐渐增高，这一问题引起社会的广泛关注。自八十年代起，为改善这一状况，香港开始发展青少年社会工作。根据联合国颁布的"少年犯司法行政最低标准守则"，香港提倡以"社区为本"的理念，采用社区改造的方法宽容对待涉轻罪的青少年，以避免其直接进入司法系统。由此，香港陆续出现了综合青少年服务中心、儿童及青少年中心、驻校社工、外展社工、警司警戒令和社会支援服务计划等针对香港青少年的服务项目。可以看出香港社工介入青少年保护的历史悠久，且介入模式和介入内容比较成熟，在降低青少年犯罪率方面取得了显著效果。

在美国，司法社会工作经历了兴起、繁荣发展到衰落的过程，一方面，19世纪末20世纪初，早期的社会工作者广泛地介入社区矫正、法院和监狱工作，为青少年犯以及受害者呼吁，使其获得至关重要的社会服务。他们关注贫困、性别、种族、残疾、家庭暴力、精神疾病、吸毒和亲子等问题在青少年犯罪案件中的影响。另一方面，缓刑与专业社会工作虽然具有相似的起源，但发展至今却失去了紧密的联系，当前社会工作在这个领域的作用可以说微乎其微，监狱管理层和缓刑管理部门几乎不会优先考虑聘用社工进入一线工作，而社工教育系统很少培训学生瞄准并进入这个领域。为了更好地推动我国境内青少年司法社会工作的发展，有必要追述和深入评析美国青少年司法社工的发展历程，吸取有益经验，避免不必要的弯路。

我国境内未成年犯罪背景、原因等与境外有一定的差别，固然不能照搬照抄境外模式来解决境内问题，创新和探索境内司法社工的帮教服务方式，是现实问题的需要也是境内司法社工长足发展的需要。单一僵化的帮教服务方式不仅达不

到帮教服务的效果，更不利于司法社工专业的成长和发展。各地区应在政府主导下，社会参与下，大力促进司法社工发展，创新适合境内的司法社工介入模式。

5.4 创新政府购买社会服务产品的供给体制

司法社工介入未成年刑事检察工作，与司法系统合作开展帮教服务实务工作，其输出的是专业服务，这样的服务也需要政府向社会组织购买方可获得，我们知道司法社工介入司法系统开展服务面临的一个问题就是时常资金不足。司法社工资金来源于政府购买社会服务的专项资金拨款，这样的供给体制比较单一。笔者认为政府可以通过社会效益债券的方式购买服务，将政府、民间组织、社会资本串联起来。所谓的"社会效益债券"，又称"基于绩效给付的债券"，是指向外部投资者筹资，用于解决特定的社会问题。这一融资方案让拮据的地方政府能够联合私人投资者，而不需要纳税人来承担启动资金。而投资者也可以在达到规定年限后，向政府赎回自己的本金，并获得一定的年息。且对于一般情况下"政府——社会资本"或"政府——社会组织"这种合作模式存在的问题，社会效益债券都具有免疫能力。

6 结 论

司法社工介入未成年犯罪嫌疑人的帮教矫正工作的益处是非常大的，但是司法社工要做好帮教矫正工作并不容易，本文通过分析了近几年未成年犯罪的趋势和当今社会帮教矫正的现状，司法社工的优势以及司法系统对帮教矫正工作的支持，得出了司法社工要介入未成年犯罪嫌疑人帮教矫正前期预备工作，为司法社工以后的帮教矫正工作提供了一些实质性的建议，对司法社工以后工作的开展提供了一定的基础，希望通过本文能够对我国司法社工介入未成年犯罪嫌疑人帮教矫正工作做出一定的贡献，为它的发展提供一定的动力和有益的建议。同时，也为司法社工与司法系统的合作，为创新境内矫正模式提供可靠性参考。

参考文献

[1] 李娜. 涉网犯罪约占未成年犯罪总量六成[EB/OL]. 2018.1.13. http://news.sina.com. cn/o/2018-01-13/doc-ifyqptqv8643774.shtml

[2] 高铭暄，马克昌. 刑法学[M]. 北京：北京大学出版社，2011.

[3] 田勇军，任红梅. 未成年人犯罪矫正帮教工作现状调查分析[J]. 社会治理理论，2014，（5）：68-70.

[4] 张一苇. 司法社工对涉嫌性犯罪的未成年人干预帮教研究[D]. 北京：首都经贸大学，2014.

[5] 应冰洁. 香港与内地青少年司法社会工作服务模式对比与启示——以香港、北京为例[J]. 重庆城市管理职业学院学报，2015，15（4）：1-5.

[6] Clark M.Peters, Social Work and Juvenile Probation: Historical Tensions and Contemporary Convergences[J]. Social Work, 2011(4), pp. 355-365.

[7] 熊贵彬. 美国青少年司法社会工作的兴衰[J]. 中国青年社会科学，2015，34（6）：130-135.

[8] 李润. 管窥慈善事业的资本化——以社会效益债券为视角[J]. 河南司法警官职业学院学报，2014（12）：84-88.

[9] 徐力. 社会效益债券：公私合作与金融创新的结晶[N]. 金融时报，2014-11-10.

可行能力与农村老年贫困问题

——一项反贫困社会工作研究

梁嘉浩[1]，张玉洁[2]

（1. 西华大学社会发展学院，成都 610039；2. 西华大学社会发展学院，成都 610039）

摘　要： 农村老年贫困问题是反贫困社会工作的一项重要内容，从阿玛蒂亚·森的"可行能力"理论分析发现贫困不仅限于经济收入的欠缺，还在于其健康、教育、生计、参与以及社会交往等方面可行能力的匮乏。为了改善农村老年人的生活质量，提升老年人的可行能力，本文基于"可行能力"视角，分析社工介入农村老年人贫困治理场域的路径和方法，从能力建设、社会支持和政策建议三方面探讨农村贫困老人的反贫困对策。

关键词： 可行能力；农村老年人；反贫困社会工作

Capability and Rural Elders' Poverty

——A Study on Anti-poverty Social Work

LIANG Jiahao[1], ZHANG Yujie[2]

(1. School of Social Development, Xihua University, Chengdu 610039 China;
2. School of Social Development, Xihua University, Chengdu 610039 China)

Abstract: The governance of old age poverty in rural areas is an important part of anti-poverty social work. From the analysis of Amartya Sen's "Capability" theory, it is found that poverty is not limited to the lack of economic income, but is also lack of capability in terms of its health, education, livelihood, participation, and social interaction. In order to improve the quality of life of the elderly in rural areas and enhance the capability of the elderly, this paper analyzes the paths and methods of social workers involved in the rural elderly poverty management field from the perspective of "Capability", and discusses the poverty alleviation strategies for poor elderly in rural areas from three aspects: capacity building, social support and policy.

Key words: capability; rural elder people; anti-poverty social work

引　言

"十三五"时期是全面建成小康社会的关键时期，其中贫困农村地区的精准扶贫是此阶段的一项最艰巨最繁重的任务。然而，随着社会转型的不断加快和扶贫政策的不断推进，扶贫开发面临的困难逐渐显现，特别是农村老人的贫困问题。农村的青壮年人口或仍有劳动力的中老年人口已经习惯外出打工，贫困老人已经成为农村贫困人口的主体部分，是扶贫攻坚工作最难啃的硬骨头。中国老年社会追踪调查研究报告（2014 年）中指出，农村老年人口陷入贫困的情况更加严峻，据资料统计，88%的农村老年人收入不足 1.9 美元/天/人。从我国政府当前实施的扶贫政策来看，大多局限于从经济贫困视角增加收入的扶贫办法，忽视了老年个体间的差异性以及由于经济收入不足导致选择缺乏自由度、可行能力匮乏的问题。而要打赢这一场脱贫攻坚战，不应仅限于满足农村贫困老人的经济需求，而且应该提升他们的生活质量，即提升他们的可行能力。本文以社会工作为介入主体，试从阿玛蒂亚·森提出的"可行能力"视角分析农村贫困老年人贫困的表现及成

作者简介：梁嘉浩（1995—），男，在读研究生，主要研究方向：反贫困社会工作；张玉洁（1993—），女，中共党员，在读研究生，主要研究方向：反贫困社会工作。

因，探讨农村社区贫困老年人的反贫困社会工作的对策和方法，期望能给反贫困社会工作的开展提供一点建议。

1 可行能力：分析贫困问题的新视角

"可行能力"是诺贝尔经济学奖获得者阿玛蒂亚·森在其《以自由看待发展》一书中所提出的核心理论。森认为，一个人的"可行能力"是指此人有可能实现的、各种可能的功能性组合[2]。这些功能包括物质方面的"吃、穿、住、行"，也包括精神方面的社会成就，如"读书、看电视、社会参与"等。因此，在森看来，"得以实现各种功能性活动的可行能力则是一种实质性自由"[2]。具体而言，这种自由是指生活宽裕、衣食富足，免受疾病或过早死亡等困苦，同时还包括个人在政治选举这一类活动中的参与权益。

森对"可行能力"的释义和森对新贫困观的构建，使得各界学者对贫困的研究有了新的启发。因为以往的经济学家对于贫困的评判是以收入的高低来衡量的；传统的社会学家对于贫困的概念解释总局限在社会排斥方面；人类学家对于贫困的解释也往往只是描述其为一种文化。但是，在森看来，贫困的实质是基本可行能力被剥夺的状态。贫困不仅是经济收入低下，还在于他拥有和享有自己所珍视的生活的自由情况。如果将个人的可行能力和选择自由结合起来分析农村老年的贫困问题，我们可以发现，贫困导致的直接后果就是这些群体无法实践他们所期望的生活方式，不可能自主地去追求他们所渴望的事物，更不能单靠个人力量应对生活风险或其他压力，对于种种意外往往以妥协收场，他们缺乏的这种可选择自由，其实就是可行能力的缺失，这也就是可行能力贫困所反映的状态。

由此，我们聚焦于农村贫困老人的"可行能力"视角，价值就在于对农村贫困老人的"实质性自由"或"可选择自由"的关注，也是对农村反贫困工作的支持。具体的，基于"可行能力"视域下农村老人贫困问题进行关注的价值在于：第一，贫困能以可行能力被剥夺来准确识别，而不只是通过经济收入多少来区分，在扶贫工作中可以有效杜绝数字扶贫，防止一些地方在农村贫困老年农户的收入数据上做文章。第二，在除开经济收入之外，另外的因素也作为可行能力被剥夺的影响条件，那么，在对于帮助农村老年人口脱贫的过程中，可以开展形式丰富的社会工作，例如为老农村老人开展技能培训、链接对外资源、扩宽社交网络等活动，多元化提升服务对象的可行能力。第三，收入与可行能力之间的工具性联系，对于不同的个体来说是有条件的，是可变的，针对不同的农村贫困老人，针对性提高可行能力，从而具有更高的生产能力，最后使得其拥有更高的经济收入，这是一种正向联系，这对国家提出的精准扶贫政策来说，是特别契合的[3]。

2 贫困老年：当前农村贫困的重要群体

根据阿玛蒂亚·森的"可行能力"理论分析贫困问题，可发现农村老年人是当前农村贫困的重要群体，因为他们更有可能在年龄、健康、教育、就业机会以及其他"可行能力"方受到限制，所以更容易发生贫困。而这种"可行能力"被限制的状态其实就是"不自由"的状态，也是农村贫困老人缺乏发展能力的表现。本章节在森的"可行能力"理论视域下，对农村贫困老人呈现的贫困状况进行分类归纳，并在此基础上对其致贫原因进行剖析。对于农村老年可行能力被剥夺所呈现的状况和其影响因素，本文概括为以下五点：

2.1 健康可行能力剥夺

在森看来，"健康"在每个人的能力体系中占据重要地位，健康的体魄是人类从事功能性活动的前提。而老年往往意味着身体机能衰退，健康状况下降。根据杜鹏和李强（2006）在有关老年人生活自理能力的数据推算可知，在1994—2004这十年间，老年人预期寿命指标的增长速度高于老年人生活自理预期寿命的指标增长速度。杜鹏和武超（2006）根据国家统计局提供的资料再次进行推算，也得出了相同的结论[4]。可见年龄对老年人的健康能力有显著影响，寿命增长，但是健康质量却没有跟上。并且根据学者卢敏的观点，农村老年人口的自理能力低于城镇老年人口的自理能力，这也说明了农村老年人在健康可行能力上的不足，并且由于缺乏这样的健康可行能力，部分农村老人难以进行重体力的生产劳动，从而导致经济收入低。而且我们知道，经济收入低下的老人往往生活拮据，这会直接影响老年人的营养补给、生活条件、医疗保健等，从而影响其健康状况或引发疾病，并最终形成恶性循环。另外，世界卫生组织提出"健康不仅是躯体没有疾病，还要具备心理健康、社会适应良好和有道德"。但是，农村社区的贫困老人大多为留守老人，社会角色单一，生活单调，与邻里之间的互动相对更少，因而还往往伴有焦虑和烦躁感。由此可见，健康可行能力的不足是农村贫困老人致贫的重要原因。

2.2 学习可行能力剥夺

学习能力一般是指人们在正式或非正式的学习环境下，自我求知、做事、发展的能力。本文的学习可行能力主要指老人在日常生活中表现出来的观察力、记忆力、注意力和理解能力。这些可行能力是一个人立足社会，获取生存发展所必不可缺的技能。而就目前农村贫困老人的生活状态来看，他们对现代社会中的各种信息往往不会自我学习、获取，对于各种新媒体的了解和使用还处于陌生甚至抵抗的阶段，不管是政府出台的政策还是其他社会机构组织的活动，他们单靠个人是无法得知的，这就要求村干部或其他亲朋好友保证定期信息沟通，而人为传递的消息难免存在错漏或其他情况的发生，而这也间接加大了农村贫困老人与社会的鸿沟。长时间不能接受最新消息，农村老人就会与社会发展脱轨，就会失去发展机会。所以，他们在学习可行能力上的弱化是导致目前农村老人致贫的一大因素。

2.3 生计可行能力剥夺

阿玛蒂亚·森把人能够生存和做事的能力释义为生计可行能力，即每个人为了生存而使用的一种或多种谋生的办法。从森的视角出发看待农村贫困老人的生计可行能力，可以通过生计机会和生计权力这两个层次来辅助判定老人的贫困程度，而造成农村老人生计机会和生计权力缺乏的一个重要原因是农村社会保障层次低。虽然目前农村社会保障体系逐年完善，但仍存在制度发展不均、受益范围有待扩宽、责任分担机制不明确等问题[5]，尤其是偏远贫困山村的状况更加严峻。生计机会和生计权力的贫困不仅表明农村贫困老人没有能力去满足自身所需营养和不受疾病侵害，还意味着他们无法获得基本的公共服务和社会资本。可见，农村老人是否贫困在很大程度上取决于农村社会保障体系的完善程度，因为这会影响到农村老人生计可行能力的发挥。

2.4 人际交往可行能力剥夺

人际交往能力是指人与人在各种活动中处理社会关系的能力，一般由六方面构成，其一，人际感受能力；其二，人事记忆力；其三，人际理解力；其四，人际想象力；其五，风度和表达力；

其六，合作能力与协调能力。对于农村贫困老年群体的人际交往可行能力的具备，就理应达成以上六点要求，这样才能让农村贫困老人在人际交往上获得真正的自由。但是农村贫困老人往往在语言表述、情感表达、社会交往、性情品性等方面都有欠缺，而且，由于青壮年都外出打工的影响，村子里的人口大多是留守老人和留守儿童，整体情况相似，缺乏活力，长此以往，他们在社会融入的各方面会变得表现迟钝，社会互动次数少，人际关系网络较差。因此，农村贫困老人往往处于社会的边缘，致贫可能性增加。

2.5 参与可行能力剥夺

本文的参与能力对象是农村贫困老人，因此主要从他们政治参与能力和社区参与能力来进行分析。第一，政治参与能力，农村贫困老年由于受自身健康状况、村子地理条件、政治意识淡薄等影响，他们的政治参与度明显较低。第二，社区参与能力，社区参与对于农村贫困老人的能力建设发挥着重要的作用，是他们提升可行能力的重要载体和途径，但由于农村贫困老人的自身条件、农村社区服务供给能力、基础设施建设等因素，农村贫困老人在面对社区集体活动时，可自由选择的程度也大打折扣，参与的可行能力更为缺乏。长此以往，农村贫困老年会缺乏参与社会发展的重要途径，所以，参与可行能力的剥夺也会导致农村老人的贫困问题。

3 社会工作介入农村老年贫困的路径和方法

我国农村地区的社会工作发展一般较为薄弱，因此在分析社会工作者介入农村社区贫困治理的路径时，应考虑到该地区的社工专业人才配备的有限性及资源的稀缺性，可采取社会组织嵌入模式参与进去，通过政府购买服务或社会组织主动连接政府和企业资源，以项目制的形式开展专业扶贫工作。这种介入路径能在短期内相对有效地形成示范和带动效应，实现扶贫工作的服务成效和预期目标。

根据森的观点，过一个相当好的生活有三点是最基本的：健康、教育、资源占有。若缺失这三种能力，个人的生活也将相对应地出现不同类型不同程度的问题和困境。而因老年个体间的差异性和其选择的自由度问题，不同的老年人有其不同的需求和选择偏好，不是所有老年人都以经济收入为生活质量的评定标准。因此，社工在介入农村老年人贫困问题时，不应仅限于满足老年人的经济需求，也要从可行能力视角满足他们能力提升的需求，以期改善他们的生活质量。社会工作者相信每个人都是有能力的，开展农村老年人的能力建设是社工"助人自助"理念的体现。着重关注老年人健康能力、教育能力（学习能力）和资源占有能力的发掘与培养，不仅有助于他们抵御生活风险、解决实际问题、实现自己有理由所珍视的那种生活，还能在一定程度上减轻地方政府扶贫财政支出的压力，达到"助人主体"和"受助者主体"间的双赢。

3.1 农村老年人的能力建设，赋权式社区动员+社区教育

社工组织在进入农村社区老年贫困治理场域时，应以"授人以鱼"和"授人以渔"相结合的方式开展工作，既关注老年人的经济需求，也关注老年人的能力建设。采用赋权式社区动员的手段，以农村老年人的能力建设及改善老年人的社区环境为发展目标，激发全社区人员的参与，从而实现社区内老年人在生活方式、价值观、就业意愿及就业能力等一系列综合方面的提升，并逐步形成老年人的友好社区环境。

针对老年人学习能力的弱化，社工亦可通过开展社区教育、提供技能培训，为农村老年人打开获取外界信息的通道，让尚有劳动能力的老年人能够掌握一项或多项与之能力匹配的生计方式；社工组织与社区、企业合作，就近设立相应的公益岗位，让老年人也有机会发挥他们的价值。这些方法可以让老年人以更加积极健康的方式看待生活、对待其自身的贫困问题，改变部分老年人"等靠要"的思想和行为，使其意识到自身的价值，并乐于实现且有机会实现自身价值。

3.2 农村老年人的社会支持网络建立，整合社区资源+链接外界资源

社工在增强农村老年人社会支持系统时，一般采取整合社区资源+链接外界资源的工作模式，并辅以提供直接服务的手段，以达到其社会支持网络的建立和完善。社区资源的内涵可以是社区内现有资源的总和，也可以是社区发展内生动力的具象化体现。内生动力的缺失即社区内人们创造性和自主性的不足，或者说是社区内人们自己解决社区问题、推动社区发展的能力和意愿的不足。因此，社工在为农村老年人整合社区资源的过程中，不可局限于其现有人力物力的集合，更

应看到社区发展内生动力的缺失。而在链接外界资源时，社工组织应先准确地认识到农村老年人的需求所在，并主动找到相关部门或企业，对应地链接老年人所需的信息和资源，以提升其可行能力下的自由和生活质量。

以提升农村老年人的健康能力为例：农村老年人因其年轻时劳动强度大、生活方式的相对不健康，是农村病患的主要群体，帮助老年人提升健康能力是社会工作开展农村老年贫困治理的另一项重要工作内容。在整合社区资源方面，社工可开展社区活动以加强家庭成员间的支持及邻里间的互助，随时了解老年人的身体状况并在出现问题时能及时解决；同时还应帮助社区增强其集体经济，集体经济的增强意味着农村老年人将获得更多的社区福利，比如社区将有能力建立老年医疗卫生所或老年服务中心，以提升老年人的健康能力。在链接外界资源方面，社工应主动与相关医院或康复中心合作，以承办项目的形式推动农村老年人医疗资源的链接。

3.3 农村老年人的政策保障，建立城乡一体养老体系+转变扶贫政策视角

社工参与农村社区的扶贫工作，是以多个身份和角色介入的。社工因自身专业优势，不仅能针对农村老年人开展具体服务，还能运用专业理论，找到目前扶贫工作中的症结点，并将这些现状和问题反映至政策制定者，进而完善我国的扶贫体系。

首先，新中国成立后，为了加快国家经济建设，我国一直实行的是城乡二元户籍制度，因此形成了较为完善的城市养老体系和刚刚起步的农村养老体系这种割裂状态。2011 年城镇居民社会养老保险的开展，标志着城市养老体系已基本完善；而我国农村地区，家庭养老依旧是其主要养老形式，即使从 2009 年起开展了新型农村社会养老保险（简称"新农保"）试点，也难以使农村贫困老人的养老得到切实保障。

我国城乡二元户籍制度长期以来将城市地区和农村地区人为割裂，致城乡之间资源的不合理配置。而城乡不同的养老体系，致使农村老年人的诸多需求无法像城市老年人一样得到满足，限制了农村老年人可行能力的提升。因此，建立城乡一体的养老体系已经迫在眉睫。其中，最重要的便是加强乡村基础设施建设，将青壮年吸引回乡村，留在乡村，并能在乡村得到自我发展，这将有利于城乡建立趋同或是一体的养老体系。

其次，我国现行的贫困标准线为家庭人均年收入 3 300 元，这种仅以增加收入为目标的扶贫政策存在着一定的局限性，没有关注到老年个体间的差异性，难以全面具体地提高农村老年人的生活水平，实现他们真实的自由。按照森的可行能力观点，发展的目标是自由，即基于可行能力基础上可选择的自由。因此，现行的扶贫方式显得有些单一，应以"经济扶贫"为主、"能力扶贫"为辅的扶贫政策，全面提升农村地区的生活水平，改善农村老年人的生活质量。

4　结　语

社会工作在介入农村老年贫困治理中有着其他专业无法比拟的优势，当然也存在着一定的局限。当前的社会工作开展大多依托于政府的支持，专业发展的独立性不够；但同时，社工的发展也不能离开政府的支持，否则容易使专业陷入孤立无援的状态。因此，如何在这之间保持微妙的平衡，值得我们社工细细思量。同样，以"可行能力"视角的扶贫对策也不可能离开经济视角的扶贫对策而独立执行，这些都需要我们辩证地看待，以求得到一种更加全面具体的理论和方法。

参考文献

[1] 朱晓，范文婷. 中国老年人收入贫困状况及其影响因素研究——基于 2014 年中国老年社会追踪调查[J]. 北京社会科学，2017（1）：90-99.

[2] 阿马蒂亚·森. 以自由看待发展[M]. 北京：中国人民大学出版社，2002.

[3] 亓昕. 农民养老方式与可行能力研究[J]. 人口研究，2010，34（1）：75-85.

[4] 卢敏，黄剑焜，彭希哲. 老年人口生活自理能力变迁与老年定义重新思考[J]. 南方人口，2018，33（1）：58-69.

[5] 卢洪友，刘丹. 中国农村社会保障的发展困境与对策[J]. 中州学刊，2016（5）：67-70.

[6] 穆莉萍，唐佳. 社会工作介入贫困乡村社会治理的路径分析——以重庆市城口县反贫困社会工作项目为例[J]. 中国社会工作，2018（6）：15-17.

[7] 栾添. 增权理论视角下农村老年人贫困问题及对策[J]. 吉林农业科技学院学报，2017，26（4）：52-53.

[8] 李文卫，张博. 我国扶贫政策演变及精准扶贫[J]. 现代经济信息，2017（16）：93.

[9] 钱宁，卜文虎. 以内源发展的社会政策思维助力"精准扶贫"——兼论农村社会工作的策略与方法[J]. 湖南师范大学社会科学学报，2017，46（3）：123-129.

[10] 康红梅. 农村贫困老年人的弱势处境及对策研究——基于社会工作增权理论的视角[J]. 三峡论坛（三峡文学·理论版），2017（2）：46-49.

[11] 吴丽萍. 中国农民可行能力贫困研究——以阿马蒂亚·森可行能力理论为视角[J]. 西安石油大学学报（社会科学版），2015，24（3）：42-47.

[12] 滕玉成，牟维伟. 农村社区建设和治理研究述评[J]. 东南学术，2010（6）：85-94.

[13] 王艳萍. 阿马蒂亚·森的"能力方法"在发展经济学中的应用[J]. 经济理论与经济管理，2006（4）：27-32.

“时间储蓄”互助模式与社区照顾养老服务
协同发展的可行性研究

彭　萱

（西华大学社会发展学院，成都 610039）

摘　要： 中国正处于人口少子化、老龄化，代际分离现象日益严重的结构转变时期。老龄化时代的迅速来临也使得政府面临着沉重的养老负担。在积极应对人口老龄化社会背景下，“时间储蓄”模式作为一种新型互助服务模式，通过与我国社区照顾养老服务的有机结合，着力在信息化管理、服务资源多样性、区域互联互通等方面对我国社区养老服务进行优化提升，形成一种适应我国当下社会发展状况的新型社会化养老服务模式，有助于解决我国现阶段的养老问题。

关键词： “时间储蓄”；互助养老；社区照顾服务；协同发展

Research on the Feasibility of the Coordinated Development of "Time Saving" Mutual Assistance Mode and Community Care Pension Service

PENG Xuan

(School of Social Development, Xihua University, Chengdu 610039 China)

Abstract: China is in a period of structural change when the population is getting few-in-brith, aging, and separation between generations is increasingly serious. The advent of an age of aging has also caused the government to face a heavy burden of old-age care. Under the background of actively responding to the aging population, the "time savings" model is a new type of mutual assistance service model. Through the organic integration of China's community care and aged care services, it focuses on information management, diversity of service resources, and regional interconnection and intercommunication. The optimization and promotion of our country's community care services for the elderly will form a new type of socialized old-age care service model adapted to the current social development conditions in China, which will help solve the current state of old-age care in China.

Key Word: "Time saving"; mutual support for the elderly; community care model; coordinated development

现阶段我国人口老龄化进程逐步加快，据统计，2016 年我国 60 岁及以上人口为 2.31 亿，占全国总人口的 16.7%[1]。但与此相对的是，我国的经济进程还没有发展到足够承担庞大养老压力的水平。并且随着社会人口流动的加快与专业人员的缺乏使得家庭养老与机构养老的影响力趋于弱化。老龄化时代的迅速来临令政府面临着沉重的养老负担。当代家庭的核心化与小型化使得旧式家庭中如物质支持、生活照料等完整、稳固的养老功能减弱甚至消失，家庭不能再承担的养老功能逐步向社会转移。据统计，2014 年养老金个人账户记账累计额达到 40 974 亿元，而做实个人账户的“空账”额达到 35 973 亿元，而且“空账”的规模正逐年扩大，形成了隐性债务，将支付风险转移给了后代人与未来财政[2]。2015 年我国企业职工基本养老保险费收入低于支出，财政对此补贴达 3893 亿元，比上年增长 19.1%[3]。政府也

---

[1] 中华人民共和国国家统计局. 中华人民共和国 2016 年国民经济和社会发展统计公报[DB/OL]. http：//www.stats. gov.cn/tjsj/zxfb/201702/t20170228_1467424.html

[2] 赵静：《当前我国养老保险制度的问题及相关对策》，《改革创新》2016 年第 11 期。

[3] 王婷：《我国养老及社区养老现状分析》，《中国全科医学》2017 年第 30 期。

作者简介：彭萱（1994— ），西华大学社会发展学院社会工作专业硕士研究生，研究方向：司法社会工作。

希望能够寻找到一种可以有效分担国家养老压力的新途径。在这样的背景下，能够较好适应社会养老需求的"时间储蓄"模式应运而生。而社区照顾模式作为一种与"时间储蓄"模式契合度较高的服务方式，其发展理念与工作手法为我国"时间储蓄"模式的发展提供了可供参考的范式。本文主要论述了"时间储蓄"模式在我国的发展现状及社区照顾养老服务与"时间储蓄"模式结合的可行性，立足当前社会，探索养老模式新路径。

1　"时间储蓄"模式的起源与发展

1.1　国外的起源与发展

"时间储蓄"模式的雏形最早源自日本的旭子水岛女士。她在鼓励与组织社区青年群体参与帮助社区高龄老年人的志愿活动中逐渐发现，社区老年群体间的互帮互助具有更高的可行性与可持续性。根据此理念，她建立起养老互助机构，并制定出志愿服务积分体系鼓励社区互助活动，将其在日本推广开来。到 1979 年，她创建的养老组织在日本各县均设立了分支机构。

将"时间储蓄"模式这个概念普及全球的是英国学者埃德加·卡恩。在经济危机爆发及无业闲散人员急剧增加的大背景下，他提出了"一个小时＝一个单位的时间货币"这个助人理念，并基于"时间储蓄"模式运作机制建立了时间银行。历经近 30 年发展，在全球已有 1000 多家不同的组织机构建立了时间银行，多为老年人与妇女等社会弱势群体提供服务。这些时间银行拥有独立成熟的运营机制，国家普遍出台了明确的法律制度规范其运作。各机构大都采用信息化管理，对志愿者服务记录进行电子化存档。当志愿者在完成一项服务后，时间银行根据服务时长支付给他们一定量时间货币并存入虚拟账户，当服务者们自身有使用服务的需求时，便可支取账户中的时间货币，来换取自身所需的服务。

1.2　国内"时间储蓄"模式发展现状

"时间储蓄"模式由西方社会传入中国，经由我国的本土化改造后，这一理念与志愿服务的关联日渐紧密，并进一步与社区中的养老服务结合起来。在我国，"时间储蓄"模式寻求建立一个志愿服务平台，旨在将社区中有能力的中年人及低龄老年人整合动员起来，为有需要的高龄老年人提供志愿服务。在服务结束后，把服务时间转化为时间货币并进行储蓄。当这些志愿者成为高龄老年人并需要照顾服务时，可以使用已存储时间货币来换取其他低龄老年人的服务。

"时间储蓄"模式理念自 20 世纪传入中国之后，在我国一些城市中迅速生根发芽。自 1998 年上海市提篮桥街道晋阳社区首家"劳务银行"出现后，太原、广州、北京、杭州、哈尔滨、南京、重庆及港台地区等相继开始探索"时间储蓄"模式。历经近 20 年的发展，出现了一些具有代表性的本土特点。

1.2.1　建立与运作多依托所处街道或社区

大部分"时间储蓄"机构多以街道社区为依托，社区工作者一般为"时间储蓄"机构发起者与管理人。机构以政策为支撑，并跟随政策的变动而调整服务。与西方国家的多数"时间储蓄"机构由民间组织独立创建、管理、运作，政府在其中只作为起监管作用的辅助角色的情况大不相同。

1.2.2　开展结对帮扶特色项目

"时间储蓄"机构在本社区范围内，将社区中身体健康、时间充裕的中老年人与有服务需求的高龄老年人匹配，推行社区结对帮扶。并将社区中的志愿者资源进行细化分类，如内蒙古通辽市新城街道"时间储蓄"机构，组建了法律政策服务队、医疗卫生服务队、文化体育宣传队等 12 支专业化队伍，达到了更有针对性与专业性的帮扶效果。

1.2.3　吸收青年群体加入

一些"时间储蓄"机构在组织社区内志愿者从事志愿服务的同时，积极号召年轻群体尤其是高校学生投身志愿事业，如苏州外国语学校与秦皇岛燕山大学均与当地的"时间储蓄"机构开展志愿服务合作。青年群体的加入为"时间储蓄"机构的发展注入了新的活力，同样提高了未来"时间储蓄"模式发展运作的可持续性。

1.2.4　信息化管理手段逐步普及

我国的"时间储蓄"模式发展至今，一些典型地区的信息化系统也在逐渐普及。网站、微信及各类 APP 相继开发使用，在以往纸质记录的基础上运用信息化手段使志愿者招募、登记注册、服务宣传的开展更加便利，且范围与影响力进一步扩大。信息化也使志愿者与服务需求者间的服务匹配变得更加准确迅速。相较从往纸质服务档案，信息化档案更便于服务记录的保存与浏览，一定程度上减少了区域间信息共享的障碍。如广东南沙时间银行与上海时间银行的网站建设便于人们随时登录浏览网站上的志愿服务信息，符合条件的人群可以快速注册登记成为时间银行的志愿者，在付出劳动帮助别人的同时也为自己日后支取服务奠定基础。这些存储或支取的服务时长，全都完整记录在网站信息系统之中。

1.2.5 相关政策措施的不断完善与规范

老龄化的加速到来是当前我国不得不面临的问题，政府日渐沉重的养老压力也亟待更多的有效途径来分担。社区"时间储蓄"机构作为能够通过社会化途径缓解养老压力的新方式也在逐步受到重视。近年出台的《城乡社区服务体系建设规划（2016—2022）》中明确提出的"健全'爱心银行''时间银行'等志愿服务回馈制度，推进社区志愿服务经常化和常态化"。以及2017年国务院印发的《"十三五"国家老龄事业发展和养老体系建设规划》也明确了"志愿服务记录制度"。一系列国家层面的政策均为我国"时间储蓄"模式的发展提供了良好的土壤。

1.3 我国"时间储蓄"模式运作的局限

"时间储蓄"模式在我国历经了近20年的发展，各地依据当地实际状况，使不同地域的"时间储蓄"模式彰显了独特的本土化色彩。但"时间储蓄"模式终因其根植于我国社会的时间较短，在发展延续性上具有一定的不足与局限。

1.3.1 过度依赖社区，受社区变动影响大

我国的"时间储蓄"机构大都由社区工作者牵头成立，具有较强的行政色彩。但由于社区居委会人员更迭等原因也使"时间储蓄"机构易出现管理无序、交接不当、人员缺失、队伍不齐的问题。并且社区"时间储蓄"机构通常规模较小，且发展资金与专业管理人员较为紧缺，在服务记录、资料存储等方面没有统一的规章制度。

1.3.2 不同区域间的服务可持续性问题

当代社会中，人们因为工作、居住等原因的大量快速流动导致同一社区内服务无法大规模开展。并且由于不同区域间的联系不足，导致不同地域间服务记录不能通兑通存，可能导致社区居民在迁移后服务记录作废，增加失信的风险。各社区间也因地域原因缺乏交流往来与经验分享。

1.3.3 信息化系统及评价体系的不完善

我国"时间储蓄"机构发展至今，大都使用纸质文件来进行志愿服务资料的记录与管理，手工记录存在误差较大且易丢失，从而造成不必要的坏账甚至影响"时间储蓄"机构的公信力。至今缺少完善统一的信息平台致使志愿者的注册、登记及服务记录等工作开展较为烦琐，且不同区域间的统一管理难度较高。多数机构对同一单位时间内的服务价值缺乏清晰明确的界定方式，单纯记录服务时长与类型、统一用时间计量的方式并不公平，易挫伤高质量志愿者的积极性，长此以往势必导致优质服务离开，而劣质服务大量充斥。制定明确合理的服务计量方式，在识别服务优劣品质的同时，也能对广大优秀志愿者起到激励的作用。

1.3.4 服务内容单一且专业性不足

现阶段我国的"时间储蓄"模式实践服务普遍集中在养老领域，而社区中有服务需求的群体并不局限于老年人。并且社区中针对老年人的志愿服务也多在日常生活照料、上门聊天、买菜做饭等生活领域。对于医疗健康等较为专业且老年人需求较大的领域服务却比较稀缺。并且志愿者们多为有空闲时间的社区居民，很多并不具有较专业的如医疗等方面的技能，无法提供更专业化的服务。保证"时间储蓄"模式的可持续发展需要拓宽服务广度与专业性，使社区中诸如残疾群体、贫困群体等需求人群也能获得相应的服务。

1.3.5 未来发展缺乏延续性与可持续性

"时间储蓄"模式在我国的发展缺乏良好政策环境与管理，发展状况良莠不齐，地方层面还缺乏较为系统的制度规范。除了国家层面的宏观政策指明方向外，各地也需出台更加完善细致的制度来规范本地区"时间储蓄"模式的运作管理。

虽然国家制度的出台对于"时间储蓄"模式的推动起了一定的作用，但是现阶段大部分社区居民对于"'时间储蓄'模式"这个概念还非常模糊，对其认知度还很低，在很多高校青年群体中也是如此。宣传的不到位导致了很多"时间储蓄"机构的志愿者来源大都是社区中的中年人与低龄老人，而缺乏年轻群体的不断参与。并且由于资金来源不足，机构规模普遍较小，导致其公信力往往难以保证。这些都在一定程度上成了"时间储蓄"模式未来的可持续发展道路上的阻碍。

2 "时间储蓄"模式与社区照顾养老服务协同发展的探索及思考

"时间储蓄"模式理念固然是一个自西方传入的舶来品，但其理念与我国传统文化并不相悖，我国古代便存在着朴素的互助互利思想，如儒家"仁爱观"、墨家"非攻兼爱"、道家"太平世道"、佛教"慈悲为怀、普度众生"等。西方"时间储蓄"模式中互助互利的核心内涵与中国古代传统

思想中的一些理念契合，这些观点皆主张向血缘关系之外的陌生人提供帮助的同时兼顾自身回报。

"时间储蓄"模式在我国发展至今，已使传统互助思想根植于其发展土壤中，我们可以结合我国传统文化与本土化特点，探索适合"时间储蓄"模式在我国发展的路径。

2.1 社区照顾的基本概念

社区照顾理念起源于英国，是20世纪50年代以来英国社会服务策略方面的一个概念，属于社会服务的一种方式，是指在社区内对那些身体和精神有需要的人，通过正式或非正式的社会服务系统对其给予援助性的服务与支持[①]。如今在我国，由于政府的养老压力日益沉重，社区照顾这种将养老责任分散至社会各界的养老模式也受到了越来越多的关注。

社区照顾模式有两个基本假设：其一是服务对象生活的原环境优于机构的环境。原环境中有着服务对象所熟悉的一切，服务对象不会因为环境的改变而出现不适的身心反应从而更有利于功能的恢复。其二是社区可以有效利用非正式资源对有需求的服务对象提供支持和照顾。社区中蕴含了丰富的非正式资源，通过一定的方式实现非正式照顾系统与正式服务系统互补，可以有效满足社区内有服务需求的人士，从而建立理想的社区。

2.2 "时间储蓄"模式与社区照顾养老服务结合的可行性探究

在社区照顾模式中，个人同时扮演者参与者与享受者、照顾者与被照顾者两种角色，个人既是身强体健时积极、主动的参与者——照顾者，同时也是身体衰弱时的享受者——被照顾者。这种不同阶段履行不同角色的理念同"时间储蓄"模式中服务存储与支取的基本理念不谋而合。两种模式均主张吸收广泛的社会力量参与社区养老建设，并且在服务地域与服务范围上，"时间储蓄"模式所认同的"鼓励社区内的居民积极为有需求者提供多样化志愿服务"与社区照顾模式中"为社区中有需求者链接多样化社会服务"的理念基本契合。

笔者认为，社区照顾模式与"时间储蓄"模式在运作特点上最大的不同在于二者涵盖范围的广度不同。"时间储蓄"模式的服务范围与志愿者来源大体基于本社区内，而社区照顾服务在多年发展的基础上，渐渐形成了以社区内非正式资源

为主，政府、非政府服务团体、民间以及市场等资源多方参与的服务模式。非专业人士的志愿参与不仅为有需求者提供照顾性服务，并能体现社区人文关怀、提高社区归属感，而专业人士的加入则会使服务更加专业化、精准化。二者求同存异，相互融合，为我国社区养老事业的转型与发展提供了更多新的思路。具体可概述为以下几点：

2.2.1 将有服务需求的老年人留在社区内接受服务

由于当今社会家庭间的联系减弱以及养老机构中专业工作人员的匮乏，家庭养老与机构养老的功能逐渐减弱，家庭养老社会化成为养老发展的新趋势。在此基础上，社区照顾与"时间储蓄"模式均以社区为依托，大力发掘社区内外蕴藏的丰富正式与非正式资源。鼓励居民在社区范围内互帮互助，让社区中有需求的老年人能够在熟悉的生活环境中获得所需的服务，使其生活保持高度的独立自主性，并协助他们发挥最大的潜能，有利于他们的身心健康，进而促进社区和谐。

2.2.2 链接整合社区内外资源，建立信息化服务管理平台

社区中的家庭与个人蕴含着丰富的可对服务需求者提供支持与照顾的非正式资源。借助"时间储蓄"模式工作理念与社区照顾资源的广泛性，吸收计算机、数学、互联网等学科的第三方专业人员，加快建设"时间储蓄"模式信息化网络平台，将松散无序的资源整合起来并有效利用，在社区居民有服务需求时能迅速准确地为他们匹配相应的服务。通过"时间储蓄"模式的信息化手段，使社区中有条件的居民可以快速在网络平台上注册成为志愿者，并将志愿者的服务时长、服务内容准确记录于易于存档的电子档案中，方便随时存取调阅。同时联合专业人员制定明确合理的服务计量方式与服务存取制度。通过合理的服务计量方式保障居民的服务支取，提高他们的服务积极性。

借助社区照顾模式广泛的社会力量寻求优势专业化资源，增加社区内服务的专业化程度，培养"时间储蓄"模式专业运作管理人员。寻找诸如企业等资金实力较强的社会团体，保证"时间储蓄"模式运行的资金来源，利用这些资源优化拓展"时间储蓄"机构的软硬件设施建设与规模，提高"时间储蓄"模式发展的可持续性，提升其在社会大众中的公信力与影响力，从而吸纳更多的服务资源。

---

① 徐永祥：《社区工作》，高等教育出版社2010年版。

2.2.3　提升服务类型与服务资源的多样性

我国"时间储蓄"模式与社区照顾服务都致力于为社区内的老年服务对象提供多样化的服务，包括日常生活照料、医疗服务、文化体育活动、心理治疗服务等。一些地区"时间储蓄"模式更可根据各人的专长技能对辖区内的志愿者进行细致的分类，如日常生活照料、医疗护理等入户型支持服务，以及日间照料、卫生饮食等社会化服务，"时间储蓄"模式的发展在以社区内志愿者为服务提供主体的基础上，积极吸收诸如高校青年群体在内的更广泛志愿资源。与社区照顾服务相互融合，整合社区内外各种非正式资源与更广泛的社会力量，并为社区非正式志愿群体提供专业培训，以扩大服务多样性。二者有机结合，能够加强社区与社会各界交流联系，强化社区与社区居民的社会功能，提升社区服务的质量与多样性，创建更加团结紧密、功能丰富的社会有机体。

2.2.4　发掘社区人力资本，建立社区支持网络

许多低龄老人在退休之后很长时间内无法适应与之前大不相同的生活，赋闲在家容易使他们产生自己对社会已经无用、无法为自己重新定位的无力感。社区照顾与"时间储蓄"模式致力于发掘社区中诸如他们这样身体健康、空余时间较多的低龄老人，鼓励他们积极参与社区志愿服务，利用自己的特长为有需要者提供志愿服务。这样做一方面可以使他们提高自我效能，重新清晰地定位自身能力，发挥自我潜能，完成人生新阶段的再社会化。另一方面，社区内积极互帮互助也为社区支持系统的建立与巩固提供了强大的支撑力量。"时间储蓄"模式中的服务存取制度所彰显的服务回馈模式也在一定程度上激励了志愿者们更踊跃的服务意愿。

2.2.5　扩大区域间互联互通

"时间储蓄"模式在我国发展的一大局限便是难以突破区域间的界限，导致不同区域间的经验交流分享较为困难。社区照顾模式中社会各界广泛互助使服务与交流不再局限于单个社区范围内，这在一定程度上打破了不同区域间的隔阂，强化了社会各界的整体联系。"时间储蓄"模式也可借助更广泛的社会力量以突破瓶颈，加强区域间的互联互通，为建立全国范围内的统一发展网络奠定基础。

3　结　语

"时间储蓄"模式在我国的发展历程较短，总体上还存在着许多不足之处。但其作为一种适应当今社会发展的新型养老方式，在今后也会有更广阔的发展空间。而社区照顾作为一种能与"时间储蓄"模式较好融合的新型社会化照料模式，也可为"时间储蓄"模式的发展提供更多的思路，使我国的"时间储蓄"模式在新时代中国特色社会主义背景下，能够鼓励社会各界人员广泛参与，为新形势下我国养老事业的转型与发展做出更大的贡献。

参考文献

[1] 徐永祥, 孙莹. 社区工作[M]. 北京: 高等教育出版社, 2010.

[2] 陈功, 黄国桂. 时间银行的本土化发展、实践与创新[J]. 北京大学学报（哲学社会科学版）, 2017, 6（11）.

[3] 夏辛萍. 中国互助养老"时间银行"本土化发展历程及经验反思[J]. 中国老年学杂志, 2017, 37（11）.

[4] 王婷. 我国养老及社区养老现状分析[J]. 中国全科医学, 2017（30）.

[5] 蔡婷婷, 曹梅娟. 国内外时间银行下的互助养老模式研究现状[J]. 护理学杂志, 2016, 10（5）.

[6] 赵静. 当前我国养老保险制度的问题及相关对策[J]. 改革创新, 2016（11）.

[7] 梁磊, 郭凤英. 基于"时间银行"养老平台模式体系研究及实践[J]. 新疆社会科学, 2016（3）.

[8] 陈友华, 施旖旎. 时间银行: 缘起、问题与前景[J]. 人文杂志, 2015（12）.

[9] 景军. 互助养老: 来自"爱心银行"的启示[J]. 思想战线, 2015（4）.

[10] 黄少宽. 我国"时间储蓄"养老服务模式的研究进展[J]. 社会保障研究, 2014（6）.

社会质量理论视域下精准扶贫质量提升路径研究

王　尧[1]，盛　玙[2]

（1. 西华大学社会发展学院，成都　610039；

2. 西华大学马克思主义学院，成都　610039）

摘　要： 党的十九大后，我国正迈向"美好生活"新时代，精准扶贫工作也进入"后脱贫攻坚"阶段，为精准扶贫提出了新的要求。这就需要精准扶贫转变价值理念、完善政策措施、健全评估标准，从而提高扶贫质量，实现贫困治理的范式转型。本文在社会质量理论视域下，以"社会发展"和"包容性"增长为角度，坚持个人发展为核心，强调个人与社会的互动，结合社会质量理论的三个要素，即建构性因素、条件性因素和规范性因素，分别嵌入到精准扶贫的出发点、现实要求和退贫评估，将社会经济保障、社会凝聚、社会包容和社会赋权这些社会质量理论核心概念注入提高精准扶贫措施中，增强贫困人群脱贫能力，提升贫困人群幸福感、获得感和尊严，提高精准扶贫质量，促进精准扶贫的可持续性发展。

关键词： 社会质量；精准扶贫；可持续性

Research on the Path of Precision Poverty Alleviation Quality Improvement from the Perspective of Social Quality Theory

WANG Yao[1], SHENG Yu[2]

(School of Social Development, Xihua University, Chengdu 610039 China;

School of Marxism, Xihua University, Chengdu 610039 China)

Abstract: After the 19th National Congress of the Communist Party of China(CPC), China is moving towards a new era of "good life". The targeted poverty alleviation work has also entered the stage of "post-poverty alleviation", and has put forward new requirements for targeted poverty alleviation. Therefore, it is necessary to improve the quality of poverty alleviation and realize the paradigm shift of poverty management. In this paper, under the social quality theory horizon, in order to "social development" and "inclusive growth" as the point of view, insist on personal development as the core, the emphasis on the interaction between individual and society, combining with the social quality theory of three elements, namely the constructive factors, conditioned and normative factors, respectively embedded into the precise starting point for poverty alleviation, realistic demand and lean back evaluation, the social economic security, social cohesion, social inclusion and social empowerment the social quality theory core concepts into accurate poverty alleviation measures, strengthen the ability of poor people out of poverty, poor people happiness and get feeling and dignity, improve the quality of precision for poverty alleviation, promoting the sustainable development of targeted poverty alleviation.

Keywords: social quality; accurate poverty alleviation; sustainability

党的十九大报告指出："……坚持精准扶贫、精准脱贫……确保到 2020 年我国现行标准下农村贫困人口实现脱贫，贫困县全部摘帽，解决区域性整体贫困，做到脱真贫、真脱贫。"[1]要实现脱贫的真实性与长久性，并不只能依靠单纯的物质经济来实现，而是需要物质经济与精神文化的相辅相成，同时注重将社会效能注入经济发展当中。通过可持续性的脱贫手段，促进反贫困的"包容性"增长，提高精准扶贫的质量。社会质量理论视域下的精准扶贫，则是一项注重通过"内源

基金项目： 西华大学"西华杯"大学生创新就业项目《四川省贫困地区农村养老现状调查研究》。

作者简介： 王尧（1992—），男，本科，主要研究方向：社会工作与精准扶贫；盛玙（1993—），女，本科，主要研究方向：马克思主义基本原理。

式"反贫方式与构建社会和谐相结合的可持续反贫困范式创新。

1　当前精准扶贫新要求与新任务

1.1　国际反贫困事业与我国精准扶贫发展

贫困问题一直伴随着人类社会的发展，同时人类也在进行着艰苦的反贫困斗争，贫困与反贫困是一个问题的两个方面[2]。所以我们在研究其发展时，首先是从贫困的概念、产生原因、贫困类型等"贫困"本身性质进行研究，然后再根据"贫困"研究"反贫困"。随着贫困与反贫困研究的逐渐深入，不断拓宽和丰富着其的研究领域、视角和主题。从经济学到社会学再到两者并重，从单一学科迈向多学科综合研究；从个体到结构，从微观到宏观再到微观具体；从国家内部到区域再到国家之间；从相对贫困、广义贫困到多维贫困；从贫困的代际传递、贫困文化、社会情境和社会结构到社会排斥、可持续生计；从参与式扶贫、人力资本及社会资本减贫到主观贫困、信息贫困、空间贫困；从益贫式增长、包容式增长到绿色增长，等等[3]。总的来说，贫困概念从"一维"向"多维"转变，治理过程从"粗放型"向"精准型"转变，治理方式从"单一性经济补偿"向"多元性社会发展"转变，治理目标从"生活质量"向"社会质量"转变，贫困治理在范式转型中体现出理论和实践的"包容性"导向。

我国作为世界上人口最多的发展中国家，反贫困任务艰巨。2013 年 11 月，习近平总书记在湖南湘西调研扶贫攻坚时指出："扶贫要实事求是，因地制宜，要精准扶贫，切忌记喊口号，也不要定好高骛远的目标。"拉开了精准扶贫的序幕。由"粗放式"扶贫向"瞄准式"扶贫转变，对贫困村、贫困户一一进行评估，做到因村施策、因户施策。通过五年来的不断探索与实践，形成了内源扶贫、科学扶贫、精神脱贫、教育脱贫、生态扶贫、发展扶贫等扶贫思想与形式。"2013年至 2016 年 4 年间，每年农村贫困人口减少超过1 000 万人，累计脱贫 5 564 万人；贫困发生率从2012 年底的 10.2%下降到 2016 年底的 4.5%，下降 5.7 个百分点；贫困地区农村居民收入增幅高于全国平均水平，贫困群众生活水平明显提高，贫困地区面貌明显改善[4]"。取得了国人举目、世界震惊的成效，不仅惠及中国老百姓，而且推动了世界反贫困事业的发展，为世界反贫困斗争贡献了中国智慧与中国力量。

1.2　社会主要矛盾转变与精准扶贫阶段性要求

随着党的十九大胜利召开，拉开了新时代的序幕。在新时代下，我国社会主要矛盾转变为"人民日益增长的美好生活需要和不平衡不充分的发展之间的矛盾"。同时党的十九大报告指出："……人民美好生活需要日益广泛，不仅对物质文化生活提出了更高要求，而且在民主、法治、公平、正义、安全、环境等方面的要求日益增长。[5]"这说明人民的美好生活需要内容广泛，不仅包括日益增长的物质文化需要，而且包括在此基础上衍生出来的获得感、安全感、幸福感以及尊严、民主权利、公平正义等需求[6]。人民对需求品质从"生存型"需求向"发展型"需求转变，对需求标准从"数量型"需求向"质量型"需求转变，对需求形式从"大众化"需求向"个性化"转变。所以在社会治理过程中，不仅要坚持物质经济发展满足人民需求，同时更需要注重生活质量提升、个人精神追求、自我实现满足等主观需求，不断优化公共服务方式，完善国家治理体系，提高社会治理能力。精准扶贫作为社会治理的重要举措之一，在新时代下，更需要其转变价值理念、完善政策措施、健全评估标准、提高扶贫质量，实现贫困治理的范式转型。

我国精准扶贫工作经过五年的努力已经取得了令人骄傲的成绩，但是在新时代下的"后脱贫攻坚"阶段，我们依然面临许多问题。由于过去的扶贫工作存在只依赖于物质帮扶，缺少从长远发展角度去解决贫困问题，可持续脱贫能力不足、脱贫思想认识不充分等原因导致的返贫现象发生。同时缺乏对个体、家庭的关注，致使个人幸福感、获得感的缺失，从而导致脱贫内生动力不足。这些都是由于过去我们过分追求脱贫的"数量"，而缺乏对脱贫"质量"的关注所造成的。2018年 3 月，习近平总书记在打好精准脱贫攻坚战座谈会上强调"把提高脱贫质量放在首位"，对贫困治理提出了实践要求。提高精准扶贫质量，就需要贫困治理方略措施的政策充分体现高质量发展的要求，更加注重贫困群众的可持续脱贫能力和获得感[7]，推动贫困治理的"包容性"增长。

综上所述，受社会主要矛盾转变所导致的社会需求提升、社会目标调整等社会因素影响，精准扶贫价值目标、评估理念及标准提升成为新要求。同时，由于过去认识不到位、政策不完善、实施不彻底等原因所引起的返贫现象的发生，发掘和解决扶贫的问题、巩固脱贫成果、提高扶贫质量显得尤为重要。

2　精准扶贫新视角：社会质量理论

2.1　社会质量内涵与维度

关于社会质量（social quality）理论的起源，学界有着不同的说法。大部分的学者认为社会质量这一概念的提出可以追溯到二十世纪九十年代的欧洲，之后运用于解决亚洲问题。另一部分的学者认为社会质量的提出是由亚洲与欧洲两个独立的起源。

王沪宁在 1989 年提出社会质量理论的概念，他认为，社会质量指非政治有序化程度，受作用于物质性和价值型双重指标综合运动，体现出具体性、整体性和可操作性，并决定了其必然成为社会进步的评价尺度，评判社会机体的实际状况是否达到了本时代条件下所能达到的最优化状态[8]。欧洲社会质量理论的开创者沃尔夫冈·贝克（Wolfgang Beck）等人看来，社会质量指的是公民在那些能够提升他们的福利状况和个人潜能的条件下，能够参与其社区的社会和经济生活的程度[9]。林卡认为社会质量不应只停留在"人具有社会属性"，而是通过将规范因素、制度因素、物质因素的有效结合，综合反映社会体系[10]。在社会质量理论看来，社会中的人是个人与社会互动的人，提倡人的社会参与和社会互动，同时强调社会的进步与个人发展的程度。社会质量理论的框架旨在缓解个人与社会发展之间的矛盾，降低组织与个体之间的冲突程度，促进社会状况的改善，从而提高个人福利与潜能。同时，社会质量理论注重人在社会中的重要性，强调尊严、公民权、民主、社会公平和社会团结。社会质量理论包括三个因素，即建构性因素、条件因素和规范性因素（表 1）。

表 1　社会质量的结构

建构性因素	条件性因素	规范性因素
（进程）	（机遇+偶然）	（取向）
个人（人的）安全	社会经济保障	社会正义（平等）
社会认可	社会凝聚	团结
社会反应	社会包容	人人平等
个人（人的）能力	社会赋权	人类尊严

建构性因素主要注重于"个体成为合格的社会行动者"，强调在接受和可被理解的背景下人们需要的安全；个体得到他人的认同；人们需要获

得群体、网络和机构的交流；人作为社会存在与他人交往所具有的能力。条件性因素主要侧重于"社会环境"，此因素也是社会质量理论的核心，它包括社会经济保障（指人们所掌握的必要的物质资源和其他资源）、社会凝聚（指基于共享的价值和规范的集体认同）、社会包容（指人们获得来自制度和社会关系的支持和可能性）和社会赋权（指在人们的日常生活中，社会结构能在何种程度上提高个人的行为能力）[11]，其着眼于立足个体发展，明确要求与标准。规范性因素关注于社会质量的"必要性"与"适当性"，是社会质量最终所追求的价值，社会正义、团结、人人平等和人类尊严与社会经济保障、社会凝聚、社会包容和社会赋权相对应，前者是后者的价值取向。

2.2　社会质量与精准扶贫的内在逻辑联系

2.2.1　精准扶贫的出发点：建构性因素

精准扶贫作为世界反贫困理论与方法的创新，以及我国的反贫困事业的重要举措，旨在促进人的发展，体现人人平等，保障每个人在基本的医疗卫生、文化教育、居住安全、饮食保障等需求得到满足。我国经过长期的反贫困工作，从过去的"输血型"扶贫到"造血型"扶贫方式的转变，形成了政府主导、社会帮扶、个人参与的精准扶贫格局[12]，但是我们应该更加注重个体在反贫困中所起到的作用，通过个人的参与，激发自己的潜能，提高反贫困能力。建构性因素强调人是社会的，关注于个体的发展，通过个人构建社会的面貌，认为个人安全、社会认可、社会反应、个人能力是社会质量提升的出发点。精准扶贫可以从建构性因素为出发点，促进以其质量的提升。

2.2.2　精准扶贫的现实要求：条件性因素

条件性因素是社会质量理论的核心内容，它包括：社会经济保障、社会凝聚、社会包容和社会赋权。精准扶贫质量的提升是需要个体与社会形成良性的互动过程，首先，"社会经济保障"为精准扶贫提供基础的物质支持；其次，"社会凝聚"促成具备集体认可的价值和规范的共同体；再次，"社会包容"促进社会制度与社会结构的开发性；最后，"社会赋权"有助于个人的能力提升[13]。将条件性因素与多维度贫困理论进行有效结合，不仅关注经济物质支持，同时注重人际互动与社会关系，而且强调发展个体能力，可以实现精准扶贫措施从"个体"到"群体"、从"经济"到"社会"、从"客观"到"主观"的转变，对精准扶贫

可持续性发展具有重大的意义。

2.2.3 精准扶贫的评估标准：规范性因素

社会质量理论中的规范性因素具有很强的价值取向与意识形态导向作用，不仅仅强调集体福利，同时注重个人的赋权增能，主张社会公正、人人平等、社会团结以及人的尊严。这与精准扶贫的目的不谋而合，精准扶贫的提出，就是为了解决人类的生存问题，致力于提供一个平等、公正的社会环境，促进人类社会的可持续发展，确保人有尊严地活着。

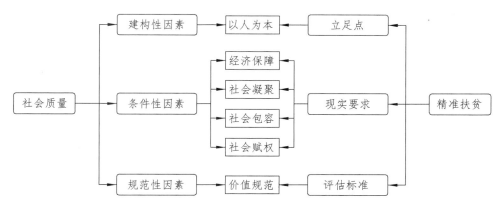

图 1　社会质量与精准扶贫逻辑关系图

3　社会质量视域下精准扶贫质量提升的路径

3.1　关注个人能力与个体发展

现阶段的精准扶贫政策，主要以外部力量为主导，通过政府、社会、组织机构等外在资源进行帮扶，这样可以迅速达到现阶段标准脱贫的成效。但是在新时代下，脱贫工作进入了"后脱贫攻坚"阶段，受社会主要矛盾转变、社会需求提升、社会目标调整等因素的影响，需要精准扶贫提高扶贫质量、脱贫质量，以满足"美好生活"需求和现阶段扶贫要求。所以精准扶贫政策不能单单着眼于外部力量的推动，更应该聚焦于个人发展与能力建设，以个体作为精准扶贫政策的出发点与落脚点，以人为核心，发挥人在社会行动中的主观能动作用，充分激发人的潜能，增强反贫困的内生动力和可持续能力。

3.2　建立良性、可持续脱贫举措

3.2.1　完善社会保障机制与措施

建设完善的社会经济保障机制是反贫困的有力物质支持，所以提高精准扶贫的质量仍然需要加强和完善医疗保障、教育保障、就业保障、住房保障等基础社会保障，构建健全的社会保障体系，确保人们有机会获得提高社会互动的资源，为精准扶贫质量提升搭建坚实的根基。只有物质资源的充实保障，才是一切行动的基础和前提，所以需要加强在精准扶贫供给侧的调整，创新帮扶机制，拓宽帮扶领域，提高帮扶质量，更好地适应当前社会主要矛盾的变化和社会需求的转变。社会保障机制应结合贫困群体不同的需求，注入"以人为核心"的价值理念，根据不同个体的致贫原因、限制条件、社会环境等因素进行灵活施策，增强社会保障机制的适应能力，以及优化社会保障体系，减少资源的浪费，提高精准扶贫效益。

3.2.2　增强家德家风和社区文化功能，提高社会责任感和抗返贫困风险能力

家庭是社会结构中最小的单位，家庭教育潜移默化和持久深远地影响着个人的认知和行为，通过培养良好的家训、家规、家教、家道、家风、家学、家德等家庭文化，形成正确的社会风气和公民身份认知。儒家传统"修身、齐家、治国、平天下"这一递进模式亘古不变，家庭不仅为修身提供了平台，同时影响着社会风气和国家治理[14]。透过良好的家庭和社区教育，既可以对公民灵魂和品格进行塑造，而且还培养整个民族的精神，更好地进行国家治理。第一，注重学校教育，将知识、文化、信息作为载体，特别是对儿童的教育，增强儿童知识文化水平，减少代际贫困的发生，同时融入反贫困理念与知识，不仅可以减少儿童受家庭贫困文化的影响，并且通过儿童修正不良家庭文化。第二，应加强对家庭和社区进行教育服务，培养良好的家德家风和社区文化，为贫困人群树立公民意识和增强社会责任感提供场

所。第三，以家庭作为教育的单位，对家庭进行具有针对性的教育服务，着力于提高家庭的知识、信息和技能，增强贫困家庭的"家庭风险防控"能力。

3.2.3　推动多层次互动，加强脱贫能力

注重个体、家庭、社区、社会、政府在精准扶贫中的互动功能，形成政府扶贫为主导（提供资金和环境支持），社会和行业扶贫为支撑（进行专业化指导、市场信息服务等帮助），社区帮扶为纽带（链接和整合社会资源），家庭和个人为主体（充分发挥个人脱贫的意识与能力）的精准扶贫网络体系。通过个体、家庭、社区、社会、政府之间的多层次互动，促进精准扶贫的效率与公平，发掘内在动力，积极调动贫困群众的主动参与性，加大人力资本投资，增强脱贫能力，促进贫困人群就业[15]。特别是通过进一步创新金融扶贫模式，改善小额信用贷款机制，建设专业化的技能支持团队，整合社区资源，促使有能力创新创业的社区青年投身于农村脱贫中，并且树立其"脱贫榜样"，带动其他贫困群众脱贫。

3.2.4　倡导居民社会主体地位回归

精准扶贫是重要的社会治理举措，应注重贫困人群在精准扶贫中的主体地位，强调居民的主动参与意识，不仅要增强贫困户的知识信息、就业技能等能力，更应该赋予贫困户权利，提升贫困户的公平感、获得感和亲社会意识。建立贫困户对扶贫服务质量的监督反馈机制，充分调动和激发贫困户参与脱贫的活力、动力和潜力，不仅有利于规范职能部门的行为，减少腐败存量和遏制腐败增量，同时可以顺畅地表达和维护贫困户的权益诉求，减少政策误解，促使精准扶贫政策更好的贯彻与执行。建立互助、合作、参与、协商的民主机制，并将之融入扶贫政策的设计中，以精准扶贫为平台，提升贫困人口的社会参与意识和能力，增强贫困户的公平感、获得感和亲社会意识，构建政府与贫困民众互信互助双向互动的社会良性运行机制。

3.3　升级退贫评估机制

在原有的评估基础上，注入"个体"的内涵，升级优化退贫评估机制。注重金融资源、住房与环境、健康和照顾、就业、教育等社会保障资源是否能充分地保障个人的需求以及平等获得的机会；社会信任、规范与价值、公民身份等共同体价值规范是否有助于个人发展；公民权利、劳动力市场、公共服务、个人服务、社会网络等社会结构与社会制度能否满足个体差异性需求；知识信息、就业技能、制度开放性和支持力度、公共空间、个人关系等可行能力与权利关系能否提升贫困者的克服贫困的能力。通过高质量的退贫评估机制，保障脱贫的质量，防止返贫困现象的发生。

4　结　语

通过培养和提高贫困人群的主体参与能力，注重个体与社会的互动关系，保障公正有效地利用物质、人力、社会等各种资源，确保人的幸福感、获得感和尊严。社会质量理论视域下的精准扶贫，适应新时代下精准扶贫需求，有助于提高精准扶贫的质量，促使精准扶贫的"包容性"增长和社会质量的提升，是提高精准扶贫质量的有效理论范式。但是社会质量理论是一个年轻的理论，其在学界并没有统一且明确的测量指标，所以社会质量理论嵌入精准扶贫中，既是理论指导实践，同时也是实践检验理论的过程，通过精准扶贫的实践检验，有利于确立明确、标准的测量指标，并运用于今后的社会治理中，促进社会可持续性发展，提高社会发展质量。

参考文献

[1] 宋宸刚，丛雅静. 我国精准扶贫的最优模式与关键路径分析[J]. 调研世界，2018（3）：58-61.

[2] 黄承伟，刘欣，周晶. 鉴往知来——十八世纪以来国际贫困与反贫困理论述评[M]. 南宁：广西人民出版社，2017.

[3] 姚力. 贫困与反贫困的学术视野与研究进路——《鉴往知来——十八世纪以来国际贫困与反贫困理论述评》[J]. 北京：中国农业大学学报（社会科学版），2017，34（5）：127-130.

[4] 中共中央组织部干部教育局，国务院扶贫办政策法规司，国务院扶贫办全国扶贫宣传教育中心，编. 新发展理念案例选·脱贫攻坚[M]. 北京：党建读物出版社，2017.

[5] 蔡小伟. 从新时代扶贫开发思想看"精准扶贫"[J]. 人民论坛，2018（3）：56.

[6] 唐皇凤. 社会主要矛盾转化与新时代我国国家治理现代化的战略选择[J]. 新疆：新疆师范大学学报（哲学社会科学版），2018（4）：1-11

[7] 唐梅玲，曹晅. 我国贫困治理政策的回顾与

展望[J]. 学习与实践，2018（3）：58-65.

[8] 陈静，赵新光，韩雨新. 社会质量视域下精准扶贫的理念和机制创新探索[J]. 江汉大学学报（社会科学版），2018（2）：35-41；126-127.

[9] Beck, W., Maesen, L., and Walker, A.(eds.). The Social Quality of Europe[M]. The Hague, Netherlands: Kluwer Law International. 1997.

[10] 林卡，高红. 社会质量理论与和谐社会建设[J]. 社会科学，2010（3）：57-63+188-189.

[11] 劳伦·范德蒙森，艾伦·沃克. 冯希莹，张海东译. 社会质量：从理论到指标[M]. 北京：社会科学文献出版社，2015.

[12] 陈静，赵新光，韩雨新. 社会质量视域下精准扶贫的理念和机制创新探索[J]. 江汉大学学报（社会科学版），2018（2）：35-41+126-127.

[13] 徐延辉，龚紫钰. 社会质量、社区能力与城市居民的能力贫困[J]. 湖南师范大学社会科学学报，2015，44（5）：116-125.

[14] 李敬，吕朝辉. 新时代精准扶贫的挑战及应对——"学习贯彻党的十九大精神 推进精准扶贫政策创新"学术研讨会综述[J]. 中国行政管理，2018（2）：158-159.

[15] Nathalie Morel, Bruno Palier and Joakim Palme. Towards a Social Investment Welfare State?——Ideas, policies and challenges[J]. Chicago: The Policy Press, 2012: 205-234.

试论工笔花鸟色彩情感——《困惑的蠲释》

周　淋[1]，程倩倩[2]

（1. 西华大学美术与设计学院，成都 610039；2. 西华大学美术与设计学院，成都 610039）

摘　要： 作品《困惑的蠲释①》，是一组 47 cm×62 cm×4 的组图工笔画。前两张作品描绘的是我在承受各种外部压力的时候内心产生的困惑。后两张作品表达了伴随困惑的解开我感到一种生命的暖意。本文大概包括了三个方面的内容。首先是本人对色彩情感的基本特征的理解，与自己的实际情况做了比较总结，与自己的创作也做了比较思考；其次还简单讨论了以困惑为题材的绘画在国内外的发展概况。最重要的是文章第四部分，详细讲解了自己的创作思路、工作方式、所遇困难和解决办法等。最后得出色彩具有表情作用，画家要充分发挥主观能动性，用自己的主观情感来处理色彩。

关键词： 困惑的蠲释；色彩情感；创作

Discussion on the Color Emotion of Fine Brushwork Flowers and Birds —— *Confusion and Relief*

ZHOU Lin[1], CHENG Qianqian[2]

(1. School of Art and Design, Xihua University, Chengdu 610039 China;
2. School of Art and Design, Xihua University, Chengdu 610039 China)

Abstract: The perplexity of the works is a set of 47 * 62 cm graphic drawings. The first two works depict the confusion that we face when we are subjected to various external pressures. The last two pieces of expression are accompanied by puzzlement. This article includes about three aspects. First, I understand the basic features of color emotion, compare with the actual situation of my own, and make a comparison with my own creation. Secondly, it also briefly discusses the development of painting in the home and abroad. The most important part is the four part of the article, which explains in detail the creative ideas, working methods, difficulties and solutions. Finally, it comes to the conclusion that color has the function of expression. Painters should give full play to their subjective initiative and use their subjective feelings to deal with colors.

Key words: perplexed release; color emotion; creation

生活中有许多困惑，本人作品中的混沌和被困的鱼其实来源于之前对绘画的困惑和人生的迷茫。希望找寻一种能把自己完全安放进去的画面，使自己的人生、精神上的担负得到解放。当困惑消失，确定也消失了，你既非困惑，也非确定。你只是感到很清晰、透明般地清晰，而这个透明就是美，它是非常细致的。人们的情感总是会受到外界事物的影响，比如色彩会与人的感情产生共鸣，所以人们习惯用颜色来表达内心的感受，于是就有了温暖和寒冷的颜色的概念。模仿本质色彩已经不是色彩运用的最终目标，画者要充分发挥主观能动性，用自己的主观感受来处理色彩，画面要充分体现一定的独立性和强烈的情感因素。

1　色彩情感的基本特征

工笔花鸟画以华丽的颜色在唐代宣布独立，宋代的雅致进入它的黄金时代，直到现在吸引了众多崇拜的人。汉代刘熙在《释名》中所说的，"画，挂也，以色彩挂物象也。"说明了色彩是绘画的基本要素之一。"绘画"从词义来解释，"绘"指的是色彩，"画"指的是线，可见色彩的重要性②。

原始社会人们表达原色彩是勾勒平涂，与认

作者简介：周淋（1992—），女，汉，四川资阳人，硕士研究生，西华大学，研究方向：艺术产业管理；程倩倩（1992—），女，汉，山西晋城人，硕士研究生，西华大学，研究方向：马克思主义与中国艺术。

识自然生物形态和他们对美的追求是密切相关的；黄河流域仰韶彩陶中鱼纹鹿纹、在铁红赭石为底色上绘制黑色红色和白色等颜色，颜色为单色绘制；汉初以红色和黑色为主，如目前发现的最早的独幅花鸟《双鸦栖树图》，白底赭色树干黑乌鸦的《人物御龙图》（图一）以土红、褐石、朱砂为主，配以藤黄、石青、石绿矿物色黑白红赭黄绿青紫相互调和；魏晋南北朝战争多，同时艺术思想活跃，除了汉代用的色彩外，开始较多使用淡黄、墨赭、灰青、灰紫；唐代主要围绕宫廷审美，所以色彩浓艳精致富丽；宋代儒道释三教同设并行，儒家将黄白黑赤青作为正色，五色具有连同尊卑、社会地位、宗教礼乐。这时色彩主观性和表现力增强。道家"道法自然"要求摒弃五色，所以用黑白朴素色。佛教"物我合一"要求摒弃光源色用固有色。从而形成宋代雅致的色彩风格。总之色彩具有情感性、哲理性、象征性的特点。

色彩无处不在，并且具有特殊的情感含义。色彩能给人冷暖、轻重、前进或后退等感受。色彩还具有象征意义。比如红色，给人热情、温暖、活泼、危险的心理感受。色彩在创作中的模仿固有色不是色彩应用的终极目标。画家要充分发挥主观能动性，用自己的主观情感来处理色彩。

2 色彩情感与我的作品的关系

古代中国画也被叫作"丹青"，其中丹和青都是中国画颜料，所以色彩在中国画创作中有着重要地位。[3]大多画家在色彩应用都是要求客观对象的神韵来表达画者的情感，也就是借物抒情，画家用以表达抒心写意的意象境界。所以传统色彩有象征性和主观性的特点。我喜爱工笔画典雅的情韵与抒情的色彩。工笔之美，在于表达情感与意象"尽精微"，在于把握艺术层次的微妙，揭示心灵深处的美学敏感和奥秘。工笔画最本质的东西是要表达对时代、艺术、生活的感悟，从生活与艺术的美学基点去寻找创作的源泉，挖掘潜在的美感，质朴无华比巧饰更具美学价值。暗色调的蓝绿色产生厚重、含蓄、朦胧、深沉、深邃的意境，我用来表达自己内心的困惑。亮色调的黄色和紫色是明亮的愉悦的心情，使画面产生明快、轻柔的意境，我用来表达困惑解开后的感受。当你试图解开困惑，这只是迈入成熟的第一步。真正的熟润，是突然有一天，觉得所有困惑都无所谓了，内心能够容纳困惑生长的时候，才是真正与这个世界和平共处之际。你的身体尽可能在世界上奔波，你的心情尽可以在红尘中起伏，关键在于你的精神一定要有一个宁静的核心。

3 国内外以困惑为主题的绘画

3.1 国外

现实。"我画我自己的现实。"[4]人们把弗里达的绘画归为超现实主义，弗里达否认自己在画梦境，她明确自己在写实。之前看她的画，第一眼与个人固有审美相异，烈酒穿心的不适感。翻完她的传记，再一幅幅看，除了墨西哥民族元素，弗里达的确是在表达个人生命，而非标新立异，箭、枪、病床，全部来自亲历。用器官分离、开刀、心脏等具体的象征来表达自己的痛苦（图二）。

挪威西方现代艺术表现派画家蒙克的画带有强烈的主观性和悲伤压抑情调。传世名作《呐喊》所传递的病态感如此饱满，甚至反过来显得生机勃勃。画中那张无性别扭曲如同外星人的面孔，正捂着耳朵对这世界尖叫，强烈如海啸般的情绪，就像达到临界点的爆炸物一样，没有力量能阻止。蒙克正是以这种最原始的方式来抵抗所有包括自己。他将困惑和死亡的恐惧作为他创作的主题。《呐喊》中主人物双手抱头，嘴巴张开呈高声尖叫的表情，从骷髅状的头和简化的身形，无法判断性别。画面笔直的桥和弯曲的河流形成强烈的对比，天空就像血流成河，画面的主体是在血红色映衬下一个极其痛苦的表情，红色的背景源于1883年印尼喀拉喀托火山爆发，火山灰把天空染红了。画中的地点是从厄克贝里山上俯视的奥斯陆峡湾。很明显地感受到画中主人翁由于心里的痛苦发出的呐喊。表现出画家本人在动荡的社会环境的重压下，精神和情感快要崩溃的感受（图三）。

图一 《人物御龙图》

图二　弗里达画作

图三　《呐喊》蒙克

3.2　国内

明朝有一个奇人叫徐渭。他一生中曾多次自杀，拿大铁钉子贯通自己的耳朵，拿大斧子砍自己的脑袋。造化弄人，徐渭的画，徐渭的身世，天妒英才啊！有道是：天降绝世奇才，奈何风吹雨打，老来失魂落魄，留得万世评议。徐渭的画，信笔尤真。无一处不是死局，无一处不是转机。笔墨跌宕，如人生逆旅，寻常人恐怕早就呜呼哀哉。人们喜欢怨艾命运，却不知命运的匠心，只有最平庸的生命，才期与高眠安乐，无尽闲愁。后来诸家学徐渭，难尽其天成之气。徐渭的峻拔，不是在倦怠红尘以后挥霍无聊与闲愁，而是超脱进取，姿旷跃出。

4　创作阶段

4.1　总体构想

以工笔的表现形式，画成长条竖构图 45 cm×62 cm×4，整体统一在灰色调里带一点点色相，按困惑的蠲释这一色彩情感的表达，组图以先后排序排列分别为：蓝绿黄紫。中国画花鸟工笔画植根于深厚的中国传统文化的肥沃土壤中，具有丰富的内涵，而且随着经济全球化的发展，工笔画融合了西方的绘画的色彩。传统中国画技

法是丰富的宝藏，南京艺术学院教授姜宏伟的作品散发出宋代绘画的古典基调，他本人也承认宋画的绘画给了他很大的启发和影响。画工笔画首先必须得具备良好的绘画功底，本科阶段宋画的复制与临摹、工笔线描刻、中国画山水课程为我的创作打下了扎实的功底。当代工笔画大多都灰蒙蒙的色调，很朦胧同时能够很好地表达自己的情感意境。

4.2　实施过程

4.2.1　起稿阶段

前期一直在为创作做准备，画白描，定创作题材，在这期间我做了好多张实验稿。有用酒精泼墨的；有用硫酸纸做机理的，最后都因为显得太花哨而放弃。在最后定好题材后我先用 ps 抠图（图四），拼凑我要画的东西，再提线，然后打印成正稿大小进行拓稿。在实施过程中做了很多调整，这样一来创作的构图和起稿就解决了。

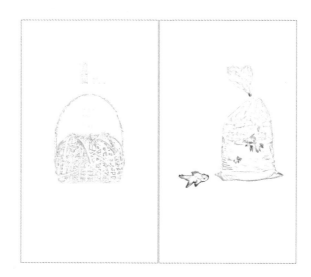

图四　周淋

4.2.2 上色阶段

接下来就到了色调和色彩的选择。罗斯金曾说过:"任何一个头脑清晰的人和具有正常的性格的人都喜欢颜色,颜色可以唤起永恒的安慰和快乐的思想。色彩无处不在,它不仅与人体生活有关,同时与天空中的光和地球的纯洁和明亮程度,死亡、夜间、各种污染物是暗淡无色。"⑤从艺术创作的色彩和形式看,突出主观感受是最终目的,艺术揭示的真正的感情已经成为最动人的画面。这是因为作品给了我们心灵上的触动,我们才会被这些作品吸引。我的创作是表达困惑的蠲释,从题目出发,我在底色的设置上是两张暗冷色画"困惑",两张稍微明亮的暖色画"蠲释"。我自己先刷了个色相在画稿上,颜色太浅太浮,完全没有宋画的雅致,也不能表现出困惑混沌的感觉。接着我将颜色压暗。之后发现组图的色相有点多,有蓝色调背景的竹编、绿色调背景的密封塑料袋、黄色背景的青花瓷、紫色背景的梨花,没能统一成一系列。邓远清老师说:"每幅作品色彩不能单独存在,应该有所联系"。接着统一刷了一遍灰色。后两张因为是暖色,和前两张的冷色不协调,所以黄色调和紫色调的刷了一遍三绿来协调。

底色刷好后我就开始局部分染,一张一张有序进行。四张图绘画技法都用的比较传统,用淡墨染竹篮、塑料袋、水纹还有花的叶子。《庄子·秋水》中庄子看到鱼儿在水里悠然自得地游着,感慨道:"儵鱼出游从容,是鱼之乐也。"然后惠子就说:"子非鱼,安知鱼之乐?"其实我画中的鱼看似快乐,其实不然,第一张鱼神态很轻松完全没能意识到困惑的来临,用背景的混沌来暗示困惑即将到来。袋子中的水借鉴了马远画水的方法,先用墨染出层次,再用钛白提出浪花。鱼的刻画我是借鉴了高茜画的鱼,袋子外面的鱼明度和纯度相比被困在密封的塑料袋里的鱼高,为了表现被困的无助。

4.2.3 细节刻画

在上色阶段我是四张画同时进行罩染和分染,大面积的铺色,制造大的氛围和意境。接下来就是细节和质感的刻画。刻画的时候很多东西不会处理,借鉴了邓老师"游"系列中的鱼、刘临画的青花瓷、韩非画的石墩细节的刻画、还借鉴了马远水纹的处理、《晴春蝶戏图》里的蝴蝶、还参照了在网上找鱼和花的高清图片来进行刻画。最后呈现了下面的效果(图五)。

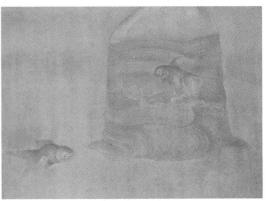

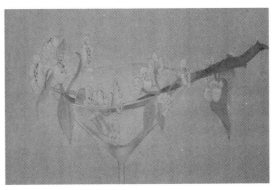

图五 细节刻画组图 周淋

5　总　结

工笔花鸟的色彩具有表情作用及其引发的感觉、联想象征的作用，是画家情感表达很重要的一方面。或以固有色加局部条件色和装饰色彩营造特定意境，或将光色纳入中国画平面色彩布局中突出光感效果，或借色墨的泼绘增强画面的视觉力度。在创作实践中我有了新的发现，原来传统国画精髓深不可测，色彩不协调可以通过中间色来调节，色彩的关系，颜色的平衡，颜色的比例，颜色的节奏，颜色构成和构图的完善，是色彩和谐的重要方面。画面的色彩关系和色彩趣味能调动观众内在感受。如果画家一味追求传统积累而来的"随类赋彩"这一程式色彩来赋彩，虽然程式色彩是色彩表现的优美范式，但片面的随类赋彩就会形成丰富变化中的客观色彩概念化，程式化的倾向。所以画家要充分发挥主观能动性，用自己的主观情感来处理色彩。同时还应处理好色调、色彩对比、色彩的冷暖、软硬、肌理和质地等，以调动观众的内在感受。

6　作品图

图六　创作完成组图　周淋

参考文献

[1] 刘五华. 公共艺术美术篇[M]. 北京：高等教育出版社，2013.

[2] 李广元. 色彩艺术学[M]. 哈尔滨：黑龙江美术出版社，2004.

[3] 黄宗贤. 中国美术史纲要[M]. 重庆：西南师范大学出版社，2006.

[4] 中央美术学院美术学中国美术史教研室编著. 中国美术简史[M]. 北京：中国青年出版社，2002.

[5] 王志纯. 丹青文萃[M]. 北京：文化艺术出版社，2008.

[6] 崔进. 新工笔文献丛书[M]. 合肥：安徽美术出版社，2010.

[7] 陈炎. 中国审美文化简史[M]. 北京：高等教育出版社，2007.

[8] 李奈. 梵高论艺术[M]. 成都：四川美术出版社，2003.

[9] 周毅. 困惑——围城内外现代女性忧思录[M]. 天津：百花文艺出版社，1998.

[10] 田自秉. 中国工艺美术史[M]. 上海：东方出版社，2010.

[11] 张圆. 近现代油画艺术中色彩的情感表现[D]. 石家庄：河北师范大学，2008.

注释

① 困惑：指感到疑惑，不知该怎么办；使困惑。近义词为狐疑、怀疑、猜疑、疑心、疑惑等。蠲释[juān shì]：消除；解除。前蜀　杜光庭《司封毛绚员外解灾醮词》："伏乞赐臣解消灾滞，蠲释凶衰引自百度词典。

困惑的蠲释主题，指疑惑得以消除。

② 张圆. 近现代油画艺术中色彩的情感表现. 河北师范大学，2008。

③ 王志纯. 丹青文萃　中国工笔画学会论文集，2008。

④ 弗里达语录，引自百度。

⑤ 张圆. 近现代油画艺术中色彩的情感表现. 河北师范大学，2008。

颜色词"黑"的隐喻研究

郭小娅¹，王朝培²

（1. 西华大学外国语学院，成都 610039；2. 西华大学外国语学院，成都 610039）

摘　要：本文主要讨论了以下几个问题：黑色的象征意义如刚正、无私、深沉、神秘、恐怖、阴险、奸恶、倒霉、非法、秘密等，它们都是由黑色的本义引申出来的。颜色词"黑"的隐喻可以通过聚焦（凸显）和运用这两个不同的角度来体现。通感、语义冲突和心理相似性这三个条件使颜色词"黑"产生隐喻成为可能。

关键词："黑"隐喻；隐喻映射；通感

A Metaphorical Study of the Color Term "Black"

GUO Xiaoya¹, WANG Chaopei²

(1. School of Foreign Languages and Culture, Xihua University, Chengdu 610039 China;
2. School of Foreign Languages and Culture, Xihua University, Chengdu 610039 China)

Abstract: This paper finds some exploratory solutions to the following issues: the symbolic meaning of black color, honesty; selflessness; clam; terror; blackness; turpitude; illegality; secret and so on, was derived from it's original meaning. Black metaphors can be explained from two different perspectives, highlighting and metaphorical utilization. What makes black metaphors occur are synaesthesia, semantic conflicts and psychological similarity.

Key words: black metaphors; mapping; synaesthesia

1 引　言

青天，绿水，蓝天，白云，这些词里都包含着颜色词，由此可知颜色词与人类生活紧密相关，颜色词除了它的本义以外，也经常被引用到其他领域。自 Berlin，B P.kay. 在 1960 年所写的 *Basic Color Terms：Their University and Evolution* 一书问世以来，颜色词就吸引了各界学者的注意，国内对颜色词的研究也是层出不穷，研究者从不同的角度对颜色词进行了分析，如沈从文、陈家旭等人从认知语言学的角度对颜色词进行了研究分析，但由于各种因素，目前对颜色词的研究尚未有较大的发现。本文以人们最熟悉的颜色词"黑"为研究对象，希望通过讨论颜色词"黑"的象征意义及对它的隐喻认知机制分析，能够为颜色词的学习，使用理解以及弘扬中华民族的深厚历史文化带来更加有益的帮助。

2 "黑"的本义及引申的褒贬义分析

作为人们最熟悉的表色词语，在各种辞书中

"黑"主要有以下释义：像墨和煤那样的颜色；表是非；暗，光线不足；突然而猛烈的；不走运、倒霉；脸色阴沉，严厉；狠毒，象征反动；隐蔽的、非法的。许慎《说文解字》认为"火所熏之色也。从炎，上出困。困，古窗字。凡黑之属皆从黑。呼北切。"由此可知，其他的释义均是由"黑"作为表色彩这个本义引申出来的。由于汉民族的传统文化是正-反，善-恶，是-非这种相对的观念，当遇到黑与白这一组颜色词时，由于白色与黑色的反差，它们就被认为是一组相对立的，相反的颜色词，因此有了"是非""正反"这一意义。例如说黑道白、黑白颠倒、黑白分明、混洗黑白等这些词里的黑白都是"是非"的意思。当天黑下来或者光线不足时，人们的眼前会一片漆黑或者视线模糊，这时候便有了"昏暗无光"这个释义。如黑暗、黑夜、黑天等词均说明了"昏暗无关"这个释义。晚上昏暗无光的时候，不容易看到东西或者被发现，易发生一些非法交易或者秘密。因此引申出了"非法的，秘密的"这一释义如黑名单、黑户、黑锅、黑书、黑店等。古代神话故

作者简介：郭小娅（1993—），女，硕士，主要研究方向：认知语言学；王朝培（1967—），男，副教授，硕士，主要研究方向：认知语言学。

事里的"阴曹地府"总是昏暗的、光线不足的，"黑"由此引申为恐怖、死亡等象征意义如一般参加葬礼都是穿黑色的衣服。古代算命先生说一个人"印堂发黑"就是说他可能会有不祥之兆。引申意义就是倒霉、不走运。如"黑运"。一个人运气不好，脸色往往会表现出阴沉，坏人一般都是阴沉着脸，因此黑又可以派生出阴沉、狠毒等象征意义。如：黑心肠、黑心、黑风、黑夜等词语。汉民族文化通常把"黑"认作贬义的象征色彩，但是由于颜色词的引申义主要表现在一种精神观念和文化价值中，而人们的文化价值和精神观念又有"双重心理意象"这一特征，因此"黑"不仅有恐怖、阴险、奸恶、倒霉等消极含义也有刚正、无私、深沉、神秘等积极意义。例如：古人铸剑用的铁的颜色看起来就像黑的颜色，又因为铁一般都有刚硬、强劲的属性，因此"黑"便引申出刚正无私这一意义。如在戏剧中，扮演黑脸的一般都是尉迟恭、包拯等具有正义，铁面无私等特征的人物。又根据中国古代的哲学思想五行之说，他们分别是将木、金、火、水、土属性。根据《黄帝内经》五行与五色的对应分别是青、白、赤、黑、黄色。因此水对黑色即 水=黑色，为深渊无垠之色。因此"黑"又有深沉这一说法。

《道德经》曰：一阴一阳谓之道。这句话的意思是凡事都有两面性，而颜色词的联想之意也不例外，也具有两极性。一方面"黑"可以象征恐怖、阴险、奸恶、倒霉等具有贬义色彩的含义，反之，"黑"也可以象征刚正、无私、神秘、深沉等积极意义。

3 "黑"与隐喻映射

1980 年，Lakoff &Johnson 所著《Metaphors We Live By》首次从认知语言学角度去分析隐喻。他们认为隐喻是从一个具体的概念域向一个抽象的概念域的系统映射。用另外一个术语说就是从"源域"向"靶域"的映射。例如，在"ARGUMENT IS WAR"（争论是战争）这一隐喻中，"WAR"为"源域"，"ARGUMENT"为"靶域"。我们通过"战争"这一概念来理解"争论"是因为源域"战争"的战斗性，敌对双方的初始位置，有进攻、防御等特征映射到了靶域"争论"上。但是我们却抑制了争论的其他特征，如合作性。这是因为，映射不是随意的，全部的，而是部分的，选择性的。黑色隐喻的例子就可以很好地说明隐喻映射机制。"一个概念可以从不同的角度去描述或概括，

但在映射时，靶域有一个隐喻聚焦的过程，而源域则有隐喻运用的过程。隐喻聚焦是指当源域映射到靶域时，靶域中只有部分特征进入焦点为映射的对象。"（刘正光 2003）以"黑"的隐喻为例：黑户、黑册子、黑车、黑名单、黑店、黑价、黑社会等词语的源域只凸显了"黑"的一个特征：非法的、秘密的。"黑"的刚正、无私、神秘、倒霉、狠毒等特征都被隐藏起来了。凸显也可以使得原本积极的事物变成消极的含义如"黑色喜剧"，"这一词中，"喜剧"是可以使人开心的电视或者电影，它具有积极的含义，但是黑色喜剧这个词的意思却是对社会冷嘲热讽或者无奈，这里将"黑"的消极含义投射到"喜剧"这个积极的意义上，使得原本积极的词语变成了消极的词语，这时就凸显了"黑"的消极意义。由此观之，当发生隐喻时，只有其中的一部分特征被运用了，而其他的特征都被隐藏了。源域运用指在隐喻发生过程中只有源域的部分特征被靶域理解。以"MISFORTUNE IS BLACK"为例："black day""black history""黑暗的时代""黑色日子"等例子都主要是说黑色是倒霉或不走运这个含义。通过以上的分析，我们可以知道靶域聚焦和源域运用都体现了概念映射的选择性这个基本特征。

4 "黑"的认知机制分析

概念隐喻理论认为隐喻是具体的认知域向抽象的认知域的映射。黑色本义是表色彩的颜色域，为了更好地理解或解释一些抽象的概念，因此将颜色域引申到非颜色域。如情感域：黑着脸，"black mood"，评价域：黑道，黑帮，幕后黑手，黑内幕，黑旋风李逵。那么这些隐喻是如何产生的呢？认知语言学认为，通感就是人体的感觉经验与外界客观世界相互作用的结果。正如陈望道所言，颜色隐喻的产生是建立在通感的基础之上的。（陈望道 2008）通感就是将人的视觉、触觉、嗅觉、听觉这四种感觉沟通起来，通过日常经验对外界事物的联想将一个感觉转移到另一个感觉上即"以感觉写感觉"。颜色词隐喻产生的过程中就极好的表现了这一点，例如：黑压压，"黑压压"表示光线暗，昏暗无光，将人的色觉与触觉连接，将表示天气的抽象概念映射到了具体的人的触觉之上。此类词还有"红油油""绿茸茸""灰溜溜"。

心理相似性和语义冲突使颜色词黑产生隐喻成为可能。"隐喻是本体与喻体之间相互作用后产生新的意义的过程，由于本体与喻体之间属于不

同的认知域,他们之间存在差异,由此产生了语义冲突。"

(陈家旭 2003)例如"黑市"一词,我们知道市场本来是没有颜色的,但是"黑市"这一词一直被人广泛运用,当人们第一次看到"黑市"这个颜色的词语时,根据人们的日常经验判断"黑"和"市"这两个字不属于同一类,他们不是属于同一个认知域的词,不可以组成一个词语,即语义冲突。但是"黑市"这个词语却被大众接受并使用,因此可知发生了隐喻。"黑色"是始源域,"非法的、秘密的市场"是目标域。从始源域到目标域即"黑"到"非法的,秘密的市场"的映射便形成了被人们所接受的"黑市"这一词,从而让人们对非法的,秘密的交易有了直观,具体的感知。心理相似性就是两个不同的认知域之间有相似的特征。例如,"黑心肠"一词,"黑"与"心肠"两个词不属于同一类,不能放在一起使用,因此发生了"语义冲突",而"黑"这一词本义是烟火熏黑之意,地狱或"阴曹地府"就一直是被烟火熏烤,因此"黑"便给人一种"阴险""恶毒"的感觉,在心理相似性的基础上,"黑"投射到"心肠"就有了"黑心肠"这一词,即阴险恶毒的心肠。

5 结 语

本文通过对颜色词"黑"的隐喻分析讨论,主要得出以下结论:由于人类的双重心理意象,"黑"的隐喻也具有两极性,它不仅有非法、秘密、狠毒、倒霉、深沉等消极意义,也有刚正、无私、神秘、肃穆等积极含义。通感、语义冲突和心理相似性使颜色词"黑"发生隐喻成为可能。颜色词"黑"的隐喻也可以从隐喻凸显和隐喻运用这两个角度来体现。希望通过对颜色词黑的隐喻认知分析,能够更全面的解释颜色词的隐喻,能够对颜色词的学习,使用理解以及弘扬中华民族的深厚历史文化带来更加有益的帮助。

参考文献

[1] BRENT BERLIN, PAUL KAY. Basic Color Terms: their University and Evolution[M]. California: Berkeley University of California Press, 1969.

[2] BLACK, M. More about Metaphor[M]. Cambridge: Cambridge University Press, 1979.

[3] DAVID W. Carroll, Psychology of Language: Foreign Language Teaching and Research Press, 2012.

[4] EVANS, V.(2003). The Structure of Time: Language, Meaning and Temporal Cognition. Amsterdam: Benjamin.

[5] UGERER, H. J. SCHMID. An Introduction to Cognitive Linguistics[M]. Shanghai: Foreign Language Teaching and Research Press, 2001.

[6] GENTNER, D. As time goes by: Evidence for two systems in processing space-time metaphors [M]. Language and Cognitive Processes, 2002.

[7] GRADY, J. Foundation of Meaning; Primary Metaphors and Primary Scenes[M]. Berkeley: University of California Press, 1997.

[8] JOHN R. Taylor. Linguistic Categorization: Prototypes in Linguistic Theory[M]. Oxford: Oxford University Press, 1995.

[9] LAKOFF, G & M, JOHNSON. Metaphors We Live By[M]. Chicago: The University of Chicago Press, 1980.

[10] 陈望道. 修辞学发凡[M]. 上海:复旦大学出版社,2008.

[11] 陈家旭. 英汉语基本颜色的隐喻认知对比[J]. 西南民族大学学报(人文社科版),2003(12).

[12] 胡壮麟,姜望琪. 语言学高级教程[M]. 北京:北京大学出版社,2002.

[13] 刘正光. 隐喻映射的本质特征[J]. 外语学刊,2003.

[14] 束定芳. 认知语义学[M]. 上海:上海外语教育出版社,2008.

[15] 施静. 英语颜色词隐喻义研究[J]. 文学教育(下),2016(1):60-61.

[16] 王寅. 认知语言学[J]. 中国外语,2011(7).

[17] 王文斌. 隐喻的认知构建与解读[M]. 上海:上海外语教育出版社,2007.

[18] 姚小平. 基本颜色调理论述评兼论汉语基本颜色词的演变[J]. 外语教学与研究,1988(1).

[19] 赵艳芳. 认知语言学概论[M]. 上海:上海外语教育出版社,2001.

[20] 周运会. 国外语料库隐喻研究综述[J]. 外语学刊,2015.

[21] 张松松. 关于隐喻理论最新发展的若干问题[J]. 外语与外语教学,2016.

电影字幕正向翻译表达中翻译补偿策略的使用

—— 以影片《我不是潘金莲》字幕翻译为例

郭亚西[1]，唐利平[2]，李　宽[3]

（西华大学外国语学院，成都 610039）

摘　要： 翻译表达过程可以分为正向翻译表达过程（L1→L2）和逆向翻译表达过（L2→L1）。其中正向翻译表达实质上就是指 L2 生成过程。在这个生成过程中，译者发现用 L2 交际时会出现许多问题。本文，将就 L2 使用过程中出现的问题，选取《我不是潘金莲》英文字幕片段具体分析，提出相应策略，即翻译补偿策略。期为字幕翻译的研究拓展研究方向。

关键字： 表达机制；正向翻译；翻译补偿策略

Countermeasures to the Problems in the Expression Mechanism of Forward Translation

GUO Yaxi, TANG Liping, LI Kuan

(School of Foreign Languages and Culture, Xihua University, Chengdu 610039 China)

Abstract: The process of translation can be divided into positive translation process(L1, L2)and reverse translation(L2, L1). In essence, the positive translation expression refers to the L2 generation process. In the process of its generation, the translator discovers that there are many problems in communicating in L2. In this paper, partial subtitle translated in "I am not Madame Bovary" will be selected to analyze the problems arising from the use of L2, and corresponding strategies will be proposed, namely, translation compensation strategies.

Key words: expression mechanism; forward translation; translation compensation

引　言

电影作为一种喜闻乐见，雅俗共赏的艺术形式，是文化的缩影，也是传播中西方文化的载体。电影片名及字幕的翻译一直是译界十分关注的问题，不少学者从不同角度，如文化、语言等对其翻译问题进行过研究和阐述，而和心理机制面相结合的研究较少。本文选取《我不是潘金莲》中的部分字幕译文，从其中译英表达遇到的问题入手，阐释翻译策略，即翻译补偿策略在字幕翻译中的使用。

1　正向翻译表达机制及表达过程中出现的问题

颜林海在《翻译认知心理学》中将显性语言（强势语言）和隐性语言（弱势语言）分别用 L1 与 L2 表示。熟练程度和语言水平对 L1 与 L2 起决定作用。本文涉及的内容默认中文为 L1，英语为 L2。勒福特的言语加工模型由概念生成器、构成器、发音器、听觉加工器和言语理解系统构成。[1]（傅利华，2011）概念生成器主要负责生成交际意图，并加以编码生成某种连贯的概念计划。[2]（杨雯琴，吕文澎 2010）而交际意图等信息的生成要求提取知识。此时构成器将信息的语法和语音进行编码，并向词库发送信息，从而激活词库中对应的信息块。激活的内容暂储于"发音缓冲器"，随即生成言语消息。在显性言语生成的过程当中，人体系统中的听觉主管进行辨认、从而了解词汇意义。对意义和形式的输出起到了监控的作用，检测出问题，再提出解决办法，最后确

作者简介：郭亚西（1997—），女，硕士研究生，西华大学外国语学院，翻译理论与实践；唐利平（1972—），女，硕士研究生，硕士研究生导师，西华大学外国语学院，翻译理论与实践；李宽（1990—），男，硕士研究生，西华大学机械工程学院，机械电子工程。

保输出正确形式的显性语言。这是 L1 生成过程，也就是逆向翻译表达过程。[3]（颜林海，2008）。

正向翻译表达，L2 的生成过程从本质上讲与 L1 生成过程，即逆向翻译表达过程相同。[4]（颜林海，2008）二者的主要区别是由 L1 与 L2 在学习者或者译者的熟练程度，语言水平决定的。其区别和所产生的翻译表达问题主要体现在以下三个方面。首先，L2 知识不如 L1 丰富。[5]（王瑞，2009）其主要表现在三个方面：语义、语用和文化缺省。语义指译者翻译时联想意义的真空或者不当，语用指译者对作者的侧重点掌握不当。例如译者在用 L2 的概念来表达 L1 时，会发现自己心理词库贫乏，找不到相应能够准确传达 L1 意义的字或词。当无法检索到某一个 L2 词项时，译者便倾向于采用补偿策略。第二，L2 的生成系统在某些方面缺乏自动性。即译者长期生活在母语环境中，对母语的应激反应快。[6]（丁石庆，2009）而相对于第二语言来讲，由于译者的熟练程度不高，用 L2 表达的过程中，译者很难提取到准确的概念，提取概念后的加工过程也会占用相对长的时间。这就失去了语言表达的自动性。这也是导致译者译文中出现语法或结构错误的原因。第三，L2 生成往往带有 L1 的痕迹。即当译者在用 L2 进行表达时，有时会借助 L1。[7]（曹凡，2013）究其原因有以下几种：译者无法提取 L2 对应概念；译者刻意强调作者说话意图或情感；跨语言干扰等。文章主要指出了正向翻译过程中出现的语义、语用和文化缺省三个问题。

2 补偿策略类型

关于翻译补偿策略，前人做了大量的研究，最早是 1993 年奈达从功能对等的角度提出了功能补偿。提倡根据文本功能的不同，采取一定策略对译文表达做局部补偿。Hatim 和 Mason 则侧重语言的交际功能，认为翻译补偿主要是针对语义交际功能和语义损失的补偿。[8]（夏廷德 2004）Peter Newmark 也主张以文本功能为基础，认为文本可以分为呼唤型文本、信息型文本和表达型文本。[9]（Newmark，1981）根据文本的不同功能，译文的传达上应该采取补偿策略，有所省略和增益。翻译补偿理论的逐渐成熟体现在 Hervey 和 Higgins 从语言学角度提出了有关翻译补偿的四大类型：类比补偿、换位补偿、融合补偿和分解补偿。国内对翻译补偿策略的研究始于 20 世纪 80 年代，马红军则将翻译补偿定义为隐形补偿和

显性补偿。本文例举的翻译补偿策略则是从颜林海（2015）《翻译认知心理学》一书中正向翻译表达问题解决机制角度提出的。

2.1.1 替代策略

替代策略，顾名思义就是选择另外的词条对文本中可省略、可替换、可借用或改变的词条进行替代。替代策略包括语码转换（译语部分直接用源语表达），近似替代（近义词，上下义词之间的替代），通用词替代（泛词和特定词之间替代）和近似文化词替代（有相同文化背景的词语替代）。

2.1.2 简化策略

简化策略指对语前信息内容加以简略化处理。首先体现在信息放弃上面，即当学习者无法准确提出准确的描述时，就放弃那些未完成的信息，然后继续陈述。其次体现在信息简化上，即译者缺乏 L2 语言资源而选择放弃有难点的结构或话题，将信息简化后进行陈述。最后是信息替代，即根据实际情况的不同或者因个人爱好用新信息代替原有信息。

2.1.3 修正策略

修正就是说话者对词项的概念信息加以修正，用 L1 或 L2 的语法和语音编码加工作为输出，而这些加工都有用词错误。具体体现为外国腔、生造词汇、字面翻译和假朋友等。

2.1.4 重新概念化策略

重新概念化包括微概念化和宏概念化。重组宏概念就是放弃原来言语计划中的部分消息，对原语言计划加以重新建构，通常是对话采用的一种策略。就交际目的而言，言语信息的意义差异表现在受听者的行为反应上。因此说话者通过问答使受听者表达出对应目的语。重新微概念化指通过提供具体实例或描述目标词或行为婉转曲折的陈述。重新概念化还体现在生造目的语词汇上，例如现在的"gelivable"和"newbility"就是根据目的语词汇仿造而来。

3 《我不是潘金莲》字幕翻译中补偿策略的应用

《我不是潘金莲》是 2016 年在中国上映的一部反讽喜剧。电影讲述了李雪莲，一个普通的农村妇女，为了纠正一句话，周转于官吏间十余年。在十多年时间里，从镇到县，由市至省，再到首都，广阔天地中，一路与形形色色的大男人斗智斗勇。其中不少官员对李雪莲视而不见，听而不

闻。最终被李雪莲的执着拉下马。影片将底层官员的不作为和胡作非为刻画得淋漓尽致。影片2016年相继在国内国外上映。斩获国内外多项大奖。其中字幕组功不可没。纵观该影片台词，词句中不乏具有中国特色和文化底蕴的台词，这为字幕组的翻译带来了巨大的困难。文章例子主要指出了正向翻译过程中出现的语义、语用和文化缺省三个问题。而翻译补偿策略则为《我不是潘金莲》字幕的英译提供了新的思路。

（1）——我不是潘金莲。

—I am not Madame Bovary.

《我不是潘金莲》是影片名，如果将影片名用英语直译，应该为"I am not Pan Jinlian"。但是对国外观众而言，可能产生疑问，潘金莲是谁呢？事实上，潘金莲是中国四大名著之一《水浒传》中的一位美女，其时代背景为明朝（1368-1644）。在书中，潘金莲和一位名叫西门庆的英俊商人有染，并在后来杀死了自己的丈夫武大郎。这部分情节在明朝小说《金瓶梅》中有更加详细的展开和论述，在该书中潘金莲被描写成一个风情万种的荡妇。在中国，潘金莲一直被视为美丽风流却违背传统伦理道德的"坏女人"典型。由于许多外国人不知道潘金莲这一文化意象，所以译者在翻译名字的时候便找了一个在西方文化中和潘金莲角色相对应的人物，即"Madame Bovary"。包法利夫人是法国现实主义作家古斯塔夫·福楼拜小说中的一个人物。爱玛·包法利住在法国的一个小镇里，丈夫是一名医生，但她却不甘平庸的生活，到处沾花惹草，多次和其他男人通奸。爱玛·包法利和潘金莲有许多相似之处，都展现了两个不满足于现状，妄图去打破生活桎梏的女性形象，同时也反映了当时男权社会的社会现实。两个女性人物有相似的地方。因此这里将"潘金莲"译为"Madame Bovary"是基于文化空白而采取的补偿策略，即替代策略。

（2）——看来我也是被逼上梁山了。

—It looks like you've twisted my arm.

"逼上梁山"出自《水浒传》。《水浒传》中有一个梁山英雄，名叫林冲，原来是80万禁军教头。有一天，林冲带着妻子去赶庙会，没想到俩人走散了。太尉高俅的干儿子高衙内看见林冲的妻子长得漂亮，就起了坏心。正在这时，林冲赶到了，他看见妻子被人欺负，非常气愤。就在举起拳头要打时，才看清是高衙内，就忍气吞声地回了家。谁知高衙内为了霸占林冲的妻子，玩弄手段陷害

林冲。还派人在流放的路上杀害林冲，林冲被逼得无路可走，只得上梁山造反。现也比喻被迫反抗或做某件事。可以看到的是，"逼上梁山"文化含义十分丰富，在影片中作调侃用，但是又恰到好处传达了说话者的交际意图——即表达自己现在不得不作系列指示。类似有特定文化含义的词语，当译者在译语中无法检索到对应的词语时，译者倾向于捏碎整个源语言概念，采取重新概念化策略，通过提供具体实例或描述目标词或行为婉转曲折的陈述去表达原文想表达的深层含义。因此这里将"逼上梁山"译为"twist one's arm"表示被迫做某事。在译语中完全找不到源语言的文化痕迹。因此是采用了重新概念化的翻译补偿策略。

（3）——日甚一日，甚嚣尘上。

—It gets worse each day.

这句话在影片中出现在人大会议上。在谈论贪污腐化和不正之风的时候，首长引用了"日甚一日，甚嚣尘上"这句话。"日甚一日"意为"情况一天天加剧"。"甚嚣尘上"意为"人声喧嚷，尘土飞扬"，原形容军中正忙于准备的状态，后来形容消息普遍流传，议论纷纷，现多指某种言论十分嚣张。整句话的翻译应该是"Something develops with increasing intensity daily and is widely speculated"。但是结合上下文，这里的"日甚一日，甚嚣尘上"应该只是表达"贪污腐化"和"不正之风"这两种现象变得越来越严重。因此在译文中，译者省略了"甚嚣尘上"的翻译，直接根据语境将整句译为"It gets worse each day"。是采用了翻译补偿策略中的简化策略。省略了与原文不切合的语句，这样的翻译通俗易懂，删繁就简，不会给国外的观众造成误解和困扰。

（4）——对过去一年的成绩和不足及今年的规划和打算。

—On last year's outcomes and this year's plans.

这句话中宾语共有四个名词"成绩"、"不足"、"规划"和"打算"。译文中用"outcomes"和"plans"总结译了四个名词。简洁明了，同时也符合译入语的表达习惯。这也是采用简化策略的一个例子。

（5）——我们觉得她是小白菜，她前夫说她是潘金莲，她自己觉得自己冤得像窦娥。

—To us, she's a tenacious pest. Her ex-husband says she's a slut. She thinks she's a victim of injustice.

小白菜是清末四大奇案之杨乃武案的女主

角，是中国历史上一个身世很悲惨的女性角色。被屈打成招勾结外人毒杀丈夫，接下来官官相护，官司来回折腾 4 年才得以沉冤昭雪。影片中从两个不同的身份立场对李雪莲这个人物进行描述。"我们"是当时的为官者，由于李雪莲的告状，前法院庭长到该市市长均被拉下马，丢了帽子。所以说李雪莲这个人物是个害虫，继而是李雪莲告状坚持了十年，所以译者加上"tenacious"一词，完整地包罗了"我们"眼中的李雪莲形象。对于小白菜这个历史人物，译者并没有选择直译，也没有找到目的语中的对应词代替，因此只能将"小白菜"重新概念化，译为"tenacious pest"。若直译为"little cabbage"，必贻笑大方。后面的"潘金莲"一词是李雪莲前夫对她的评价。由于影片开篇提到李雪莲的丈夫秦玉河指责李雪莲在结婚时不是处女，并称之为李雪莲。和前面保持平行，因此译者将"潘金莲"重新概念化译为"slut"。接下来的"窦娥"元朝关汉卿的作品《窦娥冤》中的一个人物。《窦娥冤》讲述的是一个女人尝尽冤屈，最后还被贪官污吏所杀害的故事。所以译者这里将其重新概念化，译为"victim of injustice"是合理的新概念。

电影，作为一种雅俗共赏的艺术形式，承载了丰富的源语文化。《我不是潘金莲》翻拍于作家刘震云的同名小说。该书是他第一部以女性为主角的小说。直逼现实，书写疾苦。随着全球化进程加速，中国电影打开了走向国际的大门。但文化差异性使得中国电影难以登上国外荧幕，即便上映也多是票房惨淡的局面。反观好莱坞大片在中国市场上的热映，中国电影的译制迫不及待。文章列出《我不是潘金莲》这部影片字幕中具有代表性的一些英文翻译，主要指出了字幕翻译中存在的语义、语用和文化缺省问题，并详细阐释了翻译认知心理学层面翻译补偿策略：替代、简化及重新概念化策略的使用。

4　结　语

从上面的例子和分析我们可以看到，由于文化的差异性或者其他因素，在用 L2 表达 L1 的时候会遇到很多问题。本文以影片《我不是潘金莲》的字幕翻译为例，从翻译心理学角度探讨分析了替代问题解决机制，即翻译补偿策略在中英翻译中的应用，为翻译的分析提供了新的视野。

参考文献

[1] 傅利华. 影响大学英语口语表达的语言因素研究[D]. 武汉：华中师范大学，2011

[2] 杨雯琴，吕文澎. 网络语言产出的心理语言学分析——基于 De Bot（1992）双语产出模型的讨论[J]. 西南科技大学学报（哲学社会科学版），2010（5）：61-64+81

[3] 颜林海. 试论翻译认知心理学的研究内容与方法[J]. 四川师范大学学报（社会科学版），2008（2）：96-101.

[4] 颜林海. 翻译认知心理学[M]. 北京：科学出版社，2015.

[5] 王瑞. 母语为英语的汉语学习者词汇心理表征发展过程与造词偏误的心理机制研究[D]. 北京：北京语言大学，2009.

[6] 丁石庆. 莫旗达斡尔族母语保持的相关因素分析[J]. 黑龙江民族丛刊，2009（3）：116-121.

[7] 曹凡. 英语专业研究生课堂中的语码转换的特点和作用研究[J]. 西江月，2013（1）：158

[8] 夏廷德. 翻译补偿研究[M]. 武汉：湖北教育出版社，2006.

[9] Newmark, Peter. Approaches to Translation[M]. Oxford: Pergamon Press.1981.

[10] 李玉英，胡勇. 论信息型文本的翻译补偿策略[J]. 赣南师范学院学报，2012（1）：76-80.

[11] 李奕，刘源甫. 翻译心理学概论[M]. 北京：清华大学出版社，2008.

[12] 李玉英，邱晴. 呼唤型文本的翻译补偿策略[J]. 江西社会科学，2011（12）：176-179.

[13] 熊苗苗. 汉英翻译补偿分类及补偿策略研究[D]. 南昌：江西师范大学，2014.

[14] 冷抒桐. 《康熙王朝》字幕翻译中的补偿策略[D]. 北京：北京外国语大学，2015.

以"小"见"大"：从汉英语言差异谈英语介词翻译

韩竞辉[1]，陈　达[2]

（1. 西华大学外国语学院，成都 610039；2. 西华大学外国语学院，成都 610039）

摘　要：翻译是不同文化之间传递的桥梁。翻译过程中不难发现，英文在语言表达习惯方面与中文有所不同，英语中介词数量极多且使用频繁，因此英语介词的翻译逐渐引起学界重视。本文在对比汉英语言差异的基础上，强调英语介词翻译的重要性，并对英语介词翻译问题以及翻译方法策略的选择做出进一步分析，希望可以对翻译学者有所帮助。

关键词：语言差异；英语介词；翻译

See Big Things through Small Ones: The Translation of English Prepositions from the Perspective of the Differences between Chinese and English

HAN Jinghui[1], CHEN Da[2]

(1. School of Foreign Languages and Culture, Xihua University, Chengdu 610039 China;
2. School of Foreign Languages and Culture, Xihua University, Chengdu 610039 China)

Abstract: Translation is a bridge between different cultures. It is easy to find that English is different from Chinese in terms of language expression habits in the translation process. Prepositions in English are numerous and frequently used. Therefore, the translation of English prepositions has gradually attracted the attention of the society. Based on the comparison of the differences between Chinese and English, the thesis emphasizes the importance of translation of English prepositions and further analyzes English preposition translation problems and the choice of translation strategies, hoping to help translation learners.

Key Words: language difference; English preposition; translation

引　言

每一个民族都有自己的语言，而人尽皆知，一种语言的形成并非一朝一夕就能完成，其背后是千百年来历史文化的积淀。当今世界，汉语是使用人口最多的语言，英语则是使用范围最广的语言，这两者在众多语言中具有举足轻重的地位，汉英翻译工作也因此引起社会的重视。翻译过程中不难发现，英语中的介词相比汉语而言数量极多且使用频繁。因此，对英语中的介词准确翻译便成为做好汉英翻译的关键之一。

1　汉英语言差异及英语介词翻译的重要性

翻译是不同语言、不同文化之间传递的桥梁。

一种语言的形成受到多方面因素的影响，如，历史、背景、种族文化、宗教信仰等等。汉语和英语也在语言结构和表达习惯上有所差异，比如：英语习惯将重要信息放在前面，喜欢开门见山，重心前置，而汉语表达则比较含蓄，习惯先修饰之后再说出重要信息即重心后置；英语表达中多使用静态语言，而汉语则更倾向于动态表达；英语多长句且避免重复，汉语多流水短句且多使用叠词；英语重形合，汉语重意合，等等。

正是由于上述汉英语言的差异性，再加上英语介词数量庞大，无法在汉语中找到一一对应的介词，英语介词翻译的重要性才得以凸显。英语介词虽短小不起眼，其作用却不容忽视，英语中的介词语义丰富、用法灵活，它们就好像骨头之间的关节一样，可以将语言中毫无关联的部分联

作者简介：韩竞辉（1994—），女，山西阳泉人，硕士研究生，研究方向为翻译理论与实践；陈达（1963—），男，重庆人，教授，硕士生导师，研究方向为翻译理论与实践。

系起来，并使之富有生命力。做好英语介词的翻译，可以起到画龙点睛的作用，使译文更加自然流畅。

2 英语介词的翻译

"介词的作用主要是它的句法功能。介词在句中使词和词之间产生语义关系。因此，翻译介词最重要的是抓住介词所在的特定语境中词与词之间可能存在的最准确的逻辑语义关系。"（刘宓庆，1989：237）由此可知，英语介词的翻译想要做到严复提出的"信、达、雅"，需要联系上下文的语境，不能单独进行翻译或者机械翻译。

2.1 将英语介词直接翻译为汉语介词

"对于可以直接保留下来的介词，直译是最便捷的方法，即按照原语的形式与结构将英语介词译成汉语介词或介词短语。（刘宓庆，1989：274）虽说汉语中介词的数量远不及英语中的介词，但是仍有可以直接进行对等翻译的情况。如：

I told them not to play in the water. 我告诉他们不要在水中嬉戏。

上述译文就是将英语介词 in 直接对等翻译成"在……里，在……中"。

2.2 将英语介词转译为汉语动词

在连淑能教授所写的《英汉对比研究》一书中指出（2002：18）：汉语介词大多是从动词中"借"来的，严格地说，现代中国语根本就没有真正的介词。但是英语中有很多表示动作的介词和介词短语，因此在翻译英语介词及介词短语时，要注意仔细体会它们是否含有动作含义，大多数情况下，都会将含有动作含义的介词和介词短语转译为汉语动词来更贴切地表达原文意思。

2.2.1 做表语的介词或介词短语转译为汉语动词

Many dogs in this area are off starvation. 这里有很多狗都摆脱了饥饿。

这里的介词"off"在句中做表语，翻译时将它转换成汉语动词，译为"摆脱"，翻译得恰到好处，使译文更加自然贴切。

The little girl was in bed by ten o'clock. 小女孩十点钟就上床休息了。

Are you for or against the plan? 你同意还是反对这个计划？（田齐飞，2005：193）

2.2.2 做状语的介词或介词短语转译为汉语动词

Sadly, the heroic solder's injury is too serious to be cured even with the best medicine. 不幸的是，这名英勇的士兵伤势太过严重了，哪怕是用最好的药材也于事无补。

上述例子将方式状语中的介词译为汉语动词，"with"译为动词"用"，使译文变得通俗易懂。

The old man can not live without his son. 这位老人离开他的儿子就不能生存。

上述例子是将条件状语中的介词"without"转译为汉语动词"离开"，而不是直接按字面意思译成"没有"。这样翻译时将介词动词化，可使译文更加符合汉语的表达习惯。

With night coming on, we go home for supper. 夜幕降临，我们动身回家吃晚饭。

这个例句中由 with 引导的结构独立于句首作状语，只有将其转译为汉语动词才能更加生动形象。

I bought a wardrobe for my clothes. 我买了一个衣柜来放衣服。（不能译为：我为了我的衣服，买了一个衣柜。）

上述例句是将原因状语中的介词转译为汉语动词，使译文能很好地通顺达意。

2.2.3 做定语的介词或介词短语转译为汉语动词

He is a man above vulgar interests. 他是一个脱离了低级趣味的人。（于艳红，2005：117）

Tom's small daughter by his first marriage doesn't live with him. 汤姆的第一个妻子所生下来的女儿没有和他生活在一起。

通常情况下，可以将英语中做定语的介词或介词短语翻译成汉语中的"的"，来修饰后面跟着的名词。

2.2.4 介词短语做宾语补足语时，可将其转译为汉语动词

大多数情况下，介词短语做宾语补足语时，会将其译为汉语动词，形成汉语兼语式结构。汉语兼语式结构是指兼语句的谓语是由动宾短语套接主谓短语构成的，动宾短语的宾语兼做主谓短语的主语。身兼两职，所以称之为兼语。在意义层面上，后一个动词的出现是为了给前一个动词所想要表达的意思做补充说明，来表明出前一个动词的目的或者结果。兼语式结构有很多种类型，例如有使令类、称谓类、举荐类、有无类等等。

The teacher asked me to stand in the corner. 老师让我站在角落里。（使令类）

People call him as "Buddha incarnate". 人们都称他为"活菩萨"。（称谓类）

I have a friend who lives in Guangzhou. 我有一个朋友住在广州。（有无类）

上述几个例子中，就是将作为宾语补足语的

介词短语转译为汉语动词：站在……；称…为…；住在……

2.3　将英语介词短语译为汉语的分句

通过前文分析汉英语言的差异性，可以得知其中有一点是英语喜欢使用含有静态词语的复杂句，汉语则更倾向于含有动态词语的流水短句。因此可以将英语中的介词短语译为汉语的分句，这又包含很多种情况。

2.3.1　译成并列分句

Their comprehensive national strength increased with economy. 他们的综合国力增强，经济实力也显著提升。

She tried vainly to persuade her husband to quit smoking. 她试图说服她丈夫戒烟，但最终还是失败了。

2.3.2　译成汉语中带有转折关系的让步分句

His wife，with common appearance，is an understanding wife and loving mother. 虽然他的妻子长相平平，却是一位贤妻良母。

2.3.3　译成原因分句

He was very sick from lack of exercise. 他因为缺乏锻炼而体弱多病。

2.3.4　译成假设句即条件分句

We should have made earlier time but for the late arrival of the plane. 要不是飞机晚点，我们早就到了。

2.3.5　译成目的分句

The hospital is built here for the convenience of people around. 这个医院在这里建立是为了方便附近的人们。

2.4　省译

著名翻译大家林语堂先生提出翻译的三大标准：忠实、通顺、和美。将忠实放在首位，可见忠实于原文对于翻译的重要性。省译，又叫不译，就是在确保忠实于原文的情况下，为更好地符合汉语的语言习惯，避免译文冗长，对一些介词可以不做翻译。

2.4.1　表示时间和地点的介词和介词短语

通常情况下，表示时间和地点的介词和介词短语，译成汉语时如果放置在句首，大都不译。但如果出现在句尾或动词之后则不可以省略不译。

The beautiful girl was born in November 1980. 1980年11月，这个漂亮的女孩出生了。

He ought to study by now. 现在他应该去学习了。

Taking the plane，the old man arrived in London in late March 1922，and went directly to the address of Mary. 这位老人坐飞机于1922年3月底到达伦敦，立即去了玛丽的住处。

2.4.2　动宾结构中的介词

将英文译为汉语中的动宾结构时，介词可以省去不译，更符合中文动态化的语言特点。

His parents were worried about his body. 他的父母很担心他的身体。（不译为：他的父母对他的身体很担心。）

2.4.3　of介词短语在句中做定语

当of的介词短语在句子中做定语时，译为"……的"，这种情况通常介词of可以省译。

She is a girl of good nature. 她是一个心地善良的女孩。

3　结　语

俗话说，细节决定成败。翻译中的"细节"在于介词的翻译。介词虽"小"，但其作用巨大，它们可以将句子中毫不相干的两个或多个部分连接起来，使之形成具有完整意义的整体。由于汉语中的介词数量少且使用频率低，更多情况下选择用动态语言替换，最终导致对介词重要性的忽视。事实上，尽管汉英语言存在差异，但介词在两种语言中都是尤为重要的。因此，想要使翻译更加准确清晰，就需要对英语介词的复杂性、灵活性和多变性进行深入的分析和研究，真正做到不败给"细节"。

参考文献

[1]　刘宓庆. 英汉翻译技能训练手册[M]. 北京：旅游教育出版社，1989.

[2]　连淑能. 英汉对比研究[M]. 北京：高等教育出版社，2002.

[3]　田齐飞. 试论英语介词的翻译技巧[J]. 长沙铁道学院学报，2005（6）：193.

[4]　于艳红. 英语介词及其翻译[J]. 安阳工学院学报，2005（2）.

[5]　刘小玲. 透过英汉翻译管窥中西文化差异[J]. 当代学术论坛，2005（11）.

[6]　武峰. 12天突破英汉翻译[M]. 北京：北京大学出版社，2011.

[7]　何晓炜. 从英汉特点谈英语介词的翻译[J]. 咸阳师专学报，1995（2）.

[8]　吴雯颖. 英语介词翻译探析[J]. 英语教师，2015（23）.

日本人的物哀审美

黄　文 [1]，李新新 [2]

（1. 西华大学外国语学院，成都 610039；2. 西华大学外国语学院，成都 610039）

摘　要： 每个国家都有独特的审美意识。审美意识作为人类精神文化的重要部分，影响着精神文化的形成和发展。日本人从古代开始就拥有自己独特的审美意识，这些审美意识中最重要的就是 "物哀（もののあはれ）"。"物哀" 这一审美意识渗透日本的方方面面，对日本社会文化的发展有着深远的影响。本文对 "物哀" 的形成以及对日本人的影响进行分析，便于读者能够从根本上理解日本 "物哀" 这一审美情趣，对于中日文化的交流，有着相当重要的意义。

关键词： 审美意识；物哀；形成；自然；文化

Japanese Aesthetic Consciousness "Mono No Aware"

HUANG Wen[1], LI Xinxin[2]

(1. School of Foreign Languages and Culture, Xihua University, Chengdu 610039 China;
2. School of Foreign Languages and Culture, Xihua University, Chengdu 610039 China)

Abstract: Each country has a unique aesthetic consciousness. As an important part of human spiritual culture, aesthetic consciousness influences the formation and development of spiritual culture. Since ancient times, Japanese people has its own unique aesthetic consciousness. The most important part is "mono no aware". The aesthetic consciousness of "mono no aware" permeates every aspect of Japan and has a profound influence on the development of Japanese society and culture. This paper analyzes the reasons for the formation of "mono no aware", so that readers can understand the aesthetic taste of Japanese "mono no aware", which is of great significance to the communication between Chinese and Japanese culture.

Key words: aesthetic consciousness; mono no aware; formation; nature; culture

1　前　言

日本有三大传统审美意识。"诚" 是美意识的最初形态，所谓 "诚" 指的是 "真实"；"诚" 经过发展达到了 "哀" 的境界，而 "哀" 是指悲哀与同情。外界客观的 "物"，与感情世界的 "哀" 相融合形成了 "物哀"。"物哀" 这一概念是学者们从《万叶集》《古事记》《源氏物语》等日本名著中提取出来的，由日本江户时代的国学大师本居宣长首次作为概念提出。"物哀" 渗透到日本文化的各个方面。为全面理解日本文化，必须深刻理解 "物哀" 所蕴藏的文化内涵。因此，了解物哀形成的原因极为重要。

2　关于审美意识与 "物哀"

所谓的审美意识，就是对美的意识、对美的感觉和判断力。审美意识来源于人类对自然、色彩本能的感受，是审美活动中，人对审美对象的能动反映，即广义的美感。包括审美的感知、感受、趣味、理想、标准等各个方面，是审美心理活动进入思维阶段后的意识活动。人们常通过艺术来研究人的审美意识。所谓的 "物哀"，是指外界客观的 "物" 与感情世界的 "哀" 相融合所形成的统一协调的感情世界，简单地说就是 "真情流露"。人心接触外部世界时，触景生情，感物生情，心为之所动，有所感触，这时候自然涌出的情感，或喜悦，或愤怒，或恐惧，或悲伤，或低

作者简介：黄文（1994—），女，MTI 在读，主要研究翻译理论与实践；李新新（1978—），女，副教授，硕士生导师，主要研究翻译学及澳大利亚文学。

回婉转，或思恋憧憬。换言之，物哀就是情感主观接触外界事物时，自然而然或情不自禁地产生的幽深玄静的情感。对于"物哀"，叶渭渠先生认为"物哀"的思想结构可以分为三个层次：第一个层次是对人的感动，以男女恋情的哀感最为突出；第二个层次是对世相的感动，贯穿在对人情世态包括"天下大事"的咏叹上；第三个层次是对自然物的感动，尤其是季节带来的无常感，即对自然美的动心。江户时代后期的国学家本居宣长在其作品中首次提出了"物哀"这一概念，而"物哀"在《源氏物语》中被表现到了极致。

3 "物哀"审美意识形成的原因

3.1 自然环境的影响

人类的思想、生活方式、审美意识等，受到这片土地自然风土的影响。人与自然的关系，促成了这个地区民族特有的文化。日本人最初的性格和审美意识的形成在某种程度上受到自然环境的影响。自然环境包括地理位置、气候等自然条件。日本人认为这些条件都是固定的，几乎不会改变；即使改变，也需要数万年甚至数亿年的时间。因此考究日本人审美意识的前提，是将自然与人文作为一个整体。众所周知日本列岛上，住着单一的民族——大和民族。因为被大海包围，所以日本人不自觉地感受到一种孤独感，因为离大陆远，所以日本人自古以来都有一种强烈的危机意识。加之日本处在火山带的原因，地震频繁发生；夏末秋至时期又受台风威胁，秋收时期又容易遭受巨大自然灾害，可以说日本的生活环境十分恶劣。从日本的建筑风格、衣着特色中可以发现，他们多用自然的元素去装点，并没有表现去征服自然的欲望，相反却有一种人类理应屈从于自然的想法。日本人喜欢自然。对于日本人来说，自然总是不断给予人类恩惠，绝不是人类的敌人，因为自然带来生命。人类的祖祖辈辈在这个大自然中生活，最后又回归于自然，而人类、动物、植物，都是自然的一部分。对于日本人来说，存在于世界上的万事万物都是有生命的，而这些有生命的事物也就是自然，人类亦同自然一般，受大自然的恩惠而存在着。

日本地处北半球，属于温带气候，南北狭长。因此，自古以来，日本人切身体会着四季的变化，对四季十分敏感，也对四季变化十分关心，对自然变化的感受也是丰富多彩的。在日本的艺术作品中经常能够看见与季节相关的描述。日本人在四季的变化中，捕捉生命的律动，将自然与艺术以及自身相结合，创造出不一样的审美情趣。日本人认为自然是生命之源，同时也是美意识之源。

总的来说日本只是太平洋中的一个小岛，离陆地较远。日本人觉得自己国小民寡，加上日本自然灾害频繁，火山众多，地震经常发生。在这种环境中，日本人觉得自己的人生就像蜉蝣一样渺小，像草芥一样轻。因此，无论是对自然、对人生、对他人还是对自己，日本人都有一种"哀"的情绪，这种情绪已经深深融入日本国民性格当中，形成了日本人独特的审美意识。

3.2 佛教的影响

六世纪左右，佛教最初作为使国家安定的政治工具从中国大陆，经由朝鲜半岛传入日本。自从佛教传入日本，它所提倡的"悲观遁世、向往极乐净土"这一人生观改变了日本审美意识的方向，形成了以佛教无常思想为中心的"物哀"。正如前面所述，"物哀"中的"物"，并非真正的物，而是包含了自然万物、人类的行为以及人类的心理，包含了悲伤、共鸣、同情、快乐、怜悯与失望。佛教赋予"物"无常的宿命，表现出了一种无常之美。"物哀"中的悲伤、孤寂与佛教的宿命观、无常观、厌世观完全相合，进而佛教的传入，在某种程度上来说促进了"物哀"这一审美意识根深于日本文化。

3.3 白居易的影响

中国隋唐时期，日本正处在奴隶制瓦解、封建制确立和巩固的阶段。出于学习借鉴唐文化的目的，日本朝廷曾多次派遣使团前往中国。贞观五年（631年）日本派出了由留学生和学问僧组成的第一次"遣唐使"。唐初，遣唐使团人数一般不超过200人，从唐中叶起，人数骤增。开元五年（717年）、开元二十一年（733年）、开成三年（838年）这三次派出的遣唐使人数均在500人以上。遣唐使全面学习中国的文化，包括典章制度、文学、科学、技艺、佛学、医学等，致使日本在政治、经济、文化上深受唐朝影响。遣唐使的到来，有力地推动了日本人审美意识的形成，在这之中影响最深的当属白居易了。据《日本文德天皇实录》中的记载，承和五年（838年，"承和"为日本年号），白居易的作品首次呈现在仁明天皇的面前，深受日本大众的喜爱，他的作品传入日本后便成为平安时期的贵族、学者必读的著作。关于白居易的诗在日本受欢迎的原因，日本的学者进行了多方面的调查；在这之中最具代表的学说当属金子彦二郎，具体理由有四点：第一，白居易所生活的时代背景与当时日本平安时代社会生活条件极为相似；第二，白居易的身份地位与当时日本文人大致相同；第三，白居易的性格、兴趣与当时平安时代日本文人极为相似；第四，对于平安时期的文人来说，白居易的作品就像一部字典一样，收录了许多重大文学事迹，十分有价值。在白居易的作品中最能表现"物哀"的要数《琵琶行》了。《琵琶行》通过对"夜""月""水""声"等描写，凄凉的结尾与日本人"物哀"的审美情趣不谋而合，白居易的诗是平安时期文学文化的一剂良药，同时也促进了"物哀"在日本的发展。

4 "物哀"对日本人的影响

4.1 文学上

一个国家的文学同时也是一个国家国民性格特征的映射，既然谈到"物哀"我们不妨来探讨一下"物哀"对日本文学方面的影响。前文已经提到"物哀"最初是从日本文学作品中提取出来的具有日本特色的概念。诚然，日本文学也受到"物哀"的影响。日本文学中的"物哀"是一种不包含道德判断、宗教伦理等因素的纯文学精神的核心，"物哀"所含有的悲哀感情，经过文学的锤炼，升华为一种独特的美感，一种规定日本艺术的主体性和自律性的美形态。深受"物哀"影响的日本文学，文学性格纤细含蓄，多追求感情上的微妙体验，热衷于表现日常生活的平淡之美，于平淡朴素之中，借由日语的暧昧表达，折射出对社会、人生的思考。

《万叶集》是日本现存最早的诗歌集，收录了日本 450 年间许多作者的歌作，题材广泛，它被誉为日本的"诗经"，《万叶集》中的各个作品将外物与内心的融合做了十分细致的分析，将日本神道教中的自然本体作为主导思想，融合美好、哀伤、忧愁，将"物哀"之感具体地表现出来。《源氏物语》确立了纯粹的日本文学，全书贯穿了浓厚的无常感和宿命思想，用因果报应和罪意识来联结源氏与桐壶、紫姬，薰君与姬君、浮舟等人物的关系。而他们的厌世——有的企盼来世的幸福，有的遁世，有的出家——又是与他们的不伦行为有着因果关系。尽管如此，其落脚点却不是为了宣扬佛教教义，而是为了展示内中潜藏的"哀"，给予"物哀"以调和善恶的价值意义。川端康成是日本文学界"泰斗级"人物，他向来把

"悲"与"美"相互融合进行叙述，他非常重视"物哀"的理念，比起"物"来，更重视"心"的表现，以寻求内省世界。他的作品《伊豆的舞女》自始至终都弥漫着一种若有若无的伤感。蜿蜒的山路、潺潺的流水、飘零的秋雨都渗透着淡雅的忧伤。物哀是恬淡的，恬淡到静寂、闲寂、空寂。小说中的学生"我"与舞女薰子邂逅之后，自始至终俩人谁也没有向对方倾吐一句爱慕之言，而彼此之间的感情又都处于似乎觉察又似乎没有觉察之间，川端康成有意识地将这种似是爱情而又非爱情的情感色调淡化、物哀化，让主人公邂逅就是告别，告别就是永别，什么都还没有开始就已经结束了。淡淡的悲与真实的美交汇创造出一种悲哀美的抒情世界，体现了川端文学"物哀"的美学观。正是在这样的哀感与美感的相互融合中，日本人"物哀"的精髓才真正得以体现。"物哀"审美，影响着日本文学的发展，成为日本文学中情感基调的指南针。

4.2 艺术上

日本画与西洋画大不相同，没有复杂的线条、鲜明的颜色，日本画多是描绘自然山川景物，在画中人和动物是自然的装饰品，给人一种清新淡雅之感。传统日本画更多地倾向于掺入了神秘、静远、简淡的意趣，因而使传统的日本画较之传统的中国画更多地传达出了具有日本情感的相应的视觉效果。日本人很喜欢"枯山水"，所谓的"枯山水"并不是用水打造的，而是根据地形，以庭院中自然石的布置为主，用普通的白色沙砾制造出水波纹的形状，营造出江、湖、海的景观。"枯山水"是日本园林独有的构成要素，堪称日本古典园林的精华与代表。日本人好做"枯山水"，无论大园小园，古园今园，动观坐观，到处可见枯山水的实例。"枯山水"除了以简单的砂石来表现自然之外，其深层的精神内涵亦与中国园林大相径庭，他们所崇尚的是——"枯寂"。中国园林时常表现生机勃勃之感，四时之景各不相同，而在"枯山水"中，却刻意选用四季如常的材质，并摒弃开花植物，来成全内心的清净，并充满了对"朝花夕落""生命早逝"的悲悯。与传统园林相比，"枯山水"是凝固静止的，是"永恒"的，也是了无生气的。"枯山水"表现的是从自然之中截取的片段，将这种片段凝固下来，使其获得一种不变的"永恒"。这种"永恒"虽然至美，但也至哀。"枯山水"一方面通过写意手法表现了自然山水的壮美，另一方面也通过凝固的"永恒"来时刻提

醒观者这种美的无常与短暂，从而劝谕观者唯有认识并超越这种无常与短暂，摆脱尘世欲念的羁绊，方能达到永恒的精神存在。这种哀怨与枯寂之情与日本的"物哀"美学有着密切的联系。

日本的和服呈现出清新淡雅之感，不喜配饰，但它的美绝对不枯燥。和服的美在于生态自然的纹样，如山、水、花、鸟等精巧的自然图案，特别是以零落的樱花为题材，表达生命之美的消逝。和服崇尚素色，这源于日本人简约淡泊的性格所形成的素朴淡雅；也源于"物哀"思想的影响。尤其以"三宅一生"为代表的服饰中，"物哀"的理念渗透于该设计的方方面面。

4.3　精神上

随着社会的发展，日本的土地上出现了神道教。神道教原本是日本的传统民族宗教，最初以自然崇拜为主，视自然界各种动植物为神祇。古代的日本人在神道教的基础上，吸收中国儒学和佛教的思想，形成了自己独特的"物哀"美意识。"物哀"给日本人的人生观带来极大的影响，其中值得一提的是日本人的"生死观"。日本人追求"瞬间美"，追求由美好瞬间所产生的永久不变的静寂。日本人把自己比作樱花，它们骤然开放骤然凋零，盛开之时，一经风吹，樱花树下便落花缤纷，宛如花瓣的地毯，一夜之间，花儿落尽，死亡在此意味着"清洁""超脱"和"干净"。死不是通往永恒的沉寂，而是走向了流转的生。日本人崇尚"无常"，死在他们眼里也是无常的，没有死的流转，就没有生的勃发。樱花的这种特点与日本人所推崇的与生时的辉煌相比较，死时的尊严更令人崇敬，令人折服。"花数樱花，人惟武士"，在死的瞬间追求无限的生命之光，在死亡中追求永久不变的宁静。

5　结　论

日本的审美意识受到自然环境、佛教以及中国文化的影响。自然环境的影响确定了日本人性格的根本特点；佛教使"物哀"生根发芽；中国文化促进了"物哀"的发展。中国文化与佛教能够在日本发展是因为所传达的情感与日本人的根本特点不谋而合，进而促进了日本人性格的深层发展，最后形成了深深扎根于日本人内心的"物哀"审美意识。但对于日本来说，尽管有受外来文化的影响，但这些影响都是以自身为基础，并在此基础上发展出符合本国国民精神文化的审美意识，并不是生搬硬套，这也体现了日本文化独有的特点。

参考文献

[1] 叶渭渠. 日本古代思想史[M]. 北京：中国社会科学出版社，1996.

[2] 叶渭渠. 日本古代文学思潮史[M]. 北京：中国社会科学出版社，1996.

[3] 齐娜. 日本人的审美意识——"物哀"和"空寂"[J]. 辽宁广播电视大学学报，2016（3）：112-113.

[4] 方爱萍. 论日本民族的"物哀"审美意识[J]. 河南理工大学学报（社会科学版），2009，10（1）：117-121.

[5] 张利. 日本古代审美意识的形成——以物哀的形成为代表[J]. 剑南文学（经典教苑），2013（4）：150.

[6] 张婉婉. 日本人の審美意識[D]. 西安：西安外国语大学，2011.

汉语"日"词群中的成语与隐喻认知

蒋林利[1]，王朝培[2]

（1. 西华大学外国语学院，成都 610039；2. 西华大学外国语学院，成都 610039）

摘　要："日"在汉语言文字中拥有错综复杂的语义网，其概念蕴含在汉语言文字的各个方面，包括书写、形态、语义、句法等，最终形成了一个多维的网状系统。"日"作为先民赖以生存的自然现象，在汉民族语言和文字系统中占据着十分重要的位置。本文以"日"词群中的成语为研究对象，通过搜集相关词典、辞书中的与日相关语料，发现其与太阳的运行、太阳光以及太阳所产生的热有隐喻认知关系。同时，本文也揭示了"日"词群中的成语所体现出的汉民族文化以及有关汉语"日"的隐喻特性在语言思维中的体现。

关键词："日"词群；成语；汉语言；隐喻认知

The Chinese Idioms with the Word "SUN" from a Cognitive Perspective

JIANG Linli[1], WANG Chaopei[2]

(1. School of Foreign Languages and Culture, Xihua University, Chengdu 610039 China;
2. School of Foreign Languages and Culture, Xihua University, Chendu 610039 China)

Abstract: The concept of SUN has found its way into all major components of the Chinese language: its writing system, its morphology, its semantics and its syntax. The result is a multidimensional network of SUN. Sun, as a phenomena relied on ancestors, plays an essential role in Chinese language and Chinese culture. This thesis explores idioms with the word "sun"in Chinese word-family of sun by carrying an exhaustive and comprehensive investigation and analysis of the data concerning SUN from various Chinese dictionaries and online Chinese corpus, discovering the fact that idioms with the word "sun" bear metaphorical relationship with the motion of sun, the heat and light generated by it.Besides, Chinese culture embodied by idioms with the word " sun" and the metaphorical character presented by Chinese language are revealed.

Key words: Chinese word-family of sun; idioms; Chinese language; cognition of metaphor

1　引　言

如果细心地观察世界，就会发现隐喻渗透人们生活的方方面面。Lakoff & Johson（1980）*Metaphors We Live by* 一书为隐喻认知的研究开创了新纪元。在他们看来，隐喻不仅仅是一种修辞手段，也是人类的一种思维方式。万物生长，离不开"日"。它给了世界千姿百态的生命，与人类有着密不可分的关系。在语言学领域，语言学家们对汉语"日"及"日"部字进行了分析研究。例如，传统观点认为"日""月"分别为太阳与月亮的象形，但王闰吉（2006）对日月的形中之义给出了新的解释，即"日"乃阳气至盛之物，"月"则为阴气至盛之物，是男根女阴性质的体现。陈莎莎（2006）通过分析《说文解字》，发现先人表

达时间与"日"有着不可分割的关系，"日"的运行是先民辨别时间的重要参照物。宋娜（2013）归纳总结了日部字的语义范畴，主要包括时间语义场、气候语义场以及天文语义场。

前人对汉语"日"的研究多着重于对这个字本身语义的探讨，包括"日"这一象形字的来源以及"日"部字语义范畴。然而，很少有人从隐喻认知的角度来对其语义进行分析理解，这就给本文提供了一定的探讨与研究的空间。所以，本文旨在前人研究的基础之上，通过搜集语料（语料主要来自《现代汉语词典》《汉语大词典》以及网络资料，例如《汉辞网》等），分析广泛存在于汉语"日"词群中成语的隐喻现象，从而了解汉语言的构词特性，揭示其所体现出的汉民族文化以

作者简介：蒋林利（1993—），女，硕士，主要研究方向：认知语言学；王朝培（1967—），男，副教授，硕士，主要研究方向：认知语言学。

及有关汉语"日"的隐喻特性在语言思维中的体现。

2　汉语"日"词群中成语的隐喻认知系统分析

在甲骨文中便有"日"这个汉字，写作⊖。在天体太阳的形状（圆圈）中加一点指事符号━，太阳发光的特征由此显现出来。金文写作⊙，篆文把金文中的●改写成了━，并将圆形改为了方形，写作日，由此便形成了现在的字形。许慎在《说文解字》中解释："日，太阳之精也。从口一，象形。"意思是日，光明盛实，精华从不亏损。古人言："日出而作，日落而息。"可见古人最早的计时工具便是日。有了最初的计时单位以后，人们又对一天的时间进行了划分，例如子、丑、寅、卯等 12 个时辰，这便是古人根据太阳的影子来进行划分的。日与人类生活息息相关，随着人类认知的深入，独体字"日"不能够完全地表达人类生活经验等，后来就有了"日"部字以及更多的含有"日"语素的惯用语和成语等。

2.1　源于太阳运行的隐喻认知系统

宋代词人李清照在《蝶恋花》中写道"暖日晴风初破冻。柳眼梅腮，已觉春心动"。太阳给世界万物带来了千姿百态的生命，是万物的生命之源。人们借用太阳的出现喻指生命的诞生。辛弃疾在《水调歌头》中写道，"落日古城角，把酒劝君留。长安路远，何事风雪敝貂裘"。词人将太阳作为始源域，个人心境作为目标域进行投射，隐喻人生的不得意时期。太阳的运行是一个动态的过程，它的运行正如人生的起伏，从意气风发之时到暮年之愁。

2.1.1　"日"喻指美好时期

正如诗人曹邺在《东郎山》中写道"东郎屹立向东方，翘首朝朝候太阳"。诗人借用"日"来表达心中对希望得到朝廷重用的渴望。后来，"日"的升起也就象征着希望的来临。如：

（1）重见天日：比喻脱离黑暗，重见光明。

（2）云开见日：比喻黑暗已经过去，光明已经到来。

（3）旭日东升：比喻艰苦的岁月已过去，美好的日子刚刚来到。

（4）出头有日：形容摆脱受压制的困境，已经为期不远。

上述成语主要是通过太阳来喻指希望。人们对美好生活的向往就如同对太阳升起的渴望。Lakoff & Johnson（1980）提出了"好为上"的方向隐喻，太阳的升起即是向上运动的过程，喻指事业等一天天向上发展的状况，例如"蒸蒸日上"等成语。

2.1.2　"日"喻指鼎盛时期

自然界一切事物的发展都遵循一定的规律。太阳的运行是一个循环往复的升降过程。在这一运行过程之中，有一个最高点，即人们常说的正午时分，此时是太阳光最强烈的时候。之后，太阳便逐渐降落。人们将太阳运行的最高点作为始源域，以事物发展为目标域进行投射，而有了一系列喻指事物发展兴盛的成语。如：

（1）如日中天：比喻事物正发展到十分兴盛的阶段。

（2）如日方中：比喻事物正发展到十分兴盛的阶段。

司马迁在《史记·田叔列传》中写道，"夫月满则亏，物盛则衰，天地之常也"。在他看来，物极必反是一个普遍适用的自然规律。正午过后，太阳将会降落，人们将此投射到了人生经验的目标域后，用隐喻的方式来喻指事物发展的情况。如：

（1）日中必移：比喻事物发展到一定程度，就会向相反的方向转化。

（2）日中则昃：比喻事物发展到一定程度，就会向相反的方向转化。

2.1.3　"日"喻指衰落时期

元曲家马致远曾写道"枯藤老树昏鸦，小桥流水人家，古道西风瘦马。夕阳西下，断肠人在天涯"。他用夕阳西下的萧条景象来衬托心中的思乡之情。唐代诗人元稹也在《送卢戡》中写道"红树蝉声满夕阳，白头相送倍相伤"。将"夕阳"作为始源域，投射到人生路程的目标域，喻指衰落、不得意时期。如：

（1）日薄西山：比喻人已经衰老或事物衰败腐朽，临近死亡。

（2）世道日衰：形容社会风气一天天地败落。

（3）世风日下：形容社会风气一天不如一天。

（4）江河日下：比喻情况一天天地坏下去。

上述成语都喻指事态向不好的方向发展。（1）中"日薄"与（2）中"日衰"指太阳光稀薄，（3）与（4）中"日下"指太阳的降落。Lakoff & Johnson（1980）提出"更多为上，更少为下"的隐喻，太阳的落下隐喻着人或者事态向不好的方向发展。

《易·系辞上》有文"日月运行，一寒一暑"。将日月交替作为始源域，投射到时间的目标域中，喻指时间的飞快流逝。如：

（1）日月如梭：形容时间过得很快。

（2）日新月异：每天都在更新。指发展或进步迅速，不断出现新事物、新气象。

（3）日月蹉跎：把时光白白地耽误过去。指虚度光阴。

（4）日积月累：指长时间不断地积累。

（5）日迈月征：比喻时间不断推移。

同时，日月交替也是一个永恒不变的自然现象，也可将日月交替作为始源域，投射到品质域，喻指忠诚或者因循守旧。如：

（1）忠贯日月：忠诚之心可以贯通日月。形容忠诚至极。

（2）日程月课：每日每月按一定的程序课试。形容因循守旧，无所创新。

2.2 源于天体"日"的隐喻认知系统

"日"在《汉语大辞典》中的解释为：离地球最近的恒星（亦称"太阳"）。它能够产生大量的光和热，是光明和生命的源泉。古人们利用它的自然属性来进行一系列日常活动，例如日光浴；利用太阳的热量干燥粮食与衣物；利用凹面镜的聚光焦点向日取火等，可见太阳的光与热和人类生活有着千丝万缕的关系。

2.2.1 "日"喻指天气

《山海经》中有记载后羿射日的神话故事。由于天上出现了十个太阳，天气炎热，农作物难以生长，人们的生活难以维持，于是后羿射下了天上的九个太阳，剩下一个太阳造福于人民。太阳的存在是晴朗明媚的天气的象征，将太阳所散发的热作为始源域，向天气这一目标域映射，用隐喻的方式来描述天气的特征。如：

（1）风和日丽：形容晴朗暖和的天气。

（2）风娇日暖：微风吹拂，阳光温暖。

（3）风和日暖：风很平静，阳光暖人。

（4）风和日美：微风和畅，阳光明丽。

上述成语都是形容天气晴朗怡人，"日暖""日丽""日美"这些主谓式的词描述了天气的特征，并且，在这类词语中，"日"一般与"风"同时出现，喻指晴朗明媚的天气。

2.2.2 "日"喻指积极事物

中国古代有神话传说"夸父逐日"。夸父逐日是为了给人类采撷火种，使大地获得光明与温暖。先民们通过幻想、想象与逐日等神话，表现了对生命和时间的思考。生命有限，但对美好、积极事物的向往是无止境的。人们将"日"光作为始源域，投射到处事这一目标域，喻指人光明磊落

的行事。如：

（1）皎如日星：像太阳、星星一样洁白光亮。形容十分明显。

（2）昭如日星：像太阳和星星那样明显。形容丰功伟业，人所共见

（3）争光日月：与太阳、月亮比光辉。常用以称赞人的精神、功业伟大。

（4）炳若日星：光明如同日月星辰。

（5）有如皎日：表示对天发誓，以显示自己可以信赖和一片诚意。

3 结 论

Lakoff（1980）指出，隐喻的本质就是通过另一种事物来理解和体验当前的事物。本文通过对汉语"日"的成语进行搜集、分类、分析，发现汉语"日"的成语与太阳的运行、太阳光以及太阳所产生的热有隐喻认知关系。人们通过直观可感的太阳理解抽象的汉语"日"的成语，由此可见概念隐喻深深扎根于人类的思维之中，帮助人类理解世界。

参考文献

[1] George Lakoff. Woman, Fire, and Dangerous Things. [M]. Chicago and London: The University of Chicago Press, 1985.

[2] Lakoff. G. Johnson. Metaphors We Live By. [M]. Chicago and London: The University of Chicago Press, 1980.

[3] Ning Yu. The Chinese HEART in a Cognitive Perspective[M]. Berlin: Mouton de Gruyter, 2009.

[4] 房娜. 从视觉到认知：汉英视觉域词汇语义演变的认知对比研究[D]. 上海：上海外国语大学，2017.

[5] 吴恩锋. 论汉语"心"的隐喻认知系统[J]. 语言教学与研究，2004.

[6] 王闰吉. 日月形义新证[J]. 西北民族研究，2006.

[7] 王寅. 认知语言学[M]. 上海：上海外语教育出版社，2007.

[8] 周运会. 国外语料库隐喻研究综述[J]. 外语学刊，2015.

[9] 朱建新. 隐喻含义的认知解释[J]. 外语与语言教学，2009.

[10] 周运会. 汉字构造的隐喻研究[D]. 福州：福建师范大学，2015.

[11] 朱德熙. 语法讲义[M]. 北京：商务印书馆，1982.

文化图式下 2018 年政府工作报告中四字词英译策略探究

李晓艳，龚小萍

（西华大学外国语学院，成都 610039）

摘　要：政府工作报告英译本是国际社会了解中国国情、政策方针、政治制度的重要途径。以文化图式理论为指导，从文化图式重合、文化图式缺省、文化图式冲突三个角度分析 2018 年政府工作报告中四字词的翻译策略。通过实例对比分析，认为要克服不同文化背景下的理解障碍，达到外宣目的，必须全面认识文化图式，恰当运用多种翻译策略。当文化图式重合时，译者只需直译即可达到翻译目的；当文化图式缺省时，译者需构建新的文化图式；当文化图式冲突时，译者可采用阐释性翻译，将四字词的内涵意义译出。

关键词：政府工作报告；文化图式；四字词；翻译策略

Study on the Translation Strategies of Four-character Phrases in the 2018 Government Work Report from the Perspective of Cultural Schema Theory

LI Xiaoyan, GONG Xiaoping

(School of Foreign Languages and Culture, Xihua University, Chengdu 610039 China)

Abstract: The English version of the government work report is an important way for the international community to understand China's national conditions, policies, and political systems. Guided by the theory of cultural schema, this thesis analyzed the translation strategies of four-character phrases in the 2018 government work report from the perspectives of cultural schema coincidence, cultural schema default and cultural schema conflict. Through the comparative analysis of examples, it was concluded that in order to overcome the obstacles of understanding in different cultural backgrounds and achieve the purpose of publicity, it was necessary to fully understand cultural schema and properly use various translation strategies. When the cultural schema is overlapped, the translator can achieve the purpose of translation only by literal translation; when the cultural schema is default, the translator needs to construct a new cultural schema; when the cultural schema conflicts, the translator can explain the connotative meaning of the four-character phrases.

Key words: government work report; cultural schema theory; four-character phrase; translation strategy

引　言

中国的发展日新月异，中华人民共和国成立后，尤其是改革开放以来，我国的国际地位不断提高，综合国力不断增强，世界开始关注中国，渴望了解中国。另一方面，我国虽一直秉承"和平发展"的理念，但西方国家的"中国威胁论"依旧存在，世界对中国存在着很多误会。因此，正确得当的外宣就显得尤为重要。

随着全球化的推进，政治文献的翻译显得越来越重要。它关系到国际社会对我国形势、现状、政策的掌握程度。政府工作报告作为权威的政治文献，不仅至关重要，而且翻译难度较大。一方面，它涉及语言文字、文化背景、翻译技巧等语言和翻译层面的知识，另一方面，它还包括了国家利益、大政方针、领土、主权等政治方面的问题。

中国文化博大精深，政府工作报告中常用四字词语。这些文化负载词是公认的翻译难点，这就要求译者具有极高的文化素养，了解四字词的含义，同时要保持敏锐的政治洞察力，发现其中的政治含义。因此，正确理解和翻译政府工作报告中的四字词，对中国走向世界、中国的国际形

作者简介：李晓艳（1993—），女，研究生在读，主要研究方向：翻译理论与实践；龚小萍（1971—），西华大学外国语学院教授，硕士研究生导师，主要研究方向：翻译学、澳大利亚文学。

象的维护都具有重要意义，也有助于打破中西文化交流障碍、填补文化空缺。

做好文献翻译工作，首先译者必须明确翻译的实质，翻译是跨语言，跨文化的交流。翻译是复杂的文化交流活动，译者承担着精神交流的桥梁作用（卢敏，2002）[1]。文化图式强调一切与文化相关的背景知识，本文从文化图式理论的角度出发，选取政府工作报告中四字词的英译案例，对其中的翻译策略进行分析，希望取其所长，为今后译者的翻译实践提供一些借鉴。

1 文化图式理论

"图式"在早期仅为哲学概念，20 世纪以来，图式理论被广泛应用于其他领域。英国心理学家 Barlett 最早将图式理论用于认知心理学领域。他认为，图式是对过去的反映或过去经验的组织。库克（Cook，1989）把图式看作是头脑中的"先存知识"或"背景知识"，是"世间典型情景在大脑中的反映"[2]。皮亚杰（1996）认为，图式是个体对世界的知觉、理解和思考的方式[3]。

不同的学者对图式的定义各不相同，但大体的认识是相同的，即图式是储存在大脑中的认知单位，是认知的基础。当信息输入大脑时，新输入的信息需与大脑中储存的已知信息相联系，通过大脑中已有的信息图式对新信息进行解码、编码，最后重组、储存或输出。图式是一种抽象的知识表征结构，当新信息与已存在的背景知识（旧信息）融合在一起并被放在合适的空当时图式便被激活（颜林海，2015）[4]。

类似地，文化图式强调的是与文化相关的一切背景知识，包括风俗习惯、宗教信仰、地理环境等。不同的文化背景下的人会形成不同的文化图式，这些已有的图式决定了他们对新事物的认知和理解程度。因此，文化图式在跨文化交际过程中发挥着至关重要的作用。文化图式的翻译就是通过对原语文化的正确解码将其恰当地在目的语中进行文化图式的重建，这种重建必须建立在目标语读者可以根据目标语文化图式加以解码的基础之上（刘明东，2003）[5]。

在翻译过程中，文化图式可分为三类：文化图式重合，文化图式缺省，文化图式冲突。在翻译政府工作报告中的四字词时，译者应对原语和目的语文化有足够的理解，面对不同的文化图式，

采取适当的翻译策略，使译文为目标语读者所接受。

2 文化图式理论与政府工作报告中文化负载词的翻译

2.1 文化图式重合与政府工作报告中文化负载词的翻译

不同文化背景的人可能对某一事物的认知达成一致，原因是原语和目的语在特定方面具有相同或相似的文化背景，当新信息输入大脑时，大脑中已有的先知识被激活，形成对应的图式，因此原语读者和目的语读者对文化负载词能够产生相同或相似的反应。这时，采取直译是最简单有效的办法。

例 1：大众创业、万众创新蓬勃发展。

Business startups and innovation are thriving all over the country. (2018)

People were busy lunching businesses or making innovations. (2017)

中文讲究对称美，有时会选用相同或相似的表达。此句中，"大众"和"万众"都指很多人，翻译时可将两短句结合成一句，避免啰嗦；"创新""创业"也符合目标语读者的认知，国际上对"创新创业"的认知图式基本相同，因此可采用直译的方式。以上两种表达都可以接受。

对比 2017 年和 2018 年政府工作报告，可以发现有一些相同的表述在 2018 年译本中做出了修改，受到了很多学者的好评。此例中 2017 年译文用"people"表示"大众""万众"，尽管可以接受，但表达不够清楚，容易给读者带来一种全国人民都在创新创业的感觉，因此 2018 年译法更加恰当。

例 2：有碍于释放创新活力的繁文缛节，要下决心砍掉。

All red tape that strangles efforts to unlock innovation will be torn clean away.

在汉语中，繁文缛节表示过分烦琐的仪式或礼节，也比喻其他烦琐多余的事项。巧合的是，英语中也有对应的表述。早在 16 世纪时的英国，所有官方的文件会用红色布带系成一扎一扎的，从而也就出现了"red tape"这个比喻。很多官方的规定、条款和烦琐的做事程序被称为"红带文件"，也就是我们说的"官僚作风"。因此，"繁文缛节"所激活的文化图式与"red tape"所激活

的文化图式是基本一致的，译者无须解释"繁文缛节"的具体含义，直接用目的语相同文化图式表达即可。

2.2 文化图式缺省与政府工作报告中文化负载词的翻译

文化图式缺省是指在一种文化背景中存在的现象在另一种文化背景中却没有对应的图式（刘冰泉，明廷金，2016）[6]。生活在第二种文化背景中的人无法在已有的文化图式中激活相关图式以理解原语文化中的概念。这种情况在翻译实践中比较常见，译者需要充分了解两种语言的文化，对新的图式进行解释以帮助理解，必要时还需大胆创译，为目的语读者构建新的图式，帮助其理解原语的文化内涵。

例 3：不能纸上谈兵，光说不练。

It is no good to just push paper and pay lip service.

"纸上谈兵"出自《史记》，顾名思义，就是在纸面上谈兵论仗，即光谈理想而不能解决实际问题，也比喻空谈不能成为现实。对历史稍有了解的中国人都知道这个成语，然而对于外国人来说，这是个陌生的词汇，更不懂其背后的历史典故，文化图式缺失。此时，就需要译者结合译入语文化特征，寻找相似的表达。英语中常用"pay lip service"表示说空话、只说不做，与"光说不练"意思相当，译文巧妙地照顾到了目的语的表达习惯，构建了新的文化图式，取得了与原文相近的表达效果。

例 4：两岸同根，骨肉相亲。

As fellow Chinese living on both sides of the Taiwan Strait，we share a bond of kinship.

该例句具有浓厚的中国文化特色，这里是特指大陆与台湾的关系。"两岸"特指台湾海峡两岸，"骨肉"也有特定的含义，指父母、兄弟、姐妹、子女的亲缘关系，"骨肉相亲"出自《管子·轻重》，特指父母兄弟子女之间相亲相爱的关系，在这里指大陆与台湾手足般的亲密关系。在原语文化背景下该句很好理解，然而若直译出去，目的语读者就会一头雾水，不知所云。此时，最好采用释义的方法，把原文化负载词具体化，帮助译文读者理解，必要时可采取在后文用括号加注的形式，构建新的文化图式。

2.3 文化图式冲突与政府工作报告中文化负载词的翻译

不同文化背景的人对相同的事物所包含的象征意义也可能产生不同的理解，从而导致文化图式的冲突。例如，我国的羊绒制品在国际上评价颇好，某公司曾出口一批"双羊"牌高档羊绒被，商标被译为"Goats"，结果销路特别不好，原因在于这个词除了本意"山羊"之外，还有"色鬼"之意。正是这个英文商标影响了整体的销量。目的语激活的文化图式与原语文化图式出现偏差，进而导致文化沟通的失败。

例 5：中国梦

Chinese Dream/China Dream

"中国梦"，虽然是三字词语，但与四字词语相同，是也是中国特色表达，是中国共产党第十八次全国代表大会召开以来，习近平总书记所提出的重要指导思想和重要执政理念。习总书记把"中国梦"定义为"实现中华民族伟大复兴，就是中华民族近代以来最伟大梦想"。关于中国梦的翻译，有两个版本，是中西文化图式不同导致的。在 19 世纪的中国，那时外国人还不了解中国，看不起中国，因此大多含有"Chinese"的词组所激活的图式多含贬义，例如"Chinese modesty"意为"假客气"。随着中国的不断发展，这种贬义的用法逐渐弱化。相比之下，若将"中国梦"译为"China dream"，则会激活两个图式：一个是国家的梦，另一个则是外国人的中国梦，容易产生歧义。通过对比可以发现，"Chinese dream"更能表达中国的国家梦，中国人民的梦，更符合原语文化图式的本意（谭淑芳，2017）[7]。

例 6：人命关天，安全至上。

We will ensure workplace safety and protect people's lives.

"天"在中国古代有着较高的地位，古人将"天"视为万物的主宰者，是比人类品质更高尚、能力更强大的一种存在。人们把无法解释的现象、无法改变的事情都归为"天意"。"谋事在人，成事在天"也体现了这一点，因此此例中"关天"意为至关重要。在西方国家，"天"就没有这些引申的含义，若直接译为"Life refers to the sky"就不能完整表达原文含义，因为不能激活目的语读者的相应文化图式。这时就需要译者灵活处理，将文字背后的深层含义翻译出来，重构文化图式。

3 结 论

四字词在跨文化交际中有文化图式重合、文化图式缺省、文化图式冲突三种情况。文化图式重合最好处理，直译就可以很快激活对应的认知

图式。文化图式缺省和文化图式冲突则需要译者
有较高的翻译素养和文化知识积累。首先，译者
要有充足的原语文化图式，准确理解原文；此外，
译者对目的语的文化也要有足够的了解，以帮助
译文读者构建图式，获得相同或相近的阅读效果。
当文化图式缺省时，译者可对源语文化图式增加
描述性的语言，构建新的图式；当文化图式冲突
时，译者应对比两种文化背景，在目的语中找到
新的文化图式，可在译文中添加同位语的方法进
行解释。通过以上政府工作报告案例分析，译者
综合使用了创译、增译等多种翻译策略，合理地
构建、激活了相应的文化图式，达到了外宣效果。

参考文献

[1] 卢敏. 如何做好中央文献翻译工作[J]. 中国
翻译，2002（5）：50-53.

[2] Cook, G. D. Discourse[M]. Oxford: Oxford University Press, 1989.

[3] 皮亚杰. 发生认识论原理[M]. 王宪钿，等，译. 北京：商务印书馆，1996.

[4] 颜林海. 翻译认知心理学[M]. 北京：科学出版社，2015.

[5] 刘东明. 文化图式的可译性及其实现手段[J]. 中国翻译，2003（2）：29.

[6] 刘冰泉，明廷金. 文化图式理论视角下《道德经》中文化负载词的翻译策略探析[J]. 南昌航空大学学报（社会科学版），2016，18（1）：98-102.

[7] 谭淑芳. 从读者接受理论看政府工作报告翻译中的读者关照[J]. 昌吉学院学报，2017（6）：61-65.

自选文本&受命文本译者行为批评研究

——以 *Spring Moon* 两个/种中译本为例

刘力瑗，龚小萍

（西华大学外国语学院，成都，610039）

摘　要：*Spring Moon* 是由第二代美籍华裔作家包柏漪用英文创作的以中国为题材的小说,其翻译属于无本回译。第二代华裔作家在创作中国题材的小说时，对中国文化会有不同程度的扭曲。为了在翻译时还原这种扭曲，文化还原的标准应运而生。在这一标准下，自选文本与受命文两译者表现出不同的行为差异。通过分析其译文，可以发现：受命文本的译者与原作者保持密切沟通，译文的求真度和务实度都要略高一筹；若由于种种原因未能和原作者沟通，自选文本的译法虽保守但也不失为一种策略。

关键词：自选文本；受命文本；译者行为批评；无本回译；文化还原；*Spring Moon*

Evaluation of Unauthorized & Authorized Texts from the Perspective of Translation Behavior Criticism: A Case Study of Two Chinese Versions of *Spring Moon*

LIU Liyuan, GONG Xiaoping

(School of Foreign Languages and Culture, Xi Hua University, Chengdu 610039, China)

Abstract: *Spring Moon*, written by Bette Bao Lord, a second generation Chinese American writer, is an English-language novel on the Chinese theme. Therefore, the translation for such novels can be called textless back translation. While the author was writing in English, various kinds of deformations against Chinses culture were made between lines. To restore the image of Chinese culture, "culture go-back" emerged as a translation strategy to guide the translation hereunder. From the perspective of Translator Behavior Criticism, and with the unauthorized and authorized translator behaviors and their versions compared, it can be concluded: the degree of truth-seeking of the authorized text is much higher than that of the unauthorized text because the translator of the authorized text maintained interact with Bette Bao Lord frequently. Nevertheless, if the translator fails to interact with Bette Bao Lord, the methods used by unauthorized translator, though not the best, could serve as an expedient.

Key words: authorized text; unauthorized text; translation behavior criticism; textless back translation; *Spring Moon*

1　引　言

1973 年，35 岁的美籍华裔作家包柏漪[1]第一次回中国访问，在旅行中她听到了许多有关她祖先的故事，看到了她故乡亲属的生活，孕育了写作 *Spring Moon* 的动机。1984 年，*Spring Moon* 由美国的哈泼公司出版。这本书出版后立即成为美国最佳畅销书之一。美国《出版家周刊》称之为"中国的《乱世佳人》"。迄今，《春月》在美国已发行了 200 多万册，并被译成 20 多种文字在世界各地发行。

Spring Moon 书中的主人翁春月是出生在苏州翰林府中的女子。作者以她为主线，描写了一个老式家庭五代人的悲欢离合。作品人物众多、情节曲折、文笔流畅、寓意深刻。故事从 1879 年（光绪五年）写到 1972 年，时间跨度将近一个世

作者简介：刘力瑗，西华大学外国语学院 2016 级翻译硕士研究生，主要研究方向：翻译学；龚小萍，西华大学外国语学院教授，硕士研究生导师，主要研究方向：翻译学、澳大利亚文学。

纪，从一个侧面反映了中国近代社会漫长岁月的动荡和变迁，堪称一幅历史画卷。

目前，国内对 *Spring Moon* 的研究主要是从文化的角度进行的，即从译介学与比较文学的角度展开研究。从翻译学的角度探讨 *Spring Moon* 及其译本的研究还比较少。

本文所选的两个译本一个是安徽文艺出版社发行的，由林彬、王秋野、李姚军翻译，张礽荪审校的译本（以下简称"林译本"），另一个是由吴世良翻译，英若诚审校的译本（以下简称"吴译本"）。包柏漪在吴译《春月》的序言中这样写道："在此之前已经出现了不止一种中文译本，都是既没有事前取得同意也没有事后得到认可的译本。……那都不是我写的书。我被迫无奈，只好求助于吴世良。"从出版先后来看，林译本早于吴译本，也未有资料显示林译本与原作者有沟通。所以可以这样说，林译本是译者自己选择文本进行翻译的结果；而吴译本则是原作者受命翻译的结果，而进一步来说，林译本属于"自选文本"，吴译本则是"受命文本"。那么，"自选文本"与"受命文本"如何区分，又有什么区别呢？简单来说，"自选文本"与"受命文本"的差异主要有两种：第一种是受赞助人之"命"；第二种是受原作者之"命"。本文中提及的"自选文本"与"受命文本"均指后者。"受命"与否看似对翻译结果影响不大，实则处处影响着译者的行为和译文的效果，此处举文本中的两个小例：如在例 11 中，原文明确提到是宝黛初遇的场景，而在引用《红楼梦》原文时出现了巨大的差错，即引用的是宝玉和宝钗"金玉良缘"的桥段。"自选文本"译者在面对这一差错时，由于缺乏和原作者的沟通，遂将错就错，按照原文译出了，这就会使读者心里感到奇怪；而"受命文本"译者的译文则不声不响改正了原文中的错误，什么注释也没有加，这样一来，不仅改正了错误，译文的可读性也大大提高，更加贴合"文化还原"这一标准。

2　译者行为批评及其核心问题

译者行为批评理论是由扬州大学周领顺教授通过经年累月的努力，提出的一套系统的翻译批评理论。译者行为批评是翻译批评学科的进一步细化：是翻译内外研究相结合的翻译社会学研究，是对译者意志性行为之于译文关系的评价研究，是对译者在翻译社会化过程中的角色化及其作用于文本的一般性行为规律特征的发现研究。该理

论的核心问题主要有以下几个方面：

其一，译者行为和翻译行为的区别与联系。"'译者行为'这个概念可以作广义与狭义之分。广义上的'译者行为'包括译者的语言性翻译行为和超越翻译的社会性非翻译行为；狭义上的'译者行为'只是译者身份和译者角色上的翻译行为。狭义上的译者行为是译内行为；广义上的译者行为是译内+译外行为。译内行为是译者的语言性行为，处于翻译的基本层，译者是语言人；译外行为是译者的社会性行为，处于翻译的高级层，译者是语言人和社会人，其行为部分表现为译者参与社会活动时的普通人之为，包括译者使其翻译作品进入流通领域并拥有读者的行为。翻译社会学视域下的译者行为是广义上的，是对译者译内和译外行为的综合评价。"（周领顺，2013：6）简而言之，"'译者行为'和'翻译行为'的关系是：广义上的'译者行为'包括译者的语言性翻译行为和超越翻译的社会性非翻译行为；狭义上的'译者行为'只是译者身份和译者角色上的翻译行为。也就是说，狭义上的'译者行为'即'翻译行为'，而翻译界一般意义上的'翻译行为'实为广义上的'译者行为'。"（周领顺，2014：18）

其二，"求真""务实"与翻译内外。"求真是指译者为实现务实于读者/社会的目标而全部或部分求取原文语言所负载意义真相的行为；务实是指译者在对原文语言所负载意义全部或部分求真的基础上为满足务实性需要所采取的态度和方法。"（周领顺，2010：1）"'翻译内'指的是翻译内部因素及其研究，主要关涉的是语码转换上的问题，因此也可以称为'语言内'（intra-linguistic）；'翻译外'指的是翻译外部因素及其研究，主要关涉的是社会上的问题，因此也可以称为'语言外'（extra-linguistic）。翻译内部研究决定着翻译之为'翻译'的性质，是质的问题；翻译外部因素对译者行为和'翻译'效果的影响作用，是量的问题。"（周领顺，2014：12）

总的说来，译者行为批评是将翻译内外相结合，文本研究与行为研究相结合的一种全新的理论。

3　自选文本&受命文本译者行为批评研究

3.1　无本回译的评价标准：文化还原

如前所述，*Spring Moon* 是由美籍华裔女作家包柏漪用英文写成的中国题材的小说，其中引用

了大量的诗词典籍以及包含了众多中国文化专有项。如此看来，此类文本的翻译属于无本回译的范畴。"无本回译"是一种翻译现象，最初叫"无根回译"，最先由南开大学教授王宏印在其著作《文学翻译批评概论》中提出。"无本回译就是说，以中国文化为题材内容，但其原文则是用英文写作的，这种翻译成汉语的返回只是文化上的返回，而不是语言的返回，即在语言上不存在以原作为依据。也就是说，无本回译存在语言能指与文化所指间的错位。"（2009：221）这就使得翻译工作面临着重重困难，如，包柏漪在序言中写道："我用英文写作时，只能是努力唤起某种中国语言的感觉——中文的形象、节奏、不同阶层与地域的差异，以及从清末到今天，不论口头上或文字上在语言中发生的巨大变化。但是一旦形成中文，每一个称呼，每一种礼节，每一种表达方式都必须符合当时当地人物的性格身份。这好像是我创作了带有中国韵味的交响乐，而吴世良必须用编钟、琵琶、琴瑟、锣鼓铙钹为它完成配器。"（2013：5）由于无本回译是回译的一种形式，一般而言，应采取归化策略，如，王正良在其著作《回译研究》中就明确指出："我们认为，回译的一个总原则就是归化。"（2007：116）

但是，还存在一种非常态的情况："无本回译的原始创作，在本质上是潜在的翻译。"其中存在一定的文化扭曲与变形。这种扭曲与变形来自两方面的原因：一，作家本身对中国文化的了解是源于二手材料（书本，祖辈们的口头表述）而不是自己的亲身经历；二，写作时要迁就异语的表达习惯与读者期待。因此在这种情况下，归化策略已无法完全满足无本回译的要求。

正是为了在翻译时摆脱这些扭曲，文化还原的标准应运而生。

3.2　翻译内译者"求真"行为批评研究

"内部研究一般指的是在'忠实'思想指导下对于文本求真度（或曰'近似度'等，也即译文和原文靠近的程度，应对应的是译文和社会之间的关系）的研究。"（周领顺，2014：13）但是，这种文本求真并不是追求形式上的一一对应，而是追求意义上的对等。如，奈达认为"翻译就是要在接受语中以最自然的方式重现原文中的信息，首先是重现意义，然后是风格。"（1982）另外，周领顺这样叙述"求真"和"忠实"的联系与区别："'求真'与'务实'在意义上有交叉之处。交叉的，主要表现在译者对待原文的态度上。

对原文忠实，正是译者求真的结果；对原文不忠实，可能是译者加入了自己务实性的私念，是意志体译者社会属性的张扬，是可以理解的译者社会性属性。但是，'忠实'的前提是以原文为中心的：'忠实'的就是正确的，否则就是错误的。而且，'忠实'主要用于检验译文的效果（很忠实、不够忠实、不忠实等），'求真'用以说明译者的行为，兼及评价译者行为下译文的质量。"（周领顺，2014：95）

a.词汇层面（Lexical level）

EX1. Have you thought of what would happen to this hibernating heart?

（自选文本）您是不是想过，我这颗冬眠的心会出什么事呢？

（受命文本）你想没想过如果我一口气没喘上来，会出什么事？

EX2. Bold Talent, son of Old Venerale and his first wife, the Matriarch

（自选文本）英才，老族长及其第一个妻子生的儿子，族长

（受命文本）秉毅，老太爷及其正房夫人老太太的长子

EX3. Sterling Talent, son of Old Venerable and his second wife

（自选文本）栋才，老族长及其第二个妻子生的儿子

（受命文本）秉粹，老太爷及二姨太太的儿子

EX4. Noble Talent，son of Old Venerable and his third wife，Silken Dawn

（自选文本）玮才，老族长及其第三个妻子生的儿子

（受命文本）秉崇，老太爷及三姨太晓柔的儿子

在例一中，自选文本和受命文本针对"hibernating heart"的译法存在很大区别：自选文本将其直译成"冬眠的心"，因为hibernate本义就有"冬眠，蛰伏"之意。但结合语境，这句话是主人公春月催促仆人老花匠给她带话时，老花匠的一句答话。这样看来，"hibernating"就不是其本意了，而是表示"岁数大了，心脏不好"这样一层含义，受命文本将其译成"一口气没喘上来"确是一种言简意赅的好译法。这一差异在例二、例三及例四中更加明显，这三处的原文是人物表中的介绍，但是自选文本在处理"his first wife""his second wife"以及"his third wife"时依然选择了直译的方式，将其译成"第一个妻子"

"第二个妻子"及"第三个妻子",而受命文本则选择处理成"正房夫人老太太""二姨太太"及"三姨太太"更加符合汉语的习惯,更加贴合文化还原的标准。此例中,受命文本的求真度要高于自选文本。

EX5.Who else had received a fan painted with a map of the Empire upon his return the Military Academy?

(自选文本)他从军校回来以后,还有谁收到过一把上面有大清帝国地图的扇子呢?

(受命文本)他从水师学堂回来的时候,给过别人画着大清舆地图的扇子吗?

例五中,对"Military Academy"自选文本给出的译文是"军校",受命文本则是"水师学堂"。从译文表面看来,"军校"的译法比较接近现代的说法,而"水师学堂"则更加古朴,符合旧时对学校的叫法。另外,在第四章作者讲道:"The last rays of the sun clung to the far edges of the Po Hai as Nobel Talent walked toward the sea…This morning, when he had reported for duty,the base had been almost deserted. His comrades had died in the battle or were recuperating form wounds. There was not a ship left…'Hear this, departed comrades — you who died in the Korean Bay when your transport was sunk by the Japanese before war was even declared.' …"(Bette Bao Lord,1981:66-69)秉崇朝大海走去。渤海远处还留着落日最后的残辉。……今天早上他来销假时,营盘几乎空了,他的伙伴们非死即伤。船,一艘也没有了。……列位兄弟们的英灵!列位在尚未宣战时就遭日本偷袭,……"(吴世良,2013:56-57)由此可以推断出,此处应是甲午中日战争,日军摧毁了北洋水师的新式舰队。所以,受命文本的译本"水师学堂"在此处的求真度要高一些。

b. 句子层面(sentences level)

EX6. At the threshold, she paused once more, trying to locate Plum Blossom or Fragrant Snow among the grandmothers, mothers, widows, wives, concubines, daughters, slaves and servants who lived together in the thirty courts beneath the ancestral roofs.

(自选文本)在门口,她又一次停住了脚步,希望能在这几世同堂之家的三十座院落里共同生活的祖母辈、母亲辈、寡妇们、妻子们、小老婆们、女儿们、丫头们和老妈子们当中找到梅花或者香雪。

(受命文本)在门槛边她又停下来,在人群中寻找梅花和母亲雪芳。(断句)这一屋子的女人,有祖母辈的。(断句)有母亲辈的,有守寡的,有太太太,有姨太太,有丫头,还有仆妇,都聚居在这三十多进院子的祖宅里。

EX7. She came here almost every day, Plum Blossom by her side, to eavesdrop on the clan school on the other side of the wall, trying to make sense of the sounds the boys made reciting aloud at the same time, but never form the same page.

(自选文本)她几乎每天都在梅花的陪伴下到这里来,偷听墙那边家里私塾的读书声,想听明白男孩子们在同一时间大声朗读的不同内容。

(受命文本)她差不多每天都由梅花陪着到这里来,偷听墙那边家塾里的读书声。(断句)那些男孩子齐声朗读,而所读的课文却各不相同,她便努力揣摩其中的意思。

例六和例七的原文都属于英文长句,自选文本保留了原文的形式,也用长句进行翻译。这样做其实忽略了英汉两种语言的差异,一般说来,英语重形合而汉语重意合。"所谓形合,指的是句中的词语或分句之间用语言形式手段(如关联词)连接起来,表达语法意义和逻辑关系。英语造句主要采用形合法(Hypotaxis)。"(连淑能,2006:48)The American Heritage Dictionary 给形合定义为:"The dependent or subordinate construction or relationship of clauses with connectives, for example, I shall despair if you don't com."(转引自连淑能,2006:48)"所谓意合,指的是词语或分句之间不用语言形式手段连接,句中的语法意义和逻辑关系通过词语或分句的含义表达。汉语造句主要采用意合法(Parataxis)。"(连淑能,2006:48)The world Book Dictionary 给意合的定义为:"The arranging of clauses one after the other without connectives showing the relation between them."(转引自连淑能,2006:48)叶子南在其著作《高级英汉翻译理论与实践(第三版)》也谈到:"由于英语重形合,句法结构严谨,所以表意就十分精确;而汉语重意合,句法结构松散,所以就使得词在表达意思上的担子更重些。"(2017:24)在六、七两例的自选文本中,"原文形合的句法结构特征都被迁移到重意合的汉语中,结果译文失去了汉语应有的特征。"(2017:25)此两例中,受命文本的求真度都要高于自选文本。

c. 语篇层面（discourse level）

EX8. —The Matiarch looking at her, Spring Moon always felt as small as a sesame seed.

—"Well?"

（自选文本）

——每当太夫人看着她时，她总觉得自己像一粒芝麻那样小。

——"你好吗？"

（受命文本）

——每回老太太一看她，春月就觉得自己像一粒芥子那样小。

——"嗯？"

例八原文的背景是春月去找她的祖母，即老太太，老太太先是做完手里的事情，然后才转头看向春月，只说了一个字"well?"，这就需要译者在翻译时揣摩说话者的语气。其实在这里"well"只是一个语气词，表示两句话的衔接。自选文本选择译成"你好吗？"，这主要是体现了"well"有做副词有表示"好"这一层含义。同时，作为长辈对晚辈的关心，"你好吗？"似乎也是可以的。受命文本的处理是"嗯？"，准确地选择了一个语气词进行翻译，无论是在形式上还是内容上，受命文本地此处的求真度都要更高一些。

由以上例子可以看出，受命文本的翻译策略及翻译方法更加符合文化还原这一标准，文本的求真度相应也更高。

3.4　翻译外译者"务实"行为批评对比研究

"译者心中总不免有读者的影子。而在考虑读者因素时，提高译文的可读性、缩小语言之间的差异，就成了译者在语言上的本能表现。"（周领顺，2014：75）"译者意识中读者的存在会波及译文的社会化（socialization）程度。"（周领顺，2014：15）"社会性不仅是译者的一个属性，也是翻译活动的属性，在译作上显现为译者创造性的痕迹和译作适应社会的各种主动的选择（比如为提高可读性而进行的努力）。"（周领顺，2014：16）包柏漪在吴译《春月》的序言中，除了明确交代她找吴世良作为其作品译者的缘由，还介绍了他们合力翻译的工作程序："首先我们详尽地讨论了全书，然后吴世良着手翻译。只有当她对完成的一个章节完全满意之后，她才把它交给她的丈夫。英若诚随即逐句核对，提出一些建议。……最后他们和谐一致了。然后，他们又轮流朗读译稿。这又会引起新的改动。……最后，他们把译稿都

录了音。我先听一遍，和对着原书。我再听一遍，核对着中文译稿。……这之后，吴世良和我又要凑到一起，听取我提出问题和意见。"（包柏漪，外文出版社，2013.）

3.4.1　厚译（读者意识）

"厚译"（thick translation）（也作"厚翻译""增量翻译""厚重翻译""深度翻译""丰厚翻译""稠密翻译"等）一语，来自美国翻译理论家阿皮尔（K. A Appiah）所作 Thick Translation（Appiah，1993）一文。本文按 thick translation 的表面意义称其为"厚译"，一是因为它不仅指实践上翻译的厚度（如徐敏慧（2014：69）总结的"附加的对翻译现象及其相关背景知识的描写和解释"），还指它具有厚重的研究内容和众多的研究视角。（转引自周领顺，2016：6）"'厚译'在形式上可具体化为脚注、尾注、夹注、双行小注、文内隐注以及序、跋、献词、后记、附录、术语表、致谢等几类。'厚译'一语为阿皮尔首创，属于狭义上的，而实际上，只要译文的信息比原文提供的信息厚重，就属于'厚'的范畴，即广义上的'厚译'。"（周领顺，2016：6）

EX9.A silence would descend upon him like a shroud and he would sit starting atthe painted silk lantern that hang from the rafters of the library, twisting the ring she had learned came from the school in America.

（自选文本）他坐着，呆望着书斋椽子上悬挂的绢制彩绘宫灯，旋转着手上的戒指，她知道，那是一所美国学校的戒指*。

*西方学校的戒指相当于我国学校校徽或纪念章。——译者

（受命文本）他深陷进坟墓般的沉默里，坐着呆看书房椽子上挂下的彩绘宫灯，来回转动那枚从美国学校里带回来的戒指。

EX10. He waved a diffident hand at a long, elegant chariot that gleamed like the surface of a lake at sunset. "Behold! My Pierce Arrow!"

（自选文本）桂风腼腆地摆摆手，一辆漂亮的小轿车开了过来，光彩夺目，有如撒满夕阳的湖水。"瞧，这是我的利箭牌汽车。"

（受命文本）他朝一辆修长、优美，像夕阳下的湖面一样闪光的汽车谦卑地一挥手。"看！我的皮司爱罗！"（Pierce Arrow——汽车牌名，一种英国高级轿车。——译者

增加注释时，译者就已自觉或不自觉地展现了其读者意识。例十二和例十三展示了自选文本与受命文本增加注释的差异性——自选文本多为脚注，受命文本则多为文内加注。

3.4.2　删减（沟通意识）

EX11. She had so hope that this day would be special, as memorable as the day Black Jade and Pao-yu met. How did it go? The precious stone that Pao-yu wore was the size of a sparrow's egg and shone with the rose light of morning clouds. On it was inscribed: Never lose me, never lose me! Glorious life--lasting prosperity. Then Black Jade showed him he gold amulet, on which these words were written: Never leave me, never leave me! Precious youth----everlasting. And Pao-yu exclaimed, "Our verses complement on another and form a perfect..."

（自选文本）春月多么希望这一天非同寻常，盼它像宝玉和黛玉初次见面那么令人难忘…那是怎样的呢？"只见大如雀卵，灿若明霞，莹润如酥。上刻：莫失莫忘，仙寿恒昌。宝钗把自己的金锁解给宝玉，上写：不离不弃，芳龄永驻。宝玉看了，因笑道：'这八个字倒和我的是一对儿。'"

（受命文本）她原来多么盼望这一天会不同寻常，永志不忘，像宝玉黛玉初次相逢一样。……那是怎么写的？宝玉看罢，因笑道："这个妹妹我曾见过。"贾母笑道："可又是胡说，你又何曾见过他？"宝玉笑道："虽然未曾见过他，然我看着面善，心里就算是旧相识，今日只作远别重逢，亦未为不可。"

EX12. At least, he thought, he was spared the good wishes people believed appropriate to his occasion in America; in China, everyone's birthday was celebrated on the seventh day of the First Moon. A most civilized custom. Or was it? He shook his head. He did not know anymore. Nothing seemed in harmony, not since the death of Farmer Lee. Letters from his "progressive" friends were piled high on his desk, awaiting answers, but he had nothing to say any longer in response to their pleas for support and encouragement.

（自选文本）他想，在美国时，每逢这个日子，他至少都能受到人们的美好祝福。而在中国，每个人都在正月初七这天过生日*。这是最文明的习

俗。果真如此吗？他摇摇头。他再也不知道别的了。什么事都不顺心，这并不是老李死后才有的。他的那些"进步"朋友的来信在书桌上堆得老高，等着他回信。他们请求他支持和资助，他对此却无言以对。*原文如此——译者

（受命文本）他什么都不明白了。自从老李死后，好像事事不顺。他的"维新"朋友们的来函在书桌上堆得老高，有待回信。他们请他援手，撑腰，但他已无言可答。

此处，例十四的原文在引用《红楼梦》时明显出现了错误，即引用内容并不是作者想要引用的宝黛初遇的桥段。同时，作者也错将宝钗的金锁当成了黛玉的。这样一来，原文就有了很大的误导性。在翻译的过程中，自选文本由于种种原因未和原作者进行沟通而采取了比较保守的译法——将原文的错误如实译出，这就导致了译文的前后矛盾，明明是说"宝黛初遇"，为何又是"宝钗解下金锁"呢？受命文本由于和原作者有充分的沟通，译文直接改正了原文的错误，将其换成了中国人耳熟能详的"宝黛初遇"的内容，更加符合文化还原的标准。同样，在例十五中，原文称"每个人都会在正月初七这天过生日"就不符合中国的文化习俗。自选文本发现了这一不妥之处，但又由于与原作者缺乏沟通，只能选择照实译出然后加注这一保守译法；受命文本由于和原作者有充分的互动与沟通，直接删除了原文的不妥之处，同时也保留了译文的可读性，使译文更加符合文化还原的标准，也是译者务实度更高的体现。

3.4.3　方言（地缘属性）

"语言的使用具有地缘性，具体表现为方言、俗语等。探索译者语言与译文语言的地缘关系，可为翻译批评实现，尽可能地全面和客观提供佐证。这是一个新的研究视点。"（周领顺，2016：1）

EX13. "Please, go and find Young Uncle and tell him that I must see him. It's urgent." she smiled hopefully. He grumbled. "How can anything be urgent to an infant like you?"

（自选文本）"请去找三叔，告诉他，我要见他。很急。"她满怀希望地微笑着。老花匠嘟嘟哝哝地说，"像你这么大的孩子，还能有什么急事呢？"

（受命文本）"求你去找小叔叔，告诉他我要见他。有急事。"她赔笑央告。老花匠嘟囔说，"你这么个小团团能有什么急事？"

例十六中，自选文本将"an infant"译成"孩子"，而受命文本则是将其译成"小囝囝"。"小囝囝"其实是江浙的方言，用在此处的对话中显得十分合适。另外，受命文本的译者吴世良是"出身江南大户"（英达，2013：p1），原作讲的是苏州张府的故事。所以，受命文本此处用方言翻译，是作者务实行为的表现，也更加符合文化还原的标准。

4　结　论

综合考量翻译内外，受命文本的求真度与务实度相对于自选文本而言都要略高一筹，这其间，原作者之"命"起到了很大的作用。这也提醒了广大译者要注意与原作者的互动沟通，努力实现其行为，保证译文的求真度与务实度。但是，若由于种种原因未能与原作者取得沟通，那么，自选文本的做法也具有参考意义，如，增加脚注。此做法虽然保守，但是在无法保持的沟通的情况下不失为一种策略。

参考文献

[1] Eugene Nida. The Theory and Practice of Translation [M]. Leiden: E.J Brill, 1982.

[2] Lord, Bette Bao. Spring Moon[M]. New York: Harper & Row, 1981.

[3] Mondy, Jeremy. Introducing Translation Studies [M]. London and New York: Routledge, 2016.

[4] 包柏漪. 春月[M]. 林彬，王秋野，李姚军，译. 张祝荪，校. 合肥：安徽文艺出版社，1986.

[5] 包柏漪. 春月[M]. 吴世良，译，英若诚，校. 北京：中国友谊出版公司，1988.

[6] 包柏漪. 春月[M]. 吴世良，译. 英若诚，校. 北京：外文出版社，2013.

[7] 连淑能，英汉对比研究[M]. 北京：高等教育出版社，2006.

[8] 王宏印. 文学翻译批评概论[M]. 北京：中国人民大学出版社，2009：221

[9] 王宏印. 从"异语写作"到"无本回译"——关于创作与翻译的思考[J]. 上海翻译，2015（3）.

[10] 王宏印. 朝向一种普遍的翻译理论的"无本回译"再论——以《大唐狄公案》等为例[J]. 上海翻译，2016（1）.

[11] 王正良. 回译研究[M]. 大连：大连海事大学出版社，2007.

[12] 叶子南. 高级英汉翻译理论与实践（第三版）[M]. 北京：清华大学出版社，2017.

[13] 周领顺. 译者行为批评：理论框架[M]. 北京：商务印书馆，2014.

[14] 周领顺. 译者语言与译文语言的地缘性——以苏籍译者群及其吴语运用为个案[J]. 外语教学，2016（1）.

[15] 周领顺. "厚译"究竟有多厚？——西方翻译理论批评与反思之一[J]. 外语与外语教学，2016（6）.

[16] 周领顺. 译者行为中的"翻译行为"和"译者行为"[J]. 外语研究，2013（6）.

功能对等理论下《登鹳雀楼》两个英译本的对比赏析

王玉蕊[1]，唐利平[2]，杨　璐[3]

（ 1. 西华大学外国语学院，成都 610039；2. 西华大学外国语学院，成都 610039；3. 西华大学外国语学院，成都 610039）

摘　要：本文以功能对等理论为基础，选择了《登鹳雀楼》的两个英译本，从诗歌翻译 "意" 的对等，"音" 的对等和 "形" 的对等三个方面对所选译文进行了详细对比和探究，并指出其各自的优点和缺点。最终发现：许译本较为全面地呈现了 "意""音""形" 的对等，而龚译本更加注重 "意" 的对等。因此，译者在诗歌翻译实践活动过程中不能顾此失彼，要顾全大局。

关键词：功能对等；诗歌翻译；《登鹳雀楼》

The Contrast and Appreciation on Two English Version of *On the Stork Towers* from Functional Equivalence

Wang Yurui[1], Tang Liping[2], Yang Lu[3]

(1. School of Foreign Languages and Culture, Xihua University, Chengdu 610039 China)
(2. School of Foreign Languages and Culture, Xihua University, Chengdu 610039 China)
(3. School of Foreign Languages and Culture, Xihua University, Chengdu 610039 China)

Abstract: This paper was based on functional equivalence and, selected Xu Yuanchong's and Gong Jinghao's English version about On The Stork Towers, a detailed analyze and research were made from three aspects on equivalence of meaning, tone and form. Meanwhile, their advantages and disadvantages were mentioned in the process. The conclusion was that Xu's version gave a comprehensive content of functional equivalence. However, Gong's version put much attention to the equivalence of "meaning". Therefore, translators need to considerate the overall effects of English version in the poetry translation.

Key words: functional equivalence; poetry translation; *On The Stork Towers*

引　言

诗歌翻译一直是翻译研究领域的一大热点。中国诗歌富含浓郁的文化色彩和独特的韵味，其中的音韵美最受读者关注。在当今中国文化走出去的大时代背景下，研究中国诗歌的翻译，总结出一些好的译法，将有利于指导中国诗歌更好地走向世界。目前，国内关于诗歌翻译的研究大多以美学理论为基础，即许渊冲先生提出的 "三美" 原则，鲜有其他视角来分析研究诗歌翻译，本文从功能对等角度来分析许渊冲和龚景浩的英译本，着重分析其在 "音""形""意" 方面所体现出的对等性。

1　理论基础

功能对等理论主要包括三个方面：意义、风格以及读者反映，意义和风格对等为其主要内容。但是要做到完全对等的可能性较小，因此，译文只需要在意义，风格和形式上与原文达到最大程度的对等即可。意美，形美和音美是中国诗歌独有的艺术特点，如何把意美，也就是意境美感，形美，即诗歌特有的形式和音美，音韵的美感，完完整整地表达出来，供目标语读者体会和欣赏，功能对等理论则有助于解决这一问题，它首先强调的是 "意"，也就是说在意义的层面上，要实现最大化的等效，其次再考虑风格和形式，这与功能对等理论完全一致，因此，诗歌翻译就可以以

作者简介：王玉蕊（1993—），女，硕士研究生，主要研究方向：翻译理论；唐利平（1973—），女，副教授，主要研究方向：翻译理论与实践；杨璐（1994—），女，研究生，主要研究方向：翻译理论与实践。

功能对等作为理论指导。

2　诗歌翻译的对比赏析

登鹳雀楼
白日依山尽，
黄河入海流。
欲穷千里目，
更上一层楼。

《登鹳雀楼》为唐代著名诗人王之涣所作。前两句主要描写壮观的自然景色，夕阳西下，一轮落日缓缓沉入绵延无尽的山脉，浩浩荡荡的黄河之水向东一路奔腾直流入海，此句表面虽然写景，但其所包含的意义深远；后两句注重写诗人登高的深刻感想，反映了诗人想要览遍天下壮丽风景的强烈欲望以及积极乐观的进取精神和远大的胸襟和抱负。

译文一

On The Stork Towers

The sun beyond the mountain bows,

The Yellow River seawards flows.

You can enjoy a grander sight,

By climbing to a greater height.

（许渊冲译）

译文二

Going up the Stork Towers

The setting sun dips behind the mountains,

The Yellow River rushes into the sea;

For a better view of things out there,

We need to climb one more flight of stair.

（龚景浩译）

2.1　"意"的对等

此诗题目虽为《登鹳雀楼》，但作者在诗中并无意强调"登"的含义，纵观全诗，诗人是以一种静态的方式去描绘北国河山的磅礴气势和壮丽景观，由后文可知，诗人是站在鹳雀楼之上观景的，"on"这一介词本身具有"在……之上"的意思，译者选用这一词语就巧妙地将诗人者以静态之姿观山河之景的情形准确地描绘了出来，做到了意义对等，体现出来诗歌的意境美。然而龚先生在此处并未对此多加琢磨，将其直译为"going up"，很明显，它是动词短语，意在强调登楼的动作，与诗人所要表达的藏身含义有出入，未能体现出"意"的对等。

此诗前两句写所见，诗人站在鹳雀楼的至高点，望见一轮落日缓缓西沉，最终消失在了无际的山脉之中，放眼望去，黄河之水滚滚而来，以磅礴的气势直流如海，诗句语言简单朴素，仅用十几个字就呈现出了一幅气势雄宏的北国山水图。第一行中的"白日"指的其实是落日，龚先生对此翻译较为得当，将其译为"the setting sun"，能够体现出夕阳落山的动态美，实现了原文与译文在意义上最大化的对等。而许先生却将其直译为"the sun"，在翻译过程中出现了意义的缺失。原诗中的"依山尽"指的是落日向着连绵起伏的群山西沉，译文二用了"dips"一词，将日落下沉的这一动态过程完美地呈现了出来，保持了原文本信息的完整性。而译文一用了"beyond"一词，仅仅展示的是落日的静态画面，没能体现出原诗中所描绘的夕阳西下，落日缓缓沉落山间的壮观之美。原文中的"山"，其暗含的含义为"连绵起伏的群山"，译文一用了"bows"一词，向目标语读者形象地再现了山的绵延与弯曲，与原文本所描绘出的景色相契合。而译文二却将其简单译为"mountains"，未能突出山的明显特征，与译文一相比稍有逊色。

后两句写所想。"欲穷千里目"，反映了诗人对人生的无限探索，对远方的无尽思索，想要看到更多更美的风景，就必须要站得更高，拥有更加广阔的视角。"更上一层楼"，表达出诗人积极乐观的人生态度以及不凡的胸襟抱负。第三句意为"如果想要览遍千里风景"，"欲穷"包含了诗人的憧憬和希望，与原诗相对应，译文一用了"enjoy"一词来阐释原诗的"欲穷"，既达意又传神。而译文二只用一个简单的介词"for"，很明显，"enjoy"更能体现出诗人当时对观赏远方景色的一种极度渴望和乐观的心态。而"for"仅仅表示目的，在原文含义的传达方面稍欠具体，无法在意义上实现对等的效果。对于"千里目"，译文一将其译为"a grander sight"，译文二将其译为"a better view of things"，首先从字数上来看，译文二显得较为冗长，且译文的含义缺乏准确性和具体性，"things"可以指代世间万物，而本文作者意在观赏鹳雀楼周围的壮观风景，相较之下，译文一的译法似乎更加形象和贴切。"更上一层楼"中的"一层"为虚指，其实是诗人想象中出来的广阔空间。与其相对应的译文一为"a greater height"，译文二为"one more flight of stair"，显然，译文一采用了意译，仔细探索了原作者的真实想法，给目标语读者展现出了一种宏大的空间感，与原文契合程度很高，实现了意义对等的原则。而译文二采用了直译，显得过于生硬，这样的译法容易给目标语读者造成误解和困扰。

2.2 "音"的对等

中文诗歌是按字数来划分音节，一字一音，一个音也就是一言。我们可以把中文的诗歌的"言"和英文诗歌的"音节"对应起来，把中国诗歌中的"顿"与英文诗歌的"音部"对应起来，把"平仄"和"抑扬"对应起来，进而把押韵方式对应起来。

原诗的格律对照

白日依山尽，平仄平平仄
黄河入海流。平平仄仄平
欲穷千里目，仄平平仄仄
更上一层楼。仄仄仄平平

通过以上分析可知，全诗在格律上对仗非常工整，这首诗，前一联用的是正名对，后一联用的是流水对，要使得原文与译文在"音"上实现对等实属不易。

在译文一中，许先生通过五步抑扬格来传达原诗的节奏感，也采取了 AABB 的韵式来体现原诗的音韵美，即"bows"对"flows"，"sight"对"height"，并且还使了行间韵如"sun、seawards、sight"和"grander、greater"。尾韵、行间韵和同元音韵等的使用不仅传达了原诗的音美，在很大程度上也实现了与原文风格上的对等，使得整首诗与原诗有了一样的音美效果，读起来朗朗上口。让目标语读者也能体会到中国古诗词的韵律之美。

译文二在音韵上面的处理也稍逊于译文一，诗中第三句和第四句的"there"和"stair"押韵，还涉及头韵，如："setting，sun"和"river，rushes"，读起来稍有节奏感。但总体上的押韵风格较为简单，并未像原文一样，采取较为工整和严格的对仗格式。

2.3 "形"的对等

所谓"形"的对等是指译文句子的长短要基本和原诗保持一致，如果原诗句子长短参差不齐，那么译文也应如此；另外一点就是如果原诗对仗工整，那么在翻译时，也要尽可能地在字数和格式上与原诗大致保持一致性。

原诗五言绝句，每句都有五个字，对仗极其工整，译文一中每句字数都未超过六个，且每个

句子都译成了八个音节，句子长短相当，第一行中的"the sun"与第二行中的"the Yellow River"，"beyond"与"seawards"，最后一句的"a grander sight"和"a greater height 一一对应，都基本上实现了形式上的对等。最大限度地还原了中国诗歌的形美和对仗美，同时也可使得外国读者领略到独特的异域文化美。相比之下，译文二更像散体诗，句式较为零散，字数较多，显得冗长。但其第一句也基本上实现了形式对等，如："the setting sun"与"the Yellow River"，"the mountains"与"the sea"，"dips behind"与"rushes into"，都一一对应，同样也体现出了诗歌的"形"美这一特点。但其总体效果不及译文一。

3 结 论

诗歌属于一种特殊的文学体裁，尤其是中国诗歌，在翻译过程中不但要保持源语意义的完整性，实现源语文化和内涵的对等转换，还要考虑其形式和风格方面的对等，力争在"意"，"音"，"形"三个方面与原文保持最大化的默契。由以上的分析可知：译文一在意义的准确传达，音韵的灵活处理以及格式的对仗方面都比译文二略胜一筹，但译文一也有缺点，太过注重形式上的对等而造成了源语意义在某种程度上的缺失。而译文二虽然试图通过更为详细而具体的译文来实现"意"的最大化对等，却忽略了其在形式和韵律方面的对等。因此，译者在诗歌翻译实践活动中不能顾此失彼，要顾全大局，"音""形""意"每个方面都需兼顾，这样才能译出好的译文。

参考文献

[1] 曹慧慧. 浅析《登鹳雀楼》的四种译本[J]. 太原大学教育学院学报，2018（28）：1-3.

[2] 贾文波. 应用功能论[M]. 北京：中国对外出版公司，2004.

[3] 孔中敏. 从功能语法的角度浅析《登鹳雀楼》一诗的两种译本[J]. 外语教育教学，2010（5）：2-3.

[4] 万晓安. 功能对等理论下诗歌翻译对比赏析[J]. 边疆经济与文化，2014（1）：2-4.

[5] 张培基. 英汉翻译教程[M]. 上海：上海外语教育出版社，1980.

简述布龙菲尔德和萨丕尔《语言论》的主要理论及贡献

肖　谧[1]，李　瑛[2]

（1. 西华大学外国语学院 成都 610039；2. 西华大学外国语学院 成都 610039）

摘　要： 布龙菲尔德和萨丕尔是美国描写语言学的代表人物，分别著有 Linguistics（《语言论》），这对语言学研究产生了深远的影响。有鉴于此，本文拟分别简述布龙菲尔德和萨丕尔代表作《语言论》的主要理论观点和对语言研究的贡献，以使语言学初学者对布龙菲尔德和萨丕尔及其著作《语言论》有个初步的了解。

关键词： 布龙菲尔德；萨丕尔；《语言论》；主要理论；贡献

Brief Account of Bloomfield and Sapir's *Linguistics*

XIAO Mi[1], LI Ying[2]

(1. School of Foreign Languages and Culture, Xihua University, Chengdu 610039 China;
2. School of Foreign Languages and Culture, Xihua University, Chengdu 610039 China)

Abstract: As representatives of American descriptive linguistics, the representative works Linguistics by Bloomfield and Sapir respectively have exerted a profound influence on linguistic research. In view of this, the essay aims to make a brief account of the main theories and contributions of Bloomfield and Sapir's works Linguistics so as to let linguistic beginners have a preliminary understanding of Bloomfield and Sapir and their works.

Key words: Bloomfield; Sapir; *Linguistics*; main theories; contributions

　　布龙菲尔德，作为美国结构主义语言学的奠基人之一，其《语言论》具有划时代意义，在他的努力下语言学逐渐成为一门独立的科学。萨丕尔也著有《语言论》，同样有着广泛的影响，他着重通过文化去研究语言学，例如民俗、社会心理等等。布龙菲尔德和萨丕尔两人都是美国描写语言学的先驱。有鉴于此，本文分别对这两个人及其作品、理论贡献作一简评，以让语言学初学者对其有个大概的了解。

1　布龙菲尔德

1.1　人物简介

　　1887 年，布龙菲尔德出生于美国芝加哥，于 1903 年考上哈佛大学，在 1906 年获得哈佛大学的学士学位。布龙菲尔德的学术经历可分为三个阶段。在 1907 至 1913 年期间，主要从事比较语言学研究，完成博士论文，开始讲授比较语言学；在 1913 至 1932 年期间，主要从事历史主义和心理主义语言学研究，是德国青年语法学派的信徒，长期从事日耳曼语教学；在 1933 至 1949 年期间，主要从事行为主义心理学研究，是一位结构主义语言学家[1]。从布龙菲尔德的学术经历可看出，他受过欧洲新语法学派和历史比较研究方法的训练。后来，他又进入描写语言学的领域，成为描写语言学派的代表人物。

1.2　主要语法理论

　　《语言论》是布龙菲尔德最有影响力的著作，可说是美国结构主义语言学的奠基之作，对美国结构主义语言学的形成和发展影响极大。该书的第一至四章讨论的是语言学的一般问题；第五到八章讨论的是音位学；第九到十六章讨论的是词汇和语法；第十七到二十八章论述了历时语言学，涉及比较法、方言地理学和语言演变等等。下面简述《语言论》中的主要语法理论。

　　（1）粘附形式和自由形式。布龙菲尔德[2]给粘附形式和自由形式下的定义为："不能单说的形

作者简介： 肖谧（1990—），女，硕士研究生，主要研究方向：认知语言学；李瑛（1965—），女，教授，博士研究生，主要研究方向：认知语言学。

式叫作粘附形式（bound form），其他所有的形式……都是自由形式。"大致说来，粘附形式指具有构词或语法意义的词缀，而自由形式则指词、短语和句子。布龙菲尔德[2]认为"词是一个最小的自由形式"，也就是说，词是能够单独使用的最小的自由形式。我们通常把词叫作最小的音义结合体和可独立使用的语言单位，这个定义就是根据布龙菲尔德的定义得来的。[3]

（2）向心结构和离心结构。向心结构包括两种形式：① 并列结构，即两个并列的形式没有主次之分，例如"老师和学生"，其中的"老师"和"学生"没有主次之分。再如"电脑和电视机"，其中的"电脑"和"电视机"也没有主次之分；② 从属结构，即两个形式有主次之分，一个形式从属于另一个形式，例如"手提电脑"，其中的"手提"就从属于"电脑"。再如"娱乐节目"，其中的"娱乐"从属于"节目"。凡是属于从属性的向心结构，必定带有一个中心词。无论向心结构怎样扩充，中心词总是不变，但修饰语如果较多，就需要区分级别。[4]离心结构包括主谓结构和动宾结构，由介词引导的词组也属于离心结构。

（3）直接成分分析法。布龙菲尔德[2]还观察到了语言的层次性。他认为一个句子一般不能一次性地分析到它的最终成分。例如，Poor John ran away，这个句子共有五个语素。首先，该句可分为 Poor John 和 ran away；然后再往下分成 poor 和 John，ran 和 away；away 又分成 a-和-way。该方法的优点是，可以清晰地揭露出句子的内在结构和歧义。缺点是，它只能揭示句子的显性语法关系，对句子内部的隐性语法关系却无能为力，即并非所有的句子都能通过直接成分分析法划分清楚。[5]

（4）刺激—反应理论。布龙菲尔德[2]认为语言学是行为主义的一个分支。行为主义语言观认为，儿童是通过"刺激—反应—强化"来学习语言的。例如，当一个女孩饿了，她看到树上有苹果，然后对男孩说"给我摘个苹果"。男孩听了她的话后，爬上树，摘下苹果，递给小女孩，女孩便把苹果吃了。在该例中，女孩所说的话就是外部刺激，男孩摘苹果就是对语言的反应。据此，布龙菲尔德得出了一个著名的公式：

$$S \rightarrow r \cdots\cdots s \rightarrow R$$

其中大写的 S 和 R 分别表示实际的刺激和反应；小写的 r 和 s 分别表示语言的反应和刺激。

由此可见，布龙菲尔德将语言解释为一种外在的物理—生理行为，这体现了机械主义唯物观。

1.3 贡献

布龙菲尔德的《语言论》具有划时代的意义，因为他开创了美国结构主义语言学学派。他的很多语言研究方法推动了语言学的发展，为使语言学成为一门科学，有其自身的研究目的和方法，不再像以前一样依附于其他学科。他的语言观也深深地影响了汉语语法研究，使汉语语法渐渐从传统语法学走向现代语法学，使汉语语法研究走向了科学研究的道路。

2 萨丕尔

2.1 人物简介

萨丕尔 1884 年出生于德国，是一位杰出的人类语言学家，其代表作为《语言论》。他 5 岁时随全家移居美国，1904 年毕业于美国哥伦比亚大学，主修日耳曼语，同年，他遇到了比他大 26 岁的博厄斯，从此便跟着博厄斯开始研究印第安语。他是博厄斯在人类学和语言学理论方面的忠实继承人。在 1910 年至 1925 年期间，他在加拿大的国家博物馆，担任人类学部的主任。1925 年和 1931 年分别在芝加哥和耶鲁大学任教，直至离世，终年 55 岁。

2.2 主要语法理论

《语言论》一书共有十一章，主要讲了语言的定义、成分、形式、演变、语音、语言结构的类型、种族和文化、语言和文学。第四章的语法程序是全书很重要的一部分，本文重点介绍该章节。

语法程序即是组构更大单位的方式，主要涉及以下六种[6][4]：

（1）词序。词序是表达语义概念最简单的方法。但在某些语言中，如拉丁语，词序是修辞手段，而不是语法程序。汉语中的词序是非常重要的语法手段，其重要性既体现在句法方面，也体现在构词方面。例如"子女"和"女子"，"家人"和"人家"，"色彩"和"彩色"，"牛奶"和"奶牛"等等，当构词的顺序发生变化时，其句法发生了很大的变化。就并列结构来看，汉语的词序有时相对自由，比如"黑白不分"可说成"白黑不分"；"轻重不一"也可说成"重轻不一"。

（2）复合。复合就是把两个简单词并联起来组成一个新词，例如 typewriter 就是由 type 和 writer 合成的。另外，汉语还可把词序颠倒构成另一复合词，如"方正"和"正方"；"公主"和"主公"等。

（3）附加。附加就是通过添加词缀来表达语法意义。例如，educate 可通过附加-ion（education）和 al（educational）分别变为名词和形容词。

（4）屈折变化。屈折变化可通过对词汇的字母和读音的变化来改变词汇的时态和意义，像元音的交替变化可改变时态，如 sing、sang、sung；辅音的变化可改变词义，如 house，当尾音发作清音[s]时，是名词，表示"房子"的意义；当发浊音[z]变成动词，表示"容纳"的意义。

（5）重叠。重叠指的是重复一个根素或词，如"狗狗""灯灯""饭饭"。重叠语的使用可产生修辞效果，如 a big big apple，就表示很大的苹果。

（6）重音。重音就是通过给词汇标示重音的方法区别名词和动词。词的重音不同导致词的意义和词性不同。例如'content 和 con'tent，前者是名词，表示"内容"的意义，后者是动词，表示"满意"的意义。

2.3 贡献

萨丕尔的《语言论》问世后，美国语言学开始进入描写语言学时代。他对语言的本质和发展有着很深的见解，但由于他书中没有提供具体的分析方法，也没有给出严密的语言学术语，缺乏语言学分析和描写方面的科学方法，这使其在美国的影响力没有布龙菲尔德大。但从整个语言学发展的历史来看，他还是应得到泰斗之冠[7]。

3 结　语

本文对美国描写语言学家布龙菲尔德和萨丕尔及其《语言论》的主要理论和贡献作了简要的论述，希望能对语言学初学者有所帮助。

参考文献

[1] 李开. 现代结构主义的一颗明星 布龙菲尔德《语言论》导引[M]. 南京：江苏教育出版社，1991.

[2] 布龙菲尔德·L. 语言论[M]. 北京：商务印书馆，1980.

[3] 戚雨村. 布龙菲尔德的语言理论[J]. 浙江师范学院学报，1982：9.

[4] 姚小平. 如何学习研究语言学[M]. 北京：北京大学出版社，2013.

[5] 石安石. 布龙菲尔德语法理论的贡献——布氏《语言论》读书笔记[J]. 外语教学与研究，1996：2.

[6] 爱德华·萨丕尔，语言论[M]. 北京：商务印书馆，1985.

[7] 赵世开. 美国语言学简史[M]. 上海：上海外语教育出版社，1989.

目的论视角下缩略词的英译研究

——以 2018 年政府工作报告英译为例

严梦莹，李新新

（西华大学外国语学院，成都 610039）

摘　要：本文针对政府工作报告中存在的大量缩略词的英译进行研究，旨在在翻译目的论的指导下，通过分析、探究，更加清楚地了解政府工作报告中缩略词的翻译特点，为以后的翻译工作提供学习意见。本文首先对翻译目的论进行阐述；其次对缩略词的类型与特点进行概述；然后分析了政府工作报告的性质和语言特点；最后通过对报告中缩略词英译分析，总结出如何更好地对缩略词进行英译的方法。

关键词：政府工作报告；缩略词；翻译目的论；

English Translation of Abbreviations from the Perspective of Skopos Theory

——A Case Study of English Translation of Government Work Reports in 2018

YAN Mengying, LI Xinxin

(School of Foreign Languages and Culture, Xihua University, Chengdu 610039 China)

Abstract: This paper studied the English translation of a large number of abbreviations in the government work report. It aims to understand the translation characteristics of abbreviations in the government work report more clearly through analyzing under the guidance of skopos theory. To provide advice for future translation work. This paper firstly elaborated skopos theory; secondly, it summarized the types and characteristics of abbreviations; thirdly, it analyzed the nature and language features of government work reports; finally, it summarized the good ways to English translations of abbreviations.

Keywords: government work report; abbreviations; skopos theory

0　引　言

随着中国综合国力的提升与国际地位的提高，中国的国情和方针、政策受到世界关注。政府工作报告作为重要的外宣文本，有着不容忽视的地位，其译本是外国了解中国的重要途径。目前关于政府工作报告中缩略词的英译研究比较少，笔者将从翻译目的论的角度，对政府工作报告中缩略词的英译进行分析，希望对政治文献的英译研究提供应用价值。

1　翻译目的论

1.1　翻译目的论的概述

德国的功能翻译理论产生于 20 世纪 70 年代，它摆脱了传统的对等、转换等语言学的翻译方法，运用功能和交际方法来分析、研究翻译。其代表人物有卡特琳娜·赖斯（Katharina Reiss）和汉斯·弗米尔（Hans Vermeer）等。翻译目的论主张"翻译目的决定翻译方法"，认为目的是译者在翻译时要考虑的首要因素，译者需根据翻译目的来确定翻译方法，并主张，翻译前译者首先要对原文有整体的把握与理解，并准确掌握译文的预期目的，进而选择合适的翻译方法。目的论总的框架结构来源于功能语言学。它的诞生，标志着流行于 20 世纪 50 年代至 70 年代的结构主义语言学统治翻译理论的结束。

1.2　翻译目的论的发展阶段及其主要思想

它的发展经历了四个阶段：

作者简介：严梦莹（1990—），女，河南周口人。西华大学外国语学院翻译专业硕士 2017 级学生；李新新（1978—），女，河南济源人。西华大学副教授，翻译硕士研究生导师，研究方向：翻译学、澳大利亚文学。

第一阶段，赖斯提出的文本类型理论（text typology）。赖斯在翻译实践中发现有些等值是不可能实现的，翻译应有具体的"翻译要求"。赖斯将"语言功能工具论模式"移植于翻译，把文本类型、语言功能和翻译方法联系起来，提出了三大功能文本类型，即"信息型""表达型"和"诱导型"。在这三类文本中，她分别指出"信息型"文本"重内容"，译文的语言形式务必以目的语习惯表达为导向，要求"忠实再现原文内容的所有细节"；"表达型"文本"重形式"，文本的"忠实性"要求具有"近似原文形式规范并保留原文的美学效果"；"诱导型"文本"重诱导"，要求忠实于原作者意欲获取文本效果的手段，保留文本固有的诱导功能。

第二阶段，弗米尔提出的目的论（Skopos theory）。目的论者认为，翻译是一种交际行为，翻译行为所要达到的目的决定整个翻译行为的过程，翻译策略必须根据翻译目的来确定。在翻译过程中，译者的参照不应是"对等"理论中所注重的源语及其功能，而应是目的语在译语文化环境中所期望达到的一种或几种交际功能。

费米尔提出的"目的论三大法则"：（1）目的法则，即"翻译行为由其目的决定"，即翻译要能使译者的文本或译文在其使用的环境中起作用。（2）连贯法则，又称语内连贯，即"目的语文本必须能被接受并且有意义，与文本可接受的目的语环境连贯一致"。（3）忠实法则，又称语际连贯，指在以"目的"为导向的翻译框架内源语与目的语文本之间的关系。三者之间的关系为，忠实法则从属于连贯法则，二者都从属于目的法则。

第三阶段，曼塔里提出的翻译行为理论（translation action）。在曼塔里看来，翻译基本上是一种行为，一种跨文化交际形式，语言不是这种行为的内容和目标，只是一种必要的工具。她把翻译行为看作是一种"涉及多方专业人士，包括委托人、接受者和译者集体参与的整体复杂行为"，在这一过程中，"重点是关注翻译过程的行为，分析参与者的角色以及翻译过程发生的环境"。

第四阶段，诺德提出的功能加忠诚的理论（function plus loyalty）。从文化转换的角度，诺德提出了"纪实翻译"和"工具翻译"两大译法。"纪实翻译"强调源语文化，重在再现源语发送者同源语接受者之间交际时的情景。"工具翻译"强调译语文化，重在表达源语发送者与目的语接受者之间新的交际情景下的互动。诺德还提出了"忠诚原则"，使译者受源语和目的语双方的约束，关注翻译中两种文化间特有的文化观念的差异。

2　缩略词的概述

缩略词是缩略形式形成了紧密结构，凝固成为一个能自由运用的语言单位，通过提取词组中特征要素压缩而成。在英汉语言中，都存在大量的缩略词，本文主要探讨汉语中的缩略词。

2.1　名称缩略词

主要是抽取一个名词词组或短语中有代表性的字重新组合后而形成的词语。第一类，简称缩略。简称缩略的方式有多种，由原词或词组中每个词的首字构成缩略，如邮编（邮政编码）、科研（科学研究）；由原词或词组中的首字和尾字构成，如农社（农业合作社）、民盟（民主同盟）；由原词或词组中的第一个词的尾字和第二个词的首字构成缩略，如民警（人民警察）；原词或词组中每个词的首字与未缩略的尾字构成缩略，如进出口（进口、出口）、中小学（中学、小学）；取原词或词组的最后一部分构成缩略，如根据地（革命根据地）、解放军（中国人民解放军）；由原词或词组中最具代表意义的字构成缩略，如世博会（世界博览会）、世贸（世界贸易组织）等。

第二类，合称缩略词。此种缩略是对联合词组的缩略，即把几个同类名称中的相同部分进行合并而构成的缩略形式，缩略后的词语若保留代表其类别的成分便成为偏正结构。如：德智体（德育、智育、体育）、老弱病残（老人、小孩、病人、残疾人）等。

2.2　非名称缩略词

对汉语中的动词词组和短语进行缩略，以原词组或短语的句法特点为依据，缩略后的形式仍保留原型的特点，此种缩略被称之为非名称缩略词。第一类，动宾结构。如：签约（签订合约）、入世（加入世贸组织）；第二类，主谓结构。如：官倒（官商倒卖商品）；第三类，偏正结构。如：面授（面对面讲授）、缓征（缓期征收）等。

2.3　概缩词

概缩词是指用数词概括几个词语中的相同部分而形成的独特缩略词，也称为数字式缩略词。如："一国两制"（一个国家，两种制度）、三农（农业、农村、农民）等。

3　政府工作报告的性质与特点

政府工作报告是中华人民共和国政府的一种

公文形式，是党中央、国务院以及各级地方政府所发布的有关国家和地方社会与经济发展的大政方针的文件。既是政府对一年工作情况的总结，又是重要的政治文献材料。

在表达方式上，具有客观全面、重点突出、富有新意、文风朴实的特点。语言正式、用词规范、结构严谨、逻辑缜密、说理性强。同时也是重要的外宣文本，是世界各国了解中国国情、大政方针政策以及政治、经济、军事、文化、教育、外交等方面的重要途径。

4 政府工作报告中缩略词的英译

4.1 名称缩略词的英译

在翻译名称缩略词时，根据翻译目的论主张"翻译目的决定翻译方法"，目的是译者在翻译时要考虑的首要因素，译者需根据翻译目的来确定翻译方法。在充分理解名称缩略语的含义后，再选用适当的方法对其进行翻译。

例1："党中央"

译文："the Central Committee of the Communist Party of China"

分析："党中央"属于政府工作报告中常见的缩略词，全称"中国共产党中央委员会"，是中国共产党全国代表大会产生的中共核心权力机构。根据翻译目的论的目的原则，对名称缩略词进行释义，而不是只进行字面翻译。

例2："国企"

译文："SOEs"

分析："国企"，国有企业，是指国家对其资本拥有所有权或者控制权，政府的意志和利益决定了国企的行为。"SOEs"即"state-owned enterprises"，这里对国有企业的译文进行了首字母缩略，取每个单词的首字母构成英语缩略。

例3："供销社"

译文："supply and marketing cooperatives"

分析："供销社"即"供销合作社"，单从缩略词中不能看出其有"合作"含义，译者在翻译时，选用单词"cooperatives"（A co-operative is a business or organization run by the people who work for it, or owned by the people who use it. These people share its benefits and profits.）很好地诠释出"合作社"的含义，体现了目的论的忠实原则，即以"目的"为导向的翻译框架内源语与目的语文本之间的关系。

例4："民主党派""工商联""无党派人士"

译文：（1）"deputies to people's congresses and CPPCC committee members"

（2）"federations of industry and commerce"

（3）"public figures without party affiliation"

分析：（1）"民主党派"，指在中国大陆的中华人民共和国政党，除执政党中国共产党以外的八个参政党的统称。"CPPCC"即中国人民政治协商会议"Chinese People's Political Consultative Conference"的英文首字母缩略。这里的"民主党派"为中国的执政党以外的参政党，而民主党是"the Democratic Party"，因此为避免误解，译者采用释义法，将其具体内容解释出来。

"工商联"即中国工商业联合会，其缩略形式完整地表达出了真实含义，在源语与目的语之间不存在文化空缺，因此这里做直译。

"无党派人士"是指没有参加任何党派、对社会有积极贡献和一定影响的人士。因此，在译文中译者采用了增此法，用"public figures"表达出这些人是对社会有积极贡献和一定影响的人士的含义。

4.2 非名称缩略词的翻译

非名称缩略词主要包括三种结构：动宾结构、主谓结构和偏正结构。在英译时，首先要分析其所表示的动宾关系、主谓关系，在此基础上选用适当的方法进行翻译。

例1："简政放权"

译文："to streamline administration and delegate powers"

分析："简政放权"指精简政府机构，下放政府权力。这里的"简"和"放"属于动词，为"精简""下放"之意，在充分理解原文的基础上，译者采用直译法，将两字所代表的词译为动词，"streamline"使（机构或过程）效率更高，精简；"delegate"授权，把（职责、责任等）委托（给）。

例2："稳增长、促改革、调结构、惠民生、防风险"

译文："to ensure steady growth, advance reform, make structural adjustments, improve living standards, and guard against risk"

分析：这五个词组属于动宾结构，"稳"指稳定，"促"指促进，"调"指调整，"惠"指惠及，"防"指防御。译者在分析结构与理解含义的基础上，采用了直译法，将这五个字译为动词。

例3："退耕还林还草"

译文："to turn marginal farmland into forest,

grassland, and wetland"

分析："退耕还林还草"属于动宾结构的缩略词，在英译时，根据翻译目的论，译者并没有拘泥于源语的文本形式，而是注重于将文本的逻辑关系译出，并采用了增此法帮助读者理解原文。

例4："破障碍、去烦苛、筑坦途"

译文："to remove barriers, cut red tape, and build even pathways"

分析：动宾结构的缩略词，将"破、去、筑"译为动词，"障碍、烦苛、坦途"译为宾语。其中"烦苛"译为"red tape"（You refer to official rules and procedures as red tape when they seem unnecessary and cause delay.）是繁文缛节、官僚作风的英文表达，符合目标语的表达习惯，译者在这里做归化，使目的语读者能更好地理解源语含义。

4.3　概缩词

概缩词，又称为数字式缩略词，是指用数词概括几个词语中的相同部分而形成的独特缩略词。在对概缩词进行翻译时，译者要了解词语所包含的意思具体有哪几个方面，并分析其结构是数字+名词结构，还是数字+动词结构。

例1："五位一体总体布局"

译文："the Five-Sphere Integrated Plan(The'Five-Sphere Integrated Plan' is a plan to promote coordinated economic, political, cultural, social, and ecological advancement.)"

分析：属于数字+名词结构，由于"五位一体"的所指译文的篇幅会很长，且用释义法不能很好地体现缩略词的特点，译者采用了直译加注的方法，既方便译者表达，又方便读者理解。

例2："四个全面战略部署"

译文："the Four-Pronged Comprehensive Strategy(The"Four-Pronged Comprehensive Strategy" is a strategy of comprehensive moves to finish building a moderately prosperous society in all respects, deepen reform, advance law-based governance, and strengthen Party self-governance.)"

分析：属于数字+名词结构，译者采用了直译加注的方法，既方便译者表达，又方便读者理解。

例3："三去一降一补"

译文："the five priority tasks of cutting overcapacity, reducing excess inventory, deleveraging, lowering costs, and strengthening areas of weakness"

分析：属于数字+动词结构，"三去一降一补"是习近平总书记根据供给侧结构性改革提出的。供给侧改革主要涉及产能过剩、楼市库存大、债务高这三个方面，为解决这一问题，推行"三去一降一补"政策，即去产能、去库存、去杠杆、降成本、补短板五大任务。在英译时，译者采用了文内释义法，首先表达出这是五项任务的内容，接着将五项内容具体译出，以实现目的语读者理解。

例4："五险一金"

译文："old-age pension, medical insurance, unemployment insurance, and maternity insurance, workers' compensation, and housing provident fund"

分析："五险一金"是指用人单位给予劳动者的几种保障性待遇的合称，包括养老保险、医疗保险、失业保险、工伤保险和生育保险，以及住房公积金。在英译时，译者采用了文内释义法，将"五险"与"一金"具体所指译出，以实现目的语读者理解。

例5："三严三实"专题教育

译文："the Three Stricts and Three Earnests（The Three Stricts and Three Earnests refers to the need to be strict with oneself in practicing self-cultivation, using power, and exercising self-discipline; and to be earnest in one's thinking, work, and behavior.）"

分析："三严三实"指严以修身、严以用权、严以律己，谋事要实、创业要实、做人要实。译者采用直译加注的方法，将"三严三实"的具体含义以加注的形式进行解释，使译文结构清晰，又帮助目的语读者理解缩略语含义。

5　结　语

在经济全球化的时代背景下，中国与世界各国的交流、互动日益频繁，关系更加紧密。中国在对外宣传时，要加强本国文化的传播，让世界各国更深入地了解中国。政府工作报告作为中国政府对外宣传的重要文本，其翻译尤其重要。针对报告中存在的大量缩略词的翻译，都值得译者们深入地研究与探讨。通过对政府工作报告中缩略词英译的研究，本文作者认为想要更好地对缩略语进行翻译，首先，离不开理论的指导，因此要加强理论学习，并在翻译实践中不断丰富并发展对理论的认知。其次，要对缩略词的概念、结构、形式和特点进行了解。再次，翻译要在已经对缩略词的含义充分了解的前提下进行。最后，在翻译时，要充分考虑源语的特点与内涵、表达者的意图以及目的语的特点和读者的接受度。

参考文献

[1] 田传茂,杨先明. 汉英翻译策略[M]. 2 版. 上海：华东师范大学出版社，2007.

[2] 刘军平. 西方翻译理论通史[M]. 5 版. 武汉：武汉大学出版社，2009.

[3] 贾文波. 应用翻译功能论[M]. 2 版. 北京：中国对外翻译出版有限公司，2012.

[4] 贾文波. 汉英时文翻译教程[M]. 北京：中国对外翻译出版有限公司，2013.

[5] 陈小慰. 新编实用翻译教程[M]. 北京：经济科学出版社，2006.

[6] 刘宓庆. 文体与翻译[M]. 北京：中国对外翻译出版有限公司，1998.

[7] Gentzler，Edwin. Contemporary Translation Theories（Revised Second Edition）[M]. 上海：上海外语教育出版社，2004.

[8] Newmark, Peter. Approaches To Translation [M]. 上海：上海外语教育出版社，2001.

[9] 于诗瑶. 汉英交传中流行语的翻译策略及应用[D]. 哈尔滨：黑龙江大学，2016.

[10] 卢艺. 目的论视角下文化负载词的翻译——以《老残游记》沙译本为例[D]. 厦门：厦门大学，2017.

功能对等理论下文化负载词的英译探析

—— 以"龙"的英译为例

姚翠平[1]，汤红娟[2]

（1. 西华大学外国语学院，四川 成都 611700；2. 乐山师范学院外国语学院，四川 乐山 614000）

摘　要：随着人类活动的不断发展，以"龙"为形象的文化负载词呈现出一派繁荣之景，贯穿政治、经济、文化各个领域，对中国传统文化以及中国形象的积极传播至关重要。本文将从功能对等理论的视角出发，以"龙"的英译为例对文化负载词的翻译方法进行具体演绎，旨在为译者提供较为客观全面的方法借鉴，启发并指导译者更好地进行文化负载词的翻译工作，促进文化交流与国际合作。

关键词："龙"；功能对等；文化负载词；翻译方法

A Study into the Translation of Cultural-loaded Words from the Perspective of Functional Equivalence

—— Based on the Translation of "龙"

YAO Cuiping[1], TANG Hongjuan[2]

(1. School of Foreign Languages and Culture, Xihua University, Chengdu 611700 China
2. School of Foreign Languages and Culture, Leshan Normal University, Leshan 614000 China)

Abstract: As human activities continue to develop, Chinese culture-loaded words based on the image of "龙" have demonstrated a prosperous situation. This paper will deduce the translation methods of Chinese culture-loaded words by analyzing the translation of "龙" based on Functional Equivalence, as it seeks to provide a systematic perspective and inspire translators to be competent for related works, promoting cultural exchange and international cooperation.

Key Words: "龙"; functional equivalence; Chinese culture-loaded words; translation methods

"龙"文化随着人类社会的不断发展，已演变成中国传统文化的重要组成部分，其英译对中国优秀文化的广泛传播具有重要作用。与此同时，"龙"作为中国传统文化的标志性象征，印有深刻的民族特色，是文化负载词中的典型案例，且与国家形象紧密相连，研究"龙"的英译对具体化文化负载词的翻译具有重要的指导意义。搜索CNKI显示，黄春霞[1]从生态翻译学视角下对饮食文化负载词的英译进行了研究，提出了饮食文化负载词的翻译方法；蒋继彪[2]从文化翻译观视角对《伤寒论》文化负载词英译进行了研究，并通过具体实例探讨了《伤寒论》中文化负载词的英译策略和方法；杨莎莎[3]则采用语料库的研究方法对《生死疲劳》中文化负载词英译进行了研究，旨在为文学作品的译介提供借鉴意义；张楠[4]则从模因理论的视角出发对《蛙》中文化负载词进行了英译研究，并提出了对外汉语文化词汇相关的教学建议。由此可见，以往学者对文化负载词的英译研究着重于在某一视角下研究某一类别或某一文本，侧重于特定范围内文化负载词的英译方法归纳，具有一定的主观性与片面性。本文将从功能对等理论出发，以文化负载词的典型案例

基金项目：西华大学研究生创新基金项目"外宣翻译中文化不等值现象研究—以两会期间'龙'的校译提案为例"（ycjj2017138），本文系其研究成果之一。

作者简介：姚翠平（1993—），女，湖南娄底人。西华大学与乐山师范学院联合培养翻译专业硕士2016级学生；汤红娟（1966—），女，四川泸州人。乐山师范学院教授、武汉大学和西华大学兼职硕导，研究方向：外国语言学及应用语言学。

"龙"文化为实例，充分演绎文化负载词的翻译方法，凸显该理论的指导性作用，启发译者在该理论下更好地进行文化负载词的翻译工作，促进文化交流与国际合作。

1 文化负载词的定义与特点

各民族随着历史的发展形成了各自独特的风俗与文化，并由于人类活动的推进衍生出特定的文化，因而形成了有别于一般词汇的概念，即文化负载词。文化负载词是不同民族文化以直接或间接的形式在语言中的体现[5]，拥有丰富的民族文化内涵，之所以能以语言的形式表现出来，是因为其充分展现了一个民族漫长的进展历程以及蕴藏了该民族独特的生活方式[6]。由于文化负载词带有特定的社会与文化背景，在目的语中可能存在语义缺失、语义冲突障碍，因此不能单从字面意思对其进行翻译，如果无法准确而恰当地处理这些词语，将会对两种语言间的沟通造成一定影响，并会进一步造成文化交流失败。

2 "龙"文化的象征及其功能

"龙"作为一种神圣动物，是中华民族的象征，是中华民族灿烂文化的重要组成部分，对中国历代的政治、经济、文化、宗教等产生过重要影响，并随着历史的发展形成了独特而丰富的内涵，同时具备相应的功能，其具体信息归纳如下：

表一 "龙"文化的象征及其功能

象 征	功 能
皇权象征	天之骄子，权威功能
吉祥瑞符	美好展望，审美功能
人杰喻体	德才兼备，激励功能
民间信仰	民族认同，凝聚功能

由表一可见，"龙"文化的象征具有多样性，这一特点以语言为载体则演变为丰富多样的文化负载词，是中国传统文化不可或缺的一部分，其翻译的正确与否直接影响到中国文化对外输出的效果，具有重要的研究价值，同时对文化负载词英译方法的具体运用具有一定的启发作用。

3 功能对等理论视角下文化负载词的翻译方法

功能对等理论的提出者奈达在《翻译的科技探索》一书中首次运用了动态对等的概念，其后动态对等这一概念被功能对等所取代，在奈达看来，功能对等即目的语读者与源语读者应具有相似的感受，真正的翻译需力求在两种语言间实现功能上的对等，即用最自然、贴切、合适的目的语语言传达原文信息[7]，并强调意义大于形式，提倡翻译的交际功能。与此同时，功能对等理论重视读者效应，帮助译者跨越文化差异的鸿沟，力求满足目的语读者的需求，致力于促进不同文化背景的读者理解原文。换而言之，功能对等理论要求译文应如实传递原文信息，期待译者能根据读者反应做出相应的方法调整，力求目的语读者与源语读者拥有基本一致的反应[8]。功能对等理论从翻译的角度对文化负载词的英译提供了重要的方法论指导，为实现两种语言间的功能对等，其具体翻译方法可体现为直译法、意译法、音译法、直译加注法与借用法。

3.1 直译法

直译法能以最直观的形式再现源语信息，通常用于同一事物不会因社会环境的差异而产生误解的情况，进而实现两者语言之间的功能对等。如"龙"作为单独词语出现时，通常被译为"dragon"，以翻译中权威字典为例，《新世纪汉英大词典》[9]中"龙"，即"dragon"；《汉英大词典》[10]中"龙"，即"dragon"；《汉英词典》[11]中"龙"，即"dragon"；《新时代汉英大词典》[12]中"龙"亦被译为"dragon"。同时一些有关中国"龙"的文化负载词翻译亦采用了直译法，如："龙舟"即"dragon boat"，"龙年"即"year of the dragon"，"龙拳"即"dragon fist"，"龙灯"即"dragon lantern"。此外在众多的文化负载词中，一些自然现象是人类在认知世界过程中共同具备的认知对象，因此在语言和形式上存在惊人的相似之处，给人以天造地设的严谨感，如"浑水摸鱼"被翻译为"to fish in the troubled water"；"如坐针毡"被翻译为"to sit on pins and needles"。

3.2 意译法

当原文中的形象既不能保留，在目的语中亦没有合适的匹配时，译者需采用意译的方法，即对译文进行"舍形取意"。从而达到两种语言之间的功能对等。如"望子成龙"在《新世纪汉英大词典》[9]的翻译为："hope one's son will have a bright future"；"一龙一猪"的翻译为："one is very capable, while the other is extremely incompetent"。此两例中"龙"寓指有才能，有才就的人，而在翻译时，译者舍弃了"龙"的形象，直接译出其

中的文化内涵，以达成信息传递的目的。在文化
负载词翻译中，由于不少词汇带有本民族的文化
印记，要将其转化为另一种语言极为困难，此时
译者应跳出源语形式的枷锁，译出其深层次的含
义，以达到两种文化顺利交流的目的。如"叶公
好龙"在《新世纪汉英大词典》[9]中的译文为"What
one does belies one's commitments"；"木已成舟"
的译文为"What is done is done"。

3.3 音译法

当同一事物在不同国家拥有两种完全不同的
含义，且该事物在源语中具有丰富的文化底蕴时，
为尊重源语文化可采用音译法，以实现两种语言
之间的功能对等。在 2017 年全国两会期间，全国
政协委员、民进陕西省委副主委岳崇第三次向全
国政协十二届五次会议提交提案，建议将"龙"
译为"loong"[13]；蒋红红[14]则认为应将"龙"译
为"long"。其中"loong"的译文被认为是中国民
族主义意识形态操纵下为中国"龙"的正名，至
于为其正名的合理性与必要性笔者将于另一项目
中展开考究。除此之外，汤娟则认为"long"的
英文发音和"龙"完全两样，相当于中文的"狼"，
并非真正的音译，同时将"龙"翻译成"long"
也会造成意义上的混乱[15]。但音译法在文化负载
词的翻译中也有其可取之处，如涉及人名地名等
特定的文化负载词，几乎都采用音译法，再如"武
术"一词，已由国际武术联合会规定译名为
"wushu"，"麻将"则被译为"mahjong"。

3.4 直译加注法

直译加注法旨在保留原形象的同时，力求再
现源语信息。文化负载词通常蕴含特定的文化内
涵，源语言看似简短精练，实则囊括了丰富的背
景知识与现实意义，因此在翻译成目的语时可适
当进行加注以达到准确传达原文信息，实现两种
语言功能对等的目的。如《新世纪汉英大词典》
[9]中"龙骧虎步"翻译为"walk with one's head up
like a dragon horse or a tiger—walk with majestic
steps"；"龙潭虎穴"翻译为"dragon's lake and
tiger's den—danger spot"。与此同时，在《新世纪
汉英大词典》[9]中，"画龙点睛"被译为"bring the
painted dragon to life by putting in the pupils of its
eyes—add the touch that brings a work of art to
life"；"画虎类狗"则被译为"set out to draw a tiger
and end up with the likeness of a dog—aim high but
achieve little"。由此可见，直译加注法充分保留
了原文的形象，并以加注的形式对源语信息进行

解释，既能促进目的语读者的理解，亦能为中外
文化的顺利沟通与交流减小阻力，是一种一箭双
雕的译法。

3.5 借用法

形象处理是文化负载词翻译的关键步骤，译
者需要正确处理好喻义与形象之间的关系。在直
译、意译均有困难的时候，译者通常采用借用的
方法，既能表达出相似或相同的意义，又能保持
类似的形象，从而达到两种语言功能对等的目的。
如："亚洲四小龙"被翻译为"four Asian tigers"。
然而有学者亦对其提出异议，如汪涛[16]指出该译
法是以丧失民族文化特色为代价的，不利于促进
"龙"文化的交流。但笔者认为该译法也有其借鉴
之处，如"非驴非马"可译为"neither fish nor
fowl"；"胆小如鼠"可译为"as timid as a hare"；
"对牛弹琴"可译为"cast pearls before swine"；"画
蛇添足"则可译为"paint the lily"。由此可见，当
同一形象在不同国家间存在差异过大，且不便于
目的语读者理解时，而译入语里存在与其相匹配
的固有表达，则可通过借用法以达成适应译入语
表达习惯的目的，且同样能引起读者联想，唤起
读者相近的情感。

4 总 结

"龙"文化作为贯穿中国历史的重要脉络，与
其相关的文化负载词则是中国传统文化的精髓，
其英译探析对演绎文化负载词的翻译方法具有重
要的支撑意义。由于文化负载词是民族文化的语
言体现，象征着一个民族独特的身份，因此其翻
译可运用功能对等理论作指导，正确处理好语言
与文化之间的矛盾，充分考虑中外文化的显著差
异，在尽力传达源语风貌的同时，尽可能满足译
入语读者的信息需求，同时灵活借助不同的翻译
方法力求做到达意传神、形神兼备，若确实无法
"形似"，则要以"神似"为条件竭力传达出原意
之真谛，最终达成促进文化信息有效传递的交际
目的。

参考文献

[1] 黄春霞. 生态翻译学视角下饮食文化负载词
英译研究[D]. 南宁：广西大学，2014.

[2] 蒋继彪. 文化翻译观下的《伤寒论》文化负
载词英译研究[J]. 中国中西医结合杂志，
2015，35（7）：877-881.

[3] 杨莎莎. 基于语料库的《生死疲劳》中文化

负载词英译研究[J]. 重庆理工大学学报（社会科学），2016，30（10）：126-130.

[4] 张楠. 基于模因理论的《蛙》中文化负载词的英译研究[D]. 济南：山东师范大学，2017.

[5] 朗文仲. 跨文化交际学概论[M]. 北京：外语教学与研究出版社，1999：64.

[6] 廖七一. 当代西方翻译理论探索[M]. 南京：译林出版社，2000.

[7] NIDA, EUGENE. A. Language, Culture and Translation[M]. Shanghai: Shanghai Foreign Language Education Press, 1993.

[8] 陈瑞莉. 功能对等视角下的《疯狂原始人》字幕翻译[J]. 读与写（教育教学刊），2015：5-6.

[9] 惠宇. 新世纪汉英大词典[K]. 北京：外语教学与研究出版社，2004.

[10] 吴光华. 汉英大词典[K]. 上海：上海译文出版社，2009.

[11] 姚小平. 汉英词典[K]. 北京：外语教学与研究出版社，2010.

[12] 吴景荣，程镇球. 新时代汉英大词典[K]. 北京：商务印书馆，2005.

[13] 李明. 委员岳崇再次提案：龙英译 loong，dragon 汉译捜根 [EB/OL]. （2017-03-08）[2017-11-21]. http：//news.ifeng.com/a/20170308/50762431_0.shtml.

[14] 蒋红红. 从龙文化看龙的英译[C]. 福建省外国语文学会，2002：411-413.

[15] 汤娟. 以"龙"的英译为例浅析翻译中文化意象的错位[J]. 保险职业学院学报（双月刊），2012（6）：93-94.

[16] 汪涛. "亚洲四小龙"应译为"four Asian tigers"吗?[J]. 中国科技翻译，1998（2）：52-53.

浅谈《天净沙·秋思》并列意象语言图式的可译性

——以许渊冲、周方珠的译本为例

殷兴艳，唐利平

（西华大学外国语学院，成都 610039）

摘　要：从认知心理学出发，分析了《天净沙·秋思》许渊中和周方珠的译本，探究《天净沙·秋思》中并列意象的语言图式可译性。通过分析对比发现，《天净沙·秋思》中并列意象的语言图式在语音、语法和词汇层面都具有可译性：语音层面可保持尾韵或原文本节奏特征，语法层面可依据英语语法规则化散为整，词汇层面可把握中英两个词汇系统的共性进行词汇提取。同时，并列意象的语言图式转换亦可遵守英诗格律，使译文更加符合英诗的语言图式。

关键词：并列意象；语言图式；《天净沙·秋思》

On the Translatability of the Language Schemas of Paratactic Images in *Tune: Sunny Sand · Autumn Thoughts*

——Exemplified with the Versions by Xu Yuanchong and Zhou Fangzhu

YIN Xingyan, TANG Liping

(School of Foreign Languages and Culture, Xihua University, Chengdu 610039 China)

Abstract: Based on the cognitive psychology，the translatability of language schemas of paratactic images in Tune: Sunny Sand·Autumn Thoughts was discussed through analysis of the versions by Xu Yuanchong and Zhou Fangzhu. It can be concluded that there is translatability of the language schemas of paratactic images in Tune: Sunny Sand·Autumn Thoughts in terms of phonetics, grammar and lexis. For phonetics, the end rhyme can be adopted and the original phonetic features can remain in the target text. For grammar, English grammar rules can be employed to make the formally unrelated Chinese vocabulary integrated into one meaningful sentence. For lexis, certain English words can be extracted based on the common lexical system of Chinese and English, Meanwhile, the metre can be followed in order to better achieve the language schemas in English poetries in translation.

Key words: paratactic images; language schemas; Tune: Sunny Sand·Autumn Thoughts

1　引　言

意象名词广泛存在于中国古诗词中，用以传情达意。对于意象名词的翻译，过去的研究者多研究如何准确传达意象名词隐含意义，相较之，意象名词语言层面，也即语音、语法和词汇层面的翻译研究较少。然而，语言是识别文章字、词、句的基础，缺少这个基础，便谈不上对文本含义的理解。因此，对意象名词语言层面的翻译研究亦尤为重要。"翻译过程是一种复杂而独特的认知活动过程[1]。"因此，研究意象名词的翻译涉及对意象翻译相关认知活动的了解。认知心理学分支中的"翻译图式理论"为意象名词的翻译研究提供了一个独特的视角。《天净沙·秋思》是中国意象诗歌的经典代表之一，其中含有多个并列意象。研究其并列意象的翻译，对中国古诗词意象名词

作者简介：殷兴艳（1994 年 11 月），女，硕士在读，主要研究方向：翻译；唐利平（1972 年 1 月—），女，硕士研究生，西华大学外国语学院硕士研究生导师，研究方向：翻译理论与实践。

的翻译具有一定的参考价值。是以本文将分析许渊冲和周方珠的译本，对比英文诗歌特征，探究《天净沙·秋思》中并列意象的语言图式可译性，并对现有翻译方式提出改进建议。

2　语言图式的可译性

颜林海综合各学者对图式的理解，将图式定义为"知识在大脑中的储存单位，它是认知的基础[1]"。即人们在理解新信息和传达新信息时，都要以既有的背景知识为基础，只有对新信息的理解和传达与既有背景知识相符时，理解和传达过程才能有效实现。"语言图式指译者已有的语言知识，即关于语音、词汇和语法等方面的知识[1]。"人们关于语音、词汇和语法的先知识分别叫作语音图式、词汇图式和语法图式。只有在能够识别信息的文字或语音载体时，人们才能对其进行理解；同样，在传达信息时，只有掌握信息传达所需的语言知识，才能将信息正确地蕴含在语言之中。

由于历史文化差异，汉语和英语的语言图式，即汉语和英语在语音、语法和词汇上的构成及特点均存在差别。语音上，一个汉字通常只有一个音节，而一个英语单词通常却有多个音节；语法上，汉语突出的特点是意合，而英语突出的特点是形合；词汇上，汉语和英语仍存在无法完全对等的事物。这些差异亦存在于意象名词中。尽管如此，不同语言背景下的人仍可以有效交流，证明语言图式差异可通过特定方式减弱甚至消除。语言图式的可译性即原语语言图式通过特定方式被表达，并在译语中呈现出可被译语读者理解的状态的可能性。

推之于并列意象的语言图式，便是关于并列意象在语音、语法和词汇层面上的知识。因此，本文将具体分析《天净沙·秋思》中多个并列意象语音、语法和词汇特点，进而探究其语音图式、语法图式和词汇图式的可译性。

3　《天净沙·秋思》并列意象语言图式的可译性分析

《天净沙·秋思》描绘了羁旅游子所见所感。诗中 10 个意象（"枯藤""老树""昏鸦""小桥""流水""人家""古道""西风""瘦马""夕阳"）勾绘出秋日苍凉景象，表达出游子内心的愁苦，意境悠长。

原文：

《天净沙·秋思》

枯藤老树昏鸦，小桥流水人家，古道西风瘦马。夕阳西下，断肠人在天涯。

译文：

许渊冲译

Tune: Sunny Sand

Autumn Thoughts

Over old trees wreathed with rotten vines fly evening crows;

Under a small bridge near a cottage a stream flows;

On ancient road in western wind a lean horse goes.

Westwards declines the sun.

Far, far from home is the heart-broken one.

周方珠译

Autumn Thought

To the Tune of Sky-Clear Sand

Withered vine, old tree, a raven at dusk crows,

Tiny bridge, thatched cottages, the stream flows,

Ancient road, bleak wind, a bony steed slows.

The setting sun in the west glows.

The sorrow of the heart-broken traveler grows.

3.1　语音图式的可译性

原文中，前九个意象名词（"枯藤""老树""昏鸦""小桥""流水""人家""古道""西风""瘦马"）每三个为一组依次排列。其在语音上的特点有三个。第一，每个意象名词均由两个汉字构成，由于汉字多为一字一音，所以每个意象名词发声长度基本一致，且语音短促。第二，每组意象名词结尾"鸦（ya）""家（jia）""马（ma）"均押"a"韵。第三，每组意象名词字数相同，汉字多为一字一音的特点便决定了每组意象名词发声长度基本相同。

对于第一个语言特点，周方珠的处理方式为，将每个意象名词分别译为短小的名词短语或短小的句子，每个意象名词对应的英文单词数量不超过 5 个（"withered vine""old tree""a raven at dusk crows""tiny bridge""thatched cottages""the stream flows""ancient road""bleak wind""a bony steed slows"），且每一组意象名词的译文在结构上对称，即前两个意象名词译为 adj.+n.的形式，第三个意象名词的译文则采用 n.+v.的形式，保持了原文语音简练对称的特点。刘智华曾提出，与散文相较，英诗更为简洁凝练[2]。因此，周方珠对多个意象名词的翻译方式能激发译文读者对译文的正确感悟与赏析。

对于第二个语言特点，许和周均采用了尾韵。许渊冲的译文各行结尾分别为"crows""flows""goes"，均押/əuz/韵；周方珠的译文各行结尾分别为"crows""flows""shows"，均押/əuz/韵。"尾韵是汉英诗歌所共有的最为常见的用韵方式[3]。"因此，许和周将原文本的尾韵再造到译文中，可激活译文读者有关句末音韵的图式，进而感悟诗歌尾韵的音乐美。

对于第三个语音特点，许渊冲的处理方式为保持每组意象名词的译文单词数量一致，均为 10 个单词为一组，保证了在字词数量上的整齐度。然而"英诗讲究音节，音节的多寡决定格律抑扬变化[4]"。所以许渊冲的译本未能严格遵照英诗的格律，每组意象名词的译文在音节数量上未做到完全相等，但其译本遵照了原文在字数上的整齐排布，不失为一个可取的异化翻译手段。若要让译本激发译本读者对句子层面上音韵审美的既有心理图式，今后的译者可深入研究英诗格律，在译文中融入译文读者可观可感的音韵图式。

《天净沙·秋思》的语音图式主要体现在简短、整齐和押韵上。许和周的译文在这三方面各自作了较成功的处理，但鉴于汉字读音通常一字一音和英文通常一字多音的差异，若在翻译时采用英诗格律，则译文的音韵会更符合英诗图式，易化译文读者对译文语音的审美。

3.2　语法图式的可译性

原文中，九个并列意象名词独立列出，没有任何连接词，从形式上看是零散无逻辑的，无法构成主谓宾完整的句子。但是 "汉语中的连词常常省略，词语、词组、分句、句子之间的关系往往要依靠上下文语境或情景语境来推测[5]"。即九个名词看似散落排布，实则不然，汉语读者可激活关于中文形散而意不散的心理图式，对形式上散乱的意象名词进行合理想象与串联。进而言之，这种看似随意的罗列对于汉语读者而言具有更广阔的想象空间。而在英语中，对形合非常重视，英语的形态标志非常丰富[6]。即英语重形合，即一个完整意思的表达离不开完整语法结构的呈现，不然从语法上看是行不通的。汉英语言形式的差异便带来了语法图式可译性的难点。

对于零散排布的意象名词，许渊冲采用了构图法。他将每三个意象名词构思成一个完整的画面。"枯藤老树昏鸦"被解释为"昏鸦飞在被枯藤缠绕的老树之上"，"小桥流水人家"被解释为"水流淌在茅草屋旁的小桥下"，"古道西风瘦马"被解释为"一匹瘦马在西风中行走于古道上"。译文中的"over""wreathed with""fly""under""near""on""in""goes"都是为了保持译文在语法上的正确性和每个意象名词的逻辑相关性而增添的连接词或方位词。这样的处理方式一定程度上丢失了原文意象名词创造的无限遐想空间，但是却符合译文读者对句子结构完整性的要求，符合译文读者关于句子语法的相应图式，译文读者对这样的译文更易理解和解读，具有一定的可取之处。

对于零散排布的意象名词，周方珠采取了半直译的方式。他将每三个意象名词分为一组进行翻译，每组里有两个意象名词直译。"枯藤""老树"分别译为"withered vine""old tree"，"小桥""人家"分别译为"tiny bridge""thatched cottages"，"古道""西风"分别译为"ancient road""bleak wind"。"乌鸦""人家""瘦马"则译为名词和动词组合的形式，分别为"fly evening crows""a stream flows""a lean horse goes"。这样的方式即是以两个意象名词作状语，第三个意象名词承担主句的任务。这样的处理方式，一方面在一定程度上保留了原文带给读者的想象空间，另一方面符合译文读者对句子语法的心理图式，达到了双效俱全的效果，值得倡导。

《天净沙·秋思》中意合语言的语法图式与英文形合语言的语法图式无法完全对应，但译者可在译文中增添特定的语法连接词，使原诗散乱排列的意象名词在英语语法的约束下形成逻辑关联，激发译文读者关于语法的心理图式，从而理解意象名词在表达意义方面的作用。

3.3　词汇图式的可译性

词汇用于描绘主客观世界，但汉语地区和英语地区在历史文化上的差异带来了词汇的不完全对等，即词汇图式的差异性。然而，生活在同一个客观世界的人类所具有的相似的经验世界为翻译活动提供了可能性[7]，因此，大多时候中文名词可在英文中找到对应的词汇。

在本文所探讨的九个意象中，前八个都是不以人的意志为转移的自然风景，且这些自然风景在任何国家都存在，因此，在英文中不难找到这八个意象名词的对等词汇。但是第九个意象"人家"却是中国古代特有的景物。《商务国际现代汉语词典》对"人家"有如下三种解释：1. 住户；2. 家庭；3. 指女子未来的丈夫家。从其他描绘自然风景的意象名词推断，此处的"人家"重在写景而非写人，所以其意义为"住户"，而且是乡村的住户。许渊冲将其译为"cottage"，周方珠将其译为"thatched cottage"。《牛津高阶英汉双解词典》对"cottage"的解释为"a small house，especially in a country"，对"thatch"的解释为"to cover the roof of a building with thatch"。按照解释，"cottage"可能会被理解为别墅，若此处将"人家"译为"cottage"则可能会造成歧义。而"thatched cottage"指茅草小屋，正好符合古代中国农村建筑特点。因此，这里认为周方珠的译文会更贴切一些。

由此看出，即使汉语地区和英语地区的历史文化存在一定差异，但是可以通过找到中英两个语言词汇系统的共性，利用现有目的语词汇表达原文本所描绘的世界，使译文读者可以激活有关这些景物的认知图式，感知到这些意象所描绘的画面。

4 结 语

《天净沙·秋思》中的并列意象体现出中国古代诗歌独特的语言图式。译者可在语音层面保持尾韵或原文节奏特征，语法层面可顺应英文语法规则化中文之散为英文之整，词汇层面可找到两个语言词汇系统的共性进行词汇对比、提取与转换。但在现有的译文中，少有严格参照英诗格律的，若是用英诗格律实现译本的音韵美，译文会更加符合英诗的语言图式。

参考文献

[1] 颜林海. 翻译认知心理学[M]. 北京：科学出版社，2015.

[2] 刘智华. 英语诗歌的语言特点及其教学策略初探[J]. 齐鲁师范学院学报，2013，28（4）：115-119.

[3] 张智中. 英诗韵式与汉诗英译[J]. 天津外国语大学学报，2015，22（2）：33-36.

[4] 李静宜. 初赏英诗格律美[J]. 时代教育，2017（12）：132-132.

[5] 孙泽玮，孙泽方. 汉外对比视角下的汉语意合性分析——以词类与句子成分为例[J]. 现代语文（语言研究版），2017（7）：141-143.

[6] 刘淼，吴雨辰. 英汉形合意合的差异及其在翻译中的体现[J]. 智库时代，2017（11）：118-133.

[7] 宫颖. 文化的可译性限度视角下汉语文化词汇的异化翻译[J]. 湖北经济学院学报（人文社会科学版），2015（9）：110-111.

从读者接受理论视角析字幕翻译策略

——以电影《霸王别姬》为例

余　璐，鲁　铃，陈　达

（西华大学外国语学院，成都 610039）

摘　要：随着中国国力的不断强大，中国文化也在世界上备受关注。电影作为了解中国文化的重要手段之一，其字幕的翻译也就尤为重要。字幕翻译不仅要尽量表达出原文的含义及文化特色，也要考虑到观众的期待视野。本文以读者接受理论中心，剖析在这一理论下我们应该具体采取什么样的翻译策略。

关键词：读者接受理论；字幕翻译；翻译策略

Exploration of Subtitle Translation Strategies Based on Reception Theory
—A Case Study on *Farewell My Concubine*

YU Lu, LU Ling, CHEN Da

(School of Foreign Languages and Culture, Xihua University, Chengdu 610039 China)

Abstract: As China becomes stronger, Chinese culture has attracted more and more attention from the outside world. Movie, an important method of understanding Chinese cultures, stand out owing to its subtitle translation. The subtitle translation should try to express the meaning and culture of the original language while taking into consideration the reader's horizon of expectation. Based on the Reception Theory, this article analyses different translation strategies under different circumstances.

Key words: reception theory; subtitle translation; translation strategies

引　言

随着时代的发展和中国国力的不断提高，中国的文化软实力也在不断地加强。中国自身想要让更多的人了解其文化，与此同时，外界也想通过各种各样的方式来进一步了解中国以及中国的文化。其中，影视作品不仅仅是一种人们娱乐的方式，也成了一种了解他国文化的重要途径与方式。在这个过程中，电影的字幕翻译便是一个重要的文化交流桥梁。中国影视作品能否成功地向外传播，很大程度上取决于它的字幕翻译能否为外国观众所理解和接受。本文从读者接受理论的视角，以《霸王别姬》为例，探讨在该部电影中受读者接受理论的影响下所采取的翻译策略。

1　读者接受理论

读者接受理论始于 20 世纪 50 年代的一种文学批评理论。不同于过去文学理论中的"作者中心论"，读者接受理论认为，文学批评研究应当集中在读者对作品的接受、翻译、阅读过程和读者审美经验及接受效果在文学的社会功能中的作用等方面。

读者接受理论的重要代表人物姚斯（Hans Robert Jauss）曾提出"期待视野（horizon of expectation）"这一概念。期待视野能"唤醒对已读过的作品的回忆，把读者带进一定的感情状态，并随着作品的开端引起对'中间和结尾'的各种期待"。他还指出，在作者、读者与作品的三角关系

作者简介：余璐（1994—），女，硕士研究生，西华大学外国语学院，研究方向：翻译理论与实践；鲁铃（1994—），女，硕士研究生，西华大学外国语学院，研究方向：翻译理论与实践；陈达（1963—），男，教授，硕士研究生，硕士研究生导师，西华大学外国语学院，研究方向：翻译理论与实践。

之中，读者绝非是被动的部分，也并非仅仅是做出一定的反应，读者本身就是历史一个能动的构成。一部文学作品的历史如果没有接受者的参与是不可思议的，因为只有通过读者的传递过程，作品才能进入一种连续性变化的经验事业之中。

20 世纪 80 年代初，读者接受理论被引入中国，随之便进入翻译研究领域。我国学者通过读者接受理论的视角审视文学翻译的过程，探讨翻译活动中译者主体性与读者参照地位。读者接受理论为翻译研究提供了新的研究方向，有助于翻译方面的研究进一步发展。

2 字幕翻译

20 世纪，字幕翻译领域权威学者 Henrik Gottlich 将字幕翻译定义为电影语体中两种不同语言之间的翻译活动，通常置于电影屏幕正下方，其以单行或双行文字形式与原始语言信息进行同步展现。由于字幕翻译相对于其他文学作品翻译，具有一定的特殊性，因而受到许多限制性因素。翻译家钱绍昌教授将字幕翻译的特点归纳为"聆听性、综合性、瞬时性、通俗性和无注性"学者 Diaz Cintas 提炼出了字幕翻译的六个限制性因素：时间、空间、音乐、画面、语言特点以及口语化语言。由于字幕翻译的特殊限制因素，一般情况下，字幕翻译都需要通俗易懂，简洁明了，让目的语观众能够迅速接受。

相对于戏剧、小说等一些传统文学体裁翻译，字幕翻译的发展时间较短。自改革开放后，大量国外影视作品引入国内，因而出现了规模化的影视翻译。随着中国文化不断"走出去"，华语电影在海外呈现出蒸蒸日上之势。影视作品需要让观众在观看画面之余，借助字幕获取大量重要信息。因此，影视翻译字幕翻译显得尤为重要。

3 从读者接受理论看电影《霸王别姬》中字幕翻译策略

《霸王别姬》（1993）讲述了两位京剧名伶横跨半世纪的悲欢离合，其中贯穿着中国近代社会的跌宕起伏，展现京剧这一国粹文化，同时亦是引人深思。该片先后在中国大陆、香港及世界各地上映，先后取得了多个著名奖项。2005 年，《霸王别姬》入选美国《时代》杂志评选的"世界电影历史上最伟大的 100 部电影"。

在影片中，除了戏剧台词涉及中国传统京剧

文化，其他基本都是口语化的表达，富含许多中国特色元素。但由于需要考虑到观众的期待视野，以及字幕翻译的特殊性，不得不对许多中国文化元素做出舍弃。考虑到要让国外观众接受，电影的字幕翻译都是以归化为主，异化为辅。

3.1 归化

归化是指用目的语读者所习惯的表达方式来传达原文内容。两者语言文化的差异是不可避免的，在对其中的文化信息做处理时，更多需要考虑的是目的语观众的认知能力和欣赏水平，也就是需要考虑到他们的期待视野。本部影片反映了中国近代的社会文化生活，因而人物对白常含有文化负载词。在翻译部分含有文化负载词的对白时，归化策略最大限度地使用了目的语观众能够接受的表达方式，将文化差异的堡垒降低到最小。

例 1. 都是下九流，谁嫌弃谁呀？

译文：Prostitutes and actors are equally despised by society.

古人将社会各阶层按高低贵贱分为九个层次，后来随着社会分工复杂，便衍生出上九流、中九流、下九流的说法。其中下九流指：一高台，二吹，三马戏，四剃，五池子，六搓背，七修，八配九娼妓。译文考虑到字幕翻译的特殊性，并未对"下九流"有详细讲解。由于这句话是戏班关师傅对程母所说，因而译文缩小了"下九流"一词的范围，明确反应关师傅（戏子）与程母（娼妓）的身份，体现出当时中国男尊女卑的思想下关师傅对程母的蔑视，也表现了自身亦为"下九流"的关师傅的自我嘲讽与无可奈何。这有助于观众快速接收信息，了解中国当时的社会背景，是译者对译入语观众的关怀。

例 2. 各位爷，多捧场了啊！

译文：Ladies and gentlemen, enjoy the show!

这句话是梨园行关师傅带着弟子街头卖艺时说的话，其中"各位爷"这一声呼，体现了旧时代中国较为严重的男尊女卑思想。而在西方国家，则没有与之相似的称呼，所以这种思想并没有在观众的期待视野中。因而译文故意将原文中的"爷"译为"ladies and gentlemen"，符合英语的表达习惯，也合乎国外观众的价值观与思维方式，这样才能得到认可与接收。

例 3. 朕都耗了一炷香了。

译文：We're already halfway through.

剧中的小癞子是一个叛逆倔强的孩子，因而在被师傅罚倒立时还以"朕"自称，体现了其性格特征。"朕"在中国是古代帝王的自称，在英语中没有对应词汇，大多以"I"取代。在本文中，小癞子说这句话的目的是为了安慰小豆子：我们的惩罚很快就结束了。所以为了以读者为中心，让国外观众理解这句话的潜在意义，主语用"we"代替。此外，这里的"一炷香"也并未直译。在古代，没有手表一类的计时器具，但是由于古人大多都会求神拜佛，家中基本都有燃香。所以，自古便有了通过烧香计时的方法。在当时，"一炷香"的时间约为半个时辰，也就是一个小时。但目的语观众没有这样的期待视野，所以直译为一炷香反而会增添观众的理解难度。而小癞子说这句话时并非是为了表达他们已经被罚了多久，而是为了让小豆子坚持住，很快就会结束了。从而译文是根据当时的语境以及这句话的潜在感情色彩将其译为"我们已经完成了一半了"，即"we're already halfway through"。

例 4. 那驴年马月的事全让你记住了。

译文：Only you remember that kind of thing.

国内观众都明白，中国的十二生肖里没有"驴"，所以这"驴年马月"便是指不可知的年月。而国外观众并非全都知道中国的"十二生肖"里有哪些动物，期待视野缺乏完整性，因而可能会感到茫然。译文作者通过自身理解，直接把段小楼说这句话要表达的"也只有你程蝶衣还记得那些事情"翻译出来，让目的语观众在观看时也能够一目了然。

例 5. 出去一会，你走你的阳关道去吧！

译文：After you get out of here, just go your own way.

"阳关"位于今天的甘肃敦煌西南部，古时指经过阳关通向西域大道的大道。之后泛指通行便利的大道，也可喻作光明的前途。"你走你的阳关道，我过我的独木桥"已成了国内众人皆知的俗语，就是指各走各道，毫不相干，从今以后就是陌生人了。译者此时便需要考虑目的语观众"前理解"空白，若是直译，目的语观众期待视野不完整，则会面临理解上的难度，影响对电影内容的接受，因而进行归化处理，准确地表达了原文要表达的含义。

例 6. 有点儿昆腔的底儿没有啊？

译文：Can you sing any old-style operas?

这句话中的"昆腔"又名"昆曲"，因起源于江苏昆山一带而得名。是四大声腔系统之一，也是中国历史最悠久的戏曲剧种之一。译者根据自身的文化知识储备，并考虑到目的语观众对中国戏曲相关知识的"前理解"空白，将其译为"old-style operas"，既传递了"昆腔"的含义及其特点，也没有增加目的语观众理解的难度。

例 7. 今儿个是破题，文章还在后头呐！

译文：This is just the beginning. Wait till you see what's in store.

"破题"原是指古代八股文的第一股，用一两句话说破题目的要义。此处便是借用"破题"来比喻这唱戏练功才刚刚开始，更辛苦的训练还在后面。考虑到目的语观众对"破题"一词的文化没有前期的理解，因而译者简洁明了地表达出这句话的意思，虽流失了文化底蕴，但却极大地增加了目的语观众的接受度。

例 8. 没学过呀？那就别洒狗血了。

译文：Just the way you're overplaying your part.

"洒狗血"一词来自梨园行，是指在演出时脱离了人物本身，过分卖弄技巧，做了一些过火的表演，反倒使得做派失去了本真实在。在剧中，这句话是程蝶衣讽刺菊仙费尽心机，想让段小楼娶她为妻。在中国，狗这种动物的地位已经不断上升，成了人们忠诚的好朋友。不过汉语中与"狗"有关的词语大部分都带有贬义，如"狗仗人势"、"鸡飞狗跳"等等。而在西方国家，与"狗"有关的词语大多为褒义词，如"lucky dog"。因而译者通过自己的判断理解，解释出"洒狗血"的内涵，既便于观众的理解，也考虑到目的语观众的喜好，避免其反感心理。

3.2 异化

例 1. 小癞子又跑了。

译文：Laizi is trying to run away again.

此片中人名皆采用音译。将文学作品中的人名采取音译有利有弊，利处是能通过音译能最大限度地向目的语观众传递中国文化，而弊端则是文学作品中不少人名代表人物性格或是说明人物命运，若是直接音译则难以产生与原文相似的效果，无法让目的语观众引起共鸣。可基于字幕翻译的字数限制及不能让观众纠结于太过复杂的人名，直接采取音译，简单明了，有利于观众记住各个人物的名字，跟上剧情。

例 2. 张公公，您寿比南山。

译文：Mister Zhang, may you live as long as South Mountain.

祝颂词"寿比南山"在国内都是家喻户晓的，这里的"南山"就是指终南山。祝福他人"寿比南山"意为寿命像南山那样长久。译文将这种具有中国文化特色的祝语直译出来，不仅不影响目的语观众对这句话的理解，反而还能让他们接受中国语言文化的特色之处。

例3. 武二郎碰上西门庆。

译文：You know the old story about Pan Jinlian's husband meeting the man who screwed her?

原文说到的是《水浒传》当中的情节。武二郎武松的哥哥，武大郎，是潘金莲的丈夫。之后潘金莲与西门庆通奸并毒死了武大郎，因而武二郎杀了西门庆。译文并未解释这其中的典故，仅简洁明了地说明潘金莲的丈夫遇到了妻子的情夫，目的语观众虽并不知道潘金莲是谁，但亦能理解这句话的意思。因而对此处的中国文化采取异化并未影响目的语观众的接受度。

例4. 凤凰当然栖高枝啦！

译文：The phoenix roosts on the highest branches, of course!

中国文化中有"凤栖高枝"一说，"凤凰"便是古代传说中的百鸟之王，雄为凤，雌为凰。后来，中国人把凤和雄性的龙结合，创造出中国自古以来的龙凤文化。由此可见凤凰的地位崇高。而在西方国家，其"凤凰"的内涵与中国传统文化中的"凤凰"并不相同。在西方，凤凰代表着重生，不死，完美，爱情等等。不过，两方文化中的"凤凰"都象征着美好的事物，并不违背目的语观众的期待视野。此句是花满楼的姑娘将菊仙比作"凤凰"，说明她美丽高贵，自然与贵人接触，不是段小楼攀得上的，因而将此句直译，准确地向目的语观众传递了原句的含义，也保留了其用语的生动形象。

例5. 那条小蛇可是你把它捂活的…而今人家已经修炼成龙啦。

译文：That little snake you rescued… has turned into a veritable dragon!

在中国文化中，"龙"代表着高贵神圣，令人敬畏，神秘莫测。在古代，"龙"是皇帝的象征，不少形容"皇帝"的成语都与龙有关，如"龙颜大悦""龙体欠安"。而"dragon"在西方文化中则是一个邪恶狡猾、凶残可怕的怪物，许多传说中讲到人类与龙格斗都是以龙被杀死作为结局的。这句话是在程蝶衣的"虞姬"一角被自己培养出的小四夺走之后，段小楼对他的讽刺。虽然，在中西方文化中，"龙"这一形象的文化内涵截然相反，但这句台词表达了段小楼的讽刺语气，"龙"是反讽的用法，因而译者将其直译，不仅没有影响目的语观众对此句含义的理解，还传递了此处"龙"的特殊含义。

4 结 论

翻译这一活动，最终是为目的语读者而服务的，这就要求译者在翻译过程中要根据中西方文化差异以及读者的接受程度，灵活地选择翻译策略。不应一味地选择归化而遗失太多的源语言文化，亦不应一味地异化而无视目的语读者的接受程度。中国的综合国力不断提升，为了增强我国的文化软实力，我们应当对字幕翻译提出更高的要求，充分利用读者接受理论，让中国的影视作品更好地传播发展。

参考文献

[1] JORGE DIAZ CINTAS. Dubbing or Subtitling: The Eternal Dilemma [J]. Perspective, 1999, （1）.

[2] H. R. 姚斯，R. C. 霍拉勃.接受美学与接受理论[M]. 周宁，金元浦，译. 沈阳：辽宁人民出版社，1987.

[3] 朱立元. 接受美学[M]. 上海：上海人民出版社，1989.

[4] 钱绍昌. 影视翻译——翻译园地中愈来愈重要的领域[J]. 中国翻译，2000（1）.

[5] 曹英华. 接受美学与文学翻译中的读者关照[J]. 内蒙古大学学报，2003（5）.

[6] 李运兴. 字幕翻译的策略[J]. 中国翻译，2001，22（4）